刘丹青语言学文选

汉语句法语义探思录

刘丹青 著

Syntactic and Semantic Inquiry
into Chinese

商务印书馆
2019年·北京

图书在版编目(CIP)数据

汉语句法语义探思录/刘丹青著.—北京:商务印书馆,2019
(刘丹青语言学文选)
ISBN 978-7-100-16618-8

Ⅰ.①汉… Ⅱ.①刘… Ⅲ.①汉语—句法—研究 ②汉语—语义—研究 Ⅳ.①H109.4

中国版本图书馆 CIP 数据核字(2018)第 213203 号

权利保留,侵权必究。

刘丹青语言学文选
汉语句法语义探思录
刘丹青 著

商务印书馆出版
(北京王府井大街36号 邮政编码100710)
商务印书馆发行
北京冠中印刷厂印刷
ISBN 978-7-100-16618-8

2019年4月第1版　　开本 710×1000 1/16
2019年4月北京第1次印刷　印张 31¼
定价:88.00元

总　序

　　感谢商务印书馆慷慨提供这么一个出版计划，让我有机会回顾梳理一下从大学本科以来写作并发表的论文形式的语言研究成果。

　　我第一篇非正式发表的论文是《试论吴语语法的研究及其意义》。这是本科毕业论文的改写版，刊登在江苏省社科联印行的省语言学会1981年年会论文选里。当时，方言语法还是一个少有人碰触的领域，所以还需要用实例来申说方言语法研究的意义。这篇没有书号刊号的文章，预示了我这几十年语言研究中的两个最核心的要素：方言与语法；两者之合，正是我后来拓展研究领域的内在动能。我最早正式发表的两篇论文，正好也是一篇方言，一篇语法。前者为张拱贵教授和我合作的《吴江方言声调初步调查》；后者为《对称格式的语法功能及表达作用》，此文也是后来关注韵律对句法影响的起点。这三篇文章都是在本科阶段写就，在硕士研究生入学初期发表的。

　　以浓郁的语法学兴趣来关注方言，自然会发现，汉语方言不像之前很多学者认为的，差别只在语音，或至多加上词汇，语法则可以一招鲜吃遍天，一书覆盖南北话。事实上方言间的语法差异相当常见，有的还很显著。以跨方言的眼光看语法，则会发现孤立地研究普通话，随处会遇到认识的盲区甚至雷区，讲得头头是道的语法学道理，一放到方言语法中就可能理屈词穷。要想避免普通话偏见、方言偏见、印欧语偏见等种种偏见，以跨语言研究为己任的类型学研究，便成为我语言学探索之路上自然的优选项，这也是通向真正了解汉语特点和人类语言共性的康庄大道。跨语言的类型学视角，不但适用于语法，也适用于其他种种课题：研究亲属称谓、社交称呼语、颜色词这类特殊的小词库；研究语法与语义的互动,如类指成分在不同语言方言中迥异的表达方法;研究语法与语音的互动,如汉语中形态和词类对词长的敏感性就超过很多其他语言;研究形式和意义不同的对应方式,这正是库藏类型学的缘起。这次按照商务印书馆提议,把近40年来所发论文的大部分,分为五个专题出版,分别涉及汉语共同语句法语义研究、语序类型和话题结构、从语言类型学到库藏类型学、方言的语法语音研究、语言研究的文化和应用视角。这样出版,便于读者根据专业需求和兴趣选书。从各书所收论文目录可见,这五卷文集,其实有一个共同的主调:跨语言眼光与具体语言方言个案的结合。

我从本科二年级开始将兴趣聚焦于语言学,一路走来,得到了无数老师和同行的切实帮助,尤其是语音方言的启蒙老师翁寿元教授,语法学的启蒙老师王锡良教授,古汉语的启蒙老师王迈教授(均为苏州大学教授),硕士生导师张拱贵教授(南京师大)和博士生导师徐烈炯教授(香港城市大学)。希望他们为指导我所付出的心血,能在这五卷文集中得到些许慰藉。文集中也收录了多篇我跟我的老师、同行学者或我的学生合作的论文,他们慷慨允诺文集收录这些文章(有些已故合作者由家人表态支持)。谨向他们深切致谢!

我指导过和在读在研的博士生、博士后对本套书的策划编排提供了非常有益的意见、建议,而且他们全都参加了文章的校对工作。恕不一一列名,在此一并致谢。我的博士生、商务印书馆戴燃编辑为这套书的策划、组稿、编辑付出最多。我要衷心感谢商务印书馆特别是周洪波总编辑对本套书的大力支持,也要对戴燃博士表示特别的感谢。

目 录

亲属关系名词的综合研究 …………………………………… 1
小议指人名词用"什么"提问的现象 ………………………… 13
三大类实词句法功能的统计分析 …………………………… 17
汉语相向动词初探 …………………………………………… 30
汉语相互性实词的配价及其教学 …………………………… 46
形名同现及形容词的向 ……………………………………… 73
汉语量词的宏观分析 ………………………………………… 84
论"有的"及其语用功能 ……………………………………… 88
现代汉语基本颜色词的数量及序列 ………………………… 98
从汉语特有词类问题看语法的宏观研究 …………………… 105
"到"的连词用法及其语义 …………………………………… 115
汉语形态的节律制约
　　——汉语语法的"语音平面"丛论之一 ………………… 120
词类和词长的相关性
　　——汉语语法的"语音平面"丛论之二 ………………… 130
北京话代词"人"的前附缀化
　　——兼及"人"的附缀化在其他方言中的平行表现 …… 144
"唯补词"初探 ………………………………………………… 160
汉语里的一个内容宾语标句词
　　——从"说道"的"道"说起 ……………………………… 168

叹词的本质——代句词 ································ 184
实词的叹词化和叹词的去叹词化 ···················· 202

对称格式的语法功能及表达作用 ····················· 220
试谈两类"同位语"的区别 ··························· 225
汉语类指成分的语义属性和句法属性 ··············· 232
并列结构的句法限制及其初步解释 ·················· 253
构式的透明度和句法学地位：流行构式个案二则 ··· 272
"有"字领有句的语义倾向和信息结构 ·············· 294
汉语特色的量化词库：多／少二分与全／有／无三分 ··· 314
汉语否定词形态句法类型的方言比较 ··············· 333
三种补语　三种否定 ································· 357
原生重叠和次生重叠：重叠式历时来源的多样性 ··· 360
Ideophonic Reduplication of Content Words in Mandarin Chinese:
　A Category Shift and Its Typological Background ·········· 380

语义优先还是语用优先
　——汉语语法学体系建设断想 ····················· 418
汉语语法单位分级理论的再探讨
　——杨成凯《关于汉语语法单位的反思》补议 ··· 429
当功能遇到认知：两种概念系统的貌合神离 ········ 440
重温几个黎氏语法学术语 ···························· 466
The Interaction among Factors on Language and the Interaction among
　Approaches on Linguistics: Review of *Interaction and Variation in the
　Chinese VO Construction* by Her One-Sun ················ 480

亲属关系名词的综合研究

一、从关系名词到亲属关系名词

1.0　关系名词是名词中一个很特殊的次类，它的特殊性，表现在语义、语法和交际功能各个方面。有人曾举"小芹的娘是于福的老婆"一类句子，认为它不能说成"娘是老婆"，以此批评中心词分析法。其实，这不能全怪中心词分析法。根据向心离心理论（布龙菲尔德1980：239—242，337），偏正结构是可以把整体功能归结到它的中心语上的；这样，用"摘心"来简化分析一般还是可以的。这里的问题在于句中的两个"心"都不是一般名词，而是关系名词，恰巧它们在一般情况下是不能"摘心"的。关系名词的这种语法特点，跟它的语义特点是有直接关系的。

此外，在词汇系统中，关系名词很能体现各语言特点的一部分，这些特点尤其体现在不同的交际功能上。这些特点跟使用该语言的社会的特点，又有密切关系。

因此，本文便想尝试一下用语义和语法、交际功能结合，语言内部结构和社会特点结合的方法，对关系名词（主要是亲属关系名词）进行全面综合的考察分析。

1.1　表示对某一或某些特定对象有某种特定关系的事物（主要是人），这样的名词便是关系名词。

譬如"娘"这个词，表示的并不是某一类人，而是对另一个特定对象有生育关系的女子。（我们将把那个特定对象叫作"彼端"，而把词所指的与彼端有某种关系的人或事物叫"此端"。）这种关系名词作为一个概念，其内涵中最本质的东西就是跟彼端的关系，而不是此端的固有属性。只对特定对象，某个人才能成为"娘"的此端，一离开那个彼端，"娘"就不称其为"娘"了。在赵树理的《小二黑结婚》中，同一个三仙姑，只对小芹来说才是娘，对其他人来说她都不是娘。内涵的这种特点造成了外延的不确定性。每一个已生育的女子，都可能在一定场合进入"娘"的外延，但又绝不是在每个场合都可以进入。另一方面，同一个人都可以随着彼端的改变而进入不同的关系名词。所以，三仙姑对另一些人来说，又可以是"老婆、女儿、外孙女、儿媳妇"甚至"嫂子、姑妈、表妹"等。再比如，"团长"对营长以下是"上级"，对师长以上又是"下级"了。

当然，"人的本质并不是单个人所固有的抽象物。在其现实性上，它是一切社会关系的总和"①。所以，像"资本家"这种人，作为社会存在，也是处在跟各种人（尤其雇佣工人）的关系之中，并在这些关系中显示其特征的。可是，作为一个概念，它表示属性和范围都很确定的一类人；某个资本家不只对自己的雇工是资本家，对所有人来说，他都是资本家。所以，这样的词不是关系名词。

1.2　关系名词外延上的不确定性，表现为语义上的某种不自足性。一般的实词，在语义上都是自足的，因此，在语法上可以独立充当句子成分。关系名词在语义上不自足，因而在语法上也就往往不能自由地充当句子成分；在汉语中，它常常需要用一个领属定语来引出关系的另一端。光说"娘"，不知道是谁，"小芹的娘"，那就确定了。光说"娘是老婆""小芹的娘是老婆""娘是于福的老婆"，都不成话；但"小芹的娘是于福的老婆"，就成话了。可见以关系名词为"心"的偏正结构，并不能把整体功能归结到中心词上；在这类特殊的名词上，中心词分析法是不完全适用的。当然，关系彼端有时可以不用作定语，而是隐含在上下文或说话环境中，这正是我们将要讨论的。

---

① 马克思《关于费尔巴哈的提纲》，见《路德维希·费尔巴哈和德国古典哲学的终结》单行本，人民出版社，1972年，第52页。

1.3 汉语关系名词数量并不很多，不过还可以从多种角度进行再分类。

1.3.1 一种分法是"相向、反相向、非相向"三类。相向的，关系两端地位相等，如甲是乙的朋友，则乙也是甲的朋友。再比如：亲家、亲戚、本家、情人、同学、同乡。反相向的，关系两端地位不等。如甲是乙的父亲，则乙不能是甲的父亲。大部分关系名词均属此类，如：女儿、哥哥、叔叔、上级、故乡、母校。非相向的，本身不表明是否相向，如：弟兄、姐妹、表兄弟、堂姐妹。彼端的信息可以帮助识别是否相向。彼端性别跟此端相同，就是相向的："觉慧是觉新的弟兄"。反之则是反相向的："觉慧是觉英的弟兄"。彼端性别不明就无法识别了。

1.3.2 还可以分成"递相、反递相、非递相"。递相的，按同一关系延伸而关系性质不变。如甲是乙的上级、乙是丙的上级，则甲也是丙的上级。再比如：哥哥、妹妹、上辈、下辈、后代、下级、本家、同乡等。大部分是反递相的，甲是乙的父亲、乙是丙的父亲，则甲肯定不是丙的父亲。也有些是非递相的，即不表明是否递相，如甲是乙的朋友、乙是丙的朋友，甲不一定是丙的朋友。再比如：亲家、同学等。

1.3.3 此外，从实用出发，我们按关系性质及用法将汉语关系名词暂且分成以下七大类：

（一）亲属关系名词（即亲属称谓）：以生育和婚配为基本关系，如：爸爸、奶奶、姐夫。

（二）组织关系名词：表示在社会组织系统中的关系，如：上司、下级、领导。

（三）感情关系名词：表示非亲属性的感情关系：如：朋友、战友、情人、仇敌。

（四）同一关系名词：表示双方有某种共同点，如：同学、同乡、同事、街坊、邻邦、校友。

（五）不对称关系名词：关系两端不是同类事物，如：故乡（人与地方）、母校、祖国、生日。

（六）准关系名词：同一意义而兼关系名词非关系名词两种用法：客人、老师、徒弟、顾客。

（七）临时关系名词：只在特定格式中表示关系意义，如：孩子、闺女、姑娘、先生、老头子。①

1.4　上述七类中，亲属称谓有着特别重要的地位。在汉语中，亲属称谓不仅数量较大，而且各个方面都最典型地体现了关系名词的特点。底下我们就来解剖这只麻雀。

二、语义方面

2.0　我们首先从亲属称谓的语义特点谈起。

2.1　汉语亲属称谓所表示的关系共有四种：生育关系、婚配关系、同一关系、年龄长幼关系。前两种是基本关系，每个称谓都至少具有其中一种关系。后两种是次要关系，是附着在基本关系上的。譬如，"弟兄"，是同一关系附于生育关系，表示在生育关系中地位相同——由同一对父母所生。"弟弟"则是同一、长幼两种关系附在生育关系上，表示处于较幼地位的关系。"岳母"，就包括了婚配、生育两层基本关系。"奶奶、外孙"等还包括了两层同样的生育关系，不过在关系中的地位和性别有所不同。全部汉语亲属称谓都可以用这四种关系分析出来。

2.2　亲属关系有直接、间接两种。直接关系只包含一层基本关系，汉语中只有十个直接亲属称谓（同义词不计）：父亲、母亲、儿子、女儿、丈夫、妻子、哥哥、弟弟、姐姐、妹妹。其余的都表示间接关系——基本关系有两层以上的，彼端和此端之间都有一层或几层中介关系。比如"外孙"，先经过"女儿"这一中介的生育关系，再以生育关系达到"外孙"的此端。"儿媳妇"则有"儿子"这一层中介生育关系。"亲家、曾祖、连襟"等包含的中介关系就更多了。

2.3　相向、反相向、非相向，递相、反递相、非递相这六种情况，亲属称谓全都具备，例已见§1.3.1、§1.3.2。绝大多数是反相向和反

---

① 北京话"男人、女人"用作关系名词时后字念轻声，跟非轻声的"男人、女人"已分化为不同的词。但在有些方言里，"男人、女人"仍然是临时关系名词。

递相的。

2.4 亲属称谓的基本上位概念是"人",此外只有男女性别是关系以外的属性。但是,在关系的性质和地位中,也隐含了此端的一些属性。如"母亲",表示生育关系中女性生育者,隐含属性就有已婚、已生育;"妻子"则隐含已婚,没有已生育。隐含属性并不能表明关系名词的内涵和外延,所以,婆婆≠奶奶、婶婶≠妻子、哥哥≠弟弟,虽然每一对隐含属性都相同。不过隐含属性在一定程度上限制了外延的不确定性,"母亲"所可能有的外延就比"姐姐"小,因为不能包括未成年和/或未婚和/或未生育女子。

"新郎、新娘、新媳妇、孤儿、寡妇"等词,虽然接近"丈夫、妻子"等关系名词,但还带有关系以外的属性,如"新郎、新娘"的"正在行婚礼"或"新近结婚"的属性,这样就可以用为非关系名词了——"她是个新娘"。

2.5 亲属称谓的并列——常常是两个黏着语素的并列——会造成两种不同的结果。

一是非关系两端的并列,如:父母、子女、哥嫂、公婆。对彼端来说,这不过是两个此端相加,仍旧是关系名词。有时相加后还可以强调共同性而不管差异性,如"子女"可男可女。

二是关系两端并列,如:夫妻、父子、母子、祖孙、叔侄、姑嫂。这时,已经不存在关系彼端了,因此转化为表示人的组合的非关系名词。对某人来说是"父母"的两个人,对别人来说未必是父母;而作为"夫妻"的两个人对任何人来说都是夫妻。

三、语法方面

3.0 作为关系名词,亲属称谓也在语义上不自足、在语法上不能自由充当句子成分,而要求用领属定语给出关系彼端(§1.2)。然而,在运用中,亲属称谓也不是处处都带定语,而是表现为三种情况:

（一）不能不带；（二）可带可不带；（三）不能带。（二）、（三）两种情况，都有着实现自足的其他条件。这样，就需要分析，使亲属称谓实现语义自足的条件有哪些？除此之外的种种难以列举的复杂现象，都是"不能不带"的。

在第（二）种情况里，定语的带跟不带还受交际时其他一些因素的影响，这些因素将在§4中讨论，本节暂不考虑。

3.1 不能带领属定语的情况，有以下三种：

3.1.1 直呼对方。这时说者（我）、听者（你）分别是彼端和此端，如"妈妈，走吧""哥哥，让我拿""舅舅，你瞧"。这类无须多举。

3.1.2 用在表示领有、生育、丧失的动词后，这时，主语是当然的关系彼端，如：

然而我有一个母亲，……先生有母亲么？（《超人》）

他没有一个儿子。（《天云山传奇》）

不叫她生儿子，却白养她一生！（《屋顶下》）

有个吴先生……才死了老婆。（《小二黑结婚》）

3.1.3 相向关系名词，用在下面这种句式中：

因为他和赵太爷原来是本家……（《阿Q正传》）

你两家已经成亲戚……（《邪不压正》）

这时，动词总是系词或准系词，而动词前则有复数或并列的主语，或有"跟……"一类介词短语。由于系词后用了相向称谓，因此便表示动词前两个成员之间的相互关系。如第一句，等于说"他是赵太爷的本家""赵太爷是他的本家"。所以下文赵责问"他（阿Q）"就说："你说我是你的本家吗？"不过，要是相向称谓表示的并不是复数或并列主语内部成员的关系，仍然要用定语，如"老王老张是李师傅的亲家"。

3.2 领属定语可带可不带的情况要复杂一些，大致有以下六种情况：

3.2.1 亲属称谓的彼端和主语所指相同，这时，只要没有其他名词来造成歧解，便可以不用领属定语，由主语隐含彼端（即承主语省）。

这里可以分成两大类，一类用在宾语中：

"老畜生"只知道帮儿子。(《离婚》)

他们可以要求祖母给编两个小花篮。(兼语)(《四世同堂》)

既然是可带可不带,那带定语也是很常见的:

她不再害怕她丈夫了。(《牡丹》)

另一类,是用在介词结构中的各种位置上:

他不干零活了,成天同老婆都在忙庄稼活。(《卢家秀》)

有时彼端定语承主语里的领属定语而省:

说我的眉毛象姑姑、眼睛象叔叔……(《分》)

有时,在整段话语中把作为话题的某个人当作关系彼端,所有以这个人为彼端的称谓都省去定语。王蒙《风筝飘带》在叙述语言中谈到女主人范素素的父亲14次、母亲4次、父母1次,都用"爸爸、妈妈、父母",没一次用定语;提到她奶奶6次,5次用"奶奶",只有1次用"她的奶奶"。这是一个十分突出的例子。

3.2.2 前句称谓带领属定语,后句称谓如果彼端同前,可以省去:

狼子村的佃户来告荒,对我大哥说……我插了一句嘴,佃户和大哥便都看我几眼。(《狂人日记》)

3.2.3 关系两端都以关系名称形式出现,表示两端之间的行为,就互以对方为彼端了:

这不是儿子打老子,是人打畜生。(《阿Q正传》)

这时,因为不存在作为彼端的第三者,不应再有定语;但有时为了强调,也可以说成"自己的儿子打自己的老子",因此仍算可带可不带。

3.2.4 称谓彼端就是听说双方,这时,就可以不用"我、你、咱们"这类定语了,如:

颖贞皱眉道:"你见过父亲没有?"颖石道:"没有,父亲打着牌,我没敢惊动。"(《斯人独憔悴》)

3.2.5 称谓彼端是说话者,并不是用来直呼对方(§3.1.1),也可以省掉定语"我",如:

老五,对大哥说,我闷得慌,想到园里走走。(《狂人日记》)

3.2.6 称谓彼端是听话者,也可以省掉定语"你";这时,此端常是说者自己（所以可用"我"复指）：

好孩子，听听妈妈的话！妈妈还能安心害了你吗？（《四世同堂》四十三）

不是爸爸我怪你呀。（《南海潮》）

也有此端不是说话者的，下句即"舅舅"的话：

"孩子，外婆找了你许多年了。"（《追赶队伍的女兵》）

3.3 以上我们列举了亲属称谓不带领属定语的九种情况。至于不能不带的，我们谈过，是难以列举的。这里，只随便举几个例子，要是拿掉其中的彼端定语，不是句子站不住，就是让人按照上述规律去理解隐含的彼端，从而完全改变了句子原义，如：

——那么你见过她的母亲。

——我怎么没见过：她的母亲就是我的老婆。

——那么她就是你的女儿？（《团圆》）

她是中央某部门一位负责同志的女儿，是不久前才调到我们这个地区工作的。我丈夫吴遥曾是她父亲的下级，我去世的父亲也认识她的父亲，……（《天云山传奇》）

3.4 当然，亲属称谓这种关系名词也不是绝对没有单用的情况，不过都可以看作一种含蓄地表示彼端的手法。有时是表示彼端的出现、存在，如"小王当了爸爸了"，意味着他儿女出生了。有时则预示着在更大的语境（正文、下文）中将谈到彼端，如鲁迅杂文的标题《我们现在怎样做父亲》、电影片名《可怜天下父母心》，以及曹禺散文《半日的"旅行"》中的话"但是给我深刻印象的，是一个母亲向百货大楼经理表扬一个售货员的一封信"，无不预示着彼端"儿女、儿子、女儿"一类的出现。

四、交际方面

4.0 语言的基本作用是人与人的交际，因此，表示人与人关系的关系名词在交际中有特殊重要的地位。尤其是说汉语的人，家庭亲属观念很重，亲属称谓的作用就更加突出了。所以，即使有了§3.2所列的六种条件，领属定语也不是在每个交际场合都能省略。这样，我们就得考察一下，除了语义自足外，还有哪些交际因素在起作用。

4.1 在上述六种情况里，一、二两种带不带定语较随便。不带的话，关系彼端作为话题的地位就更加显著一些，特别是在一长段话语中。第三种情况，通常是不用的，要用也只能加个"自己"，强调双方关系之近，这也不必多说。

4.2 第四种情况，由于关系的彼端正是听说二者，称谓对二者来说是共同的，因此通常不带定语。特别是在家庭内部，不带，才能显示听说者间的关系以及二者跟称谓此端的关系都是极亲近的。一般情况下，谁也不会对自己的弟弟说："我／你／咱们爸爸回来了"。正因为这样，真的在这种交际中用了定语，反而能发挥一些特殊的表达作用。比如，母亲病了，女儿很急，她哥哥劝慰她别急，这时，她假如回答："我的妈妈，我能不急"，就故意表示了跟听者无关，即不要他管；假如回答："你的妈妈，你还不急"，便强调了听者跟"妈妈"的关系，表示斥责。

4.3 第五、六种条件下，不带定语受其他因素的限制很大。而且，省的彼端究竟是说话者还是听话者，也靠这种因素来区别。

4.3.1 在同一个家庭内，即使对听说双方来说并不是共同的关系，也常常不带定语以显示关系亲近。值得注意的是，所用的称谓通常总是以小辈为彼端的。这样，当小辈是说者时省掉的是"我"，如儿子问母亲"爸爸去哪儿了"。当小辈是听话者时，省掉的就是"你"，如：§3.2.6前两例。

这里谈的在很大程度上也适合于家庭外的亲属间的交际，如§3.2.6末例的省"你"。

4.3.2 在非亲属之间的交际中，这两种省略要少得多，要省一般也只能省"我"，彼端往往也是年轻者，尤其是小孩，如：

德平嫂下了决心似的："秋妹子，先上桥吧……"

秋英还是不肯："不——等爹！"（电影剧本《燎原》）

4.3.3 不带定语可以表示关系亲近，所以，非亲属间的交际，只有关系较亲近的，才可以省掉"我"这种定语，如上面"不——等爹"一例，就是新娘秋英对年纪稍长的好友说的。关系不亲近的，除了小孩，一般不能省。王蒙《夜的眼》中，叙述一个干部子弟冷冷地接待一个找他父亲的老年人，他四次对客人提到他的父亲，都说成"我爸爸"。

4.3.4 自言自语、内心独白、日记等，原则上没有听者，是自己对自己的交际，就比亲友间更易于省略"我"这个称谓彼端了，如：

眉间尺不觉伤心起来。"唉唉，母亲的叹息是无怪的"他低声说。（《铸剑》）

失去了的和没有失去的童年和故乡，责备我么？欢迎我么？母亲的坟墓和正在走向坟墓的父亲！（内心独白）（《春之声》）

母亲病了几个月了。（《船中日记》）

五、社会方面

5.0 "亲属关系在一切蒙昧民族和野蛮民族的社会制度中起着决定作用"[①]，并且"起初是唯一的社会关系"[②]。在其他社会关系逐渐产生后，亲属关系虽然变成了一种从属关系，但至今仍在社会中占有不可忽视的地位。所以，亲属关系名词在各种语言里都有，是语言的一种普遍现象（universal）。另一方面，我们也注意到，不同语言的亲属称谓系统往往各有特点甚至差别很大。下面，我们就来进一步探讨一下现代汉语亲属称谓的特点，不难看出，这些特点跟使用汉语的社会的某些文化特征有密切的关系。

5.1 先来看一下亲属称谓系统本身。

5.1.1 大家知道，汉语的亲属称谓系统跟西洋语言比起来，是特

[①] 恩格斯《家庭、私有制和国家的起源》，见《马克思恩格斯全集》中文本，21卷，40页。
[②] 马克思、恩格斯《德意志意识形态》，见《马克思恩格斯全集》中文本，3卷，32、33页。

别地繁复。这首先因为，西方语言往往只表示生育、婚配、同一这三种关系，而汉语则还多了一种年龄长幼关系，试比较 brother ~ 哥哥 / 弟弟。其次，在表示间接关系上，西方语言不加区分的许多语义特征，在汉语中都是严加区别的，比如，英语同汉语比，grandfather 相当于祖父和外祖父，aunt 相当于姑母、姨母、伯母、婶母、舅母，cousin 竟相当于堂哥、堂弟、堂姐、堂妹、表哥、表弟、表姐、表妹这八个称谓。

这说明说汉语的社会对亲属关系的重视远超过西方社会，正像爱斯基摩人用好几个词来表示不同的冰，而广州人用同一个词来表示"冰"和"雪"一样。

5.1.2　现代汉语中，亲属称谓往往有口头和书面两种风格变体，前者用来称呼对方和作为第三者谈论（我妈妈来了，他奶奶走了），后者不能用来称呼对方，但也可以作为第三者谈论，色彩更正式一点（我母亲走了，他祖母走了）。正式公文只用后者。再比如爸爸—父亲，姥姥—外祖母，姨儿、姨妈—姨母。汉语中这种完全同义而色彩上明显对立，都发生在比较重要的词汇项目上。

5.1.3　许多亲属称谓也是称呼非亲属的用语，如"叔叔、大哥、奶奶"。有些，则常在前头加上个同位的姓名来称呼非亲属，如"张妈妈、周爷爷、喜旺哥、双双嫂子、秋英妹"。还有一些专用于称呼非亲属的词，从构词成分上也可以看出跟亲属称谓的关系，如"大爷、大娘、大嫂、大叔、阿姨、老哥、老伯、老弟"。说汉语的人看重亲属关系，用亲属称谓能显示亲切、热情。西方人对此就未必习惯，就像中国人不习惯西方影片《英俊少年》中，海因切以直呼父亲（卡尔）外公（威廉）的名字来表示亲热。

5.1.4　在汉语的一些方言中，亲属称谓前的领属定语常用复数形式，即使彼端只是单个人，如苏州话：伲（我们）、伲爹爹（我爸爸），唔笃（你们）、唔笃兄弟（你弟弟）、老王笃（老王他们），老王笃家小（老王的爱人）。这种现象在近古汉语中很普遍，现代普通话也有残存。

这是看重家族超过个人的观念在起作用。①

5.2 在运用亲属称谓上，汉语也有明显的特点。因为关系名词外延不确定，所以给出不同的关系彼端，同一个人便可以适合不同的称谓，人们便利用这一点来选择称谓，使称呼最符合说汉语的人的交际需要。主要表现有以下几点。

5.2.1 用其他称谓来称呼配偶（非知识阶层用得多一点），如"孩子他娘"（京剧《智取威虎山》）、"小栓的爹"（鲁迅《药》）、"我家小菊她爸爸"（电影《李双双》）。这符合中国人传统的"举案齐眉""相敬如宾"的伦理观念，而同西方人的 my dearest（我最亲爱的）、darling（亲爱的）这些形成鲜明对照。

5.2.2 对晚辈用长辈称谓来称呼，如公婆称儿媳妇"小明他妈"。这种叫法比较客气，不多见。

5.2.3 用亲属称谓来称呼没亲属关系的人，如：小明他妈、小红的爷爷、他姊儿。

5.2.4 在家庭内用以听者为彼端的称谓来自称，以表示亲近，在当代一般限于长辈自称，有三种表达式：（一）只用一个称谓："孩子，爹求你"。（二）称谓加复指："不是爸爸我……"（见§3.2.6）。（三）加定语"你"："小菊，你爸爸……"（《李双双》）。

5.3 以上所述都显示了亲属称谓在汉语中的特殊重要地位。然而，也要看到，最近这几十年来，中国人的亲属观念也有淡化趋向，尤其在城市里。大家庭的瓦解、子女的普遍减少，在客观上也降低了掌握多种称谓的必要。因此，目前老一辈还分得清的许多亲属称谓，尤其是基本关系超过两层的（如"连襟、舅嫂、叔祖"），有些青少年已经知道得不大周全了。这是值得社会语言学注意的。

（原载《语文研究》，1983 年第 4 期）

---

① 吕叔湘《说们》："在过去的中国社会，家族的重要过于个人，因此凡是跟家族有关的事物，都不说我的、你的，而说我们的，你们的（的字通常省去）。"见《汉语语法论文集》，科学出版社，1955 年，第 158 页。

小议指人名词用"什么"提问的现象

一

在汉语中，指物名词用"什么"来提问（这是钢笔——这是什么），指人名词用"谁"来提问（他是小张——他是谁），界限一般很清楚。但是，我们注意到，在某些组合关系中，指人名词都必须用"什么"来提问，不能用"谁"来提问。如"他当了市长"，只能问"他当了什么"，不能问"他当了谁"。这是一种很值得注意的现象。

二

需要用"什么"来提问的指人名词，主要处于以下两类组合关系中（N 表示要用"谁"提问的指人名词，N'表示要用"什么"提问的指人名词，V 表示动词）：

（一）NVN'。如"他当了市长"。适合于这种格式的 V 不多，典型的只有"当"及其同义词、近义词"做、作、当选、充当"等。但是，还有一批动词在表达某种意义时，也能充当这里的 V。下面把常用的逐个说明一下。

"像"，表示与某种类型的人相似（尤其在品质、气质、性格等方面），要用"什么"提问：他像个演员——他像个什么？表示与具体的个人相似（尤指外形上），才用"谁"提问：他像他爸爸——他像谁？

（以下说明要用"什么"提问的，就不一定处处举出问句，读者可自行检验。）

"叫"，是"名为"意思，只能用"什么"提问，如"他叫王大明"。表示"呼唤"义，才用"谁"提问，如"他在窗外叫王大明"。

"变、变成、变为、变做、变作、成、成为"等词，在一般情况下，表示人在身份、职业、职位等方面的变化，这些都要用"什么"提问。如"王师傅变了专家了""张英变成三好学生了""小李成了战士"。在神话或比喻性说法中，这些词有"化为"的意义，这时才有可能用"谁"提问，如"交通员进门换了衣服，出来时变成王少爷了""孙悟空又变作了蛤蟆精"。此外，口语中可以用"谁"在"成"等词后构成反问句，如"我这可成了谁啦""你成了谁啦"，这时"谁"往往暗指某个确定的人（如"那个贪小利的×××"一类）。"成"的意义也接近比喻性，不可能真的由一个人变为另一个人。

凡是在上述 NVN' 基础上形成的变化格式，也要用"什么"对 V 后的指人名词提问。这有以下几种情况：（1）V$_兼$NVN'，如"选他当组长"。V$_兼$表示能带兼语的动词都适合此式。如"叫、使、让、命令"等。（2）由 NVN'，如"由他当组长"。（3）管 NVN'，如"管他叫老王"。适合此式的动词只有"叫、叫做、叫作"。

以整个 NVN' 为一个组成成分的各种结构体，当然也都要用"什么"对 V 后的指人名词提问，如：我主张他当组长——你主张他当什么？

（二）NVNN'。如：大家选他当组长——大家选他什么？不能问"大家选他谁"。适合此式的 V 只有"选、推、当、骂、封、叫"等几个，如"我们推他组长、你当老王好人、小王骂他叛徒、太平天国封陈玉成英王、大伙儿叫他大李"。

有时，NVNN' 中 V 后的 N 可以不说，我们把它标为 NV（ ）N'。

在 NVNN' 式基础上形成的变化格式及以 NVNN' 为组成成分的结构体，也遵循上述用"什么"提问的规律，不必举例。

三

指人名词用"什么"提问是一种什么性质的现象呢？

这不是词汇现象，而是语法现象。它并不是只涉及某一部分指人名词，而是一切指人名词；用"什么"还是用"谁"提问，是由一定的组合关系决定的。所以，"爸爸当了市长"，要用"谁"问"爸爸"，而用"什么"问"市长"，"市长当了爸爸"，就要用"谁"问"市长"，而用"什么"问"爸爸"。

这不是修辞现象，而是语义现象。说话者问"他当了什么"时，并没有把人说成物的修辞意味。实际上，用"什么"问指人名词，只是因为在特定的组合关系中，指人名词的所指对象已不再是人本身，而是人的专业、职务、身份、姓名等的某一方面。如"爸爸当了市长"，"爸爸"指人，而"市长"则指由人所担当的一种职务；在"叫李生大李"中，"李生"指人，而"大李"则指人的称呼。因此，这里发生了一种指人名词的事物化。

所以，这是一种语法-语义现象。

指人名词的事物化为语法和语义研究提供了不少耐人寻味的启示。我们想到的有：

（一）语法书多把"当、做、成、像"等动词看成准系词甚至系词。事实上，系词"是"后的指人名词要用"谁"来提问，如"他是谁？""老王是谁？"。一般不说"他是什么？""老王是什么？"，而"当"等动词后的指人名词都往往是事物化的，所以动名之间可以有一定的支配关系，跟纯粹的联系或判断关系毕竟不同。

（二）把"叫他老王""骂他叛徒""选他组长"一类组合看成双宾语，除了结构上的根据外，也有语义上的根据。由于后一名词已是事物化的，因此两个名词跟一般的双宾语一样，前一个表人，后一个表物；而且，也具有双宾语"给予"的语法意义，即把后宾语所表示的事物

("老王"这种称呼、"叛徒"这种身份、"组长"这种职务）通过"叫、骂、选"这些动作给予前宾语所代表的人。

（三）由于 NVNN' 可以说成 NV( )N'，也可以只说 NVN，因此，当 V 后只出现一个指人名词时，就可能造成歧义。如"选组长"，"组长"可以是 N，表示选出已担任组长的那个人去接受某种职务、荣誉，这时要用"谁"来提问，如"你们组里选谁？"。"组长"也可以是 N'，表示在组员中选出一位组长，这时要用"什么"提问，如"你们在选什么？"。这种歧义既不是由一词多义造成的，也不是由不同的结构关系造成的（两种"选组长"都应该是支配关系，试将二者分别与"赞成组长"和"产生组长"比较），而是由指人名词的事物化这一特殊的语法-语义现象造成的。

（原载《汉语学习》，1984 年第 1 期）

三大类实词句法功能的统计分析

零、宗旨和原则

0.0 关于汉语词类问题的大讨论距今已三十年了。在这期间,无论对词类基本问题的认识,还是对具体词类的研究,都有了很大的进展。但是,也应看到,汉语词类的一些主要问题,特别是三大类实词的区分问题,还远没有彻底解决。所以,一方面,我们的语词词典至今没有标注词性,另一方面,在所谓"名物化"一类的理论问题上还存在着很不相同的意见。我们认为,造成这种情况的重要原因之一,是对词类区分的一些基本事实只有模糊的认识,缺乏清晰的了解。为此,我们用数理统计的方法,对三大类实词充当各种句法成分的功能进行了一次调查。统计结果表明,这种调查,对正确认识和解决词类问题有着很大的帮助。

0.1 我们的基本出发点是,在相当篇幅的现代汉语书面材料中,调查名、动、形三类词在主语、谓语、宾语、定语、状语、补语这六种句法位置上的分布(名词还包括独语句中的中心成分),求得各自出现的频率。为了取得全面准确的数据,我们以词为单位,每个词出现一次就统计一次功能,并且只统计一次。然而,言语中的大量成分是由整个词组充当的,为了解决这个矛盾,第一,我们吸收了布龙菲尔德提出并由赵元任用于汉语的向心结构理论[①],当向心结构充当一个成分时,其中

[①] 布龙菲尔德《语言论》(汉译本,北京,商务印书馆,1980年版)第239页指出:"合成短语可能和一个(或多个)成分一样属于同一个形类",他把这种短语称为"向心结构",并举例说,"John 和 poor John 这两个形式,从整体看,具有同样的功能。"赵元任《中国话的文法》(加州大学,1968年版)第259页指出"在大多数结构中,可以找出短语中跟整个短语作用相同的词。例如'煮开了一壶沏茶的水',包括了动词'煮开'和宾词'一壶沏茶的水',这样'煮'是整个动词性词组(expression)的中心,'水'是宾语词组的中心。这样的结构都是向心结构。"

心词记为整个结构所充当的成分，其他成分则记为它们在结构内部的成分。第二，特殊词组内部的词，我们把它折合成与它们当时的功能尽可能相近的典型功能。

0.2 根据上述几点，我们制订了如下统计原则：

0.2.1 由主谓词组充当的句子，其主语部分和谓语部分的中心词分别记一次主语和谓语。如：敬爱的周总理和我们永别了。周总理：主；永别：谓。

0.2.2 述宾、述补、状中、定中词组做主语、谓语，中心词以外的成分分别归入宾语、补语、状语、定语。如：真的猛士，敢于直面惨淡的人生。真：定；敢于：状；人生：宾。

0.2.3 述宾、述补、状中、定中词组做主谓以外的成分，其中心词记入该成分，其他成分则依据其与中心词的关系而定。如：专等坐快车的主儿。主儿：宾；坐：定；车：宾；快：定。

0.2.4 介词所辖成分按宾语处理。如：你对当前的"雄壮"或"伟大"闭了眼。"雄壮""伟大"：宾语。

0.2.5 方位组按定中词组处理。如：我独在礼堂外徘徊。外：宾；礼堂：定。

0.2.6 "的"字词组做主语、宾语的，按定语处理。如：希望多半落空，祥子的也不例外。祥子：定。

0.2.7 联合、复指、连动词组中的各成分都按其整体功能记入，兼语词组中的动词也同样处理，兼语记入宾语。如：他总算有了点事可做。有：谓；做：谓；事：宾。

0.2.8 主谓词组做一个成分时，只统计词组内部各成分的功能，不考虑整个词组的外部功能。如：他们往往要亲眼看着黄酒从坛子里舀出。黄酒：主；舀：谓。

0.3 词类的区分、成分的确定，基本上依据目前影响较大的黄伯荣、廖序东主编的《现代汉语》（1981年版）语法体系。因此，助动词用在其他谓词前属状语，判断动词后的成分做宾语。一般认为的离合性词，合用时作一个词，拆用时则作两个词。

兼类词的处理，我们采纳了吕叔湘先生的观点，即"凡是在相同的条件下，同类的词都可以这样用的，不算词类转变"，因此，"形容词修饰动词的时候，如果语义没有明显的变化，不算转成副词"[1]。动词、形容词做主语、宾语仍算动词、形容词。除兼类词按出现时所属词类统计，其余都作为单一词性处理。[2]

一、功能的稳定性

1.0 根据上述统计原则，我们设计了统一的统计表格[3]。

该表选择了毛泽东、鲁迅、巴金、老舍、曹禺、茅盾、杨朔等人的

---

[1] 见吕叔湘著《汉语语法分析问题》第46页，北京，商务印书馆，1976年。

[2] 这次调查，统计了兼类词105次，占三大类实词总数（12 676）的0.83%。可见，兼类词对总频率的影响并不太大。

[3] 三大类实词句法功能统计表：

词类	句法成分	主语		谓语		宾语			定语			状语		补语		独语句中心语	特殊例句摘引
		主语	主谓词组中的主语	谓语	主谓词组中的谓语	宾语	述宾词组中的宾语	介宾词组中的宾语	一般定语	特殊定语		状语	状中词组中的状语	补语	述补词组中的补语		
										方位词组	"的"字词组						
名词	一般名词																
	方位词																
	时处名词																
	兼类词																
代名词																	
动词	一般动词																
	判断动词																
	助动词																
	趋向动词																
	兼类词																
形容词	形容词																
	兼类词																

作品共十七篇（则），分成了22个统计单位，对名词、动词、形容词充当句法功能的频率进行了考察和统计。然后，又把统计的结果分成了A、B、C、D、E 五组，调查篇目和分组情况如下：

小说：（1）老舍《骆驼祥子》（一章）（上）
　　　（2）《骆驼祥子》（一章）（中）
　　　（3）《骆驼祥子》（一章）（下）
　　　（4）巴金《家》（十一章）
　　　（5）鲁迅《孔乙己》
　　　（6）鲁迅《一件小事》

剧本：（7）曹禺《雷雨》（二幕选）（上）
　　　（8）曹禺《雷雨》（二幕选）（下）
　　　（9）老舍《龙须沟》（三幕二场）（上）
　　　（10）老舍《龙须沟》（三幕二场）（下）

政论文：（11）毛泽东《"友谊"还是侵略》
　　　　（12）毛泽东《五四运动》
　　　　（13）毛泽东《丢掉幻想，准备斗争》
　　　　（14）鲁迅《记念刘和珍君》《文学和出汗》

散文：（16）茅盾《白杨礼赞》　　（17）鲁迅《雪》
　　　（18）陶铸《松树的风格》　（19）朱自清《背影》
　　　（20）杨朔《雪浪花》（上）（21）杨朔《雪浪花》（下）
　　　（22）《〈敬爱的周总理永垂不朽〉解说词选辑》

分组：A：（1）（7）（11）（16）　B：（2）（8）（12）（17）（20）
　　　C：（3）（6）（13）（18）（21）　D：（4）（9）（14）（19）
　　　E：（5）（10）（15）（22）

我们进行了必要的数学处理①，得出了如下的三大类实词充当句法成分频率统计表。

---

① 标准差计算公式：

$$\sigma_{n-1} = \sqrt{\frac{1}{n-1}\sum_{i=1}^{n}(x^i - \overline{X})^2}$$

表 1　名词做句法成分的频率统计表

测验文章	出现名词总数（个）	主语 个数	主语 频率(%)	谓语 个数	谓语 频率(%)	宾语 个数	宾语 频率(%)	定语 个数	定语 频率(%)	状语 个数	状语 频率(%)	补语 个数	补语 频率(%)
A	964	193	20.0	0	0	466	49.3	200	21.1	77	8.0	0	0
A+B	1912	402	21.0	2	0.10	924	48.3	409	21.4	126	6.6	0	0
A+B+C	3242	690	21.3	10	0.31	1614	49.8	698	21.5	172	5.3	0	0
A+B+C+D	4954	1004	21.6	12	0.26	2248	49.1	958	20.6	295	6.3	0	0
A+B+C+D+E	5491	1213	22.1	12	0.22	2673	48.7	1103	20.1	346	6.3	0	0
平均频率（$\bar{X}$）			21.2		0.18		49.04		20.9		6.5		0
标准差（σn-1）			0.78		0.13		0.57		0.59		0.97		0

注：名词做独语句中心语的未列入此表。

表 2　动词做句法成分的频率统计表

测验文章	出现动词总数（个）	主语 个数	主语 频率(%)	谓语 个数	谓语 频率(%)	宾语 个数	宾语 频率(%)	定语 个数	定语 频率(%)	状语 个数	状语 频率(%)	补语 个数	补语 频率(%)
A	867	8	0.92	665	76.7	26	2.99	72	8.30	48	5.54	48	5.54
A+B	1822	14	0.77	1406	77.2	45	2.47	131	7.19	137	7.25	89	4.88
A+B+C	3104	31	0.99	2374	76.5	82	2.64	196	6.31	245	7.89	176	5.67
A+B+C+D	4962	47	0.95	3785	76.3	157	3.17	272	5.48	372	7.50	392	6.63
A+B+C+D+E	5737	52	0.91	4405	76.8	173	3.02	304	5.30	420	7.32	383	6.68
平均频率（$\bar{X}$）			0.91		76.7		2.86		6.52		7.15		5.88
标准差（σn-1）			0.08		0.34		0.29		1.25		0.93		0.77

表 3　形容词做句法成分的频率统计表

测验文章	出现形容词总数（个）	主语 个数	主语 频率(%)	谓语 个数	谓语 频率(%)	宾语 个数	宾语 频率(%)	定语 个数	定语 频率(%)	状语 个数	状语 频率(%)	补语 个数	补语 频率(%)
A	239	8	3.35	52	21.8	16	6.70	109	45.6	42	17.6	12	5.0
A+B	509	10	1.96	141	27.7	27	5.30	216	42.4	95	18.7	20	3.9
A+B+C	857	11	1.28	228	26.6	55	6.42	362	42.2	161	18.8	40	4.7
A+B+C+D	1246	13	1.04	340	27.3	75	6.02	501	40.2	252	20.2	65	5.2
A+B+C+D+E	1448	14	0.97	400	27.6	83	5.73	577	40.1	296	20.4	78	5.3
平均频率（$\bar{X}$）			1.72		26.6		6.03		42.0		19.1		4.8
标准差（σn-1）			0.99		2.50		0.55		2.03		1.16		0.9

1.1　从统计表可以看出，名词、动词、形容词充当句法成分的频率是很稳定的。以名词做主语为例，在 A 组中频率是 20.0%，随着统计范围的逐渐扩大，其频率的稳定性也渐趋明显。在五组文章中，名词充当主语的频率始终在 21.2%（取 $\bar{X}$ 周围波动，其标准差（σn-1）仅 0.78）。在图像上，随着统计范围的扩大，名词做主语的频率趋近 21.2%。这条直线，稍有波动，波动幅度仅 0.78。名词做其他成分的情况也是如此，如名词做宾语的频率，稳定在 49.04% 左右，标准差（σn-1）仅 0.57，比主语还要小；名词做定语的频率，稳定在 20.9% 左右，标准差（σn-1）仅 0.59。动词、形容词做句法成分的情况也是如此。可见，三大类实词做句法成分频率的稳定性是相当明显的。

1.2　如果我们换一个角度来考察，那么，不难发现，不仅三大类实词充当各种成分的频率呈现出明显的稳定性，而且，就某一成分而言，各类词出现的频率也呈现出明显的稳定性。以名词、代词、动词、形容词做宾语的情况为例，我们看到，这四类词的频率分布分别稳定在 81.12%、11.54%、4.68%、2.62%，其标准差（σn-1）分别是 1.17、1.09、0.65、0.20（详见表 4），可见其稳定性的程度也是相当大的。

我们还考察了这四类词做其他句法成分的情况，结果也是如此。

1.3　词类充当句法成分频率的稳定性和某一句法成分中各类词出现频率的稳定性，是相反相成的两个方面。它们从两个不同的角度说明了词类和句法成分相对运动中呈现出的规律性。根据分布分析（distributional analysis）的理论，单个语言单位在限定的语言环境中的出现频率同它的功能同等重要。三大类实词充当句法成分频率的稳定性，实际上显示了其句法功能的稳定性。认识这一稳定性，对我们正确认识和解决词类问题将起到重要作用。

表4　名、代、动、形做宾语的频率统计表

测验文章	出现词的总数（个）	名词 个数	名词 频率（%）	代词 个数	代词 频率（%）	动词 个数	动词 频率（%）	形容词 个数	形容词 频率（%）
A	566	466	82.3	58	10.2	26	4.59	16	2.83
A+B	1143	924	80.8	147	12.8	45	3.94	27	2.36
A+B+C	1958	1614	82.4	207	10.6	82	4.16	55	2.81
A+B+C+D	2858	2284	79.9	342	12.0	157	5.49	75	2.68
A+B+C+D+E	3325	2668	80.2	401	12.1	173	5.17	83	2.50
平均频率（$\bar{X}$）			81.12		11.54		4.68		2.62
标准差（σn-1）			1.17		1.09		0.65		0.20

二、句法功能的区别性

2.0　第一部分的统计告诉我们，三大实词的句法功能具有稳定性，这是句法功能最基本也是最重要的特征。从这一点出发，对三大类实词充当句法成分的频率做进一步考察，我们发现，不仅同一类词充当各种句法成分的能力不同，而且各类词之间，在句法功能上有着明显的对立。这种词类内部、外部在功能上的差异，我们称为句法功能的区别性。

2.1 词类内部的区别性,反映在充当各种句法成分频率的高低上。就名词而言,频率最高的是宾语(49.04%),其次是主语、定语(21.2%、20.9%),再次是状语(6.5%),而充当谓语的频率则趋近零,充当补语的频率就是零。动词做句法成分,频率最高的是谓语,高达76.7%,其余均不满10%。可见,在频率上的区别是相当明显的。形容词做定语的频率最高,为42.0%,其次是谓语,频率为26.2%,再次是做状语(19.1%),其余也均不满10%。这种频率上的差异体现了句法功能上的差异,频率高的是其主要功能,频率低的是其次要功能,频率趋近零的是罕用功能。这证明了张拱贵先生(1983)把词的句法功能分为主要功能和次要功能,史存直先生(1982:29—32)分为常用功能、次常用功能和罕用功能是符合语言事实的。

很明显,名词的主要功能是做宾语、主语和定语;动词的主要功能是做谓语;形容词的主要功能是做定语和谓语。做其他成分则是它们的次要功能或罕用功能。

2.2.1 在三大实词的内部,区别性主要体现在功能的主次上;而在它们之间,即各类词的外部,其区别性主要体现在不同的主要功能上。这一点,在频率上的反映也是十分明显的。

表 5

	主语	谓语	宾语	定语	状语	补语
名词	21.20%	0.18%	49.04%	20.90%	6.50%	0
动词	0.91%	76.70%	2.86%	6.52%	7.15%	5.88%
形容词	1.72%	26.20%	6.03%	42.00%	19.10%	4.80%

注:均取平均频率,名词做独语句中心语的未列入表中。

从表5可以看出,三大实词几乎能做各种句法成分(除名词不能做补语),在这一点上,它们具有较大的一致性,但是,在主要做什么成分上,又有明显的区别性。比如,名词主要做宾语、主语,不能做补语,这些刚好同动词、形容词形成鲜明的对立。

2.2.2 值得注意的是,动词和形容词虽然与名词相比有较大的共性,但二者之间的区别对立也是非常明显的。最突出的是在谓语和定语两种成分上，试比较，充当谓语的频率，动词是 76.7%，形容词是 26.2%，但充当定语的频率，形容词是 42.0%，动词仅 6.52%。

实际上，动词和形容词在功能上的差距，比上述数据反映的还要大。首先，动词的数据包括了三个附类的情况，其中趋向动词和助动词做谓语的频率都较低（分别是 1.39% 和 0.28%），所以，如果不计附类，动词做谓语的频率高达 84.6%。其次，单个动词的功能和动词性词组的功能有一定差异，特别是在定语上。比如，动词性词组做一般定语的频率为 3.6%，单个动词仅 1.8%，可见单个动词做定语的功能是很弱的，而做定语恰巧是形容词的主要功能。以上两方面的分析表明，形动之间的区别和对立比统计数字反映的更为明显。据此，我们完全有理由把汉语动词、形容词分别当作两大独立的词类。国内外有些学者认为汉语形容词可以归入动词，这种看法，忽视了二者在主要功能上的对立。

2.2.3 三大实词的对立，实际上是其主要功能上的对立，换言之，我们可以依据其主要功能来区分词类。

三、句法功能的复杂性

3.0 从这次统计中还可以看出影响三大实词句法功能的一些复杂因素。

3.1.1 从统计数据上看，名词充当主语的频率要比宾语低得多（21.2∶49.04），这似乎与我们平常所说的名词主要做主语、宾语不一致。这主要来自两方面的原因：一是主语省略比宾语省略常见得多；二是代替名词的代词做主语的多，而做宾语的少。代词做主语的频率为 54.6%，而做宾语的仅 18.3%。这与名词做主宾语的情况刚好相反（主：21.2%；宾：49.04%）。正是这种互补的分布，才使名词、代词各得其所，在功能上保持平衡。

3.1.2 名词这个类的内部，也还有一些复杂的情况。这种复杂性主要体现在方位词和时间处所名词上。这两类词和名词有一致的功能，都能做宾语、主语、定语,不能做补语,但是,它们又有自己的特殊性。特殊性主要是做主语的功能极差,而做状语的功能较强。可以说,名词做状语的功能主要是由方位词、时处名词体现出来的。这一点,可从表 6 中看出来:

表 6

	主语	谓语	宾语	定语	状语	补语
一般名词	21.01%	0.24%	41.70%	17.30%	0.10%	0
方位词	0.60%	0	4.13%	1.26%	2.08%	0
时处名词	0.40%	0.07%	2.31%	1.53%	4.12%	0

3.1.3　名词做定语的频率很接近主语,这里面有一个重要的因素是,我们把方位词组处理为偏正词组,这就大大增加了定语的数量。另外,定语中还包括了"的"字词组中的特殊定语,这两项出现的频率为 5.66%。因此,如果除去这两项,那么,名词做定语的频率要低得多(14.42%)。

3.2.0　动词内部也有一些复杂的情况。

3.2.1　判断动词做谓语的频率接近 100%,这符合动词的主要功能,但动词所具有的其他五种功能,判断动词基本上都不具备。这是它明显的特点。

3.2.2　趋向动词几乎全部出现在谓语或补语位置上。做谓语时,或者单独出现,或者是用在连谓式中,这两项加起来只占趋向动词的 25.3%,大大低于动词做谓语的总频率,而做补语的占趋向动词的 74.7%,这就增加了动词做补语的总频率。

3.2.3　助动词出现在另一个谓词前(本文看作状语),单独做谓语的很少("会英文""要钱"中的"会""要"不做助动词)。二者的比例,前者占 96.05%,后者占 4.95%,这与动词的总频率也相去甚远。

3.3　影响频率的还有一个重要因素是文体。同一类词在不同的文体中充当句法成分的频率是不同的。这种差别,甚至造成错觉,以至不能准确地判断功能的主次。

以名词做定语为例,在政论文中为 28.0%,而在戏剧作品中仅

10.13%。形容词做定语，戏剧作品只有32.6%，散文却达46.3%。再比如，名词做独语句中的中心语，在政论文和小说中很少，频率仅0.28%，而戏剧中竟达2.23%，几乎十倍于前。可见，名、动、形三类实词在各种不同的文体中出现的频率是不同的，单纯考察某一种文体，就带有很大的片面性。我们这次选择了篇幅大致相当的四种文体，其目的，就在于减少文体因素的干扰，能全面准确地考察三大实词的句法功能。

四、结论

4.0 这次统计分析使我们获得对汉语词类问题的一些更清晰的认识。

4.1 汉语的名词、动词、形容词，就某个具体词而言，可能用于次要功能，可能临时活用为本类以外的功能，甚至可以兼类。但作为"类"，它们之间有着相当清楚的界限，这就是它们在主要功能上的自身稳定性和相互区别性。

这种稳定性和区别性，究其根源，实际上是建立在汉语实词意义和功能之很大一致性的基础上的。词类功能与一定的词汇抽象意义有某种程度的一致[1]，这是各语言都有的。然而，形态丰富的语言，可以用形态手段构成许多词汇抽象意义有共同点而词类不同、功能不同的词，如表示动作、性质、状态的名词，这就造成了意义和功能之间的某种偏离。汉语没有这么丰富的形态，"聪明—智慧"这种义近类异的词也很少，而在交际中，句法结构的辨认是跟词类的辨认密切相关的。因此，只有当词类内的成员尽量接近该类词的共同基本意义（名词：事物；动词：行为；形容词：性质状态），且反过来意义上同类的词都有相近而又稳定的功能时，才便于在交际时区分出不同的词类和不同的句法成分。这

---

[1] 关于词类和词义之间的一致性，可以参看 John Lyons 在 *Introduction to Theoretical Linguistics*（1986）第318页的论述。

就构成了词类功能的自身稳定性和相互区别性的基础。因此，意义事实上也成为汉语词类辨认中最先也最常想到的因素[①]。

4.2 这次统计表明，某一词类充当不同成分的功能是不同的。有的成分是它的主要功能，有的是次要功能，有的只是罕用功能。词类区分的标准是主要功能。目前，词类问题上的一些"悬案"，正是由于忽视了这三者的关系才造成的。比如，有人把动词、形容词出现在主语、宾语位置上说成是"名物化"，这是忽视了词类次要功能的存在；有人把这一现象一律归入"活用"[②]，这是混淆了次要功能和临时功能[③]的界限。有人把这种动词、形容词称为"转类"[④]，这是凭次要功能来区分词类。还有人笼统地把做主宾语看作动词形容词"本来的语法性质"，这就模糊了词类主要功能和次要功能的明显区别。

4.3 对于汉语这种缺少形态标志的语言，数理统计是解决词类上一系列问题的有效途径。譬如，本文的统计清楚地显示了动、形两类词在主要功能上的对立。因此，把"非谓形容词"归入形容词是完全合理的，因为形容词的主要功能首先是定语而非谓语；把"唯谓形容词"归入形容词就值得推敲，因为它不具备形容词最主要的功能，而恰恰具备了动词的主要功能。本文的调查统计只是一次初步的工作，可以肯定，还有许多词类问题可以通过具体深入的调查统计来解决。比如有些词难以归类，就可以通过调查统计，依其主要功能来归类。我们相信，多做

---

① 吕叔湘先生说过："凭意义归类，只要认清它的缺点，提高警惕，就可以适当地利用它，因为它比别的办法更简便。……假如有人说出一些词来问咱们，哪些是名词，哪些是动词，咱们第一个反应是什么？——我自己，不怕见笑，第一个反应是意义。"（见《关于汉语词类区分的一些原则性问题》，载《汉语的词类问题》第一集）吕先生的经验恐怕是所有学汉语的人所共有的。

② 张静先生主张把"这本书的出版是有重要意义的""语言的生动、形象的鲜明，是这篇小说的特点"中的"出版""生动""鲜明"看作活用为名词。他认为的"活用"，范围比较宽泛，详见他的《论词的跨类问题》，载《郑州大学学报》，1983年第1期。

③ 所谓临时功能，指的是在一般情况下某一类不具有的功能，只是出于修辞的需要，词类"活用"后才具有的功能。如"国将不国了"的后一个"国"，就临时具备了做谓语的功能，但我们一般不讲"国"可以单独做谓语，因为这种临时功能不是该类词固有的。

④ 关于"转类说"，黎锦熙先生在《新著国语文法》中就主张，凡是做主语、宾语和某些类型的补足语（"是"后面的宾语）的动词，形容词都转为名词。这种语法的理论根据乃是黎先生的"依句辨品"说。

一些这样的实际工作，一定会大大有助于我们正确认识和解决词类问题，进而建立符合汉语实际的词类理论。

参考文献

布龙菲尔德（Bloomfield, L.） 1933/1980 《语言论》，袁家骅、赵世开、甘世福译，钱晋华校，北京：商务印书馆。
史存直 1982 《语法新编》，上海：华东师范大学出版社。
张拱贵 1983 词类和句子成分的关系及有关词类的几个问题，《南京大学学报》（哲学·人文科学·社会科学）第 4 期。
赵元任 1968/1980 《中国话的文法》，丁邦新译，香港：中文大学出版社。

（原载《南京师大学报》（社会科学版），
1985 年第 3 期，与莫彭龄合作）

汉语相向动词初探

引言

动词的分类，有许多不同的角度，可以服务于不同的目的。（1）和（2）的对立，向我们展示了汉语动词的又一种分类角度：

（1）张红碰见了李清。
（2）张红看见了李清。

（1）意味着李清也碰见了张红，因此，它与"李清碰见了张红""张红李清碰见了""张红（已经）跟李清碰见了"等句子都有语义上的隐含关系，即所指相同，语法上也有变换关系，我们可以选择这些句子中的任何一种形式来表达同样的一件事。（2）则不隐含李清也看见了张红，因此不存在（1）那样的变换可能。（1）（2）两句之所以有这种区别，是因为（1）中的"碰见"属于相向动词，表示的是两个方面互以对方为对象的行为，而（2）中的"看见"则属于非相向动词，只表示单方面的行为。[①]

一、变换句式

由于语义的隐含关系，相向动词在句法上可以有多种变换形式。我们可以把相向动词的这种语法特点用简单的变换式表示出来。典型的相

[①] 朱德熙《语法讲义》（1982：176—177）在谈介词"跟、和、同"的作用时曾提到"对称性动词"，相当于本文的相向或准相向动词，全部说明为"这一类动词表示的动作都有双方面参加，而且这双方面的关系是对称的。例如甲跟乙结婚，乙自然也同时跟甲结婚，甲跟乙下棋，乙自然也同时跟甲下棋。"

向动词有三个小类（A_1、A_2、A_3），各自的语法功能有所不同。[①]

A_1类动词有如下变换句式：

(a) $\left. \begin{array}{c} S_1S_2 \\ N_{(ss)} \end{array} \right\} +V \rightarrow$ (b) S_1+P+S_2+V

$\left. \begin{array}{c} 张红李清 \\ 他\ \ 俩 \end{array} \right\}$ 和解了。张红（已经）跟李清和解了。

A_1类动词的数量最大，我们通检《现代汉语词典》，得A_1类248个，其中见于《普通话三千常用词表》（以下简称《常用词表》）的有：接吻、握手、来往、拥抱、见面、结婚、离婚、冲突、打仗、争吵（吵架）、打架、通信、赛球、恋爱。下面是A_1类用在（a）式（例3—例6）和（b）式（例7—例9）中的情况：

（3）这地方的风俗，姐夫小舅子见了面，总好说句打趣的话。（赵树理《邪不压正》）

（4）那时候，上海的齐燮元和卢永祥正在打仗。（《短篇小说选·四》539页）

（5）我们头一次见面，谈不上十句。（巴金《团圆》）

（6）你们俩什么时候订婚？（钱锺书《围城》）

（7）你快快去……你才能快快地回来，和我见面。（孙犁《嘱咐》）

（8）他们都不和我来往了。（郁达夫《春风沉醉的晚上》）

（9）到底跟谁结婚还没定下来。（王蒙等《夜的眼及其他》）

A_2类动词也有上述（a）（b）两式，另外还多了一种（c）式：

(a) $\left. \begin{array}{c} S_1S_2 \\ N_{(ss)} \end{array} \right\} +V \rightarrow$ (b) $S_1+P+S_2+V \rightarrow$ (c) S_1+V+S_2

$\left. \begin{array}{c} 张红李清 \\ 他\ \ 俩 \end{array} \right\}$ 碰见了。张红（已经）跟李清碰见了。张红碰见了李清。

A_2类动词要少得多，总共36个，《常用词表》中有：贴、接、碰、

[①] 本文所用代号如下：V——动词，S_1——相向行为双方中的任何一方，S_2——S_1的行为对方，S_1S_2——S_1和S_2的并列短语，$N_{(ss)}$——代替S_1S_2的复数词语，P——介词"和、跟、同、与"，O——受事宾语。

碰见、遇、遇见、遇到、挨。下面各例,(10)(11)用于(a)式,(12)(13)用于(b)式,(14)—(16)用于(c)式:

(10)我和柳金刀就是在那时候结识的。(《散文特写选1949—1979》175页)

(11)他们的脸紧挨着,注视着我。(冰心《分》)

(12)莲台寺……东、西、北三面的庙墙都和山石连接。(《现代游记选·梁山泊见闻》)

(13)芭蕉花的故事便是和我母亲的病关连着的。(郭沫若《山中杂记·芭蕉花》)

(14)为得拣到这菜园来割菜,因而结识了老程。(废名《竹林的故事》)

(15)一棵紧挨着一棵,上千上万棵的高达几十米的大树,让人惊讶不已。(《现代游记选》341页)

(16)她常常去上街……接触各种各样的人。(老舍《四世同堂》1091页)

A_3类动词有两种变换式,也和上述(a)(b)相应,只是句式中还另外有一个相向双方以外的受事做宾语:

(a) $\genfrac{}{}{0pt}{}{S_1 S_2}{N_{(ss)}} $ +V+O → (b) S_1+P+S_2+V+O

张红李清 / 他 俩 交换了礼物。张红(已经)跟李清交换了礼物。

A_3类动词最少,共18个,《常用词表》中有"辩论、争论"两个,常用的还有"交换、对调、夹攻"等。以下两例分别用在(a)(b)两式中:

(17)我俩已经对调了工作。

(18)你还是和她交换一下意见!(《工人短篇小说选》1964年)

以上变换句式可以概括为一个总公式:

(a) $\genfrac{}{}{0pt}{}{S_1 S_2}{N_{(ss)}}$ +V(+O) → (b) S_1+P+S_2+V(+O)[→ (c) S_1+V+S_2]

其中"(+O)"只用于A_3类,方括号中的变换只用于A_2类。

以上变换句式反映了相向动词的共同特点及内部差异。这里面有几点特别值得注意。

1. 句式中的 S_1 是相向行为中的任何一方，因为相向行为的特点就是双方所处的地位相同。如果我们把 S_1 理解为确定的某一方，那么句式数目还应增加一倍。比如，A_1 类还须有 S_2S_1+V（李清张红和解了）、S_2+P+S_1+V（李清（已经）跟张红和解了）。所以说，句式中的 1、2 与一般的 N_1VN_2（张红看见了李清）中的 1、2 是不同的，后者中 1、2 的互换会改变句子的所指。

2. $N_{(ss)}$ 应该是表明复数的词语（我们、你们俩），但有时复数也可以体现在领属定语中，如"他们的脸紧挨着"。

3. 上述句式中的 S_1S_2，可以不用连词连接（例3），也可以用上"和、跟、同、与"这些连词（例4），而句式中的介词 P 也是这几个词。因此，如果"和"等词前面不直接相向的另一方有其他成分隔开（例7—例9），那"和"类就只可能是介词，我们在句式中加进可能出现的状语"（已经）"，也是为了明确"和"类的介词性。假如没有这种隔开的成分，那就可能是连词，可能是介词，这样，句子就变成同形异构而所指相同，可以说是"没有歧义的歧义句"，这是由相向动词的特殊性质造成的有趣现象。

4. 从一般角度分析，A_1 类是不及物动词，当与 A_2、A_3 相差较大，而 A_2、A_3 都能带宾语，是及物动词，两者应该比较接近。可是，上述句式却告诉我们，A_1 与 A_2 有较大的共同点（(a)(b)两式完全相同），A_1 与 A_3 也有一些共同点（S 不能置于动词后），而恰恰是 A_2 和 A_3 的差别最大。可见一般的分析角度对相向动词不适用（详见下节）。

相向动词的特殊性，不仅在于它们可以进入本小类所属的各个变换式中，而且在于其中大部分词项在一般情况下必须进入这些句式之一及其扩展式中。

1. 相向行为都涉及两方面的参与者，因此，只有用于上述变换式之一且把参与的两方面都表达出来，意义才完整，不能只用一个 S。而且，许多相向动词所表示的都是经常发生或存在的行为或关系，有些几乎人人都涉及，如"见面、接触、来往、结识、通信"，在提到这些行为或关系时，人们更关心的是究竟同哪两个方面有关，这就更要求两个 S 都出现。这样，下列句子看似结构完整，却都是站不住的：

（19）*张红见面了。（*号表示不合语法）

（20）*李清又接触了。

（21）*他交换了礼物。

例外的情况是另一个 S 隐含在上下文中，如：

（22）一直到他哥哥乘机到了南京，他赶去会晤。（刘白羽《环行东北》二章）

2. 有少量相向动词，除了经常用于前述变换式以外，有时也可以不用在这些公式中，而只让一个 S 出现。这些动词往往表示某些不常发生的行为，因此相向双方之一是否涉及这种行为，就可以成为人们关心的问题，如"打架、吵架、结婚、离婚"。由于动词本身有相向性，因而另一个 S 仍然被隐含着，或者是已知的，或者是不关心的，如：

（23）老人急着让我结婚。（《夜的眼及其他》）

（24）弟弟又去吵架了。

3. 我们说相向动词必须进入这些变换式，是强调两个 S 都要出现。A_3 类动词在运用时不说出受事宾语 O，这却是常见的，如"咱俩交换"。可是，这些虽然没有进入 A_3 类的句式，却进入了 A_1 或 A_2 的句式，或者说进入了相向动词的总公式，所以也不是例外。

二、语义基础

相向动词的特殊语法功能，完全是由其语义特点造成的。相向动词所表示的行为（及关系）通常由两个方面的人或事物参与。其中任何一方都以另一方为行为对象；有的是直接对象，如"他碰见过小张"，有的是间接对象，如"他一直跟小张通信"，还有的是在关系中处于同样地位的方面，如"江苏接着浙江"。

相向动词的语义性质决定了它对名词的选择跟其他动词不同，一般要求在组合中出现表示行为两方面的名词性成分。我们可以把这种选择用类似格框架（case-frame）的形式清楚地揭示出来。①

A_1 类和 A_2 类所要求的框架完全相同，都是：

$$[\underline{\quad\quad} S_1+S_2]$$

A_1 和 A_2 的区别仅仅在于，当转换成表层结构时，A_1 要求的两个 S 必须全部左移至动词之前，形成上节所举的（a）式或（b）式，而 A_2 要求的两个 S，既可以像 A_1 那样左移，也可以留一个 S 在 V 后充当宾语（（c）式）。所以，我们可以说"我接触过他了"（A_2），却不能说"我来往过他了"（A_1）。

A_3 要求的框架则是：

$$[\underline{\quad\quad} S_1+S_2+O]$$

就是说，除了相向双方以外，还有一个受事成分，这与 A_1、A_2 的选择不同。但转换成表层结构时，两个 S 都要左移，这一点与 A_1 相同。

可以说，相向动词所表示的行为包含了两个过程，一是 S_1 以 S_2 为对象的行为，一是 S_2 以 S_1 为对象的行为，两个 S 都兼做主体和对象；因此，当两个 S 都出现在主语中时，行为对象的位置就只能空缺。从中可以理解相向动词句法功能的特殊性以及它与非相向动词的关系，这在有些词项上表现得特别明显，试比较：

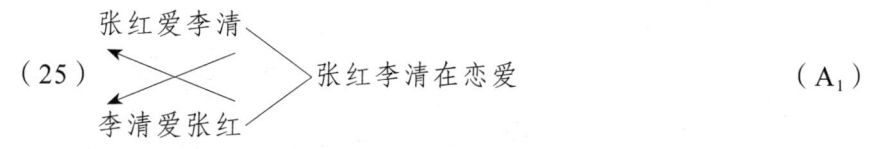

（25）　张红爱李清　　　张红李清在恋爱　　　　　　　　　　（A_1）
　　　　李清爱张红

（26）　龟山向着蛇山而立　　龟山蛇山对峙着　　　　　　　　（A_1）
　　　　蛇山向着龟山而立

---

① 真正的格框架要列出所有可能出现的各个格的名词成分，这里只列与行为参与者和受事者有关的成分。

又，本文的相向行为参与者 S 在格语法中似乎尚无合适的格可归。有人把出现在主语和介词短语中的两方面分别定为施事格和伴随格，这不妥，因为二者与动词的语义关系是一样的，特别是这不能解释二者都出现在主语中的情况，如汉语的"张红李清碰见了"，英语的 John and Mary have met，俄语的 Иван и Márъя встрéтилисъ。

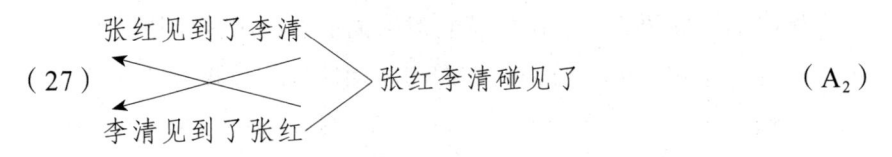

（27） 张红见到了李清 ⇄ 张红李清碰见了 （A₂）
　　　 李清见到了张红

（28） 张红给李清礼物 ⇄ 张红李清交换礼物 （A₃）
　　　 李清给张红礼物

大致说来，A₁ 句 A₂ 句各自都表达了两个双向动词句的内容，A₃ 句则表达了两个三向动词句的内容。正因为如此，在深层中，A₁ 与 A₂ 相同，而二者与 A₃ 不同。

顺便说明一下，能表达相向意义的形式不都是相向动词。

首先，非相向动词可以和其他手段配合起来表示相向行为，如：

（29）他们两人……笑迷迷地你看我，我看你。（鲁迅《幸福的家庭》）

（30）在他面前站了几个人，谁也看不见谁。（刘白羽《三下江南战记》）

（31）他们俩在互相掩护。①

（32）我和他只能隔着窗户向对方致意。

其次，名词、形容词也有表示相向关系的：

（33）他同我是老朋友。（名）（冰心《斯人独憔悴》）

（34）夫妻俩很亲热。（形）②

三、准相向动词

在相向动词句中，行为所关涉的参与者可以不止两个个体，对于典型相向动词来说，这种情况并不改变行为的相向性质。

---

① 这里，相向性是由状语"互相"（"相互、彼此"同）表示的。不过，"相逢、相持、互通"等词中的"相、互"，在现代汉语中已不是独立的词，而是一个构词成分，整个词还应属相向动词。

② 关于相向关系名词，拙作《亲属关系名词的综合研究》§1.3.1 和 §3.1.3 有专门讨论，见《语文研究》1983 年第 4 期。相向形容词的例子还有：要好、相同、一样。有些词属于动词还是形容词一时难定，本文附录从宽收进，如"平行、对称"。

有时，超过两个的个体实际上形成两个集体，因此，行为仍在两方面之间进行。如（35），其实就是五名对五名，有时还用连词或介词标明这两方面，如（36）。

（35）这十名运动员正在比赛篮球。

（36）两人跟汪厚处平素不往来。（钱锺书《围城》）

根据变换句式，我们知道，当两个 S 用在主语中时，其他位置就不能出现 S；如果其他位置又有 S 出现，那主语必定只是形成集体的一个方面（S_1），不再是双方（S_1S_2），例如，"张红李清"在（37）中是 S_1S_2，整个句子是（a）式句，在（38）中却只是一个 S_1，S_2 是王华，整个句子是（c）式句：

（37）张红李清碰见了。（S_1S_2+V）

（38）张红李清碰见了王华。（S_1+V+S_2）

两句中个体数目虽然不同，但是都只有两个方面参与行为。

有时候，这些个体组成若干个"对子"，动词表示的是许多个小行为的总和，而每个小行为仍是在对子的两方面之间进行的（不排斥同一个体进入不同对子，如例（40））：

（39）今年春节村里的五对青年将结婚。

（40）十几个孩子在交换着拣到的贝壳。

在这种情况下，一般只有（a）式，因为（b）（c）都是明确划分出 S_1 和 S_2 两方面的，如：

（41）他们在跟那三个孩子交换贝壳。

（42）下半天寡妇碰见他们五人。（钱锺书《围城》）

汉语中另有一类词，它们所表示的行为也涉及不止一个参与者，如"商量、讨论、合作、共事、聚会、串通"，但当主语由超过两个的个体充当时，这些个体既不形成两个方面的集体，也不组成若干个对子，而是每个个体只作为集体的一分子在起作用，因而可以叫作"集体动词"。如：

（43）会上大家在热烈地讨论。

（44）这六位排坛宿将再次合作。

显然，集体动词不是典型的相向动词。然而，我们注意到，集体动词中的很大一部分都具备相向动词的重要特征。

在一般情况下，这部分词要求有并列或复数的词语做行为主体，不能只出现一个个体，因此（43）（44）都是合语法的，而（45）（46）却站不住：

（45）*会上老王在热烈地讨论。

（46）*小李再次合作。

参与行为的每个个体，可以分用在主语和介词后两种位置（相当于（b）式），有的还可以分用在主语和宾语两种位置（相当于（c）式），这样就把行为参与者分成两个方面，和相向行为十分接近，如：

（47）你们……不跟群众商量。（（b）式）(浩然《春之歌》134 页)

（48）他们三人在村口会集了东庄的青年们。（（c）式）

行为参与者也可以少到两个个体，这时，语法、语义特点愈加接近相向动词，如：

（49）两个人商量一阵，达成这样一个协议。（（a）式）（刘澍德《拔旗》）

（50）赵太爷便在晚饭桌上，和秀才大爷讨论。（（b）式）（鲁迅《阿Q正传》六章）

（51）他串通了一个走私犯，盗窃文物。（（c）式）

根据以上情况，我们把这类动词看作"准相向动词"——B类，它区别于 A 类之处是，当（a）式的主语是超过两个的个体时，不表示相向行为，而表示共同行为。

这里说的只是"集体动词中的很大一部分"，就是说，另外有一部分是并不全部具备这些特征的，如"传阅、凑合、鼎立、起哄、群居、散居、云集"，它们也要求用复数或并列词语做主语，但一般不能分成两个方面用在（b）（c）式中，这部分集体动词不属于准相向动词。

根据主要的语法、语义特点，A 类词和 B 类词基本上是能够分清的，但也不是处处泾渭分明。有少数词在同样意义上兼着相向和共同两种性质，如"比赛"用于球类，具体行为必定在两方面之间进行，用于田径，就可以是分不出两方面的共同行为。甚至有些典型的相向动词在一定条件下也难以分出行为的两方面，而接近于共同行为，如"他们三人在三岔路口碰见了"。因此，本文附表中具体词项的归类，是按照主要特点做的初步处理，有待进一步讨论。

准相向动词可以分为 B_1、B_2、B_3 三个小类，分别对应于 A_1、A_2、A_3 三类。它们用在（a）式中一般表示集体行为，用在（b）式、（c）式中则表示分成两方面的相向行为。

B_1 类如"合作、合影、集合、交谈、结盟、分手"。用在（a）式中的例子如（44）。（52）（53）是用于（b）式的例子：

（52）咱俩得跟他们三个人合作。

（53）陈校长王老师正在和同学们交谈。

B_2 类如"联合、团结、会合、会集"，用于（c）式的已见（48）（51）两例，以下两例分别用在（a）式和（b）式中：

（54）这条大河的三条支流已经汇合。

（55）我们已经跟小王他们会合了。

B_3 类如"合谋、合演、合用、讨论、商量、商议"，以下两例分别用在（a）（b）两式中：

（56）全家人正在商量挖井的事。

（57）我家一直和另外两家合用一个厨房。

当然，宾语 O 也常常不用，如（43）、（47）、（49）、（50）。

四、变换的限制

每类相向动词都有几个所指相同并可以互相变换的基本句式。然而，在实际运用中，三个句式之间的变换，以及句式内部 S_1 和 S_2 之间的互换，并不绝对自由，而受到语法、语用、语义多方面的限制。本节拟探讨一下造成限制的各种因素。这里主要就 A 类动词来谈，在很大程度上也适合于 B 类的情况。

变换的限制首先来自汉语句式的聚合关系。

在各个基本句式中,(a)式表示的相向性最明显,如"他俩碰见了"。这是因为,(a)式是与汉语中的"主—谓"句型(他走了)构成聚合类的;当主语是复数或并列成分时,谓语总是同样地陈述主语内部各成员的(他俩走了),因此,当谓语用了相向动词时,主语内部各成员就以相等的资格兼有主体和对象双重身份。

(c)式句表示的相向性就远没有(a)式明显。"张红碰见了李清"的确隐含着"李清碰见了张红";但是,在句法系统中,(c)式跟"张红帮助李清""张红看见了李清"这类句子构成聚合类,这类句子的大部分表示"施事—动作—受事"的关系,这种聚合关系(索绪尔叫"联想关系",rapport associatif)总叫人在说或听"张红碰见了李清"时感到"张红"(S_1)更接近施事,这种感觉限制了变换的可能。

(b)式的聚合类,有时表示共同行为,接近(a)式的聚合类:"张红已经和李清(一起)去了",有时又表示单方面行为,接近(c)式的聚合类:"他已经和我说了。"所以(b)式表示相向性的明显程度介于(a)(c)之间:"张红已经跟李清碰见了。"

由于句法聚合的影响,(c)式句内部 S_1、S_2 的互换受限制最大,其次是(a)、(c)两式之间的变换,而(a)、(b)之间,(b)、(c)之间,(b)式内的 S_1、S_2 之间的变换都要自由一些。

组合关系也能给变换造成限制。由于(c)式(以及(b)式)中的 S_1 带有较多的主动意味,因此,有时可以在动词前用上一些只跟 S_1 有关的成分,这就加强了 S_1 的主动性,从而使变换变得基本上不可能。如:

(58)我实在不愿意结识他。

(59)他们要和人来往,要说要笑。(《散文特写选·一》299页)

(60)她最爱和名人唱和。(鲁迅《高老夫子》)

语用情况对变换也有影响。在汉语中,句法上的主语和语用上的话题(topic)往往是一致的。所以,(c)式及(b)式中的 S_1,往往是被关心的对象。这样,交谈的双方就比较容易成为 S_1,所以,(61)—(63)

比（64）就要自然一些：

（61）你碰见他了吗？

（62）我碰见他了。

（63）你已经跟他碰见了吗？

（64）他碰见我了。

只有顺着谈"他"的话说下来，（64）才是自然的，（65）便提供了这种语境：

（65）<u>党总支书记</u>到县医院看望病人回来，半路上<u>碰到我</u>，跟我谈过他。（浩然《春歌集》157页）

如果相向双方不是听说者，这时选择什么做 S_1 和 S_2 就取决于语境的话题情况。例如：

（66）下半天寡妇<u>碰见他们五人</u>，伴伴不睬。（钱锺书《围城》178页）

（67）<u>鸿渐</u>到外文系办公室接洽工作，<u>碰见孙小姐</u>，低声开玩笑道……（钱锺书《围城》225页）

（66）的下文以"寡妇"为话题，（67）的上文"接洽"、下文"开玩笑"都以"鸿渐"为话题，这就决定了两句对 S_1 和 S_2 的选择。如果没有上下文的这种制约，那选择就比较自由，而（a）式句出现的可能更大：

（68）（几乎每一家都在议论这件事情，田小武家更不例外，）<u>父子俩正在吵嘴</u>。（浩然《春歌集》223页）

在某些条件下，相向动词的语义有所变化，成为或者几乎成为表示单方面行为的动词，这时，就不可能进行变换。

有一部分 A_1 词，虽然能带宾语，但属于使动用法，就是使宾语中的两个方面出现相向关系，因此不能算作（c）式；这时宾语倒常常是复数或并列的，如：

（69）你要隔开小张和小王。

（70）敌人试图分离这两支游击队。

有些词用在（a）（b）两式中表示相向行为，如（71）（72），但用在（c）式中就带有明显的单方面意味，S_2 处于受事地位，如（73）是 S_1 采取措施把病人（S_2）与自己隔开，而 S_2 并没有相应的主行动为：

(71) 我们和病人已经隔离了。

(72) 我们已经跟病人隔离了。

(73) 我们已经隔离了病人。

还有的词在（b）式中也带了些单方面意义，如：

(74) 他一再跟队领导吵。

有些 A_2 词本有相向非相向两种含义，这些词往往用在（a）式及（b）式中表示相向行为，如（75），在（c）式中表示纯粹的单方面行为，如（76）：

(75) 他和你哥哥认识。

(76) 他认识你哥哥。

在（73）中，"病人"毕竟也与"我们"隔离了，（74）中的"领导"也一定程度被卷入了"吵"，但（76）中的"你哥哥"却可以根本不认识"他"。同类动词还有"熟悉、拥抱"。

行为所关涉的两个方面的类别，也影响到动词的词义及其相向性。相向行为一般建立在同类事物的基础上，如：

(77) 上海和东京通航。（地点—地点）

(78) 印度和巴基斯坦媾和。（国家—国家）

(79) 张红和李清通信。（个人—个人）

所以，同一个"接触"，在（80）（81）中由于两方面同类，因而是相向行为，在（82）（83）中却由于两方面不同类，导致了相向性的消失：

(80) 我接触过你哥哥。（人—人）

(81) 这块塑料接触过酸碱。（物—物）

(82) 那小孩儿老接触电器。（人—物）

(83) 你真正接触了社会。（人—外界事物）

（82）（83）两例都表示人的主动行为。同样，试比较：张明和罪犯搏斗——张明和命运搏斗；张明和他哥哥决裂了——张明和旧传统决裂了；张明碰见了哥哥——张明碰见了怪事。随着相向性的消失，变换也就难以进行。

五、结语

对动词进行多种角度的分类，尽可能给每个动词词项标明对名词的选择，这是语法研究深入的需要，也是进行机器翻译、人机对话等方面工作的需要。

本文的初步考察表明，汉语相向动词（及准相向动词）具有鲜明的共同特征，而与其他各类动词明显对立；因此，相向非相向是汉语动词的基本分类之一，其重要性不亚于及物不及物之分。

由于及物不及物的区分及一般的单向、双向、三向的区分都对相向动词的实际情况缺乏解释能力，因此，相向动词宜根据语法、语义特点分成本文的 A_1、A_2、A_3 及 B_1、B_2、B_3 这几类。

相向动词的特点为语法与语义的关系提供了有益的启示。

首先，动词的语义对动词的句法功能有很大影响。相向动词的特殊语法特点正是由其表义特点决定的。

其次，句法结构对动词词义也有制约作用。准相向动词出现在多个个体的主语后（（a）式）表示共同行为，而用在（b）（c）式中，由于行为参与者被划成两个方面，就转而表示两方的相互行为。

最值得注意的是，一个句子的意义，可以包含多个意义层次。"张红李清碰见了"和"张红碰见了李清"，两句所指意义全同，但句法意义有别，"李清"在两句中分别有施事主语和受事宾语的含义，语用意义也不同，前句的话题是"张红李清"，而后句的话题是"张红"。前句和"张红（已经）跟李清碰见了"，可以说所指意义相同，句法意义接近，而语用意义仍然不同。

参考文献

刘丹青　1983　亲属关系名词的综合研究，《语文研究》第 4 期。
朱德熙　1982　《语法讲义》，北京：商务印书馆。

附录

相向动词总表——497 个

说明：1.据《现代汉语词典》1978 年版汇集；2.凡该词典中的单音节、双音节相向动词（A 类）和准相向动词（B 类），除注明〈方〉者，一律收入，其中有些只在某一义项上属相向动词，三音节以上的不收；3.归类依主要用法而定，少数词有几种主要用法，分入各类，并加数字区别，如 A_1 中有"结合$_1$"（=结婚），B_2 中有"结合$_2$"，两种用法分别计入总量；4.异体词用括号表示，不计入总量。

A_1 —— 248 个

拜堂 比配 辩驳 搏斗 参半 唱和 吵 吵架 吵嘴 成婚 成交 成亲
冲突 重叠 重复 重合 酬唱 酬酢 错车 打赌 打架 倒置 抵牾（牴牾）
缔交 掉包 掉过儿 定婚 定亲 订婚 订交 斗法 斗气 斗智 斗嘴 对唱
对称 对等 对偶 对歌 对话 对劲 对局 对开 对垒 对立 对流 对门
对生 对立 对消 对应 对仗 对质 对峙 翻脸 反目 别别 分割 分隔
分界 分居$_1$ 分离 分袂 格斗 共栖 共生 媾和 挂钩 过从 过往 酣战
合璧 合卺 和好 和解 互惠 互利 互让 互助 话别 换班 换个儿 换工
换亲 换帖 换文 会面 会战 见面 僵持 交兵 交叉 交错 交锋 交媾
交好 交火 交集 交际 交加 交界 交口 交困 交配 交迫 交手 交替
交通 交往 交尾 交游 交战 接火 接境 接气 接吻 结仇 结合$_1$ 结婚
结交 结亲 结缘 结怨 纠结 久违 角斗 角力 决绝 决裂 决撒 决赛$_1$
绝交 绝缘 开仗 口角 阔别 拉平 拉手 来往 离婚 离异 联贯 联袂
联姻 连贯 连通 连用 恋爱 两抵 两便 两可 两难 两歧 临别 论战
骂架 摩擦（磨擦） 谋面 怄气 拍板 配对儿 碰杯 匹敌 匹配 仳离 姘居
姘识 平行 破脸 肉搏 失和 私通 谈 调情 跳舞 通车 通航 通好
通话 通婚 通奸 通连 通信 通邮 同房 同化 同居$_1$ 偷情 投缘 往来
为伍 握别 无干 下棋 相安 相称 相成 相持 相当 相对 相反 相仿
相逢 相符 相干 相隔 相关 相好 相交 相距 相商 相识 相似 相通
相投 相象 相依 相应 相映 相与 相约 相知 相左 携手 谐和 谐音
偕老 邂逅 性交 修好 休战 揖让 议和 幽会 有旧 圆房 赠答 战斗
争 争辩 争吵 争持 争手 争鸣 争议 争嘴 知己 作战 做亲

A_2 —— 36 个

挨 挨近 别离 隔离 勾搭 勾结 勾通 关联 关涉 会见 会晤 接 接触

汉语相向动词初探　　45

接近　结识　诀别　离别　离开　联接　联结　联系　连接　碰　碰见　契合　亲近
涉及　熟悉　贴　无关　衔接　遇　遇到　遇合　遇见　撞见

$$A_3 —— 18 个$$

比赛₁　辩论　串换　颠倒　调换（掉换）　断绝　对调　互通　换　夹攻　夹击
交割　交换　交接　较　较量　攀谈　争论

$$B_1 —— 145 个$$

暗合　拜盟　比武　比试　并进　并举　并立　并联　并列　并行　并重　串供
串联　错杂　搭伴　搭伙　搭配　分爨　分肥　分隔　分工　分红　分家　分居₂
分开　分润　分散　分手　分赃　分张　共处　共事　合并　合唱　合股　合伙
合击　合计　合力　合流　合拢　合谋　合群　合影　合辙　合作　划一　化合
话旧　欢聚　汇合　汇集　汇流　汇总　会餐　会操　会聚　会盟　会师　会谈
会衔　会演（汇演）　混合　混淆　混一　混杂　集合　集聚　集中　兼备　间杂
交融　交谈　交织　搅和　结伴　结合₂　结盟　结社　结义　解约　竞渡　竞赛
竞争　竞走　就伴　聚　聚餐　聚合　聚会　聚首　角逐　决赛₂　离叛　联防　联欢
聊　聊天儿　轮　轮班　轮换　轮流　轮休　轮值　粘结　偶合　配合　配套　碰头
齐唱　齐集　齐名　齐心　齐奏　倾谈　融合　赛车　赛马　赛跑　散居　失散
谈话　谈天　谈心　逃散　通气　同居₂　同行　团聚　团圆　完聚　闲聊　闲谈
相处　协力　叙别　叙谈　一律　一致　约期　杂凑　杂交　争衡　组合

$$B_2 —— 7 个$$

串通　会合　会集　联合　溶合　团结　约会

$$B_3 —— 43 个$$

比　比赛₂　凑　磋商　缔结　分　分担　分摊　隔绝　合成　合营　合用　合奏
会攻　会商　会审　会诊　计议　结拜　竞选　平分　评议　洽商　切磋　商兑
商量　商榷　商谈　商讨　商议　商酌　谈论　谈判　探讨　讨论　婉商　协定
协议　预约　约　约定　争　争夺

（原载《语言研究集刊》（第一辑），
江苏教育出版社，1986 年）

汉语相互性实词的配价及其教学

引言

词语的配价可以理解为词语的同现关系,即语法单位之间在深层必须有而在表层可以有(也可以有条件地省略)的组合关系(刘丹青1987)。考察配价关系一般以同现关系中的一方为核心或基点,另一方或几方为核心的价(本文也称"论元")。配价关系最主要用于考察以动词(或谓词)为核心的句法组合关系,因为它构成了句子的基本框架。但其他词语类别也可以存在以自己为核心的配价关系。根据价的数量,词语可以有单价、双价和三价等的区分。然而,本文所讨论的相互性实词,即具有"相互"这一语义成分(义素)的名词、动词和形容词,却既与配价现象密切相关,又难以简单地用其他词语的那种方式来确定价的数量和分类。这类词语在配价理论中和语言教学实践中都需要予以特别的关注。[①]

先比较以下四个句子:

(1)张明碰见了李刚。

(2)张明和李刚碰见了。

(3)他们(俩)碰见了。

(4)*张明碰见了。

[①] 较早注意到相互性词语特殊性的中国语言学家似乎是朱德熙(1982),他在谈到介词"跟、和"等的作用时提及"对称性动词",他认为"这一类动词表示的动作都有双方面参加,而且这双方面的关系是对称的。例如甲跟乙结婚,乙自然也同时跟甲结婚,甲跟乙下棋,乙自然也同时跟甲下棋。"(第176—177页)

四句都用了相互性动词"碰见"。在（1）中，出现了分别占据主语和宾语位置的两个论元，句子完整而自足，"碰见"似乎是二价动词。在（2）中，（1）的两个论元合成一个以并列式主语出现的单一论元，但句子仍是自足的，是（1）的同义句，并且在这一语义上不能再带宾语，"碰见"像个一价动词；（3）是（1）和（2）的同义句，只是进一步用复数代词取代（2）的并列式主语，一价动词的特点更明显；（4）只能是一个不自足的句子，只有在省略的情况下才能合格（这里的 * 号表示从配价角度看句子不自足），"碰见"只能做二价动词。[①] 刘丹青（1982，1983，1986，1987）分别讨论过相互性名词、相互性动词和相互性形容词的句法语义特点，本文"上篇"拟从配价语法的角度总结这三类相互性实词在语义和句法上的共性及三类词的各自特点，"下篇"讨论与汉语相互性实词的应用和对外汉语教学有关的问题。

上、理论篇

一、相互性实词的配价及句法语义共性

汉语相互性实词的配价中存在着一种"分合价"，其论元分时为二，合时为一。前面已通过（1）—（4）反映了相互性动词的这一特点，形容词和名词也有这个特点。先看形容词：

（5）张明（一直）跟李刚很要好。

（6）张明和李刚（一直）很要好。

（7）他们（俩）很要好。

（8）*张明很要好。

这四句的配价情况跟（1）—（4）句大致相当，区别在于当"分合价"

[①]（3），甚至一定程度上的（2），也可以看作跟（4）同类的不自足的句子，"张明和李刚"或"他们"是"碰见"行为中的一方，另一方空缺了，所以这几句都是歧义句，但在孤立情况下自足的理解占优势，参看下篇"三、不自足用法和变换的限制""四、歧义现象"。

处于分的状态时，某些动词的两个论元可以分别出现在主语和宾语的位置上，而形容词的两个论元只能分别出现在主语和状语的位置，从而构成（5）和（1）的区别。例句中插入"一直"是为了区别介词"跟"和连词"和"。再看名词：

（9）张明（一直）跟李刚是同事。

（10）张明和李刚（一直）是同事。

（11）他们（俩）是同事。

（12）*张明是同事。

这四句的配价情况跟（5）—（8）完全相同，唯一的区别是相互性名词前多一个系动词"是"。换句话说，"是＋相互性名词"就相当于一个相互性形容词的作用。

"分合价"的内在成因是相互性实词共同含有的"相互"义素。"相互"是两个方面对等的相互作用或相互关系，因此它要求有两个方面（至少两个个体）的名词性论元与核心同现。在表层句法中，这相互双方可以占据两个句法位置，跟二价词语相似，也可以合为一个句法成分（通常是主语），看起来又像单价词语，但这个成分必须是包含两个方面的并列结构或复数单位（下文称"并列/复数"单位）①，这又跟一般的单价词语很不相同。借用商品术语，我们可以名副其实地把这个特殊的并列/复数论元叫作"二合一论元"。在相互性谓语句的表层只出现一个论元的情况下，该论元取并列/复数形式是句子自足的必要条件，但并不是充分条件。假如该并列/复数成分是合为一个整体或代表一个方面的单一论元，则句子仍是不自足的。② 这表明，相互性实词的真正特点是要求有两个方面构成其论元，因此其实质更接近二价词语而不是单价词语（有些相互性动词还接近三价动词，但涉及相互性的论元仍是两个，不存在"三合一论元"，详见下节）。

---

① 并列/复数单位也可以有其他一些表现形式，一是"……（之）间"，如"师生之间很亲密""同事间很融洽"，二是用领格定语表明并列/复数，如"两人的目光对视着"，文中有些例句属于这些情况。

② 上页脚注①提出的（2）和（3）的另一种理解，即属于主语是并列/复数成分而句子仍不自足的情况。

从义素分析的角度看,"相互"可以分析为一个"二合一"的义素,这在某些词语上表现得特别明显,请看:

张明看见了李刚+李刚看见了张明=张明和李刚相互看见了=张明和李刚碰见了(即例(2))

张明对李刚很好+李刚对张明很好=张明和李刚相互很好=张明和李刚很要好(即例(6))

"价"的概念是从化学中借来的,上面的分析启示,这种借用还能发展,相互性词语的配价就是由两个同形同义的二价词语"化合"而成的。"化合"的结果,使相互性词语在语义上形成一个很不同于普通二价词语的特点,即相互性词语的两个分合性论元语义地位对等,没有施-受之别。对于行为性较强的相互性动词来说,这两个分合性论元都是施事兼受事,如例(2)中的"张明",既是"碰见"的施事,也是"碰见"的受事,另一个论元"李刚"同样身兼这二职。对于行为性弱的相互动词和其他相互性实词来说,两个论元可看作对等的当事。正因为语义地位对等,所以两者可以合一,并且即使在两者分开的情况下,也可以交换句法位置而语义关系不变;而一般二价词语的两个论元不能合一,换位则会导致语义改变,比较:

(1)张明碰见了李刚。=(1)a.李刚碰见了张明。

(13)张明看见了李刚。≠(13)a.李刚看见了张明。

相互性实词所要求的两个方面,既可以是两个单数性单位(个体),如例(1);也可以是两个复数性单位(集体),如例(14);还可以是一个单数和一个复数,如例(15)和例(16):

(14)张明和李刚碰见了他们。

(15)下半天寡妇碰见他们五人。(钱锺书)

(16)两人跟汪厚处平素不往来。(钱锺书)

"相互"义素使相互性动词、形容词和名词在词性不同的情况下形成相似的句法特点。下面试用一些统一的公式展示三个词类的相互性实词的句法共性。

先约定几个符号。N代表与相互性实词同现的名词性论元(包括代词），表示相互双方的两个论元分开时用 N_1、N_2 区别，Np 表示复数义名词性论元（不含并列短语）。M 表示相互性（mutual）实词，必要时用 Mv、Mn、Ma 分别表示相互性动词、相互性名词和相互性形容词。V 指相互性动词以外的动词（通常是系动词或虚义形式动词）。公式和自撰例句一律用"和"表示并列连词，用"跟"表示介词以减少歧解，引用例句则仍照录原文。下文须补充的符号随时说明。

公式 1　N_1+（和）$+N_2+$（V）$+M=N_2+$（和）$+N_1+$（V）$+M$

说明：1. 括号中的连词"和"有时可省，如"张明和李刚碰见了"也能说"张明李刚碰见了"；2. N_1、N_2 等数字只用来区别名词，没有语序意义，两者可以对换位置而不改变语义，所以有等号两边的同义形式，其他两个 N 分开的公式亦然；3. 括号中的 V 对于相互性谓词来说不需要，但也可以用"有、存在、进行、产生、发生、形成"等虚义形式动词让整个动宾短语作为一个相互性实词，如"双方正在进行交涉"（＝双方正在交涉），对于相互性名词来说则是必须用系动词及准系动词"是、像、当、成为"等，如"张明和李刚是/成为邻居"，下同；4. 符合这一公式的动词句见例（2），形容词句见例（6），名词句见例（10），不另外举例。

公式 2　N_1+跟$+N_2+$（V）$+M=N_2+$跟$+N_1+$（V）$+M$

说明：1. 公式中的"跟"是介词而非连词，不能省略；2."跟"前还可以有状语，如"一直"，在另加状语的情况下，"跟"只能理解为介词，绝不能省，如"张明一直跟李刚很要好"不能说"张明一直李刚很要好"；3. 符合这一公式的形容词句和名词句分别见例（5）和例（9），动词句如"张明（已经）跟李刚碰见了"。

公式 3　$Np+$（V）$+M$

说明：1. Np 表示主语名词或代词必须是复数，Np 在语义上等同于上两个公式中 N_1 与 N_2 之和，而公式 1、公式 2 中的 N_1、N_2 没有数的规定；2. 符合这一公式的动形名三类句子分别见例（3）、例（7）和例（11）。

以上三个公式可以相互变换而句子的语义关系（配价关系）不变，

也就是说，所有相互性实词都可以构成这三类共五种表达形式的句子，这种句法共性使相互性实词形成一个跨词类的句法聚合类，与通常的词类划分法构成了交叉关系，这在实词中是不多见的。

下面再就这三类词在句法和语义上分别具有的特点做点进一步的探讨。

二、相互性动词的句法特点

相互性动词都能用在公式1—3中；除此以外，相互性动词还有一些自身的重要句法特点，相互性动词的内部也比较复杂，需要分类探讨。相互性动词可以分成三类，下面三个例句可以作为这三类动词的代表性句式：

（17）张明和李刚（早就）来往了。

（1）张明碰见了李刚。

（18）张明和李刚（已经）交换了礼物。

（17）就是公式1，"来往"类词不能带宾语，例（1）、（18）都是带宾句，而公式1—3都没有包含宾语。按传统分类法，"来往"是不及物动词，与及物的"碰见"类和"交换"类相差较大；而"碰见""交换"都是及物动词，应该性质比较接近。但从配价语法的角度看，情况并不如此。

"来往"类动词有两个论元，而它本身不能带宾语，因此主要用于公式1—3：两个论元或者作为并列/复数单位出现在主语位置（公式1、公式3），或者分别出现在主语和由"跟"类介词引出的状语中（公式2）。下面是一些实际用例：

（19）这地方的风俗，姐夫小舅子见了面，总好说句打趣的话。（赵树理）（公式1）

（20）那时候，上海的齐燮元和卢永祥正在打仗。（《短篇小说选·四》）（公式1）

（21）你快快去，……才能快快地回来，和我见面。（孙犁）（公式2）

（22）我们头一次见面，谈不上十句。（巴金）（公式3）

（23）他们都不和我来往了。（郁达夫）（公式3）

（24）你们俩什么时候订婚？（钱锺书）（公式3）

上述例（19）、（21）、（22）都用了"见面"一词，分别属于公式1—3，其他该类动词也是如此。"来往"类动词是相互性动词中数量最大的一类（详见附录），是"二价不及物相互动词"。

"碰见"类动词也只有两个论元，跟"来往"类的两个论元语义性质相同。它跟"来往"类的主要区别是除了用在公式1—3以外，还可以让其中的一个论元处于宾语位置，构成"二价及物相互动词"，如例（1），从而形成公式4：

公式4　$N_1 + Mv + N_2 = N_2 + Mv + N_1$

公式中的 Mv 表示相互性动词，因为此式只适合于动词。下面再举些"碰见"类动词的实际用例：

（25）我和柳金刀就是在那时候结识的。（《散文特写选1949—1979》）（公式1）

（26）莲台寺……东、西、北三面的庙墙都和山石连接。（《现代游记选》）（公式2）

（27）他们的脸紧挨着，注视着我。（冰心）（公式3）

（28）为得拣到这菜园来割菜，因而结识了老程。（废名）（公式4）

（29）她常常去上街……，接触各种各样的人。（老舍）（公式4）

（25）是公式1，但也可以变换为其他各式（其他"碰见"类动词以此类推）。如：

（25'）a. 我就是在那时候跟柳金刀结识的。（公式2）

　　　b. 我们就是在那时候结识的。（公式3）

　　　c. 我就是在那时候结识柳金刀的。（公式4）

"交换"类动词有三个论元，其中两个是相互关系的双方，属于在表层可分可合的"分合价"，还有一个是受事价（广义），所以是"三价及物相互动词"。这类动词的主要适用句式有三个，由公式1—3再分别带一个受事宾语（N_O）构成，下面我们就把这三个公式看作公式1—3的带宾扩展式而不另外编号：

公式 1a　$N_1 +（和）+ N_2 + Mv + N_O = N_2 +（和）+ N_1 + Mv + N_O$

公式 2a　$N_1 +（跟）+ N_2 + Mv + N_O = N_1 +（跟）+ N_2 + Mv + N_O$

公式 3a　$Np + Mv + N_O$

它们的典型例句如：

（30）张明和李刚交换了礼物。（公式 1a）

（18）张明和李刚（已经）交换了礼物。（公式 2a）

（31）他们（俩）交换了礼物。（公式 3a）

从义素构成看，这类动词也确实是由两个三价动词化合而成的，如：

张明给李刚礼物＋李刚给张明礼物＝张明和李刚相互给了礼物＝张明和李刚交换了礼物

三类动词按传统分类，该是"来往"自成一类（不及物），"碰见"和"来往"合为一大类（及物）。可是按配价观点看，恰恰"来往"和"碰见"是一大类（二价，都能在公式1—3中自足），而"交换"自成一类（三价，要公式1—3另加宾语才自足）。"碰见"可带的宾语是相互关系中的一方，可以和另一论元合并做主语；"交换"带的宾语是相互双方以外的对象，绝不能和另一论元合并，两种及物性的句法性质相差很大。可见，及物不及物的分类，对相互性动词而言，解释力是很弱的。

再从数量看，汉语动词总体上及物多于不及物，而在相互性动词中，不及物的"来往"类反而大大超过及物的另两类的总和（见附录）。从配价的角度这很好解释。相互性行为的两个论元语义对等，不分施受或身兼施受，动词前的位置较能体现二者的对等关系，若让两方分别处于动词的前后（即公式4），容易产生有施受之分的错觉，所以大部分二价相互性动词只能用于公式1—3而成为"来往"类，只有少数能用于公式4而成为"碰见"类。至于"交换"类，它是由三价动词"化合"而成的，而语言中三价动词本来就不多，因此语言中"交换"类自然也不会多。

三、相互性形容词的句法特点

相互性形容词做谓语的基本句式是公式1—3，跟"来往"类动词的句法特点基本一致。由于汉语形容词和动词句法特点接近，有些词还无法断定是相互形容词还是"来往"类相互动词，如"对立、平行、相像"等。下面举一些相互形容词用于公式1—3的实例：

（32）售货员与酒客大半相熟，酒客之间也大半相熟。（刘心武）（前分句公式1，后分句公式3）

（33）她知道父子间在公事上不和，常常拌嘴。（《当代》）（公式1，"不和"是相互形容词，"拌嘴"是相互动词）

（34）我爷爷当年跟他家熟得不能再熟。（刘心武）（公式2）

（35）她也想不到将来有一天会和这样一个人要好的。（《当代》）（公式2）

（36）这种亲切的笑容表明他们是相当稔熟的。（《月食》）（公式3）

据莫彭龄、单青（1985）的统计，形容词的首要功能是做定语而不是做谓语，因此，我们顺便考察一下相互性形容词在定语位置上的表现。

刘丹青（1987）在分析形名同现时指出，在主谓和定中结构中，形容词与名词的关系都是属性与属性拥有者之间的关系，存在于前一种结构的同现关系一般也存在于后一种，两种结构可以相互变换。单向（即单价）、双向（二价）和相向（相互）形容词都是如此。因此，我们可以从相互性形容词做谓语的公式1—3推出做定语的三种情况：

（37）夫妻恩爱（公式1）~恩爱夫妻

（38）这个司机跟我很要好（公式2）~这个跟我很要好的司机

（39）两种意见正好相反（公式3）~两种正好相反的意见

右侧的三个定名结构都包含了形容词的两个名词论元或一个二合一论元，假如变成单一论元，定名结构也不能自足，如"恩爱的丈夫""很要好的司机"和"一种正好相反的意见"。

四、相互性名词的句法特点

相互性名词也能用于公式 1—3，跟其他相互性实词一样，其作为名词的特点是相互性名词前必须加"是"，用例见（9）、（10）、（11），兹不另举。但是，用在"是"后做判断句宾语并不是名词的唯一功能。对于相互性名词来说，公式 1—3 也不是体现其相互性特点的唯一句式。实际上，相互性名词的句法特点还表现在下面两个方面。

第一，相互性名词经常用于下面的公式 5，从而区别于相互性动词和形容词：

公式 5 $N_1 + V + N_2 +$（的）$+ Mn = N_2 + V + N_1 +$（的）$+ Mn$

在公式 5 中，N_1、N_2 仍是相互关系中的双方，N_1 和 N_2 没有语序意义，可以互换而不改变意义，V 是联系动词或准联系动词，Mn 是相互性名词，"的"是可省略的领格定语标记，整个句子也可以任意变换为公式 1—3 而不改变语义。如：

（40）张明是李刚的同事。＝李刚是张明的同事。

本句跟公式 1—3 的例（9）、（10）、（11）也构成同义关系。不加"的"的例子如：

（41）你成了他亲家。＝他成了你亲家。

第二，相互性名词在公式 1—3 以外的句式中若不带领格定语就不能自足，公式 5 若去掉定语也变得不自足，因而也不能再算公式 5。下面各句若去掉相互性名词前方括号中的定语，句子就不能自足，而每句后的比较句没有领格定语，句子照样自足。（40'）由公式 5 去掉定语而来，其余是相互性名词用于其他句法位置的例子：

（40'）张明是（李刚的）同事。（比较：张明是医生。）

（42）出事的汽车撞伤了（我的）一个老乡。（比较：出事的汽车撞伤了一个打工妹。）

（43）（小陈的）这几个校友都到了南方。（比较：这几个大学毕业生都到了南方。)

（44）（"清楚"的）反义词在这篇文章里很容易找。(比较：文言词在这篇文章里很容易找。)

（45）联合国准备向（该国的）邻国派驻观察员。(比较：联合国准备向受灾国派驻观察员。)

下面从配价的角度分析一下相互性名词的这两个特点。

相互性名词属于刘丹青（1983）所提出的"关系名词"。关系名词的特点是离开了关系的"彼端"（通常用领格定语表示），本身语义不自足，也可以说没有所指，因而导致所在句子的不自足，带上领格定语则可以获得所指；而一般的名词（可以叫"范畴名词"或"类别名词"）即使在孤立的状态下语义也是自足的（具有所指）。上述例句中的"同事、亲家、老乡、反义词"等都是相互性关系名词，再如"父亲、上级、助手、母校"等是非相互性的关系名词，而上述比较句中的"医生、打工妹、大学毕业生、文言词"等则是范畴名词。"医生"是一类人，具有所指，"父亲"不是一类人，没有所指，"同事"也不是一类人，也没有所指，但"军人的父亲、李刚的同事"就有所指了。从语义自足性看，范畴名词可以没有同现成分，因而是无价名词，而关系名词因为必须与领格定语同现而成为一价名词。当关系名词用在系动词"是"等之后时，整个"V＋Rn"（Rn 指关系名词）结构共需要两个论元，一个是 Rn 所需的领格定语，另一个是 V 所需的判断句的主项，这样，"V＋Rn"就成为一个二价结构。代入两个名词后，形式就跟公式5和（40）相似：

公式 5a　　$N_1 + V + N_2 +$（的）$+ Rn$

（46）老李是小李的父亲。(*老李是父亲。)

然而，作为关系名词共有句式的公式 5a 毕竟不等同于公式 5。公式 5a 中的 N_1、N_2 可以有语序意义，不一定能互换位置而保持原句意义，也不一定能变换成公式 1—3。比如（46）不能变换成"小李是老李的父亲"，更不能按公式 1—3 变换成"老李和小李是父亲"等；而公式 5 中的 N_1、N_2 没有语序意义，两者可以互换。这正反映了相互性名词和其他关系名词的重要差别。其他关系名词是普通的一价名词，它的"V + Rn"是二价结构，两个论元应分别出现；而相互性名词是特殊的一价名词，它的"V + Rn"（即"V + Mn"）是分合性二价结构，其两个论元可分可合，在公式 2、5 中，两个论元分成两个句法成分，在公式 1、3 中两个论元又合为一个复数/并列成分。

五、相互性和共同性

在实词的语义特征中，跟"相互性"关系最紧密的是"共同性"。相互性涉及两个个体或两个方面，其语义关系的原型（prototype）互为施受，如"对骂"；而共同性涉及多个个体，其语义关系的原型是共为施事，如"齐唱"。"对骂"和"齐唱"所体现的两者的差别见图示：

A 和 B 对骂：A ⇌ B　　ABCD 齐唱：A　　B　　C　　D
　　　　　　　　　　　　　　　　　　↓　　↓　　↓　　↓

但是有大量带相互性或共同性的词语并不严格符合其原型，而是兼有相互义和共同义，如"AB 对唱"既互为对象又有共同演唱之义，"ABCD 合作"既有四人共同从事义，也有每个人互以其他三人为合作对象之义。再从参与者数量看，某些相互关系也见于众多个体构成的集体中，而共同性涉及的"多个"个体也可以包括"两个"个体或分成"两个"方面，因此两类的关系相当复杂。总的关系是交叉，但并不等同。具体说来，有相当一批词语是兼有相互性和共同性特征的，在施事当事的个体为二或可以分成两个方面时，表示的是相互性语义，在施事当事的个体超过二而又不能分成两个方面时，表示的是共同性语义。此外，也存在较纯粹（无共同义）的相互性词语和较纯粹（无相互义）的共同性词语。更重要的是，相互义和共同义不仅语义关系不尽相同，而且语法配价也不同。

先看兼类的情况。下列成对的例子，a 句表示相互性，b 句表示共同性，区别在于做主语的论元表示的个体数不同：

（47）a. 张明和李刚两个人合作得很好。~ b. 张明、李刚、王军三个人合作得很好。

（48）a. 咱俩最好讨论一下这个问题。~ b. 大家最好讨论一下这个问题。

（49）a. 这对夫妻很和睦。~ b. 这一家人很和睦。

（50）a. 张明和李刚串通好了。~ b. 张明、李刚、王军串通好了。

（51）a. 我们俩是校友。~ b. 我们四个是校友。

这些句子都属于公式1和公式3。a组句子表示相互性（而不是个体为二的共同性），它们不但能以二合一的论元出现在公式1和公式3中，也可以分成两个论元变换为公式2、4、5。b组句子表示共同性（而不是个体超过二的相互性），其配价是单一的复数论元，这个论元不能以分开的形式出现，因而不能用于公式2、4、5。所以，a组句子可以有下面的变换形式而b组句子无法做如此变换：

（47）a'. 张明（一直）跟李刚合作得很好。（公式2）

（48）a'. 我最好跟你讨论一下这个问题。（公式2a）

（49）a'. 这个人（一直）跟妻子很和睦。（公式2）

（50）a'. 张明串通好了李刚。（公式4）

（51）a'. 我是他的校友。（公式5）

b组有的句子好像能做变换，其实语义关系已经不同，如：

（47）b'. 张明、李刚（一直）跟王军合作得很好。

这个句子看起来像（47b）的变换句，其实已经把三个人分成"张明、李刚"和"王军"两个方面，表达相互意义，而（47b）把三个人作为一个整体，没有做任何划分，表达共同意义。其实，有共同义的词语只要能用于公式2、4、5，那么在这几个公式里必然表示两个方面的相互性，不管施事当事涉及多少个体，如：

（52）他们已经跟我们分裂了。（公式2）

（53）你们……不跟群众商量。（浩然）（公式2）

（54）我们应该尽量团结他们。（公式4）

（55）我们几个现在是他们的冤家。（公式5）

上述"合作、讨论、和睦、串通、校友、分裂、商量、团结"等,都是兼有相互性和共同性两类语义特征的实词。

另外,确有不少实词表达比较"纯粹"的相互义而没有明显的共同义。有些只能以两个个体或两个方面为施事当事,如:

(56)张明李刚的目光对视着。(*张明、李刚、王军的目光对视着。)

(57)这两个人是死对头。(?这三个人是死对头。)

有些词即使以超过两个个体的集体性成分为施事当事,也仍能分析出其中的相互性,即行为性质关系只发生在两个方面之间。如:

(58)这十名运动员正在比赛篮球。

(59)中世纪时许多骑士曾在这儿决斗。

(60)孩子们忙着交换捡到的贝壳。

(58)根据常识可知"十名"实际上分成两个队,每队五人,"比赛"在两队间进行;(59)根据常识可知决斗总是在两人间进行,句子表示了许多次双方决斗的总和;(60)每项具体的"交换"行为实际上也发生在两个孩子之间,但一个人可以分别跟不同的人交换,句子表示了许多"交换"关系的总和。这些相互性行为虽然不能像(52)—(55)的句子那样能直接变换为公式2、4、5,但凭借内在的相互性,我们仍能通过一些改造换用相互性更强的句式而不改变基本的语义关系,如:

(58')这十名运动员分成两队正在比赛篮球。

(59')中世纪时许多骑士在这儿一对一地决斗。

(60')孩子们忙着跟别人交换捡到的贝壳。

反过来,有一些实词则表达比较"纯粹"的共同义而没有相互义。有些只能以超过两个个体或超过两个方面的集体性成分为施事当事,如:

(61)众多的考古专家云集于此。(*两位考古专家云集于此。)

(62)这个家族的成员散居在两个省份。(*这对夫妻散居在两个省份。)

(63)这批群众在集会。(*这两个人在集会。)

(64)魏、蜀、吴三国鼎立。(*两国鼎立。)

还有些虽然施事当事可以是两个个体或两个方面,但两者不对称,仍没有相互义，句法特点是不能变换为论元分开，这主要表现在一些合称名词上，如：

（65）张明李兰是夫妻。（公式5：*张明是李兰的夫妻/*李兰是张明的夫妻）

（66）他和我们是师生。（公式5：*他是我们的师生/*我们是他的师生）

下、应用与教学篇

相互性实词的配价特点主要是由"相互性"这个语义要素决定的，而"相互性"义素具有很强的人类普遍性，因此，相互性实词的配价该属于"普遍语法"（universal grammar）的内容，在不同的语言中应当有较为一致的句法表现。下面列出英语相互性动词 to meet（碰见，会见）的几种主要句式，它们正好跟汉语相互性动词的几个公式相对应：

（67）John and Mary have met. = Mary and John have met.（公式1）

（68）John has met with Mary. = Mary has met with John.（公式2）

（69）They have met.（公式3）

（70）John has met Mary. = Mary has met John.（公式4）

其他语言也有类似情况。因此，掌握相互性实词的配价特点和基本句式，不会成为对外汉语教学中很大的难点。

然而，对于学习和使用汉语的外族人来说，相互性实词仍有不少需要注意的内容。下面分四个方面来讨论。

一、相互性的表达手段

汉语表达相互性手段是多种多样的，不一定都用相互性实词来表达。除直接用相互性实词外，常见的就有三种，下面分类举例说明。

1.1 相互性状语（互相、相互、彼此、相）

（71）他们俩在互相掩护。

（72）这两种观点相互对立。

（73）老王和老张还在彼此谦让。

（74）既然你们两位彼此是老朋友，这件事就不要相互推诿了。

（75）侵略者与汉奸相勾结。

相互性状语就是让相互义作为独立义位出现，而相互性实词则是让相互义作为实词义位中的一个义素。几个做相互性状语的词在动词前的句法作用和语义完全相同，但词性不尽相同，需要向学生说明。"互相"是副词，只做状语；"相互"是区别词（非谓形容词），还可以做定语，如"相互关系"；"彼此"主要用于人际关系，有名词性，如"不分彼此""彼此的经历相同"，所以《现代汉语八百词》（吕叔湘主编 1980）把"彼此"划入代词，本文为方便把动词前的"彼此"也看作相互性状语，"相互、彼此"做状语也不如"互相"常见。单用的"相"也是副词，见于书面语体，"相"主要还是用作一些相互性实词的构词语素，详下。

相互性状语是汉语中表达相互义的首要手段。它最常用，没有语体限制，最能类推，学生也最容易掌握和使用。如"互相打听，互相了解，互相批评，互相包庇，互相为难，互相教语言，互相是老师，互相做观众"等。在相互义表达方式的教学中，应把相互性状语放在最重要的位置，其中最常用、组合最不受限制的"互相"可以看作这组词的代表，"相互、彼此"则作为其同义形式。

部分相互性实词也可以带相互性状语，而另一部分相互性实词则不能带相互性状语，这也需要在汉语应用和教学中注意。相互性实词带相互性状语的如（72）、（74）中的"彼此是老朋友"和（75），再如"互相交换，互相争吵，互相友好，互相交叉，相互串通，相互通航，彼此合作，彼此接触，彼此是邻居"等。这些相互性状语是羡余信息（但可能有语用或节律方面的作用），删去后不影响语义关系，而非相互性实

词前的相互性状语若删去便会改变语义关系,比较:

(76)他们俩在互相争论。＝他们俩在争论。

(77)他们俩在互相指责。≠他们俩在指责。

不能带相互性状语的如"*互相结婚(比较:互相结合、互相通婚),*互相合伙(比较:互相合作),*相互会战(比较:相互会合),*相互碰见(比较:相互见面),*相互联袂、?相互谈判(比较:相互商量)"。这里有两点值得注意:第一,不能带相互性状语的词似乎本身表达的相互性更强,而能带相互性状语的词有的带较强的共同义,有的有单向行为的意味;第二,本身含"相、互"语素的相互性实词不能再带相互性状语(*相互相会、*互相互助)。

1.2 人称代词的回环式互指

(78)他们两人……笑迷迷地你看我,我看你。(鲁迅)(＝……笑迷迷地对视着)

(79)他们……说到逗趣处,就你推我一下,我打你一巴掌。(《河北短篇小说选》)(＝……互相推,互相打巴掌)

这种手段的最常见格式是"你V我,我V你",两个V多半相同,但也可以不同,如(79)。此外,还可以有一些变化形式,如:

(80)他们俩还在你怪他他怪你。(你V他,他V你)

(81)两个房客都是贼,于是你偷我的钱,我偷你的钱。(你V我的O,我V你的O)

(82)张明和李刚两人哪,你得奖,我不服,我得奖,你不服。(你V_1,我V_2,我V_1,你V_2;V_2获得了相互性)

回环式互指是代词虚指用法之一,也是对称格式中专表相互性的一种格式(参看刘丹青1982),极富汉语特点。这种形式带有口语性和描写性,整个儿像个形容词,可做描写性的谓语或状语,如"他们还在你看我我看你的""别你推我我推你地不肯表态"。但这种形式较不简洁,主要用于口语,句子不能太长,内容不能复杂,在正式文体中作用不大。

因此，这种手段的重要性远不如相互性状语。当然，它作为代词的一种特殊用法和地道的汉语风格，在对外汉语教学的一定阶段需要向学生介绍并讲解，但在早期，学生能听懂和读懂已属不错。至于使用，由于这种表达方式跟许多语言（尤其是欧洲语言）相差很大，因此只有汉语语感已相当丰富的人才会使用，许多人即使能听懂读懂也很少会说它写它。所以，只有到了汉语教学很高级的阶段，才可能提出较熟练掌握这种表达形式的要求。

1.3 疑问代词"谁"的呼应式互指，如：

（83）在他面前站了几个人，谁也看不见谁。（刘白羽）（＝……互相看不见）

（84）两个人从此意见不合，谁也说不服谁。（赵树理）（＝……互相说不服）

（85）咱们俩谁也别管谁的事儿。（＝……互相别管）

据丁声树等（1961：164），这种用法是疑问代词任指用法的一种："两个'谁'字，一个做主语，一个做宾语，指的不同的人，表示彼此间的相互关系。"但例（85）一个做主语，一个做宾语中的定语，同样也表示相互关系。这种形式的"谁"前一般都有并列/复数性的先行词。这种形式也富有汉语特点，有很强的口语性和强调语气，又主要用于否定句，因此使用较受限制，外国学生不习惯使用，可以选用相互性状语的方式来表达。在对外汉语教学中也当以理解为主，不宜过早提出熟练使用的要求。

二、相互性实词的辨认

语言中表达相互义的手段很多，每种语言都只是让一部分带相互义的内容具有固定词项，词项的范围各语言可能很不相同。例如汉语中的相互性动词"酬唱、对峙、圆房、换亲"在英语中难找专词，而英语中的相互性名词 cousin（互为堂表兄弟姐妹的人）、counterpart（在性格、作用、职位等方面互相对应的人或物）在汉语中也缺少可对应的词项（counterpart）。因此，学好或用好汉语相互性实词的重要一环是了解词项的范围。本文附录提供的词表就是为此服务的。此外，汉语的相互性实词也有一些词形上的特点可以帮助学习者更有效地辨认和记忆。

最明显的是前面带"相、互"的词语。其中的"相、互"实际上就是凝固在词中的相互性状语，相互性的句法现象也就因而成为构词现象。从附录可见，用"互"构成的词只有4个，用"相"构成的则多达近30个。用"相、互"构成的相互性实词基本上都属于二价不及物的"来往"类动词或形容词，个别属于三价及物的"交换"类，如"互通（情报）"，没有发现二价及物的"碰见"类。

不过，带"互"的词都有相互性，带"相"的却未必。动词前的"相"在汉语历史上长期并存互指和偏指两种作用，偏指表示一方对另一方的单方面行为，详见吕叔湘（1942）。偏指用法的"相"在现代书面语中偶有出现，如"要以礼相待"，在口语中不多见，但保存在构词法中。《现代汉语词典》中收的就有"相传（代代相传）、相继、相劝、相扰、相率、相信、相沿"。成语中偏指的"相"如"反唇相讥、刮目相看、一脉相承、鼎力相助"等。方言词如吴语的"相帮"，西北官话的"相跟"等。教学中要注意辨析，不要把偏指的"相"误解为相互性的标记。

其他常用于相互性实词的语素有"对-、分-、共-、合-、换-、会-、交-、结-、接-、联-、连-、轮-、齐-、通-、同-、争-"等，其中不少兼表共同义。详见附录。

当然，决定一个词是否属于相互性实词的内在因素应该是相互性语义而不是词形，带有同一构词成分的词可以因语义不同而分属相互性词和非相互性词，甚至同一个词也可以因义项不同而分属这两类。正文所举及附录所列的相互性实词，都是考虑到它们有相互性，并不意味着它们只有相互性，其中有些词的另一些义项并没有相互性。例如"同学"指在同班或同校学习的人时是相互性名词,用作对学生的普通称呼时是非相互性名词。再如"跳舞"指跳交谊舞时有相互性,指舞蹈表演时就没有相互性。这两个词在《现代汉语词典》中各分出两个义项,分别对应于本文所说的相互性和非相互性。有时候,两类义项非常接近,单凭语义直觉还难以分辨,连权威性词典也可能将它们合为一个义项,所以最终的辨认标准还是一个词有没有相互性实词的配价特征及其句法表现。比如,"友好"一词,在"A 国和 B 国很友好"中显然具有相互性,但在"我们对他们很友好,他们却对我们很不客气"中,"友好"却没有相互性,而是指一方对另一方的单向态度,用作非相互性的二价形容词(即刘丹青 1987 所说的"双向形容词"),这两种"友好"在《现代汉语词典》中属同一个义项。给相互性实词分类也要注意这一点。如"熟悉,认识"在《现代汉语词典》中都作为及物动词释义,这两个词带宾语时并没有相互性,如"我认识他(,可他不认识我)";但它们如果用在公式 1—3 中却有相互性,如"我们俩认识(,你不用介绍)",因此它们作为相互性实词当属于形容词,尽管词典不一定收这个义项。对外汉语教学中应结合用例和句式对兼有相互性和非相互性的一词多义现象(尤其是现有词典尚未分列义项的)加以辨析,让学习者较准确地掌握汉语相互性实词的范围。

三、不自足用法和变换的限制

在相互性实词的教学中,首先要让汉语学习者熟悉本文所述的相互性实词的各个公式,因为这些公式满足了相互性实词的配价要求,使句法组合达到了语义的自足,而各式之间存在的相互变换关系则体现了它们在配价上的深层一致性。同时,也要让学习者了解言语实际中的变化情况,以帮助他们正确理解和使用。相互性实词在言语中的变化,可以归为两类。一类是论元不足,相互双方只出现了一方,使句法表层在配价方面不自足,但在一定条件下却符合语法,可称不自足用法。另一类是应有的句式变换在一定条件下受到限制，可称变换的限制。

相互性实词的各个公式，都包含表示相互双方的两个论元或一个二合一的并列/复数论元。但是，以相互性动词为谓语核心的句子，如果只有一个单数施事或当事论元，即使孤立出现，也并非都不合格，如：

（4'）*张明今天碰见了。

（86）*张明今天结识了。

（87）？张明今天商量了。

（88）？张明今天交换了礼物。

（89）张明今天吵架了。

（90）张明今天结婚了。

这些例句在语法上的可接受性逐个递升。分析起来，可接受性的强弱，跟动词信息强度有关，而信息强度跟行为的频度又呈反比。（4'）的"碰见"是每个人随时发生的行为，频度极高，信息强度就很低，人们关心的是与"谁"碰见，因此必须加上行为的对方，句子才有足够的信息强度从而成立。（90）的"结婚"对个人来说频度很低，信息强度就很高，人们完全可能只关心一个人的婚姻状态而不涉及其婚姻对象，因此不自足用法也有很高的可接受性。其他各句介于这两端之间。居中的（87）、（88），孤立存在的可接受性不强，但只要略微加上一点背景或换一些成分，句子的可接受性就可能增强，如：

（87'）我让张明来我们公司干，他还要商量一下。

（88'）张明今天交换了住房。

以上可接受的不自足用法都没有包括也没有隐含行为对方，这可以叫无省略的不自足用法。假如句子的上下文或交际背景中存在听说者都明白的相互性行为或关系的对方，则不自足用法基本上都具有可接受性，可以叫省略性不自足用法，如：

（91）一直到他哥哥乘机到了南京，他赶去会晤。（刘白羽）

"会晤"的对方是上一分句中的"他哥哥"，所以无须说出。无省略的不自足用法主要见于信息强度高的行为动词，其他相互性实词，包括形容词、名词和行为性弱的动词，主要表示两个个体或两个方面之间的静态关系，若没有另一方，句子的信息强度就很低。所以，这些词的不自足用法主要是省略性的，如（方括号中词语是语义上省去的对方）：

（92）他的态度［跟我们的态度］很对立。

（93）这个观点［跟刚才提到的观点］很不相同。

（94）这帮家伙已经拿住了你的把柄，你最好还是［跟这帮家伙］合作。

（95）你最好还是［跟我们］合作。

（96）张明应该帮他一把，他毕竟是［张明的］老同学。

（97）李刚［跟我］是多年的邻居了。

大体上，在有上下文或交际背景的情况下，隐含的成分可以在上下文或背景中找到，在没有这些条件时，说话人自己较容易成为隐含的对象。

以上都是相互性实词用在谓语位置（包括系动词"是"后）的情况。此外，形容词常做定语，名词离开"是"时可以做许多种成分，这时候也有不自足用法，隐含的规律跟做谓语大致相同，如：

（98）他去拜访了一个［跟他］有相同爱好的收藏家。

（99）［跟此事］有关部门正在处理。

（100）你快去找一位（你的）朋友来帮忙。

（101）（我的）同学都走光了，实在孤单。

（99）的"有关部门"是一个使用频率极高的不自足定名短语，以致人们差不多已感觉不到它的不自足性了。其实它总是在讨论某种事务的背景下使用，那种事务就是隐含的对象。汉语教学中碰到这类现象，应提醒学习者注意隐含的成分，以完整理解句子的意义。

下面再谈谈变换的限制。仅从配价角度看，一定类的相互性实词的几个公式之间都能互相变换，同一公式中等号两边的句式也能互相变换（即 N_1 和 N_2 的换位），这些变换都不改变语义关系。但是在实际应用中，这类变换却可能受到其他因素的限制，汉语学习者应了解这些限制，以根据情况在诸多句式中选择最合适的句式来表达相互性语义。

首先是话题的限制。相互关系的双方有主语、状语、宾语三种位置，其中主语的位置通常带有话题的语用功能，话题连贯性的要求使某些变换不宜进行，如：

（102）鸿渐到外文系办公室接洽工作，碰见孙小姐，低声开玩笑道……（钱锺书）

（103）党支部书记到医院看望病人回来，半路上碰到我，跟我谈过他。（浩然）

（102）前后分句都沿袭"鸿渐"的话题，自然不宜插入"孙小姐碰见鸿渐"。在没有上下文时，第一人称较易占据主语位置，但在（103）中，因为前后分句都以"书记"为话题，若插进"我碰到书记"会非常别扭。

其次是邻近语义成分的限制。有时相互性词语前有一些只与相互双方中的一方有关的成分，这时也只能让这一方做主语，如：

（104）她最爱和名人唱和。（鲁迅）（≠名人最爱和她唱和。）

（105）他很想成为你的同事。（≠你很想成为他的同事。）

最后是相互双方的语义类别（尤其是生命度[①]）的限制。对行为性强的动词来说，典型的相互性存在于语义类别相同的词语之间，一般要求生命度相同或接近，即在人、动物、植物、无生命物质、抽象概念的等级序列中取同级或邻级单位。假如相互性动词用于生命度较远的事物之间，语义关系容易偏离相互性，双方关系也难以完全对等，这时通常由生命度高的名词占据主语位置，难以变换为其他句式，如（106）—（108），而括号中的句子因为双方生命度相等而可以有其他变换式：

（106）张明和旧传统已经决裂了。（比较：张明和他哥哥已经决裂了。）

（107）张明昨天碰见了一件怪事。（比较：张明昨天碰见了李刚。）

（108）小孩接触电器会出事故。（比较：酸性物质接触碱性物质会发生中和反应。）

行为性不强的相互性词语则限制小一些，如：

（109）我可跟这件事情无关。（＝这件事情可跟我无关。）

（110）我一直跟水牛是好伙伴。（＝水牛一直跟我是好伙伴。）

[①] 关于生命度的概念，参看科姆里（1981/1989）第九编"生命度"。

四、歧义现象

相互性实词的应用和教学中还有一个问题需要特别注意：含相互性词语的句子比较容易形成歧义现象。当句子主语是并列/复数成分时，这个成分既可以理解为二合一论元，属自足句，也可以理解为相互双方中的一方，属不自足句。下列句子孤立存在时都是歧义句，括号中是两种不同的理解：

（2）张明和李刚碰见了。（张明碰见了李刚/张明和李刚碰见了另一个人）

（111）这两个音符很协调。（这两个音符彼此协调/这两个音符跟其他音符或全曲很协调）

（112）他们是邻居。（他们彼此是邻居/他们是另一个人的邻居）

从句式看，公式1和公式3以并列/复数成分为主语，用这两个公式构成的句子孤立地看都可能是歧义句。公式2、4、5中相互双方分属句中的不同成分，不会引起这种歧义。由于公式2所用的介词"和、跟、同、与"也兼公式1所用的并列连词，在介词前缺少状语的情况下，也可以理解为并列连词，则公式2也可能产生公式1的歧义。如：

（113）张明已经跟李刚碰见了。

这一句本没有歧义，但若去掉"已经"，则"跟"有介词和连词两解，后一解使整个句子等同于例（2），从而带上例（2）的歧义。当然，这不是公式2本身的配价性歧义，而是由介词、连词的兼类造成的公式1和公式2的歧义，但它毕竟使公式2也可能产生歧义，增加了相互义句子歧义的比例。

从配价语法的角度看，配价性歧义的成因主要是论元在表层的空缺，如"鸡不吃了"，"吃"是二价动词而句中只出现了一个论元"鸡"，由此造成歧义，只要补齐论元，歧义便不存在，如"鸡不吃米了""鸡我们不吃了"。而相互性词语的上述公式1、2、3等本身是论元齐全的,但仍可能造成歧义。究其原因,是相互性词语的论元不但有大家共有的"论元隐显"问题,还有自身特有的"论元分合"问题,两者的交叉便形成了相互性词语的歧义的普遍性。

针对相互性词语歧义较多的情况,应当在理解时注意辨认歧义,在表达时避免歧义,在教学时分析歧义。歧义的消除主要靠上下文和交际环境。这里,也可以找到一定的规律。在孤立的句子里,两种意义中自足性的理解占优势,如:

(114)咱们毕竟是亲戚。(a.我毕竟跟你是亲戚。/b.咱们毕竟是他的亲戚。)

(115)咱们毕竟是亲戚,去喝他几杯喜酒还不应该吗?

(114)孤立地看倾向于理解为a义（自足),不大可能理解为b义（不自足);(115)的前分句跟(114)同形,但在上下文的支持下,却倾向于理解为b义（不自足)。

参考文献

丁声树等　1961　《现代汉语语法讲话》,北京:商务印书馆。

科姆里（Comrie, B.）　1981/1989　《语言共性和语言类型》,沈家煊译,北京:华夏出版社。

刘丹青　1982　对称格式的语法作用及表达功能,《语文知识丛刊》第三辑,北京市语言学会编,北京:地震出版社。

刘丹青　1983　亲属关系名词的综合研究,《语文研究》第4期。

刘丹青　1986　汉语相向动词初探,《语言研究集刊》第一辑,江苏省语言学会编,南京:江苏教育出版社。

刘丹青　1987　形名同现及形容词的向,《南京师大学报》（社会科学版）第3期。

吕叔湘　1942　"相"字偏指释例,齐鲁、金陵、华西三校《中国文化研究汇刊》第二期,收入《汉语语法论文集》(增订本),北京:商务印书馆,1984年版。

吕叔湘（主编）　1980　《现代汉语八百词》,北京:商务印书馆。

莫彭龄、单　青（刘丹青）　1985　三大类实词句法功能的统计分析,《南京师大学报》（社会科学版）第3期。

朱德熙　1982　《语法讲义》,北京:商务印书馆。

【附录】相互性实词汇录

本表分相互性谓词表和相互性名词表两个部分。谓词表由刘丹青（1986）所附"相向动词总表"修订而成。原表由《现代汉语词典》（第 1 版）通检而得，分相向动词和准相向动词（即兼共同义的相互性动词）两大类，六小类。此表修订内容有：1.将两大类合并（因界限并不清楚），保留原来的小类，合并后实分三小类；2.增加了相互性形容词，并归入配价功能相同的"来往"类（原表已有不少词可归形容词，因为动形很难分清），故改称"谓词"表；3.删去一些较冷僻或可疑的词，增加少量该词典未收的词（打 # 者）；4.少数词跨类，部分词只有某个义项有相互性，这两类情况必要时加括号说明，括号中的"~"代替词项。名词表为新加，未经通检词典，属于非穷尽性的词表，使用时请注意。谓词表只收单音词和双音词，名词表以收单、双音词为主，酌情收入少量三音词。

一、相互性谓词表

1."来往"类（双价不及物）：

暗合　拜盟　拜堂　比美　比配　比试　比武　辩驳　并进　并立　并联　并排　并行　并重　搏斗　参半　唱和　吵　吵架　吵嘴　成婚　成交　成亲　冲突　重叠　重复　重合　酬唱　串供　错车　错杂　搭伴　搭伙（~而行）　打赌　#打和　打架　倒置　敌对　抵牾　缔交　掉包　掉过儿　定婚　定亲　订婚　订交　斗法　斗气　斗智　斗嘴　#断交　对唱　对称　对等　对歌　对话　对劲　对局　对开　对垒　对立　对流　对门　对偶　对生　对味　对消　对仗　对质　对峙　翻脸　反目　分别（就此~）分肥　分割　分隔　分工　分红　分家　分界　分居　分开　分赃　分离　分袂　#复交　干杯　格斗　共处　共栖　共生　共事　媾和　挂钩　过从　过往（~很密）　酣战　合并　合璧　合唱　合股　合伙　合卺　合力　合流　合拢　合谋　合影　合辙　合作　和好　和解　和睦　和谐　互惠　互利　互让　互助　划一　化合　话别　话旧　欢聚　换班　换个儿　换工　换亲　换帖　换文　汇合　汇集　汇流　汇总　会面　会战　会诊　混合　混淆　混一　混杂　集合　集聚　集中　兼备　间杂　见面　#建交　僵持　交兵　交叉　交错　交锋　交媾　交好　交火　交集（悲喜~）交际　交加（风雨~）交界　交口　交困　交迫　交融　交手　交谈　交替　交往　交尾　交游　交战　交织　搅和　接火　#接轨　接境　接气（两段文章不~）　接吻　结拜　结伴　结仇　结合　结婚　结盟　结亲　结义　结缘　结怨　解约　竞渡　竞赛　竞争　竞走　纠结　久违　就伴　聚　聚餐　聚合　聚会　聚首　聚义　角斗　角力　角逐　决绝　决裂　决撒　决赛　绝交　绝缘（我和外界~）　开仗　口角　阔别　拉平　拉手　来往　离婚　离异　联防　联贯　联袂　联欢　联姻　连贯　连通　连用（两个词~）恋爱　两抵　两便　两可　两难　聊　聊天儿　临别　轮　轮班　轮换　轮流　轮休　轮值　论战　骂架　摩擦/磨擦　陌生　谋面　黏结　偶合　怄气　拍板　配对儿　配合　配套　碰杯

碰头　匹敌　匹配　仳离　媲美　姘居　姘识　平行　破脸（伤和气义）　齐唱
齐集　齐名　齐心　齐奏　亲密　亲热　亲嘴　倾谈　融合　肉搏　赛车　赛马
赛跑　#赛球　失和　失散　熟　熟悉　私通　谈　谈话　谈天　谈心　逃散
#踢和（两队~）调情　跳舞　贴心　通车（两地~）通航　通好　通话　通婚
通奸　通连　通气　通商　通信　通邮　同班　同辈　同步　同窗　同房　同行
同居　同类　同路　同年　同乡　同样　偷情　投缘　团聚　团圆　完聚　往来
为伍　握别　无干　无缘　下棋　闲谈　闲聊　相安　相处　相称　相成　相持　相当
相对　相反　相仿　相逢　相符　相干　相隔　相关　相好　相交　相距　相商
相识　相通　相同　相投　相像　相依　相应　相映　相与　相约　相知　相左
协力　携手　协调　谐和　谐音　偕老　邂逅　性交　修好　休战　叙别　叙旧
叙谈　一律　一样　一致　揖让　议和　押韵/压韵　幽会　友好　有旧　#有缘
圆房　杂交　赠答　战斗　#战和（两队~）争　争辩　争吵　争持　争衡　争手
争鸣　争议　争嘴　知己　作战　#做爱　做亲　组合

2."碰见"类（双价及物）：

挨　挨近　别离　串通　搭配　隔离　勾搭　勾结　勾通/沟通　关联　关涉　会合
会集　会见　会晤　接　接近　结交　结识　诀别　离别　离开　联结　联合　联系
连接　碰　碰见　契合　亲近　融合　贴（两张脸紧~着）　团结　无关　衔接
遇　遇到　遇合　遇见　约会　撞见

3."交换"类（三价及物）：

比　比赛　辩论　凑　磋商　串换　缔结　颠倒（两个人~次序）调换/掉换　断绝
对调　对证　分　分担　分摊　#分享　隔绝（两人~联系）#共享　合成　合击
合计　合营　合用　合奏　互通　#互换（两国~大使）换　会攻　会商　会审
夹攻　夹击　交割　交换　较　较量　竞选　攀谈　平分　评议　#洽谈　洽商
抢　切磋　商量　商榷　谈论　谈判　探讨　讨论　协定　协议　预约　约　约定
杂凑　争　争夺　争论　#争抢

二、相互性名词表

伴侣　本家　表亲　病友　仇敌　仇人　搭档　敌人　弟兄　对手　反义词　干亲
故友　好友　伙伴　街坊　姐妹　近亲　旧友　老乡　恋人　邻居　旅伴　盟友
密友　难友　朋友　配偶　亲戚　亲人　亲属　情敌　情侣　情人　亲家　熟人
死敌　死对头　堂亲　同伴　同胞　同窗　同党　同道　同行　同好（公诸~）
同伙　同类　同僚　同谋　同人/同仁　同事　同乡　同学　同义词　同志　相好
校友　兄弟　学友　姻亲　友人　冤家　远亲　战友　政敌　知己　挚友　姊妹

（原载《配价理论与汉语语法研究》，语文出版社，2000年）

形名同现及形容词的向

零、引言

朱德熙《现代汉语形容词研究》(1956)达到了汉语形容词研究的一个高峰。此后,形容词研究即少有人问津。其实,形容词的语法、语义领域,可开掘处颇众。例如,下列语言现象就没有得到充分的注意和描写分析(→表示可变换,=表示语义上等价,↛表示不可变换,≠表示语义上不等价):

$$\begin{cases} 聪明的孩子 \rightarrow 孩子聪明 \\ 悲伤的事情 \nrightarrow 事情悲伤 \end{cases}$$

$$\begin{cases} 小王个子高 = 小王高 \\ 小王鼻子高 \neq 小王高 \end{cases}$$

新秘书对文字工作很生疏 = 文字工作对新秘书来说很生疏 ↛ $\begin{cases} 新秘书很生疏 \\ 文字工作很生疏 \end{cases}$

张三一直跟李四很和睦 = 李四一直跟张三很和睦

$= \begin{cases} 张三李四 \\ 他\quad 俩 \end{cases}$ 一直很和睦 ↛ $\begin{cases} 张三一直很和睦 \\ 李四一直很和睦 \end{cases}$

这些现象,都跟定中和主谓这两种句法位置上的形名同现有关(名也指其他体词),而形容词最基本的功能正是用在这两种结构中。形容词还能做状语、补语等其他成分,但这些方面的研究也要以上述两种同现的研究为基础。本文便是对形名同现问题的粗略考察。

根据一般对同现的理解,这里暂时把同现定义为"词与词在一定句法结构中可能有或必须有的互为直接成分(或其中心语)的关系"。这一定义的严重缺陷是没有揭示在表层结构和深层结构中同现的差异,而这种差异恰恰是经常存在的,结语部分将对这一定义做重要修改。

同现关系对动词来说基本上就是向。形容词的同现关系其实也可以用向来解释。本文将就此做一点尝试。

一、形名同现的基本模式

从语义上,形容词通常被定义为"表示人或者事物的性质状态的一类词。"因此,形容词一般是跟表示拥有这种性质状态的名词(下称"属性拥有者")有同现关系。基本的句法结构有两种:一是定中(形、名)结构,一是主谓(名、形)结构。不管在哪种结构中,形容词与名词的基本关系是属性与属性拥有者的关系。这样,存在于一种组合的同现关系,一般也存在于另一种。比较:

定中	主谓
白手套	手套白
大房间	房间大
开朗的老汉	老汉开朗
奇怪而高的天空(鲁迅《野草·秋夜》)	天空,奇怪而高

反之,不存在于一类结构的同现关系,也存在于另一类结构,再比较:

| *白的电 | *电白 |
| *慈祥的孩子 | *孩子慈祥 |

因此,形名同现一般可以概括为以下变换公式:

(1) 定(形)+中(名) ⇌ 主(名)+谓(形)
　　　白　　手套　　　手套　　白

生成语法学家则把这种变换关系归结为定中关系的以下深层结构:

(2) S(NP 手套 +VP 白)+NP 手套

S代表"手套白"这个定语从句,其中的NP因与中心语相同而被强制性删除。这样,定中和主谓两种结构在深层中统一于主谓结构。

公式(1)和(2)为我们考察形名同现的种种复杂情况提供了有用的钥匙。

二、直接同现、间接同现和同现中的羡余现象

形容词是表示人或事物属性的。这种属性一般都是就人或事物的某些方面来讲的,比如,"快、慢"是就速度来说的,"美、漂亮、丑、难看"是就容貌、样子、外形来说的,"红、白"是就颜色来说的,"聪明、精明、笨、愚蠢"是就头脑、智力而言,"正直、谦和、暴躁"是就为人、性格而言。如果语言中恰好有表示该"方面"的名词,那么,在同现关系上就可能出现两种情况:

她聪明~一个女统计员头脑聪明(《小说选刊》1985.8,P65)

这个战士高高大大的,(徐怀中《西线轶事》)~男的大约三十岁左右,身材高大挺拔,……(《人民文学》1985.2,P86)

肖迟很坚定,软硬不吃~肖迟立场坚定,软硬不吃。(《人民文学》1985.2,P86)

在左边各例中,属性拥有者同形容词直接同形。在右边各例中,跟形容词直接同现的是一个表示属性方面的名词,这个名词实际上是个羡余成分,形容词本身已经蕴涵了方面的意思。所以左行的表达与右行的表达在语意上是等价的。显然,右边各例全句主语虽与形容词没有直接同现,但二者的关系仍是十分密切的,仍然受到同现选择限制。例如,"老汉身板硬朗、小伙子身材魁梧、姑娘身材苗条"是合法的,而"小伙子身材苗条、小伙子身板硬朗"等则站不住,这不是因为"身材苗条、身板硬朗"违背同现选择,而是因为"小伙子苗条、小伙子硬朗"违背同现选择。因此,右行句子全句主语和形容词仍然有同现关系,这是一种间接同现。

属于这一类的还有"朝南房间（面积）大、飞机（速度）快、电灯（光线）暗、小狗（感觉）灵敏、他（为人）正直、他（心地）善良、晚会（气氛）热烈、中国历史（年代）悠久"等。

表示"部分"的成分和表示"方面"的成分性质大不相同。在主谓谓语句中，表示部分的小主语是属性的拥有者，跟形容词发生关系，作为整体的全句主语并不具备这种属性，跟形容词没有同现关系，不受同现选择限制。这类的小主语不是羡余成分，如去掉，或者句子站不住，或者句义大变，如：小王鼻子高（≒小王高）、老队长目光深邃（*老队长深邃）、兔子尾巴短（*兔子短）、柳树叶子尖（*柳树尖）、这部电影结尾不紧张（≒这部电影不紧张）。

决定小主语是不是表示方面的羡余成分、全句主语跟形容词有没有同现关系的，并不是词项的意义类别，而要看小主语是否蕴涵在形容词中，能不能去掉而不改变句义。以下各例子，上一例小主语是表示方面的，全句主语和形容词间接同现，下一例小主语是属性拥有者，全句主语和形容词没有同现关系：

$$\begin{cases}他眼睛瞎（＝他瞎）\\ 他眼睛大（≒他大）\end{cases} \quad \begin{cases}姑娘身材苗条\\ 姑娘身材好\end{cases}$$

$$\begin{cases}这个湖颜色蓝\\ 这个湖颜色浅\end{cases} \quad \begin{cases}三号队员个子高（＝三号队员高）\\ 三号队员风格高（≒三号队员高）\end{cases}$$

以上是就主谓结构来谈的。这些同现的情况在定中结构中得到同样的反映。属性既可以直接做属性拥有的定语，也可以跟属性的方面形成主谓结构（下列右边前一例）或定中结构（下列右边后两例）后再做属性拥有者的定语：

一批新面孔的剽悍旅客～一帮体形剽悍的旅客（《小说选刊》1986.4，P44）

还是头一回见到蓝的花～还是头一回见到蓝颜色的花（李国文《日食》）

高女人是刘成的媳妇～高个儿女人是刘成的媳妇（《小说选刊》1985.8，P123）

当然，在某些句子中，由于句法上的关系，这类表示方面的羡余成分不能不去掉，如：

朱光转动了一下<u>矮小</u>的<u>身体</u>……（《重放的鲜花》）

皮带一扎，鲜明地勾勒出了<u>苗条</u>的<u>身材</u>……（徐怀中《西线轶事》）

另一方面，在主谓结构中不能有的同现关系，在定中结构中也不存在，比较：

这个人鼻子歪 → 这个鼻子歪的人

‖　　　　　　　　‖

这个人歪　　　这个歪人

三、移就性同现和假性同现

形名同现除了两种一般的语义关系（属性与属性拥有者、属性与属性的方面）以外，还有其他一些特殊的语义关系。

下列例子体现了形名之间一种特殊的关系：

那一双<u>忧郁</u>、火辣的<u>眼睛</u>（《人民文学》1985.3，P86）

胡子拉碴的四方脸上，显出<u>温和</u>而又<u>宽厚</u>的<u>笑容</u>。（《当代》1984.4，P5）

伊汝有点后悔他这次<u>鲁莽</u>的<u>旅行</u>了。（李国文《月食》）

（以上为定中结构）

罗立正的<u>眼光</u>更<u>真挚</u>感人了。（《重放的鲜花》）

那<u>声音</u>颤抖而<u>嘶哑</u>，<u>纤弱</u>而<u>苍老</u>。（《人民文学》1985.3，P88）

<u>定额</u>保<u>守</u>，不就等于说工程局领导保守么？（《重放的鲜花》）

（以上为主谓结构）

上述带下划线的形名之间，没有属性与属性拥有者的关系。在第一例中，"眼睛"是"火辣"的属性拥有者，却不是"忧郁"的属性拥有者，"忧郁"应当属于长这双眼睛的人而不是眼睛本身。"旅行"也无所谓"鲁莽"，"鲁莽"的是旅行的人。这些同现的名词虽不是属性的拥有者，但都是属性的外在体现者，正是通过眼睛才体现了长眼睛的人忧郁，通过定额才看出了制定定额的"工程局领导保守"。这是一种移就性的同现，但仍有事理和逻辑上的某种必然联系；而真正修辞上的移就格，则不需要这种联系，如"快乐的绿林翠木"（引自陈望道《修辞学发凡》（1932））、"大炮喷射出愤怒的火焰"。

下面是另一种同现的类型：

一件悲伤的事情、一个快乐的消息、满意的答复、烦恼的喜事（电影片名）

这类同现在句法上的一大特点是通常不能变换成主谓结构，如不说"事情很悲伤""这个消息很快乐"。

从词所属的小类看，这里的形容词都是描写心理状态的，名词则是表示事情、信息一类的抽象名词。

从语义关系看，名词显然不是属性拥有者，而是属性的导致因素，真正的属性拥有者应是表示人的名词。不难发现，上述做定语的形容词前都可以加上一个表示人的名词（常见的是泛指的"人"），再在它前面用上一个"使"类动词来标明属性、属性拥有者和属性导致因素的关系，加上后整个结构意义不变，如：

令人悲伤的事情（＝悲伤的事情）、让人快乐的消息（＝快乐的消息）

这样一来，定中结构也能变换成主谓结构了：

事情令人悲伤、这个消息让人快乐

由上述分析可以看出，"悲伤的事情"这类同现是"令人悲伤的事情"这种同现在表层结构的简化形式，深层结构中与形容词同现的指人名词被省去了，这种名词与形容词发生隐性同现，并且可以变成显性。在表层结构中，形容词则与一个并不直接相关的名词同现，这种仅存在于表层的同现可以看作一种假性同现。假性同现超出了一般的同现选择限制，但仍然是有条件的，这里的这类同现就要求：（一）名词、形容词应当分别属于上述小类；（二）有属性与属性导致因素的关系；（三）不能有主谓结构。第三点有一些例外，如"沉痛的教训→教训很沉痛"。

下面也是一种假性同现的类型：

快乐的时刻｜三年困难时期｜何况那是<u>一个寒冷的夜晚</u>（《人民文学》1986.4，P6）｜<u>过去曾经有那么几年艰苦的光阴</u>（《当代》1984.4，P185）｜愉快的场合｜终于离开了<u>那痛苦的地方</u>｜欢乐的景象

这类同现一般也只有定中结构，如不能说"这时刻很欢乐""这场合很愉快"。不过，这条限制不如前一类假性同现普遍，有时也说"这夜晚很寒冷"。

用在本类中的形容词没有什么特殊的限制，名词则都是表示时间、空间、情景（也是一种广义的空间）的。这些名词显然也不是属性拥有者，而是属性存在的时空背景。这些形容词的属性拥有者也处在隐性同现中，可以根据上下文补出，如"快乐的时刻"可能是"大家快乐的时刻"或"小张快乐的时刻"。补出后，属性拥有者和形容词就可以移到后面去，原来的名词中心语则做全句的修饰语（或看作话题主语），如"这时刻大家很快乐""这三年时间国家经济人民生活都很困难"。

四、双向形容词和相向形容词

大部分形容词在句法结构中都只要求一个必需的同现成分，这类形容词都是单向形容词。上文所述都属于这一类。此外，形容词中也有一些是描写关系的，如"生疏、陌生、熟悉、满意、不满"等。它们要求跟分别代表关系两端的名词一起出现。由于形容词不能带宾语，因此直接做主语或中心语的只能是其中的一端，另一端则用其他方式引出。常见的是用介词引出。如：

新秘书对文字工作很生疏⇌对文字工作很生疏的新秘书

不能因为"工作"没有直接做"生疏"的主语或中心语而否定了其间的同现关系。同样的意义关系还可以有别的表层结构：

新秘书文字工作很生疏～文字工作很生疏的新秘书

文字工作对新秘书来说很生疏～对新秘书来说很生疏的文字工作

在这些结构中,"工作"成了形容词的主语或中心语。"秘书"反倒与形容词没有直接关系了。因此,只能这样认为,这些形容词在深层结构中要求与两个名词同现,在表层结构中,或者与这个名词直接同现而与那个名词间接同现,或者与那个名词直接同现而与这个名词间接同现。这样的形容词就是双向形容词。双向形容词如果只跟一个名词组合,句子就不能自足。如"新秘书很生疏",可能是新秘书不了解某人某事,也可能是某些人不了解新秘书。"文字工作很生疏",也不明确,因为"文字工作"只对特定的对象而言才是生疏的,肯定对一些人而言是熟悉的,句子没有交待那个特定对象。只有在说话环境、上下文能帮助确定意义时,双向的一端才能省去。例如,要是其中的一方是说话人或句中的主语,这一方往往可以省去,如"从此就看见许多陌生的先生"(鲁迅《藤野先生》),这是指"对我(说话人兼主语)来说是陌生的"。

有些双向形容词,如"冷淡、冷漠、热心、热情、严厉、宽厚",如果用来描写一个人的整体性格特征,在表层常只出现一个名词,如"这个人很冷漠""张阿姨很热心",但实际意义是"对一切人和事冷漠(热心)",在深层结构中仍存在双向的另一端,只不过因泛指而省去。如果用来描写一个人某一方面的特征,那另一端必须出现,否则句义就不自足。如"我们发现他对荣誉有些冷淡"(《重放的鲜花》P43),"对荣誉"就不能省,因为他对工作可能是毫不冷淡、非常热情的。

我在别的地方曾经描写、分析过相向关系名词(刘丹青1983)(如:同学、亲家)和相向动词(刘丹青1986)(如:冲突、碰见、对调)。这些词都至少涉及两个对象(A和B),而且A对B有什么关系、行为,B对A也有什么关系、行为。A是B的同乡,则B也是A的同乡,A碰见B,则B也碰见A。形容词中也有一类是描写相向关系的,如"友好、要好、和睦、一样"。表示相向意义的词在句法上是有一些共同特点的,当然在不同词类上也有不同的体现。相向形容词的句法特点是一般要求与至少两个名词同现。如果一个名词充当形容词的主语或中心语,另一个就用介词"和、跟、同、与"引出,如:

她也不会想到将来有一天会和<u>这样一个人</u>要好的。(《当代》

1986.2，P33）~和这样一个要好的人

我爷爷当年跟他家熟得不能再熟……（刘心武《钟鼓楼》）~跟他家熟得不能再熟的爷爷

看着入党希望很大的同志，都因为和这个不和与那个不和，而终于被人"咬"下去了。(《小说选刊》1985.8，P109）~和这个不和与那个不和的同志

由于是相向的，因此做主语或中心语的名词可以跟介词后的名词互换位置而意义关系不变，如"他和这个不和与那个不和"，也就是"这个和他不和那个和他不和"。不管两个名词分别处于什么位置，反正都要出现，否则句子不能自足，如不能说"她也不会想到将来有一天会要好"，除非上下文告诉我们和谁要好。

以二者必须同时出现这一点看，相向形容词似乎属于双向形容词中的一个小类。但是，正像相向动词不能简单地纳入单向、双向或及物不及物的分类系统（刘丹青1986）一样，相向形容词也不能简单地纳入单向、双向的系统。除了上述用法外，相向形容词也可以只跟一个名词同现，只要这个名词在意义上是复数的（包括并列结构）。这时，相向的双方共处在一个单位中，这个单位可以充当形容词的主语或中心语，如：

售货员与酒客大半相熟，酒客之间也大半相熟。（刘心武《钟鼓楼》）~相熟的售货员与酒客、相熟的酒客之间

这种亲切的笑容，表明了他们是相当稔熟的。（李国文《月食》）~相当稔熟的两个人

她知道父子间在公事上不和，常常拌嘴。（《当代》1984.4，P8），（后面的"拌嘴"是相向动词）

就为这事，你们两人不和了？（《小说选刊》1986.5，P97）

这种用法是相向形容词区别于双向形容词的明显特征。

五、结语

同现关系本质上是一种深层结构关系，它跟表层结构有时一致，有

时不一致。就形名关系而言，有以下这几种情况：

1. 深层由形容词蕴涵着名词，表层可由形名同现，也可仍由形容词蕴涵。属性与属性方面的关系便是这一类。如"颜色红、眼睛瞎"，其中的名词都已由形容词蕴涵，是羡余成分。

2. 深层必须同现，表层可以同现。属性与属性拥有者就是这一类。这是形名同现的基本语义关系，如："衣服红、老汉瞎、姑娘苗条"。移就性同现也是由这一类派生的，只不过用属性的外在体现者代替了属性拥有者，如"忧郁的眼睛"。

3. 深层必须同现，表层可以被其他成分隔开，但仍受同现选择限制。当表示属性方面的名词出现在表层时，属性与属性拥有者之间便是这种情况，如"姑娘身材苗条"。

4. 深层必须同现的名词在表层不出现，在表层与形容词组合的名词在深层并不与形容词同现，不受一般的同现选择限制，如"悲伤的事情、快乐的时刻"。

总之，凡是在深层必须同现的，在表层都可以同现，并且可以在主谓、定中两种位置上同现，这是真正的、典型的同现关系。所以，如果同现双方在表层被隔开，我们仍视为同现——间接同现；即使名词在表层被省掉了，仍要看到它在深层的存在——隐性同现。只在表层有组合关系，并且一般只能组成定中结构的形容词和名词，不受通常的同现选择限制，这只能认为是假性同现。因此，我们可以给同现重新定义如下：

词与词在深层必须有而在表层可以有的互为直接成分（或其中心语）的关系。

形容词的向，就应根据上述定义来确定。前面讲的四种情况中，形容词都是单向的。在第三种情况中，形容词虽然分别与属性的方面和属性拥有者直接同现和间接同现，但表示方面的名词在深层中蕴涵在形容词中，不独立存在，在表层中也是一种可以去掉的羡余成分，因此，不能认为这样用的形容词是双向的。双向形容词在深层要求与两个名词同现，在表层中一个直接同现、一个间接同现。相向形容词在深层中要求与至少两个名词同现,在表层中,可以一个直接同现一个间接同现,也可以二者组成一个有复数意义的单位共同与形容词直接同现。

参考文献

陈望道　1932　《修辞学发凡》,上海:大江书铺。
刘丹青　1983　亲属关系名词的综合研究,《语文研究》第 4 期。
刘丹青　1986　汉语相向动词初探,《语言研究集刊》(第一辑),江苏省语言学会编,南京:江苏教育出版社。
朱德熙　1956　现代汉语形容词研究,《语言研究》第 1 期。

(原载《南京师大学报》(社会科学版),1987 年第 3 期)

汉语量词的宏观分析

汉语量词可以大体上分为两类：一类是单位词，表示度量衡单位、集体、部分等；一类是个体量词，又被称作"天然单位词""类别词"等。前一类为各语言所共有，后一类则是汉语区别于印欧语等的一大特点，受到汉语学界的重视，论文时见，专著迭出，描写研究得十分详尽。下文的"量词"专指后一类。从信息论的角度看，"三本书"中的"本"纯属无用信息，像英语的 three books 那样说成"三书"似乎也传达了同样多的信息，那么量词在汉语中的存在价值何在？为什么会从无到有、以少到多、直至蔚为大观？多数量词研究的论著似乎都没有从宏观上提供汉语量词这"所以然"，虽然对"其然"的微观描写已经十分完备。本文只想尝试一下这种宏观分析，不少地方尚属推测，希望引起讨论。

我们重点想从现代汉语的共时角度来谈一下量词的存在价值。

存在价值之一，凑足音节。汉语词从先秦以来愈益双音节化，而且，在句法结构中，倾向于单音节词配单音节词，实为凑成一个双音节单位（鲜鱼、赛球）、双音节词配双音节词（新鲜蔬菜、篮球比赛）。这中间，名词走在双音化的最前列，数词从零到十却都没有双音化，于是，当数词和名词组合时，就会出现大量的单、双相配这种不合汉语趋势的配合（一石头、三钢笔），而量词正好跟数词凑成一个双音节单位，于是"一块石头、三支钢笔"符合汉语的音节配合习惯。另外，现在还存在的"一男一女、三菜一汤"这类数词和名词的直接组合，也限于单音节名词，"一男人一女人、三荤菜一素菜"之类就很少会出现。序数词因为是双音节的，不用量词也比基数词自由一些，比较：第二乐章～两个乐章、第六舰队～六支舰队。

存在价值之二，区分类别。世界上许多语言的名词都被归入一定的语义类别，如阴性与阳性，生物与非生物，成年与幼年等，这些类别多靠词缀、冠词等形式标记来体现。汉语名词本身没有表达这些范畴的形态，但量词却部分地起了给名词区分类别的作用。如生命世界中，"个"几乎为人类所独享，而在人类中，又唯有受礼遇者才能用"位"，其他动植物则被冠以"只、条、口、尾、头、棵、株"等。再如"条、块、丝、团"等量词从形状上给名词分了类，因而并不完全是无用信息，而是一种传递中应当适量存在的羡余信息。汉语量词的形象作用、表情作用，就是这么来的。现代世界上语言发展的一大趋势是语义、语法范畴的简化，汉语量词的"个"化现象也与此相应。当然，并没有简化到连"个"也不用，因为汉语量词还有其他的存在价值。

存在价值之三，代替名词。语言运用中，常有在名词的位置不需要说出名词的时候，或避重复，或无合适的名词可用。遇到这种情况，英语中有一个"支撑词"one 可用，如"She likes red flowers, but I like yellow ones"。古代汉语中，有时仅用数词，如"陨石于宋五……视之则石，察之则五""不孝有三，无后为大"，有时则加个后缀"者"，如"必不得已而去，于斯三者何先"。数词是单音节的，不宜充当一个完整的造句单位，"者"在口语中也早就不能产了，于是，量词就成了这种时候最好的"支撑词"。而且，量词原有的分类作用也在这时得到了强化，提供了比单纯的数词或数词加"者"更多的信息，使量词的作用又进了一步，不再是羡余信息，而是信息的主要承载者了。对"三座桥炸毁了两座""一箱啤酒剩了三瓶""书店来了好多新书，我也买了几本"这些句子，无法用其他表示法来代替其中的划线部分。

存在价值之四，区别名词词义。这适用于同音词和多义词，靠的也是量词的分类作用。如"一首无名诗"和"一具无名尸"，"一根纱"和"一粒沙"。在口语中，这时候的量词所提供的信息量是相当大的。上面是同音词的例子。再比如"花"，可以指整个植物，也可仅指花朵，这是多义词，在口语和书面语中也都常靠量词来区别，如"屋子里有三棵花,可一朵花也没有"。

存在价值之五,区别词与词组。数词和名词的组合既可以是句法上的,也可以是构词上的,英语中通过数范畴的有无来区别这两类组合。句法组合,名词有单复数的形态变化,如 for a year ~ for three years;构成复合词,名词一律没有单复数的形态变化,如 a three-year-old baby。现代汉语则通过量词的有无来区别。句法组合,一定要用量词,如"三座山、四部书、三个波段、六个喇叭";构成词,数词和名词直接组合,不用量词,如"三山街、双刃剑、五湖四海、三教九流、四书、五经"这种复合词在现代有了新的活力,如"四引擎客机、双缸洗衣机、三波段六喇叭收录机"。

由于汉语量词有那么多存在价值,因此,它在汉语中已经远远不是可有可无的词类,也不仅仅是习惯的需要,而是语言系统的一个有机组成部分。其实,这还仅仅是普通话的情况。在某些方言中,量词的作用还要大得多(参见游汝杰 1982;石汝杰、刘丹青 1985)[1]。

以上主要是从共时的角度来谈的。从历时的角度看,汉语量词怎样从无到有,从少到多发展起来,汉语史著作已为我们描绘出大致的图景,无须赘言。但是,有一个问题却是值得一提的。量词不是汉语所独有,而是汉藏语系诸语言及其他不少东南亚语言共有的语言现象,已成为东南亚语言的一个共同特征,但是,量词又明明不是从汉藏语的共同祖先发展来的。因为,至迟在殷商时代,汉语已经跟其他亲属语言分道扬镳了,但在殷墟卜辞中,只有单位词,还没有出现狭义的量词。这种量词是在先秦时代萌芽,到汉代以后才发达起来的(王力 1980:235—237)。问题便是:汉藏语系怎么会不约而同地发展出量词这一词类?

跟这种情况相类似的是助词"了"和"着"。"了"和"着"在中古汉语中才开始用作助词,但现代台语[2]中也广泛存在着与"了"和"着"在语音、语义(包括其作为实义动词的语义)和语法上都对应的两个

---

[1] 游文对苏州方言的描写有不妥之处,可参看石汝杰、刘丹青(1985)。
[2] 指侗台语,余同。

词。因此，邢公畹先生对此所做的解释或许也适合于汉藏语的量词："好比相距不太远的两条河，我们因故无法得见上游，但是这两条河有大致相同的流向，从水样里又分析出这两条河里的水都含有不同于其他河流的矿物质和化学成分（从语言来说，就是作为共同生活过的证据的社会实践在两种语言的词汇和语法结构上的投影），那么，我们或者可以推断这两条河的上游是一条河。"（邢公畹 1983：233）邢先生的话启发我们认识到了量词产生的内在因素，可以认为，汉藏语系共同的类型特征和发展趋势使得量词产生。

游汝杰关于汉语和台语量词研究的成果值得注意。他注意到汉语南方诸方言和台语诸语言在量词的语音、语义、语法上存在很大的对应，并认为这是台语留给汉语的底层，包括"个"在内的一些量词是由台语经过汉语南方方言进入汉语共同语的，并得出"汉台语中与量词有关的结构模式先起于台语，后起于汉语"的结论（游汝杰 1982；石汝杰、刘丹青 1985）。他的研究为汉语量词的产生提供了更为直接的解释，并且有大量的材料做论据，值得重视和进一步的研究。如果汉语中确有台语的底层，当不限于量词，研究者们应注意挖掘更多的这类材料。这个问题的解决，无论对于汉语史的研究，对于历史比较语言学，还是对于语言类型学，都有着十分重要的意义。

参考文献

石汝杰、刘丹青　1985　苏州方言量词的定指用法及其变调，《语言研究》第 1 期。
王　力　1980　《汉语史稿》（中册），北京：中华书局。
邢公畹　1983　《语言论集》，北京：商务印书馆。
游汝杰　1982　论台语量词在汉语南方方言中的底层遗存，《民族语文》第 2 期。

（原载《汉语学习》，1988 年第 4 期）

论"有的"及其语用功能

一、"有的"分布及语义语法特点

1.1 "有的"作为一个词在句中出现的三个位置

1.1.1 "有的"出现在句首,其结构模式为"有的+N+V",我们称之为句式1。例如:

(1)有的妇女盘着腿,坐在炕上。有的叨个二三尺长的烟袋。有的坐在炕上奶孩子。(周立波《暴风骤雨》)

(2)灰天上透出些红色……有的地方成为灰紫色,有的地方特别的红,而大部分的天色是葡萄灰的。(老舍《骆驼祥子》)

1.1.2 "有的"出现在"N"(包括代词)的后面,其结构模式为"N+有的+V",我们称之为句式2。例如:

(3)好老百姓有的给蒙在鼓里,有的明白郭全海有理……(周立波《暴风骤雨》)

(4)门口上的几辆车没人答碴①,大家有的看着那两辆车淡而不厌的微笑,有的……头也不抬。(老舍《骆驼祥子》)

1.1.3 "有的"出现在"V"(包括形容词)的前面,其结构模式为"有的+V",我们称之为句式3。例如:

(5)战士们已经在战斗了:有的搬仪表,有的用塑料布遮设备,有的拖电机……(董福先《李兵兵》)

(6)前面走过来一群男女,有的胖,有的瘦。

---

① 保留引文的字形,余同。

1.2 "有的"句的语义特点

1.2.1 "有的"是"有指"代词,它所代替的人或事物是听话人不能确定的,但在说话人心中却是能确定的,只是由于某种原因说话人不便或不需要讲出来(参见汤廷池 1976:184—185)。它既不同于有定的,也不同于无定的,如例(1)中哪些妇女盘腿坐着,哪些妇女叼着烟袋,读者不知,但作者是有数的。

1.2.2 "有的"是表示部分的代词。"有的"句中一定要有表示总体的"N","有的"指代的就是"N"的一部分,如果"N"不出现,就不能明确指代的对象。但是"N"的位置可在"有的"后,如句式1,也可在"有的"前,如句式2。句式3实际上也有"N",在前面的分句中,只是与"有的"并非直接成分。如果"有的"的前后和上下文中都不出现"N",那么"有的"指代的总体就是"人",这是可以补出来的。如"有的(人)爱吃米饭,有的(人)爱吃面食,食堂应该尽可能满足这些要求"。这自然仍是句式3。

1.2.3 "有的"在指代"N"的一部分的同时,也要求通过几个部分的相加反映出总体的某种情况,如果单出现一个,就会显得语义不完整。例如:

(7)我们的红军战士,有的讨过饭,有的当过长工!(黎汝青《万山红遍》)

(8)有的人活着,他已经死了;有的人死了,他还活着。(臧克家《有的人》)

例(7)突出了总体的同——红军战士都来自穷苦群众,例(8)突出了总体的异——同是人,而生命的意义不同。所以"有的"句往往要两个或两个以上同时出现,并具有列举性质。如果偶尔只出现一个"有的"句,"有的"则从列举性变成了举例性,但仍然隐含着总体的某种特征。例如:

(9)在剧烈的拼抢中有的香港队员倒在地上,仰卧在草坪上装出痛苦的样子……显然在拖延时间。(理由《倾斜的足球场》)

这是一段关于足球比赛的叙述，作者只用了一个"有的"句，其目的在于给读者举出香港队员如何拖延时间的实例，同时也隐含着其他队员有其他的拖延时间的做法。

1.3 "有的"的语法特点

1.3.1 "有的""有的+N"只能做句子的主语或主谓谓语中的主语，绝对不能做宾语。上文所举的各例都说明了这种情况。可是我们不说"我们看见了有的"，只能说"有的（人）我们看见了/有的（人）被我们看见了"。

为什么"有指"代词"有的"不能做宾语呢？我们认为这是由"有的"一词的话题作用导致的（详见第三节）。

1.3.2 "有的"只能修饰名词，不能修饰代词。例如：

（10）有的人笑锁柱的这句孩子话，有的人笑这个笑声，有的人不知道笑啥……也就跟着笑了。（周立波《暴风骤雨》）

（11）他们不吱声，有的用袖子擦自己的眼睛，有的去劝郭全海……（同上）

例（10）中的"人"是名词，能受"有的"修饰，这句话也可以说成"（周围的）人有的笑……"，这说明表示总体的名词与"有的"位置可以互换。例（11）中的"他们"是代词，不能受"有的"修饰，我们不能说"有的他们用袖子擦自己的眼睛，有的他们去劝郭全海……"，这说明表示总体的代词只有在"有的"前这一种位置，汉语中不存在"有的+代词+V"的格式。

二、"有的"句与相关句式的比较

汉语中还有一些句式跟"有的"句式相近，都表示"有指"，有时可以跟"有的"句互换，但它们在功能上仍有差异。

2.1 与"有的"句相关的陈述句

2.1.1 "有"字兼语句

一部分"有的"句可以换成"有"字兼语句,特别是"有人……"这类兼语句式。如"有的人活着,他已经死了;有的人死了,他还活着",去掉"的"字,句子基本意义不变。《现代汉语八百词》就据此把"有的"放在"有"的一项用法中提一下,似乎"有"和"有的"是相同的,而没有给"有的"单列条目,当然更没有确定"有的"的词性了。实际上,"有的"句和"有"字兼语句至少有如下区别:

A."有的"后面的"N"在一定条件下可以不出现;"有"字兼语句中,"有"字后面的"N"必须出现,否则不称其为兼语句。

B."有"字与其后面的兼语之间可以插入各种修饰限制成分,特别是数量词组。例如:

(12)有人从治安警察手中夺过了手提话筒,盲目地呼喊他要接的人的名字。(梁晓声《雪城》)

这一句,我们可以在"有"和"人"之间插入"一个""几个""几个戴皮帽子的"之类,而"有的"与后面的名词之间一般不插入修饰限制成分,绝对不能插入数量词组。

C."有的"前面不能出现副词(起关联作用的副词"还""又"等除外),"有"字兼语中的"有",可直接受副词修饰。例如:

(13)于是就有人联名给八十里外的县政府告状,说这是私开国家矿产。(贾平凹《古堡》)

如果我们将这句变成"有的"句——"于是就有的人联名给八十里外的县政府告状……",就会发现副词"就"的位置应该在"有的人"后,动词"联名"前。

D."有的"强调总体中的一部分,同时隐含总体及其他部分,"有"字兼语句不一定有这种意思。例如下面这句就不能换成"有的"句:

(14)"咚咚,有人敲门"。(王维民《热风》)

再如例(12)"有人从治安警察手中夺过手提话筒……,"如果换成

"有的人……,"那就是举例,还隐含着别的人也在以不同的方式进行着同类动作(如"有的人在人群中来回挤着"),而原句并没有这种意思。

上述差别说明:"有的"句中的"有的"与"有"字兼语句中的"有"词性不同(分别是代词和动词),句法功能不同,语义特点不同,两种句式当然也不同。

2.1.2 "有些"句

一部分"有的"句可以变换成"有些"句,如我们可以把例(8)变换成"有些人活着,他已经死了;有些人死了,他还活着"。从传统的角度看,"些"是后面名词的定语,"有些"句也属"有"字兼语句,只是兼语前有个不定量词做定语。不过,"有些"句也有一些值得注意的特点,它们不同于一般的"有"字兼语句,却更接近"有的"句。

A."有些"和"有的"一样,可以后接谓词,如"昨天的作业,有些做了,有些还没做",这里的"有些"可以换用"有的",但不能换用"有"。诚然,在结构上可以理解为"些"代替中心语做了兼语,但是也未尝不能把"有些"理解为跟"有的"作用相同的代词。实际上,从发生学来看,"有的"也是从代替中心语的"的"字结构发展成代词的。

B."有些"加名词有时只能是名词性的,不能是动词性的,如:

(15)李翠翠……身上带着几分乡土妞子的土腥气,但却又比有些满肚子文化水的知识分子深明大义。(从维熙《风泪眼》)

这里的"有些……知识分子"做介词"比"的宾语,不可能再是述宾关系,"有些"只能是跟"有的"性质相同的代词,二者的确可以互换。

C."有些"比一般的"有"字兼语句更多地用来表示跟"有的"同样的部分意义。如:

(16)有些女人,在她们刚刚踏入生活大门不久,便明白了这个道理,有些女人,在她们向这个世界告别的时候,也许一直不明这个道理。(从维熙《风泪眼》)

以上三点有力地说明,"有些"在现代汉语中已经凝固成一个代词,是"有的"的近义词,经常可以互换。当然二者还是有一些区别的:

A."有的"句经常几个并列使用,而"有些"句不并列的时候非常多，因为"有些"可以不强调总体中的部分，语义是自足的，如：

（17）老郑虽说深信俺那老乡不是这号女人，可是，还有些长舌头的娘儿们往他耳朵里吹风。（从维熙《风泪眼》）

（18）既然有些人以麝来作怪，把这麝彻底消灭，看反对的人还能说什么？（贾平凹《古堡》）

B."有些"必须是复数，而"有的"可以是复数也可以是单数，所以有时候"有些"在语义上可以包含"有的"。例如：

（19）因为咱们农场有些干部，有的还支使老婆去水田偷生稻穗哩，听说了吗？（从维熙《风泪眼》）

"有些"的外延大于"有的"，"有的"所指的概念是"有些"中的一个或一部分，所以在同时出现"有些"和"有的"的句子里，一般是"有些"在前，"有的"在后。

C."有的"加名词永远是名词性的，而"有些"加名词却不一定。如：

（20）"姐姐你真是的！你还会有些什么宝贝东西，值得从北大荒千里迢迢地托运回来呢？"（梁晓声《雪城》）

这里只能把"有些什么宝贝东西"分析成动词"有"带宾语，"有"和"些"是两个词。怎样来区别这两种"有些"呢？很简单，"有些"加名词可以分析为名词性的，"有些"一律是代词；"有些"加名词只能是动词性的，"有"和"些"是两个词。

2.2 "有的"句的疑问句转换方式

2.2.1 一般疑问句。"有的"句不能像一般陈述句那样变换成是非问句。例如：

（21）小李正在看书⇌小李正在看书吗？

（22）正在忙着秋收的庄稼人，有的头也不抬地继续劳作，有的直起腰来向村里望一眼……（冯得英《山菊花》）⇌……有的头也不抬地继续劳作吗？有的直起腰来向村里望一眼吗？

可以看出，在一般陈述句后头加个"吗"，改变一下语调，就可以将其变成是非问句，可是，同样的方法不适用于"有的"句。要把"有的"句转换成一般疑问句，必须调整语序，改变结构："<u>有</u>头也不抬地继续劳作<u>的</u>吗？<u>有</u>直起腰来向村里望一眼<u>的</u>吗？"这又告诉我们一个事实："有……的"句也是"有的"句的一种相关句式。

2.2.2 正反疑问问。同一般陈述句转换成正反疑问句相比，"有的"句也有它特殊的转换方式。例如：

（23）他昨天走了？⇌他昨天<u>走没走</u>？

（24）他们有的试穿萧队长的大氅，有的在摆弄他的手枪。（周立波《暴风骤雨》）⇌他们有的<u>试穿没试穿</u>萧队长的大氅？有的<u>摆弄没摆弄</u>他的手枪？

要实现转换，"有的"句的语序也要调整为："<u>有没有</u>在试穿萧队长的大氅<u>的</u>？<u>有没有</u>在摆弄他的手枪<u>的</u>？"

"有的"句的两种疑问句转换方式说明：当"有"和"的"组合在一起时，"有的"是"有指"代词；当"有的"句做疑问转换，"有的"的线性结构被破坏时，"有"和"的"分别是独立的词——前者是动词，后者是助词。

三、"有的"的语用功能

3.1 "有的"既能指示，又能称代，这跟其他指示代词是一致的。但"有的"不管是指还是代，都只能用在动词前，不能位于其后，这又是跟其他代词迥异的。原因只能从"有的"的语用功能中去寻找。

除了"有的"，只能前置于动词的名词单位还有表示普遍性的量词重叠式。另外，有定的名词单位也具有强烈的前置倾向。"有的"表示有指，是说话人一方已知的（§1.2.1），周遍涉及全体，因而也是确定的单位，一样带有确定性——广义的有定，共同与无定构成对立。我们知道，话题是句子的起点，一般是已知信息，它的主要特征是有定性和前置性。上述三类成分恰好符合这两点，因此有足够的理由认为它们都是句子的话题。① "有的"只能前置于动词，就因为它是一种话题的标志。

3.2 然而，人们仍然可以问，有定的单位也有后置于动词的时候（我买了这条黄裙子，不要那条绿裙子），为什么"有的"只能前置？

这是因为有定的单位也可以是句子新信息的一部分，并不一定要充当话题，而"有的"却是话题的专门标志。汉语被列为注重话题（相当于注重主语）的语言，主语缺少形式标志（主谓一致关系等），常常与话题合而为一（李讷、汤普森1976/1984）。"有的"所指代的对象，对听话人来说本是无定的新信息，如果需要拿它们来做句子的话题，或句法结构上要求它们做主语（同时也就兼了话题），就需要变无定为有定，变未知为已知，办法就是在前面加上"有、有些、有的"之类。这些词都来自存在动词"有"，说话人先借此确定它们的存在，使它们成为已知信息，带上某种确定性，从而取得话题的地位。如"桌上放着一本书"，其中的"一本书"是无定的新信息，若要以"书"为话题，就要说"有一本书放在桌上"或"有的书在桌上放着"等。不难体会，后两句中的"书"是先经过了说话人的确定成为已知信息后再做话题的。这种话题化的手段便是所谓"有指"。但是在"有"字兼语句中，引出的话题已做了兼语，不再是典型的话题形式，而"有的"却是地道的话题化手段。"有的"作为有指的专门标志，自然不能用在动词之后。"有的"句不能直接变换为是非问句或正反问句，就因为到了这些问句中，说话人也不能确定这种对象的存在，也就不能带上有指标志充当话题了。

3.3 人们还可以问："有的"除了用在句首（句式1）外，也能用在全句主语后做"小主语"（句式2），这时它还是不是话题？

这时的"有的"仍宜看作话题。"有的"区别于其他有指手段的特点是强调"部分"，常常是几个"有的"句并列，形成并列话

---

① 陆俭明《周遍性主语及其他》（1986）不承认周遍性主语是话题。用陆文提出的汉语话题的三条形式标志来检验周遍性主语和"有的"，它们都不是话题，这与我们的分析结果不一致。我们觉得用这三条作为话题的标志缺乏充足的根据。

题（§1.2.3），而在突出"分"（各个部分的不同情况）的同时也隐含了"总"，因为各个部分属于同一个总体。如例（10），三个"有的人……"并列，既表现了笑的不同原因，也表现了总体——周围的人都在以不同的原因而笑的情况。正因为并列话题属于共同的整体，所以有可能把总体抽出来放在最前面做话题，形成句式2。这时表达的内容跟句式1是相同的，只是从以"分"隐"总"变成了总分并重。假如总体成了几个并列分句的"总话题"，那么几个"有的"便是其并列的"支话题"，总话题只有靠支话题才能得到实现，没有"分"，也就不存在"总"。事实上，有总话题的句式2一般也都可以改用没有总话题的句式1（总话题为代词的须在句式1中改用适当的名词）。

"有的"这种兼表总分的特点也是它不能后置于动词的一个原因。"有的"所指代的"部分"对听话人来说是无定的，如例（7）"有的讨过饭，有的当过长工"，但其总话题多半是有定的，如例（7）的"我们的红军战士"，因此"有的"不能后置。

3.4 根据上述，我们可以把"有的"的语用功能总结如下：

"有的"是一个既能指示、又能称代的"有指"代词，具有话题化和兼表总分的双重作用。"有的"可以使同属一个总体的几个无定的部分变成有指的话题，同时也隐含了总体的情况，形成句式1（如例（2）），这时"有的"作用是指示代词性的。但第二个分句"有的"后的名词也可以承前不出现，形成句式2（如例（1）的后两个"有的"），这时的"有的"是称代性的。"有的"所指代的几个部分的总体可以作为有定的总话题出现在全句开头，"有的"则用作支话题，一般以句式2的形式存在（例（3）），"有的"是称代性的。如果总体已在上文出现过，就可以省略，形成句式3（如例（5）、（6））。"有的"句的表达兼及总分，既概括又具体，具有较大的信息容量，而"有的"的称代作用又可以避免表达中的重复，收到简洁明快的交际效果。

参考文献

李　讷、汤普森（Li, C. N., & Thompson, S. A.）1976/1984　主语与主题：一种

新的语言类型学,李谷诚摘译,《国外语言学》第 2 期。
陆俭明　1986　周遍性主语及其他,《中国语文》第 3 期。
汤廷池　1976　国语的"有无句"与"存在句",《国语语法研究论集》,台北:台湾学生书局。

（原载《信阳师范学院学报》（哲学社会科学版）,
1989 年第 2 期,与段业辉合作）

现代汉语基本颜色词的数量及序列

1969年，正当一些学者继续以颜色词和亲属词为最有力的证据，强调语言相对主义（relativism）时，美国的伯林和凯（Berlin & Kay）却以《表示颜色的基本词汇》一书（以下简称《颜》），通过对近百种语言的比较研究，为语言普遍主义（universalism）提供了振聋发聩的论据。如今，《颜》的结论作为经典性假说被语言学家们不厌其烦地引用，被称为"伯林-凯假说"（Berlin-kay hypothesis）（Lyons 1981：314—315）。该书的基本观点是：尽管各语言颜色词数量不一，对光谱切分的粗细和位置不同，但任何语言的基本颜色词都不出十一个词的范围，并且形成如下序列：

白		绿			紫
红		蓝	棕（褐）	粉红	
黑		黄		橙	
				灰	

这一序列表示：每种语言在拥有基本颜色词方面存在从左到右的优先程序，有右必有左，有左不一定有右。例如只拥有三个基本颜色词的语言必定是有白、黑、红三个（指分别以它们为焦点色，其他颜色分归其中之一），如果有五个，必定是上述三个加绿、黄。成竖行的词间没有优先程序，处于可选关系，如果有四个，则头三个加绿或头三个加黄。这一序列除了上述跨语言意义，还有语言内部的历时意义，即一种语言基本颜色词的增加也按上述从左到右的顺序进行（帕尔默 1984；科姆里 1981/1989：41—43）。五花八门的颜色词系统竟藏着如此普遍的规律，这一发现着实惊人。

在语言普遍性的研究中常有这种情况：越是得到深入研究的语言，越容易找出不合普遍规律之处，因为这类语言中的细小复杂、可能不利于建立规律的因素，不像人们生疏的语言材料那样容易滑过去。伯林和凯是说英语的，上述规律不大会有悖于英语，不过他们的十一个词的总限又恰好是英语拥有的数目，似乎太巧了。而对于法语和俄语，有人就提出异议了，分别有人指出法语和俄语有十二个基本颜色词，法语的棕色被分出 brum 和 marron 两个，俄语的蓝色也分为 голубой 和 синий 两个。因此用汉语来验证一下这一理论也很有意义。

显然，问题的关键是如何区分基本颜色词与次要颜色词。伯林和凯提出了这样一些语义标准（我们将例子换成汉语的）：(1)基本词的所指范围不能包括在其他词中，如"桃红"属"红"，不是基本词；(2)基本词表示的颜色不能限于指少数事物，如"苍白"限于指脸色，不是基本词；(3)整个词的意义不能从构成成分推定，如"米色、粉红、咖啡色"都能从构成成分推定，不是基本词。此外，我们觉得，词汇的基本与次要之分也会体现在运用的其他方面，常说的基本词汇的三个特点——全民常用性、稳固性、能产性，便是根据其在语言系统及运用中的地位、作用而得出的。本文便尝试以综合多方面的标准来分析现代汉语的基本颜色词，分析结果表明了这种做法的合理性。

下面，先逐一根据不同角度来讨论。

一、词形

现代汉语的颜色词有三种词形：(1)单音词，如"黑、白、红"；(2)以第 1 种词为构词成分的复合词，如"乳白、深红、银灰"；(3)由本身不能表示颜色的成分带上"色"构成，如"橙色、棕色、咖啡色、古铜色"。三种词形里，第 2 种的词义都包含在第 1 种的某个词中，如"乳白"属"白"，因此都不是基本词。第 3 种离开"色"便没有颜色义，而前面两种也能加"色"（黑色、乳白色），但离开"色"仍是颜色词。因此第 3 种不能算基本词，而且第 3 种都属于意义能从构成成分推定的，不符合基本颜色词的要求。这样，只有第 1 种词形，即单音词，才可能是基本颜色词（整个现代汉语基本词汇也以单音词为主）。这样的词在现代汉语（指共同语）中共有九个：

  白　黑　红　黄　绿　蓝　青　灰　紫

  现代不成词的，如"乌、玄、赤、褐"，不在此列。

二、语义

  在三种词形中，只有单音词中除"青"以外的八个词才符合柏林和凯的三条标准。"青"在古代是五色（青、黄、赤、黑、白）之一，是基本词，但在现代汉语中，它的意义分别包括在"绿"和"蓝"中，而且所指事物很有限，已不属基本词，第 2、3 种词形不符合语义标准，已如上述。这样，现代汉语共有八个基本颜色词，又可分两类。"白、黑、红、黄、绿、紫"的颜色义，既是历时的本义，又是共时的基本义，"蓝"和"灰"的颜色义在今天已是基本义，是这两个词最容易想到的义项或义项之一，但其本义却分别是一种植物和草木灰，颜色义是由此引申出来的，虽然今天不一定被觉察。这样，八个基本词按语义的性质可分两类：

  白　黑　红　黄　绿　紫　/　蓝　灰

三、派生出义项

  由于通感作用，颜色词可能派生出非颜色意义。事实上，非基本颜色词有这种情况的很少。只有"桃色、苍白"等极少数词有一个派生义项。基本颜色词由于常用、稳固，更容易有这种情况。按《现代汉语词典》各基本词的派生义项数目如下（与颜色义无关的义项不计）：

  白$_6$　黑$_5$　红$_4$　黄$_1$　灰$_1$　绿$_0$　蓝$_0$（另有青$_3$）　紫$_0$

四、能产性

非基本颜色词很少用来构成其他词，而基本词则常有较强的甚至极强的能产性。根据《常用构词字典》，八个基本词所构成的词和成语的总数如下（只计与颜色义及其派生义有关的词条）：

白 $_{203}$ 红 $_{123}$ 黄 $_{104}$ 黑 $_{84}$（另有乌 $_{24}$）绿 $_{32}$ 蓝 $_{31}$（另有青 $_{98}$）紫 $_{29}$ 灰 $_{11}$

五、词性

现代汉语颜色词语法功能的活跃程度很不一致。必须带"色"的颜色词，基本上属于名词，做定语时或许可算区别词（非谓形容词），如"咖啡色西装"。其他双音词或多音词只具备做定语或用在"是……的"中的功能，不能做谓语、不能受程度修饰或用于比较（*衣服很乳白、*这件比那件银灰），不是典型的形容词。只有基本颜色词，大部分都具有形容词的所有功能，有的功能更活跃，还能带宾语，因而兼属动词（黑了心、红着脸）。"白"的功能最活跃，除了做形容词和动词外，还兼副词（不要白不要）。"紫"的功能最受限制，很少做谓语或带程度修饰，接近区别词。八个词按功能活跃程度分成如下四类：

白（形、动、副）/ 黑、红（形、动）/ 黄、绿、蓝、灰（形）/ 紫（区别词）

六、形态

现代汉语形容词具有三种形态手段构成生动式（状态形容词）：（1）单音和双音形容词分别重叠为 AA 和 AABB；（2）后加叠音或三音

成分构成 ABB 或 ABCD；(3) 前加单音成分构成 AB, AB 又可重叠为 ABAB。颜色词中，只有单音词才能构成生动式，而且生动式的有无和多少各不相同。"白"具有上述所有三项：(1) 白白的；(2) 白花花、白净净、白不呲咧；(3) 雪白、煞白、洁白（洁白洁白的）。"黄"只有两项：(1) 黄黄的；(2) 黄澄澄的。"紫"一项也没有。下面，根据《现代汉语八百词》所附"形容词生动形式表"统计前两项，根据《常用构词字典》统计第三项，按形态手段的种类多少排列，种类相等的按词形总数排列，结果如下：

	黑	白	红	绿	蓝	黄	灰	紫
AA	√	√	√	√	√	√	√	×
ABB 或 ABCD	12	9	6	5	3	2	6	×
AB	3	4	3	1	2	1	×	×

以上是分不同角度的逐一讨论。下面，我们把从不同角度得出的颜色词序列汇成一张总表以便比较。同时，为了得出综合性的总序列，每个序列的每个词都以分数计算，以最末一个为 1 分，倒数第二为 2 分，依此类推，性质相同的，得分相等。结果如下：

角度	得分
词形	白$_1$ 黑$_1$ 红$_1$ 黄$_1$ 绿$_1$ 蓝$_1$ 灰$_1$ 紫$_1$
语义	白$_2$ 黑$_2$ 红$_2$ 黄$_2$ 绿$_2$ 紫$_2$ 蓝$_2$ 灰$_2$
派生义项	白$_5$ 黑$_4$ 红$_3$ 黄$_3$ 灰$_2$ 绿$_2$ 蓝$_1$ 紫$_1$
能产性	白$_8$ 红$_7$ 黄$_6$ 黑$_5$ 绿$_4$ 蓝$_3$ 紫$_2$ 灰$_1$
词性	白$_4$ 黑$_3$ 红$_3$ 黄$_3$ 绿$_2$ 蓝$_2$ 灰$_2$ 紫$_1$
形态	黑$_8$ 白$_7$ 红$_6$ 绿$_5$ 蓝$_4$ 黄$_3$ 灰$_2$ 紫$_1$
总分	白$_{27}$ 黑$_{23}$ 红$_{22}$ 黄$_{16}$ 绿$_{15}$ 蓝$_{12}$ 灰$_9$ 紫$_8$

通过本文的上述讨论，特别是最后的总表，可以看出有以下情况在理论上是值得注意的。

第一，现代汉语的基本颜色词与《颜》中的规律大致相符而小有出入。

表中虽然只列了八个词，实际上已反映了基本颜色词的总情况，其他颜色词即使列入，分数也极低，不足以归入基本词。与《颜》的十一个词比较，少了"棕色、橙色、粉红"。"橙色、粉红"本来就与"紫、灰"位于十一词序列的最右边，缺少这两个丝毫无悖于《颜》的普遍规律。缺少"棕色"却无法用《颜》的序列解释，根据有右必有左的普遍性，有"紫、灰"应该必有"棕色"。这说明《颜》所述的普遍性还不是无懈可击。而且，序列的不符比基本颜色词总数的不符（如十二个）更为严重。可见这一规律尚待进一步完善。

第二，基本颜色词序列不仅具有跨语言和历时意义，还有语言内部的共时意义。

《颜》的序列主要反映不同语言间基本颜色词拥有量与词项的必然关系（跨语言意义）。即拥有量决定词项构成情况，同时也反映一种语言内部基本颜色词增加的可能顺序（历时意义）。它并不包含一种语言的基本颜色词之间哪个更基本的问题。而本文从共时的六个角度来研究现代汉语颜色词（其中派生义项和能产性也受历时因素影响），结果得出的八个基本词也有得分的差异，所形成的序列非常符合《颜》的序列（不考虑棕色），而且总序列与各单一角度得出的序列也大体一致。这说明《颜》的普遍序列还具有语言内部的共时意义。至少在汉语中，大体上是颜色词在序列中越靠左边，词形越单纯，语义越基本，义项越多，能产性越强，词性越活跃，形态越丰富。一些略为不符的单一角度的分析结果，也能得到解释。如"黑"的能产性小于"红、黄"，因为古代的"乌、玄"占去了一些可用"黑"的复合词，"红"又因为在汉族文化中的特殊重要性而具有特别强的能产性。"绿、蓝"的派生义项少于"灰"，因为可由它们派生的义项都由古代汉语和现代许多南方方言中的基本词"青"占去了。

第三，颜色词的基本与否是个程度问题。

由第二点可知，基本颜色词内部的重要程度并不一致，并且可用量化来显示，可见"基本"也存在程度问题，而不一定非归结为是否问题。能用同一序列来解释世界上众多语言中各颜色词的重要程度，这已经显示了足够大的普遍性，不一定要把人类语言基本颜色词的最大可能量规定得过于机械死板，比如说十一个或十二个之类。

参考文献

科姆里（Comrie, B.） 1981/1989 《语言共性和语言类型》，沈家煊译，北京：华夏出版社。

帕尔默（Palmer, F. R.） 1984 语义学，《国外语言学》第 2 期。

Lyons, L. 1981. *Language and Linguistics: An Introduction*. Cambridge: Cambridge University.

（原载《南京师大学报》（社会科学版），1990 年第 3 期）

从汉语特有词类问题看语法的宏观研究

一、何谓语法的宏观研究

1989年，笔者（刘丹青1989）曾在《汉语学习》上撰文呼吁加强对汉语的宏观研究，并提出了亟待引起重视的五个宏观课题，本文将围绕汉语特有词类这一课题来探讨现代汉语语法宏观研究的有关问题。

宏观研究跟微观研究在很大程度上是相互补充、相互促进的。宏观研究需要展开一些更大课题的研究，但这些研究必须有大量的语言材料和微观研究成果做基础。而微观研究也应该逐步建立起宏观的立足点，以突破课题本身的局限，使微观成为宏观的有机组成部分。所以，我们提倡的宏观研究，更主要的是一种思路、一种方法，而不是一种课题。

概括起来，现代汉语语法的宏观研究，是要在研究中加强下列五种观念：

1. 理论观，指在语法研究中应注意世界语言学的先进理论和中心议题。我们应该了解世界上语言学的现状、进展和发展方向，吸收成功的理论成果，以少走弯路，较快赶上先进水平。同时，关心世界上共同关心的中心议题，使汉语研究成果直接汇入世界主流。对于国外的理论，我们不但可以借鉴，也应该进行检验、反思和修正。

2. 系统观，指把具体语法现象放在整个语法系统中去考察，避免孤立研究可能造成的弊病，要注意具体语法现象在语法这个有序分层系统中的位置和作用以及它跟其他语法现象的相互制约和影响。离开了系统，就不可能获得对特定语法现象的本质的理解。

3. 交叉观，指在研究语法时注意语法和语言及语言运用中的其他方面的相互影响和作用。语法系统本质上是一种树形图式的结构，除此以外，语法还处在跟其他语言因素和言语因素相交叉的关系中。对于语法独立性较弱的汉语来说，交叉观尤其重要。其他有关因素，除已广泛纳入语法研究的语义、语用、篇章外，还有语音、语体风格、文字及社会变异、文化背景、心理结构等。

4. 立体观，指在语法研究中把普通话看作由共时状况和历时状况构成的立体框架的一部分。普通话实际上可以看作现代汉语的方言之一，现代汉语是汉语史的一个发展阶段，汉语是汉藏语系诸兄弟之一。方言语法对普通话研究的有益作用，笔者（刘丹青1986）曾在《语文导报》上举例说明过。此外，汉语语法史、亲属语言语法的材料和研究成果对普通话研究也有直接间接的启发作用。而且，要走向世界语言学，第一步要使普通话语法研究成为跨方言、跨民族、跨时代的汉藏语言学的有机部分。

5. 对比观，指通过跟其他语言的对比来发现汉语语法特点。现在，不仅需要跟我们熟悉的特定语言对比，而且需要借助语言共性与类型的成果和方法做大范围的跨语言对比。对比研究是使汉语语法学有助于世界语言学的一个基础。

下面，我们就借助于上面这些观念，对现代汉语中特有的一些词类或词类内的一些次类作一个宏观的再探讨。关于词类问题，现代汉语语法学界已进行过大量的理论争鸣和专题研究，取得了丰硕的成果，对许多词类及次类的语法功能已获得较深入的了解。但是，对某些词类在汉语语法体系内的系统性功能，特别是对特有词类在汉语中的存在价值，还缺乏足够的认识和解释，本文意在说明，要想取得这方面的进展，一种更为开放的宏观态度是必不可少的。

本文所谓的汉语特有词类，是指汉语中有而大量语言中没有的一些词类和次类，其中包括汉语和一些亲属语言、邻近语言所共有但在世界各地并不普遍的词语类别，具体指：名词中的方位词、某些种类的助词、量词（主要指个体量词）、状态词。

二、方位词的宏观研究

表示方位的名词是各语言所共有的,并非汉语特有。汉语的方位词大都也有一些名词的句法功能,因而通常被归在名词这一大类中。但是,比较起来,汉语方位词也有鲜明的个性,既不同于一般的名词,也不同于其他语言中的方位名词。具体表现在:

1. 方位词内部各个类别句法功能很不相同,其中的单音节方位词,如"上、里、下、前、后、左、右、东、南"等,使用频率很高,却很少有名词用法,有一些双音节方位词,如"之上、之下、之内、以东、以内"等也没有名词用法。这些词的主要作用是附着在名词性成分之后组成"方位短语"。另一些双音节方位词则既有名词用法,又有后附用法,如"上面有水""屋顶上面"。

2. 一些表方位的基本介词后面不能直接带非处所名词,而必须在名词后加上方位词,如:*书在口袋→书在口袋里、*从书摘录→从书上摘录、*送到老王→送到老王那儿("这儿""那儿"是方位性代词)。

3. 很多情况下方位词并不表达真正的方位意义,仅仅因结构需要而用,特别是使用率最高的"上"和"里",少数情况下有"定向性",表示跟"下"和"外"相对的方位意义,多数情况下只有"泛向性",方位意义很淡薄,如"脸上、街上、世界上、历史上""心里、河里、家里"。此外,"下、中"有时也有泛向性。在某些语境中,改换方位词并不影响意义,如"心里=心上""手里=手上""地上=地下""心上=心中"(参看吕叔湘1965)。

总之,实际语言中,许多方位词并不用于名词功能,也不一定有方位意义,而是因结构需要——变名词为方位短语——而出现的。这些方位词确实是汉语特有的词类,所构成的方位短语基本上也是汉语特有的。再深究一步,就可以发问,为什么唯独汉语少不了这种特殊的词类和特殊的短语呢?

问题的答案在汉语内部不容易找到，让我们借助于语言比较。汉语的方位词跟介词关系密切（世界上介词有两种：前置词和后置词。汉语介词属前置词）。一些基本介词要求后面接方位短语而不是纯粹的名词，这样构成的介词短语在其他用前置介词的语言中只用介词加名词表达，并没有方位词出现，如"在桌子上"（on the table）、"从他嘴里"（from his mouth）、"（走）到老王那儿"（(to go) to Lao Wang）。"在……上""从……里""到……那儿"合起来只相当于英语的 on、from、to。反过来，其他语言中的一些介词短语，译成汉语必须加方位词，而介词倒可用可不用，甚至不用更顺口，如 to sit in the chair（坐在椅子上，坐椅子上）; books in the bag（包里的书）。不难看出，汉语的一些方位词，实际上替介词分担了或独自承担了其他语言中介词的功能，其本质已不是方位名词而是后置介词，方位短语则是一种介词短语或部分性介词短语。

借助于进一步宏观研究，我们还能看到，汉语中前后置介词并存，并不是一种孤立的、偶然的语法现象，而是具有语言共性和语法系统性的深刻原因的。根据已被视为经典的格林伯格语序共性（格林伯格1963/1984），世界上的语言中，主动宾型语言主要使用前置介词，而前置词语言中所有格定语位于中心词之后；主宾动型语言只使用后置介词，后置词语言中所有格定语位于中心词之前，汉语通常被认为是主动宾型语言而且使用前置词，假如果真如此，则汉语所有格定语及一切定语都位于中心词之前就不符合语言共性了。实际上汉语是一种主动宾和主宾动两型混杂的语言，从古到今，主宾动型的句子大量存在，无须多举。这种混杂，与汉语在形成发展中长期与南北不同的语言接触融合有关。作为主动宾型语言，汉语存在前置介词，作为主宾动型语言，汉语又存在后置介词并且所有格定语位于中心词之前。汉语中后附性的方位词和方位短语，正是在这样的系统背景下作为后置介词和后置介词短语而存在的（余志鸿1984）。具有后置介词作用的其实还不止方位词，后文还将谈到。

汉语因为前后置词并存，单独的前置词或后置词都不够发达，所以经常需要前后置词配合才能表达其他语言中一个介词的意义。比如，英语"in、on、under、before"等词的差别在汉语前置词中无法体现，必须借助于后置词"里、上、下、前"等才能表达，英语"at、from、to"的差别在汉语后置词中也无法体现，要靠"在、从、到"这类前置词表达。

假如局限在普通话内部仅就方位词本身来研究，而不借助于语言共性学说和语言比较，不把方位词放在整个语法系统中考察，就很难深刻认识汉语"方位词"在汉语语法中的存在价值及其在整个系统中的功能。

三、助词的宏观研究

助词是汉语特有的一大词类，《马氏文通》中"助词"是唯一的汉语特有词类名称，不过当时只指语气助词，以后，又陆续加进了结构助词、时态助词及一些难以归类的虚词，使助词的成分非常杂。对大多数助词的句法功能和语法意义，许多语法著作、论文和虚词词典已做过详尽的描写和分析。但是，汉语中为什么会存在这么一个大而杂的特有词类，至今还缺乏足够的解释。我们认为，这种解释也需要借助于一定的宏观研究。

有一些助词虽然目前还留有词的地位，但已经在向实词的形态成分虚化，如"了、着、过"，接近谓词的体词尾，"被（他被打了）、给（门给打开了）、所（我所看的书）"接近谓词的态词头。作为形态成分，就不能算汉语所特有的了。不过它们从实词虚化为虚词再进一步向词尾词头虚化这一过程，多少体现了整个汉语语法向更精确更严密方向发展的趋势。

除了有词头性质的助词外，其他助词基本上是后附性的。这种后附性助词中有许多像一些方位词一样带有后置介词的性质，它们的存在跟汉语基本语序类型的混杂性有关。

先看一批至今还注意得不多的助词，它们是"起、来、以来、止、为止、一样、一般、似的、也似的"。它们都用在名词性单位之后，构成一个短语，有人称其为"助词短语"，如"去年起、三个月来、1985年以来、五月份为止、花一样、火箭似的"，译成前置词语言，这些短语都是介词短语，在汉语中，这些"助词短语"的基本作用也是做状语，跟介词短语或不带介词的"方位短语"一致，如"这个厂去年起已扭亏为盈""他1985年以来担任厂长""小船火箭似的冲出芦苇"。这些助词短语也常用在介词后，如"这个厂自去年起已扭亏为盈""他从1985年以来担任厂长""小船像火箭似的冲出芦苇"。而且，介词短语中的这类助词常常不能省去，这也跟有些介词短语中的方位词一样。因此，这类助词的性质跟后附的方位词完全一样，它们独立地或跟前置介词一起构成介词短语，属于后置介词。假如没有宏观研究所得到的"后置介词"这一概念，我们就无法揭示这类助词和方位词的高度一致性。

再来看雄踞汉语词汇频度表首位的"的"。"的"基本作用是介接定语和中心词，这种作用在前置词语言中也是由前置介词（英语的 of 等、法语的 de 等、德语的 von 等）来承担的，如"商店的顾客"（the consumers of the store）、"中国的农场"（farms in China）。所以有些语言学家（如黎锦熙先生）把"的"归入介词。现在，多数语法学家不取此说，而改称结构助词，因为其他介词都是前附性的，而"的"是后附的。其实，当我们意识到汉语中已有一大批词可归入后置介词时，把"的"看作后置介词也就不奇怪了。汉语中存在"的"这个后置介词也跟汉语的语序类型混杂有关。在典型的前置词语言中，许多定语，特别是所有格定语，都位于中心词之后。介接定语的前置介词正好位于中心词和定语之间，自然起到介接作用。而在汉语中，由于类型混杂，一方面有前置介词，另一方面定语却一律前置，前置介词无法位于定语和中心词之间，而有后置介词作用的词又可能因意义缘故不适合介接定语，于是就由后置词"的"来起介词的介接作用。其实，除了"的"，其他后置词有时确实也起"的"的介接作用，如"心中疑虑、床上物品、花似的美人、菩萨一样善人"。结构助词还有"地、得"。"地"的情况与

"的"类似，因为语言中定中和状中的语序基本上是一致的。"得"介接的补语也可看作一种后置的状语，因为中心词在前，所以介接成分也前置，其作用与前置介词接近，在有的方言中就用前置介词"到"，如"坏得不得了"，在无锡方言中说"坏到勿得了"。

大量的助词是语气助词。其中有不少词不但用于全句末，也用于句中或分句后的停顿处，有些这样用的语气助词有连接作用，如"鱼啊，肉啊，烧了很多碗""你买菜啊，洗衣服啊，也忙了半天了""你这次考及格呢，还可以，不及格末，难啰""我去的话，会喊他的"。其中的语气助词有并列、条件、假设等关联作用。这种后附性的助词能起某种连词性作用，这在汉语中也不是偶然的。从宏观上看，连词也可能有前置后置之分，其位置往往跟介词的位置是一致的，有时甚至分不清介词连词。英词介词是前置的，英语连词也都是前置的。"you and I"若要停顿，只能是"you, and I"，不能是"you and, I"。连接分句、从句的连词，如 but、since、when、while、although，都只用在分句前或从句前。普通话有前置介词，现在划归连词的也都是前置性的，"你，和我"，不能说"你和，我"，"因为、所以、只要、假如、那么"等复句连词也无不用在分句之前，而不能用于分句末。但是，既然普通话存在后置介词，那么，后附性助词具有连词作用也就不奇怪了，前举"啊、的话"等便是例子。前后置连词的混杂在吴方言中看得更清楚。比如苏州话，一方面有跟普通话相应的整套前置性连词，另一方面，大量的实际口语是靠后置性连词来连接词语或分句的（刘丹青1983）。例如，"小张搭我"，可以说"小张，搭我"，"搭"是前置连词（"搭"在苏州话中还做前置介词），但"小张勒我"，只能停顿为"小张勒，我"。口语中"勒"做连词比"搭"常见，如"鱼勒肉""钢笔勒墨水"，一般不用"搭"。"只要小张去，我就去"，苏州话更常说成"小张去末，我就去"或"只要小张去末，我就去"。可见后置连词的使用非常普遍，并且可以跟前置连词并用，这跟前后置介词并用是一致的。

当然，还有许多用于句末的语气助词跟介词、连词都没有关系，但它们作为后附性虚词在汉语中大量存在，跟汉语结构类型混杂、虚词前后附并存的总倾向还是相一致的。而语气助词的意义，大都是说话人的主观态度或感受，这也不是偶然的。汉语在总体上缺乏某些精确客观的理性语法范畴，如"性、数、格、时、体、式、级"等，却富于表现形象、感受、态度的形式手段，如许多词类的重叠式（包括形容词生动形式）、丰富的象声词等，语气助词的大量存在，也是这个总体特点的一个方面。

四、量词的宏观研究

表示度量衡一类单位的词，在各种语言中都存在，其语法特点一般跟名词相同，并不形成一个独立的词类。汉语中因为存在大量的个体量词，并且在语法上跟名词已有明显差别，所以需要让量词独立成类。但是，由于缺乏宏观分析，因此，对汉语为什么需要这个其他很多语言所没有的词类，还解释得不够。笔者认为，量词的存在与发展适应了汉语这个宏观系统的需要（刘丹青 1988）。其一是凑足音节，与汉语的双音化趋势和句法重节律的特点相适应；其二是区分类别，弥补了汉语名词类范畴的不足；其三是代替名词，起了其他语言中"支撑词"的作用；其四是区别名词词义，适应了汉语同音词偏多的实际；其五是区别词与词组，弥补了汉语词与词组界限模糊的不足。

严格地说，量词不是汉语特有，而是汉藏语系特有。可是，量词又明显不是从未分化的汉藏祖语中继承来的，那么，汉藏语系各语言怎么会"不约而同"地发展出这一新词类？针对这个问题，笔者又做了跨方言、跨语言的宏观比较，发现汉藏各语言量词的发达程度相差很大，而且与地域有密切关系，量词最发达的是壮语及邻近壮侗语，其他语言和汉语各方言的量词发达程度大致与它们跟壮语等的邻近程度成正比。有理由假设，量词起源于某些古越族语言并向四周做辐射式扩散和推移（详情另文讨论）。这样的考察虽然超出了现代汉语的范围，但确实能帮助我们看清普通话量词的复杂现状和发展趋势。

五、状态词的宏观研究

1956 年,朱德熙先生首次在现代汉语中区分出性质形容词和状态形容词两大范畴,实现了形容词研究的一大飞跃。受这一成果启发,古代汉语、近代汉语和现代汉语方言中的状态形容词也得到了大量的研究(杨建国 1979,1982;谢自立、刘丹青 1995)。放眼世界上的众多语言,状态形容词并不普遍存在,因而也成为汉语的特有词类。为什么汉语会存在这一词类?对这一问题,笔者曾进行了一次宏观的考察比较,进而涉及有关的文化背景。事实表明,汉语状态形容词实际上是广泛分布于汉藏、南亚、南岛、阿尔泰等东方语系的状态词的一部分。状态词和形容词存在三种关系:(1)状态词使用跟形容词无关的一套词根,如先秦汉语中的"暳、濛濛、参差、窈窕";(2)状态词由形容词词根带状态性词缀构成,如"红彤彤、懒洋洋";(3)状态词由形容词变形而成,如"红红的、干干净净的"。在汉语历史上,这三类由早到晚依次出现,与形容词的关系愈益增强,到现代,第(1)类已基本退出活的语言。在语义上,状态词程度不同地具有形象性、整合性、模糊性、顿悟性的特点,与语气助词等一起构成汉语长于表达感性内容的倾向,从而区别于形容词的抽象性、分析性、精确性和理喻性。状态词和形容词在文化上分别体现了东方人的感性思维倾向和人类共同的抽象思维能力。状态词和形容词的关系逐渐增强,则反映了东方人思维中分析抽象成分不断增加的趋势(刘丹青 1991)。这种宏观研究确实加深了对状态词这种东方式词类的认识。

六、余论

上述对汉语特有词类的研究表明,一种语言具有一些不见于其他许多语言的特有词类,并不是偶然的、孤立的现象,而是有着系统的、历史的、文化的等多种原因。这些认识，仅靠微观研究是难以获得的。汉语语法中还有许多有待解释的问题，宏观研究是大有作为的。

其实，汉语语法的宏观研究并非缺乏传统。汉语语法学的先驱者们，正是靠了宏观研究与微观研究的有机结合才建起了语法学的初步体系。如马建忠、黎锦熙、王力、吕叔湘等。1949年以后，吕叔湘、朱德熙、陆志韦、俞敏等学者的语法学研究也一直充满宏观气息。只是由于语法研究的阶段性特点和其他一些原因，微观研究一度成为压倒性倾向。进入20世纪80年代后，由于改革开放、思想解放、交流增多，也由于微观成果的积累，古今汉语研究的沟通、方言语法学的加强、中外语法对比的繁荣等原因，宏观研究重新获得了势头，并将为汉语语法学向深度广度进军做出更大的贡献。

参考文献

格林伯格（Greenberg, J. H.） 1963/1984 某些主要跟语序有关的语法普遍现象，陆丙甫、陆致极译，《国外语言学》第2期。
刘丹青 1986 运用方言研究语言学的其他学科，《语文导报》第12期。
刘丹青 1988 汉语量词的宏观分析，《汉语学习》第4期。
刘丹青 1989 汉语宏观研究的五大课题，《汉语学习》第2期。
刘丹青 1983 吴语中几种特殊的复句表达手段，上海现代语言学讨论会编《现代语言学》（油印本）第4期。
刘丹青 1991 从状态词看东方式思维，《东方文化》第一辑，南京：东南大学出版社。
吕叔湘 1965 方位词使用情况的初步考察，《中国语文》第3期。
谢自立、刘丹青 1995 苏州方言变形形容词研究，《中国语言学报》第5期，北京：商务印书馆。
杨建国 1979 先秦汉语中的状态形容词，《中国语文》第6期。
杨建国 1982 元曲中的状态形容词，《杭州大学学报》（哲社）第14卷增刊。
余志鸿 1984 汉语前后置词混用的实质，《浙江省语言学会语言学年刊》第二期。
朱德熙 1965 现代汉语形容词研究，《语言研究》第1期。

（原载《江苏社会科学》，1991年第2期）

"到"的连词用法及其语义

一

现代汉语中的常用词"到",不仅是动词兼介词,而且还有连词用法。"到"的连词用法其实十分常见,爱看《新闻联播》及后面的天气预报的人,每天可以听到几十次,当然它不仅仅出现在天气预报中。请看例子:

(1)北京,晴,十三到二十三度。

(2)明天最高温度,二十一到二十三度。

(3)沪宁沿线各市,昨天的最高气温都达三十四到三十六度。

(4)本店招收营业员若干名,年龄:十八岁到二十四岁。

(5)我家先生每月出差两到三次。

(6)这次体检的对象是1945年到1965年出生的人。

(7)今年全县每个乡植树面积都达五百到八百亩。

(8)用量:每日三到四次,每次一片到两片,或遵医嘱。

上述带下划线的"到",也都可以换用书面色彩的"至",还可以用连接号"—"代替(仍读作"到"或"至")。在汉语虚词中,连词"到"是唯一的可用标点符号替换的词,足见这种用法的普遍性。为了了解汉语学界对这种"到"的看法,笔者查阅了《现代汉语词典》《现代汉语八百词》《实用现代汉语语法》《现代汉语虚词例释》等书,发现竟无一举到"到"的这类用例,更没有对这类"到"的词性、语义分析。真是习焉不察。倒是《标点符号用法》修订组的文章在谈连接号时透露了一点他们对这种"到"的看法:"另有一些连接号则需要读出来,例如,连接相关的时间、地点、数目等,表示起止:……连接号读作'到'或'至'。"① 这段话说明，他们把与"到"等价的连接号的作用归结为"连接"。这与本文把这种"到"称为连词的看法相近。下面，试以语法的角度谈一下把这种"到"看作连词的理由，并分析一下连词"到"的语义。本文的讨论对象集中在数目之间的"到"上，即上引例句这类情况。

这种"到"所适用的句法框架是固定的，即"数量词语＋到＋数量词语"，可简作"数$_1$＋到＋数$_2$"。"到"的作用，是把数$_1$和数$_2$连接起来，组成一个复杂的数量单位，整个数量单位的句法功能跟单纯的数量短语完全一致。上引各例句，假如去掉"到"和数$_1$、数$_2$中的任何一个，句法上仍然成立（数$_1$省量词的只需补上量词）。也就是说，"到"的使用丝毫没有改变数量词语的语法性质。这种情况正相当于"和"在名词之间的作用（教师和学生）、"并"在动词之间的作用（讨论并通过）、"而"在形容词之间的作用（勤劳而勇敢）。因此，这个"到"应该跟"和、并、而"一起划归连词。

当然，连词"到"在发生学和语义上跟动词兼介词"到"有联系，这使得"到"也存在一些区别于"和、并、而"的语法特点：第一，用"到"连接的数量词语限于两项，一般没有多项并列的情况；第二，数$_1$和数$_2$必须按从小到大顺序排列（负数则按绝对值排列，如"零下七度到九度"），一般不允许互换位置。但这两个特点并不影响"到"的连词词性。此外，用"到"连接的数量单位末尾有时可以加上"之间"，这正好跟用"和"连接的名词单位一样，如"十八岁到二十四岁之间"，比较"老王和老张之间"。

总之，在句法功能上，把这种"到"分析为连词是顺理成章的。反过来，若分析为动词或介词，则将遇到难以克服的困难。这是非常明显的，不必在此多说。在语义上，粗看之下，"到"跟其他并列连词颇为不同。其实仔细地分析正好显示，这种"到"是非常符合连词的性质的。

---

① 见《语文建设》1991年第9期32页。

二

连词"到"的语义，概括言之，就是表示数量起止范围。但在不同的句子中，连词"到"的实际含义存在明显差别。上一节的例（1）到例（3）都用于气温度数，但实际含义各不相同，它们正代表了连词"到"的三个义项。下面就补充一些例句分别加以说明。

1."到"表示数目的覆盖范围。如：

（9）这本书，老张可以写第三章到第七章。

（10）这次野营，李老师负责1班到4班，王老师负责5班到8班。

（11）一楼到三楼是商场，四楼到六楼是公司办公室。

这些例句中的"到"都表示该数量覆盖了数$_1$和数$_2$之间的所有对象。前文例（1）表示该天最低温度（晨二时）为十三度，最高温度（午后二时）为二十三度，而且两种温度间的全部温度也都在该天的气温范围内。例（9），"第三章到第七章"包括了第三、四、五、六、七各章。

2."到"表示约数的取舍范围。如：

（12）陈先生藏书挺多，有三千到四千册。

（13）这本书，老张可以写三章到五章。

（14）咱们今天走了四十到五十里路了。

（15）呼气，双臂向两侧斜垂，与身体成三十到四十五度角。

这些例句中，"到"连接的成分构成一个约数，数$_1$和数$_2$画出了取舍范围的两个端点，实际数目在这两点之间的某一点上，但不是两数之间的全部范围，这是明显区别于表示覆盖范围的"到"的。如例（2），表示实际气温可能是二十一度，或二十二度，或二十三度，但不能既是二十一度，又是二十三度。例（12）的实际藏书数也是三千和四千之间的某一数目，不能既是三千又是四千。

1类"覆盖范围"和2类"取舍范围"的差别，实际上相当于合取连词"和"与析取连词"或"的差别，只是"到"用所连接的两端数目概括了许多项的合取并列或析取并列，是"和"或"或"的更概括、更简洁的表达手段。因此，我们可以把连词"到"的两类语义用公式表示如下：

　　1 类（合取）：A_1 到 A_n = A_1 和 A_2 和 A_3……和 A_n

　　　例：13 到 23 度 =13 和 14 和 15……和 23 度

　　2 类（析取）：A_1 到 A_n = A_1 或 A_2 或 A_3……或 A_n

　　　例：21 到 23 度 =21 或 22 或 23 度

在某些情况下，"到"可以被"和"或"或"代替而不改变意义，如"他写了第三到第四章"→"他写了第三和第四章"，"他写了三章到四章"→"他写了三章或四章"。

由以上分析可以看出，"到"在语义上也确实是跟并列连词同类的。

3."到"表示集体或整体的覆盖范围和个体或局部的取舍范围（如前例（3）—例（8））。

这些例句中"数$_1$+到+数$_2$"结构所关涉的对象，都是包含若干个体的集体或包含若干局部情况的整体。"到"的语义也因此带上了两重性。对于集体或整体来说，"到"表示覆盖范围（合取），相当于 1 类。如例（3），对"沿线各市"这个集体来说，"三十四、三十五、三十六度"这几种温度都存在。对于例（5）中的"我家先生"这个整体来说，出差次数既有两次也有三次。而对于集体中的个体或整体中的局部来说，"到"表示取舍范围（析取），相当于 2 类。如例（3），对其中每个具体城市来说，实际温度只能是这一温度范围中的某一度数，对例（5）中每个具体月份来说，出差次数要么是两次要么是三次。在连词"到"的三个义项中，这第 3 类兼有第 1、第 2 两类意义，显得最为复杂。

连词"到"的几个义项，是现代汉语中客观存在的，而不是人为区分的结果。最好的证据是连词"到"有时会造成歧义，如：

（16）明天气温是三十一到三十三度。

（17）他们几位今天走了三十里到三十五里路，都有点累了。

例（16）是 1 类和 2 类的歧义。可以理解为某些阴雨天最低温度到最高温度的覆盖范围，也可理解为最高温度的约数取舍范围。例（17）

是 2 类和 3 类的歧义，可以理解为"他们"走了同样长的路，"到"表明路程约数的取舍范围，也可理解为"他们几位"分别走了"三十里""三十五里"和两数之间其他长度的路程。

　　看起来，将来某本详解语法或虚词词典，不但需要收进"到"的连词词性，还得顺便把连词"到"的这三个义项都交待一下，好提醒人们避免连词"到"所可能带来的歧义。

　　　　　　　　　　　　　（原载《汉语学习》，1992 年第 6 期）

汉语形态的节律制约

——汉语语法的"语音平面"丛论之一

一、汉语语法的节律制约和"语音平面"

近年来，我们在探讨汉语研究的课题和方法的一系列文章中（刘丹青 1989，1991a，1991b），多次提到语音因素、尤其是节律对汉语语法的重要影响。在理论方面，这涉及汉语语法需要建立几个平面的重大问题。在刘丹青（1991b）中，我们尝试性地提出："汉语语法学或许需要建立句法、语义、语用、语音四个平面"，后来看到王希杰先生也提出了语法的第四个平面即"语音平面"（见岳方遂 1991）。在应用方面，只要是涉及语法的领域，都有如何对待语音制约的问题，如汉语教学、汉语的计算机处理、语法规范等。

节律对汉语语法的制约，遍及语法各层面。许多语法规则因节律而存在"例外"；外国人学汉语、计算机处理汉语、甚至汉人用中文写作，都会出现合"法"而不合节律的句子。现有的语法规则对这些节律要求交待不够，虽然有些学者已经注意到这类问题，如吕叔湘（1963），吴为善（1986，1987，1989，1990）的系列论文，都是专门探讨语法的节律制约问题的。他们的讨论已涉及话语、句子、短语等语法层面，但这些层面的节律制约还有大量课题要研究。另有一些层面的节律制约讨论得还不多，它们是构词法层面、形态层面、词类层面（主要表现为词类与词长的关系，张国宪（1989）[①] 等讨论过动词与词长的关系，但未涉

[①] 另有一些相关论文分别载《中国语文》1989 年 3 期,《汉语学习》1989 年 6 期,《上海师范大学学报》1990 年 3 期。

及跨词类比较)。本文先讨论形态层面。

二、重叠形态的节律制约

重叠是汉语中最典型的形态手段,也是汉语各方言中最重要的形态手段(刘丹青1986:§3.2)。本文只讨论普通话中多少带有构形性质的重叠现象,包括重叠和其他手段的配合使用。

从理论上说,典型的构形应该适用于整个词类或次类的每一个词项,汉语的重叠形态却常常只用于某词类中的一部分词。适用面的受限,有时跟语义或句法原因有关,但经常仅仅因为节律的制约。重叠主要用于量词、动词、形容词,重叠的方式多种多样,而节律的制约影响到每个词类的多数重叠类型。下面逐类进行讨论。

1.量词。量词及一些带量词的短语存在重叠形态,而能否重叠跟词的音节数很有关系。汉语量词多数是单音节的,也有一部分(包括临时量词和复合量词)达二至四个音节,如:嘟噜、下子、公尺、公斤、平方、立方、桌子、盒子、房间、车厢、鞭子、书架子、架次、人次、平方米、立方米、公斤米、平方公里。各种重叠式基本上只适用于单音词。下面列表比较单音和双音量词的情况,三音四音词的情况跟双音词一样或受限制更严,不另列。表中"名、数、形"表示重叠式中用到的词类,"一"表示数词限于"一"(写"数"的也常用"一"但不限于"一"),星号和问号分别指不合语法和合语法性可疑。

量词种类	重叠形式					
单音A	AA	一AA	数A数A	一A又一A	数A名数A名	形A形A
双音AB	*ABAB	*一ABAB	数AB数AB	?一AB又一AB	?数AB名数AB名	*形AB形AB

下面分别举例:

AA:(几串葡萄,)串串都甜↗(几嘟噜葡萄,)嘟噜嘟噜都甜
(炒了三盘菜,)盘盘吃光↗(炒了三盘子菜,)盘子盘子吃光
(连抽十鞭,)鞭鞭带血↗(连抽十鞭子,)鞭子鞭子带血。

一AA：时间一分分、一天天、一周周、一年年过去↛时间一小时小时、一星期星期、一世纪世纪过去

数A数A：钱十块十块地花掉↛钱十美元十美元地花掉

一A又一A：堆满一间又一间↛堆满一房间又一房间

　　　　拍了一下又一下↛拍了一下子又一下子

数A名数A名：五斤米五斤米地买↛五公斤米五公斤米地买

形A形A：大箱大箱地运来↛大箱子大箱子地运来

上述表、例说明，多数重叠式不适用于双音词或用了也很勉强。而且，双音量词重叠的受限制没有节律以外的原因，因为例句表明，即使是同类的甚至同义的量词，节律限制照样存在。① 此外，"数A名数A名"这种重叠式不但量词限于单音节，而且名词也限于单音节，如"五斤米五斤米"不能说成"五斤大米五斤大米"，这更显示节律对重叠的制约。

2.动词。重叠的方式也很丰富，重叠的可能跟词的音节数明显相关。据此，可以把动词分为单音动词、双音离合动词和双音凝固动词三类。下面列表比较（表中汉字除"副"指副词，其他都指实际词项）：

动词类别	重叠形式				
单音A	AA	A一A	A了A	A了一A	副A副A
离合AB	AAB	A一AB	A了AB	A了一AB	*副A副AB
凝固AB	ABAB	?AB一AB	*AB了AB	*AB了一AB	*副AB副AB
单音A	A着A着		A啊A的		
离合AB	*A着A着B		*A啊A的B、*A啊AB的		
凝固AB	*AB着AB着		*AB啊AB的		

下面分别举例：

AA：谈谈→谈谈话→谈论谈论

A一A：谈一谈→谈一谈话↛谈论一谈论

　　　走一走↛散一散步

A了A：摇了摇→摇了摇头↛摇晃了摇晃

---

① 双音量词产生得也很早，最迟在唐代，已有一些双音名词被用作量词，见王绍新（1990）。这说明双音量词不能重叠并非因为其历史较短，而是因为节律原因。

A 了一 A：走了一走↛散了一散步↛溜达了一溜达
　　　摇了一摇↛摇了一摇头↛摇晃了一摇晃
　　副 A 副 A：乱说乱说↛乱说乱说话↛乱议论乱议论
　　　一摇一摇↛一摇一摇头↛一摇晃一摇晃
　　A 着 A 着：谈着谈着↛谈着谈着话↛谈论着谈论着
　　A 啊 A 的：摇啊摇的↛摇啊摇的头（↛摇啊摇头的）→摇晃啊摇晃的

上述表、例说明，单音词的重叠形式最多，离合词次之，凝固词最少。能用于离合词的重叠式，实际上都只重叠其中的前字（单音动词），因此也应计入单音词的重叠。这样，只剩下第一种重叠方式是同时适用单双音节的了。其实，即使是这一种重叠，单音词也大大强于双音词。据统计（王希杰、华玉明1991），"孟琮、郑怀德等合著的《动词用法词典》中共收2117个动词，有重叠用法的612个，约占总数的35%，其中单音节词378个，约占可重叠动词的60%，双音节动词234个，约占可重叠动词的40%"（离合词算法不详）。这是词项统计，若按出现频率统计，单音词重叠的比例还要大。由此可见，节律对动词重叠的制约是极大的。

3. 形容词。带有构形性的重叠形式主要是两类。一类是单纯重叠，同时适合单、双单节，构成 AA 和 AABB（变调、儿化、加"的"情况不细说），如"好好、慢慢""漂漂亮亮、干干净净"。另一类是嵌"里"的重叠，只适合双音词，如："糊里糊涂、土里土气"。至于"通红通红"式，并不是典型的双音词重叠，下文将谈到。两种重叠式有一种只用于双音词，节律限制仍是明显的。

三、准形态的节律制约

重叠和"了、着、过"等成分都使动词带上体的语法意义，两者语法性质接近，不少人管"了、着、过"就叫词尾或语尾，突出其形态性质。考虑到它们仍有某种"词"的资格,我们将其归入准形态。重叠和附加语缀都使形容词变成生动式(状态形容词),两者语法性质也接近。考虑到附缀生动式所加词缀因词而异,带有构词性质,我们也将其归入准形态。

本节讨论两类准形态所受的节律制约。从总体上说,体助词"了、着、过"可以加在单音谓词和双音谓词后,有时还加在短语后,如"讨论并通过了决议""打碎过三块玻璃",因此似乎不受节律的制约。实际上,节律制约仍然存在,这可以从以下几方面看出。

1. 离合动词带体助词,一般加在前字后,这表明体助词更倾向于用在单音词后,如:

吃了饭再走↛吃饭了再走

他正洗着澡呢↛他正洗澡着呢

咱们以前见过面↛咱们以前见面过

2. 在使用频率上,体助词加在单音词后远比加在双音词后常见。刘宁生(1985)曾统计8个现代作家共54万字的作品中体助词"着"的使用频率,结果显示,"着"出现3586次,在单音词(包括离合词的前字)后为3252次,占90.66%,在双音词后为335次,占9.34%,如此悬殊的比例,足以说明"着"强烈地向单音动词倾斜。"了"和"过"没有经过这类统计,但据我们观察,也存在类似倾向。

3. 三个体助词总体上可以同样用在单、双音词后。然而,每个体助词都表现为多个语义、语法变体,其中"了"和"着"的某些变体只用于单音词,不用于双音词。上一节谈到的一些带"了"或"着"的动词重叠式,如"摇了摇、摇了一摇、摇着摇着","了、着"只加在单音词后。此外,"了、着"的下列用法也只适合单音动词,不能或不宜换成双音词:

他哭了笑、笑了哭,谁也猜不透什么意思。

她唱了又唱,大家还嫌听不够。

这种话,她说着不害臊,我听着都脸红。

这个汉子,看着挺脸熟的。

形容词的附缀生动式有两大类。前加式用单音语缀，有程度增强的作用，如"通红、雪白、稀烂、稀松、笔直、笔挺"。后加式用双音或三音语缀，有程度减弱的作用，如"红通通、白乎乎、肥乎乎、紧巴巴、美不滋儿、白不呲咧、黑咕隆咚"。有的书把"通红、雪白"看成跟"粉红、银白"一样的偏正式词，这是不妥的。前者与后加式构成程度对立，同属附缀生动式，而且"通红"等还能重叠为"通红通红"等，这些特点都跟"粉红"等偏正词不同。附缀生动式的节律制约十分明显，而且同时表现在三个方面：

1. 从词根看，附缀生动式基本上只见于单音形容词（重叠生动式还能用于双音词）。其中前加式严格限于单音词，后加式则存在极个别的用于双音词的例子，如"可怜巴巴、老实巴交"。

2. 从语缀看，前加只用单音语缀，后加只用双音或三音语缀。即使同源词也必须遵守这一节律，如"通红"不能说"通通红"（有些方言中有），"红通通"不能说"红通"。

3. 从重叠看，前加式可以重叠，如"通红通红、雪白雪白、稀烂稀烂"（这是单音词先附缀、后重叠构成的复杂形态，所以没有归入上一节的双音词重叠）。而后加式不能重叠。"到处是白茫茫、白茫茫的一片"中的"白茫茫"是修辞上的反复，中间有停顿，不属于重叠形态。

四、形态节律制约的理论分析

上面粗略讨论了普通话中主要的形态现象。从中可以看出，绝大部分形态现象都受到语音节律的严重制约。按制约的强度，可分三级。第一级是刚性制约，即形态只用于某种音节数的词，违反制约就造成病句，如上文中打星号或↗的情况。第二级是柔性制约，即形态基本上只用于某种音节数的词，违反制约的句子勉强可说，但不自然、不常用，如上文中打问号或标"→"的情况。第三级是量性制约，即形态本身不限于某种音节数的词，但在使用频率上向某种音节的词明显倾斜，如动词的简单重叠式（表上第一种）和加体助词的情况。三级制约加起来，几乎覆盖了汉语中全部的主要形态，可见节律制约在汉语形态中产生了何等重大的作用。

从节律制约的对象看，大多数是限制双音词及多音词的形态变化，单音词所具有的形态类型往往无法推及双音词及多音词。只有形容词的A里AB式限于双音词，超过双音节的词几乎没有形态。

语音节律对汉语形态的制约不是偶然的，多数形态向单音词倾斜也不是偶然的。它们同汉语整个系统的特点及其文化背景有密切的关系。下面试对造成节律制约的原因做几点具体而初步的分析。

1. 汉语中基本的语音感知单位是音节，音节在汉语中的重要地位远远超过其他许多语言。汉语的形态变化，至少以整个音节的增加为手段，不存在某些语言只变动音节内部个别音素的"微调"式变化（如英语加s表示名词复数或属格）。汉语在历史上一度常用的内部屈折形态，也因为音系封闭、同音词增多而逐步衰亡。[①] 以音节增加为特征的形态方式使词长的增加幅度很大。汉语最重要的形态手段是重叠，重叠使词长成倍增加。与这种情况形成鲜明对照的是，汉语的词普遍较短，书面语中出现的词平均长度不到1.5音节，口语中则还要短得多（钱乃荣1990：16）。过长的词不适合汉语的节律习惯，单音词的形态变化不至于使词长得破坏节律，而双音词的形态变化则可能破坏汉语的节律要求。这就使得双音词的形态变化受到很大抑制，不可能广泛采用。

2. 汉语的不少形态类型同时用到附加和重叠，使音节数增加数倍，如"说→说着说着"，这种重叠方式若用于双音词，不但破坏汉语节律，而且也不符合语言的经济性原则，这些形态对双音词的排斥更加强烈。

3. 汉语形态有时候突破词的界限，以短语为基础形式，这种基础形式若经过重叠，词长增幅很大，如"十块钱十块钱"。基础形式为三个

---

① 单音词的内部屈折在音系固定、音节总数确定的情况下，一方面借音变辨义，同时又造成新的同音，因而不可能长期发展，见刘丹青（1992）。现代北方话的儿化较接近内部屈折，但它仍带有附加法的一些特征。

词的短语时，基本上全由单音词充当，其中任何词换成双音词，都使重叠式显得累赘。若三个词都是双音词，更是长得难以设想，如"二十美元钞票二十美元钞票"。

4. 汉语的句子格局，一般以谓词、尤其是动词为句子核心。核心前的成分与核心的节律关系较松散，各板块后都可以有停顿，如"昨天下午，在公园里，他和小王，面对面地，碰见了"。核心与核心后的成分节律关系紧密，核心与宾语、补语之间不能有明显停顿，某些补语（如动结式、动趋式中的补语）和引导补语的虚词（如"得、不、在、到"）还必须紧靠核心词。这种结构态势，使核心板块所受的节律限制超过任何其他板块所受的限制。核心不能过长，后带宾语、补语时更不能长；核心跟宾语、补语之间也不能有过多的形态成分，有些形态跟许多类补语完全排斥。[①]因此，一些复杂的重叠式，如A着A着、A啊A的、副A副A，都严格排斥双音动词，否则会使动词长得不像核心，即便是单音动词，在经过这类复杂重叠后，也会减弱核心的地位和对其他成分的引力。所以单音动词的这类重叠式全都不能带宾语、补语，如不能说"走着走着这条路""走着走着在这条路上"。

5. 现代汉语双音词在词数上占了优势，但在词频上仍不如单音词。据统计，口语中单音词的出现率高达74.60%（钱乃荣1990）。汉语基本词汇仍由单音词居优势。汉语形态的使用与词的常用度和基本性有着明显的正相关性，我们对汉语颜色词的探讨已证实了这种正相关性（刘丹青1990）。汉语形态向常用词、基本词的倾斜，必然导致向单音词的倾斜。

6. 汉语是一种极其注重语音节律的语言。节律美的追求，在汉语中已不但是一种言语的调节美化，而且成为语言系统的规约成分。在许多情况下，节律的要求甚至以部分地牺牲语义与句法为代价。这种语言节律要求有着深远的文化背景，即汉民族对均衡美、节奏美的长期注重。汉语的这种特性是造成语音节律对形态乃至整个语法的制约的根本内在

---

① 例如，"了、着、过"后不能接带"得"的补语，动词重叠式后不能带任何补语，除了"吹吹"这种少数受方言影响产生的例外。

原因。这也是我们把节律制约上升到"语音平面"来对待的根本理由。

汉语形态的节律制约，对汉语整个语法面貌的影响是极其深远的。这一点至今尚未被充分重视。我们注意到一个奇怪现象：汉语的任何方言（包括北京方言）都存在着相当丰富的形态现象，这一点已为越来越多的研究报告所证实；与此同时，仍有许多学者的语法研究很少考虑到形态因素，而且事实上对形态的忽略也没有严重损害整个汉语语法的研究。形态的节律制约在这种奇怪现象中扮演着极重要的角色。

汉语的形态从所用的手段到表达的语法意义，都难以排除在形态现象之外，而且其中许多可以归入"严格意义"的形态，但它们确实跟语法学上讲的典型形态有较大的差别。其中特别重要的是两点，这两点都跟节律制约有关。第一，典型的形态对句法和语义上同类的词具有很强的、理论上接近无限的类推性，形成同类词共有的语法范畴。汉语的形态缺乏这种类推性。节律制约使形态对词的音节数（而不仅是句法、语义类别）有强烈的选择性，即使是语法、语义上同类的词也无法共同拥有某种形态及语法范畴。现代汉语中的形态基本上都是在秦汉以后逐渐产生发展的，节律制约使这些形态无法发育成典型的、可以类推的形态。第二，典型的形态是在一定的句法、语义条件下必须用的，即具有强制性，强制性必须以类推性为前提，人人领到了制服，才能规定在什么场合必须穿制服。汉语形态没有类推性，也就没法有强制性。而且，即使在可类推的范围内，句法上可用也未必节律上可用，还是无法强制。由于取舍自由，形态成分常常成为节律需要的备用品或牺牲品。要凑音节数时，可以起用形态，要减音节时又首先删去形态。在简洁朴素的公文、论文一类文体中，形态成分难得露面；以这类文体为主要语料的汉语机器处理中，较少采用形态手段，而并不影响其表达力；外国人说的汉语很少有动词复杂重叠式和形容词生动式这类形态，也并不因此不像汉语。这是汉语无形态论虽然严重不符合事实却又能长期盛行的客观原因。

由此可见，节律制约加上其他因素从根本上降低了形态在汉语语法中的地位。这体现了语音节律在汉语形态中的重要性，而节律对语法中其他要素的影响也不亚于此，或许还更大。汉语语法的"语音平面"目前还不一定是个成熟的提法，但也确实不是标新立异的无稽之谈。它值得引起语法学界的进一步探讨。

参考文献

刘丹青　1986　苏州方言重叠式研究，《语言研究》第 1 期。
刘丹青　1989　汉语宏观研究的五大课题，《汉语学习》第 2 期。
刘丹青　1990　现代汉语基本颜色词的数量及序列，《南京师大学报》（社会科学版）第 3 期。
刘丹青　1991a　从汉语特有词类问题看语法的宏观研究，《江苏社会科学》第 2 期。
刘丹青　1991b　探索语法研究的新路子，《汉语学习》第 3 期。
刘丹青　1992　吴江方言 [g] 声母字研究，《语言研究》第 2 期。
刘宁生　1985　论"着"及其相关的两个动态范畴，《语言研究》第 2 期。
吕叔湘　1963　现代汉语单双音节问题初探，《中国语文》第 1 期。
钱乃荣（主编）　1990　《现代汉语》，北京：高等教育出版社。
王绍新　1990　唐代诗文小说中名量词的运用，《隋唐五代汉语研究》，程湘清主编，济南：山东教育出版社。
王希杰、华玉明　1991　论双音节动词的重叠性及其语用制约性，《中国语文》第 6 期。
吴为善　1986　现代汉语三音节组合规律初探，《汉语学习》第 5 期。
吴为善　1987　1+3+1 音段的语法结构分析，《汉语学习》第 3 期。
吴为善　1989　论汉语后置单音节的粘附性，《汉语学习》第 1 期。
吴为善　1990　主谓结构前的单音节能否站得住，《汉语学习》第 2 期。
岳方遂　1991　有关三个平面问题的一次讨论，《汉语学习》第 6 期。
张国宪　1989　单双音节动作动词充当句法成分功能差异考察，《淮北煤炭师院学报》第 3 期。

（原载《南京师大学报》（社会科学版），1993 年第 1 期）

词类和词长的相关性

——汉语语法的"语音平面"丛论之二

本文将讨论的词类和词长的相关性，表面上看属于构词法方面，实际上，词类是词的语法特征分类，词类成员的词长，受制于词类的形态和句法的节律要求，因此，词类和词长的关系，综合反映了节律对语法各个方面的制约。限于篇幅，本文着重讨论名词、动词这两个最大的词类。

一、名词和动词的词长统计

现代汉语词汇确实存在双音化倾向，然而，不同词类的双音化程度差别也很明显。名词遥居双音化的最前列。动词的双音化程度就低得多。我们对汉语常用词的统计充分表明了这一点。统计的材料是《普通话三千常用词表》（1959，下简作《三》）和王还等编的《现代汉语频率词典》（1986，下简作《频》）。

词类\音节	单	双	三	四	五以上	总计
《三》						
名	226 14.7%	1165 75.8%	123 8.3%	21 1.4%	2 0.013%	1537
动	345 40.8%	498 58.9%	2 0.23%			845

续表

词类\音节	单	双	三	四	五以上	总计
《频》报						
名	304 15.5%	1599 81.3%	54 2.7%	9 0.46%	1 0.05%	1967
动	342 27%	901 71.9%	4 0.3%	7 0.56%		1254
《频》口						
名	424 23.7%	1313 73.4%	2 0.5%	12 3%		1788
动	611 51.8%	555 47%	13 0.1%	2 0.17%		1180

先把统计方法说明一下。《三》的表1是按词类排列的。正好契合统计需要，表中等号"="后的词不计。《频》有许多种词表，我们选取的是按词的常用等级排列的表4-1（报刊政论体前4000高频词，下简作《频》报）和表4-3（生活口语前4000高频词，下简作《频》口）。儿化词按实际音节数计。儿化不计一个音节。《频》的词性按通行标准确定，明显的兼类词分别计入所兼的词类，偶作他用的只计主要词性。两书中的三音节以上条目不管是否算词均按功能归入相应词类。名词包括方位词，动词包括助动词和趋向动词。上面是统计结果，表中的百分比指在同类词类中所占比例。

虽然各表数字和比例存在差异。但还是可以看出明显的共同点，那就是：

1. 单音词在同类词中的比例，总是动词远高于名词，超过或接近两倍，分别为 40.8% 比 14.7%、27% 比 15.5%、51.8% 比 23.7%，词类和词长的相关性十分明显。

2. 双音词在各表的名词中都占压倒优势（75.8%、81.3%、73.4%），名词作为词汇量最大的词类，决定了现代汉语以双音词为主的总体面貌。双音词在动词中还谈不上明显优势，在《频》口中甚至低于单音词（47% 比 51.8%）。

此外还有一些复杂情况在上述数字中还不能充分反映出来。需要补充说明。

1. 上述词表所录的单音名词，约有一半不具备充分的名词资格，包括：自主量词（如日、月、省、户、队、组）；有词缀化倾向的不成词语素（如宝、期、机、林、业、费）；只在文言体中用作词的语素（如金、春、言、额、首）；在口语中必须儿化的单音词（如味、盖、底、衫）。假如除去这些，那么单音词在名词中的比例还要低得多。

2. 在三音节以上的条目中，名词较具有词的资格。而动词则多是一些熟语性单位，这些熟语并不具备典型的动词功能。因此，动词的平均词长实际上比表上反映的还要低。

以上两点加起来，名词和动词在平均词长方面的差距比表上反映的要大得多。

二、名词动词词长差异的若干表现

统计数字可以说明词类和词长相关性的总体状况，但不足以显示这种相关性在语言和语言运用中的具体表现。本节拟结合实例探讨名词和动词在词长差异方面的若干具体表现。

1. 古汉语基本词中的单音名词大量地被含有该语素的双音词取代，而单音词本身成为不单用或有条件单用的语素。构成双音词的主要方式是复合和附加"老、子、头"。加在名词上的这几个词缀一般并不增加新义，其作用主要是凑足两个音节。换句话说，汉语中最重要的几个词缀的作用之一正是满足名词双音化的需要。如（加下划线的字是原单音词）：<u>眉</u>毛、<u>头</u>发、<u>陆</u>地、<u>春</u>天、<u>早</u>晨、<u>鲤</u>鱼、<u>松</u>树、<u>声</u>音、<u>朋</u>友、<u>伯</u>伯、<u>弟</u>弟、老<u>虎</u>、老<u>师</u>、<u>金</u>子、<u>竹</u>子、<u>兔</u>子、<u>袖</u>子、<u>石</u>头、<u>木</u>头、<u>势</u>头。而古汉语基本词汇中的单音动词，大多沿用至今。动词没有专为双音化而用的词缀。当然，动词也有发展变化，有的被语素不同的单音或双音词取代，如"食→吃、行→走、击→打、刈→割、涉→趟、闻

→听见、劝→鼓励",更多的是形新义也新的双音动词,如"放松、鼓掌、打扮、启发、批判、建设、鉴赏、淡化、失业、炒卖"等。即使是由古代的单音词构成的同义的双音词,如"学→学习、访→访问",原来的单音词大都仍做词用,基本上没有为了双音化而构成新词并使原单音词不成词的情况。换言之,双音动词主要是因为词项的增加而不是替换而出现的。所以不难理解,报刊政论体双音动词多于单音词(901 比 342),因为新内容多;而以日常生活为主要内容的口语体中,双音动词仍少于单音词(555 比 611),在最高频词中尤其如此,如《频》口前 1000 词中为 71 比 222,在前 2000 词中为 199 比 387。照此推算,口语中单音动词在总体词频上应高于双音动词。

2. 现有的几乎所有单音名词,都有同义的双音形式,或者是固有的同义词,或者是语境同义词,以便用在只宜双音词的结构框架中,甚至可以在找不到双音词的情况下临时造词(可叫双音言语词),如(带下划线的是言语词):灯:灯具式样、安装灯具、灯具滞销;人:人员构成、抽调人力、人类迁徙;牛:发展耕牛、(肉牛、奶牛、牛类)饲养;河:江河流量;湖:湖泊众多;桥:桥梁专家;路:占用道路;火:火力发电、火势凶猛;钱:贪污钱财;雨:雨水充沛,降雨减少;笔:<u>笔类</u>生产,<u>笔具</u>厂家。另一方面,大量的双音名词并没有单音形式。可见,单音名词已不能适合现代汉语的节律要求。

动词的情况很不一样。成对的单双音同义动词固然很多。而且也有一些位置更适合用双音动词。但这些位置恰恰不是动词的典型功能(详后)。倒是有很多双音动词在许多结构框架中需要换用单音的同义词,甚至启用一般不成词的语素,这与名词形成鲜明对照,如:

他很想<u>学习</u>英语,但怕<u>学</u>不好。| 他们<u>广播</u>时播漏了一条消息。| 这次<u>调查</u>要<u>查</u>深<u>查</u>透。| 感谢你们,一<u>谢</u>……二<u>谢</u>……| 大家讨论得很热烈,<u>议</u>成绩、<u>议</u>不足、<u>议</u>希望、<u>议</u>打算。| 你相不相信我?<u>信</u>不<u>信任</u>我?<u>愿</u>不<u>愿意</u>让我去? | 通过这次活动,要壮<u>精神</u>、振<u>民心</u>、扬<u>国威</u>。

3. 双音名词的内部结构都很紧密,不存在离合现象。而双音动词的结构却可以很松,离合词占了双音动词的很大一部分,在常用词中占一半以上（据《三》）。离合词实际上处在词和短语的边缘，合时为词，离时为短语，而短语的动词部分仍是单音词。汉语存在离合词的原因之一，便是要让动词在句法结构中更多地以单音节出现，假如不计离合词，那么单音词在动词中占绝对优势。

4. 名词对三音节也不排斥，如下面这些三音名词性单位，内部结构很紧密，从来没人怀疑其词的资格而归入短语：老爷子、侄孙女、总司令、董事长、炊事员、西红柿、白杨树、断头台、寄生虫、母夜叉、和事佬、写字台、白话文、东南风。在当代新词中，三音名词的比例更高。意义和搭配都固定的四音名词性单位，数量也很多。词典词表也常收录，但内部结构远不如三音节紧密，说话时中间可略有停顿，如"官僚-主义、基本-建设、自然-科学、虾子-酱油、赤豆-冰棒"①。《现代汉语词典》对三音名词性单位一般都拼写成词的形式（连写），对四音以上名词性单位一般都拼写成短语（分段），如"劳动节、劳动日、劳动力、劳动法"等都连写，而"劳动模范、劳动强度、劳动生产率"等都分两段拼写，这是符合现代汉语语感的。另外，四音名词性单位常成为简缩对象，如"太官僚、搞基建"。三音单位一般没有简缩形式。

动词中双音单位已有不少处在词和短语的边缘，对三音及三音以上单位更是强烈排斥。意义凝固的三音节动词性单位的确存在，本文所引的各词表也都收录了一些，它们是：打哈欠、舍不得、对不起、对得起、没什么、走后门、赔不是、就是说、来得及、打哈哈、用得着、不在乎、不得不。不难看出，在结构上这些单位无一具备充分的词的资格，全部带有短语（包括惯用语）的性质。实际上，汉语惯用语这一类别的确定，本身就是动词排斥三音节以上单位的结果。同样是意义凝固的动词性单位，双音节便可被看作词，如"串门、拆台"，三音节却难以看作词，于是被归入惯用语，如"串门子、拆台子"。尽管有的书把"马后炮、扫帚星"这类名词性单位也收作惯用语，但同时也可看作词，跟动词性惯用语性质很不相同。《现代汉语词典》的拼写方法也体现了这一点，双音节的"打岔、打诨、打尖、打气"拼作词（连写），三音

---

① 此处"-"表示停顿。

节的"打榧子、打饥荒、打前站、打埋伏"就拼作短语（分段）。

以上四点，只是名词动词词长差异的一部分表现。除此以外，这种词长差异在当代新词的创造、外来词的吸收等其他许多方面也有表现，不再一一细说。仅从上面几点，我们已可得到一些比统计数字更明确的印象：对名词来说，典型词长（或称理想词长）是双音节，单音节已不能充分适应现代汉语的节律需要，单音词正在继续转化为不成词的主体，名词和名词性短语的基本界限在三音节和四音节之间，四音节和四音节以上单位将继续保持很强的短语性，难以取得充分的词的资格。对动词来说，典型词长仍是单音节，双音节中一部分已有稳固的词的地位，另一部分（离合词）则兼有词和短语的双重性质，因此动词和动词性短语的基本界限在双音节内部，三音节和三音节以上单位将继续保持短语性，难以进入词的行列。下文的探讨将进一步证实这一初步结论。

三、名词动词词长差异探因（上）：形态

名词和动词的词长差异，已经有人注意到。例如陈宁萍（1987）和张国宪（1989a，1989b）都提到名词的双音化程度高于动词，但他们在指出这一事实的时候，尚未具体分析其具体原因。我们认为，这种差异的确有一部分语义原因。名词数量最多，最有必要通过增加长度来提高区分度，其他词类数量少得多，词长增加的进程也就较慢。但语义肯定不是唯一原因。动词数量远大于形容词，但据我们统计，动词的平均词长却明显小于形容词。词类和词长的相关性有明显的语法原因。不同的词类有不同的形态特征和句法特征，而汉语的节律对形态和句法都有很强的制约作用，最终影响到不同词类的词长。影响词长的节律因素非常复杂，本文只能作一些粗线条的探索。本节先谈形态方面的原因。

汉语名词基本上没有构形形态。仅有的形态成分"们"可以用在不同词长的名词后。不受节律限制。因此，名词的词长状况跟形态关系不大。

动词是汉语中形态最丰富的词类，动词的词长状况跟形态大有关系。

动词的构形性形态及准形态主要有以下几类：

1. 重叠：AA（走走）、AAB（散散心）、ABAB（讨论讨论）

2. 重叠式加虚字眼：A了A（走了走）、A一A（走一走）、A了一A（走了一走）

3. 附加并重叠：A着A着（走着走着）、A啊A的（走啊走的）

4. 重叠式的并列：AABB（说说笑笑、进进出出）

5. 带状语的重叠：一A一A（一拐一拐）等

6. 带补语的重叠：A来A去（走来走去）等

7. 附加体助词"了、着、过"及正在虚化的类似成分"上、下、起来、下去、过去"等。

以上各类形态，第3、4、5类只用于单音词；第2类只用于单音词及离合动词中的单音动词（如"握了握手"）；第1类可用于单音和双音词，但遇离合词仍只用于其中的单音动词，在词项和词形上，单音词重叠都远超过双音重叠；第6类可用于单音和双音词，但用于单音词更加常见；第7类可用于单音和双音词，但遇离合词仍只用于其中的单音动词（如"握了手"），在频率上，用于单音词远超过用于双音词。总之，节律对动词形态有很严格的制约，各类形态严重地向单音词倾斜（详见刘丹青1993）。换句话说，汉语动词中只有单音词是能自由地运用各类形态的，在需用形态的场合，自然会优先选择单音动词。这是动词中单音词至今仍占优势的主要原因之一。

再联系更大的背景看，形态对词长的影响就更加明显。汉语形态的发展在历史上是跟双音化进程同步的。单音动词带上形态便以双音或多音形式出现在句中，跟双音化或多音化的名词形成新的平衡。换言之，名词和动词的双音化过程分别是在构词和构形两个平面实现的，平面的差异导致两类词在句中的词长和词库中的词长差异。

四、名词动词词长差异探因（下）：句法

词类的词长状况，跟词类的句法功能更加密切。汉语的句法结构常

先看名词。名词的主要功能是：单独充当主语（包括话题）或宾语，主语或宾语的核心，主语或宾语的定语，独立语（主要是呼语）。下面分别讨论。

主语和宾语是句子中独立的板块[①]。当名词单独（即不带定语）充当主、宾语时，其长度向上没有什么限制。复杂或很长的人名（如帕巴拉·格列朗杰、谢瓦尔德纳泽），词化的专有名称（如中国人民政治协商会议全国委员会、南非非洲人国民大会）等都能自由地充当主、宾语。向下却有一些限制，单音的姓氏、人名、地名、方位词等，都不宜做主语，做宾语也限于"他姓王""窗子朝南"这些极少数句式，外国人的单音节专名常被译成双音节，如"罗恩（Ron）、沙阿（Sha）、波恩（Bonn）、迪安（Dean）、莱茵（Rein）"，或连名带姓一起用，如"马丁·路德·金、杰弗里·豪、亨里希·曼"（很少单说"金、豪、曼"），都是为了避免单音节独用。单音通名如"树、铁、车"一般能做主、宾语，但也有一些情况不适合单音名词。很多双音动词后的宾语至少是两个音节，如"种植、开采、驾驶、发展、管理、制造、组织、发扬、推广、销售、发放、给予"等，如（括号中是可用的宾语）：

*种植树（树木、柳树、白杨、一批树）

*开采铁（铁矿、铁砂、铁矿石、大铁矿）

*驾驶车（车辆、汽车、新车、摩托车）

反之，单音动词后却可以带各种词长的宾语。也就是说双音动词要求双音或多音宾语，双音宾语却并不要求动词有几个音节。当主谓短语或动宾短语充当一个成分且其中的谓语或动词是双音词时，更加排斥单音词做主、宾语。如：

---

① 这里所说的"板块"，以及下文所做的句法分析，基本上采用钱乃荣主编《现代汉语》（1990）的语法体系。我们觉得至少在节律问题上，板块分析法比单纯的句子成分分析法和层次分析法更加便捷，更加有解释力。

*禁止车行驶（车辆行驶、机动车行驶）

*虫生长（昆虫生长）的过程

*批发米（批发大米）的市场

总之，单音名词做主、宾语受到多种限制，而主、宾语是名词最常用的位置，因此主、宾语位置的节律要求对名词词长有着极重要的影响。

名词的另一项重要功能是充当定名结构的核心（中心语），其中绝大多数是句中的主语核心和宾语核心。不过核心名词的节律条件主要决定于定语而非相配的谓语或带宾动词，这是不同于句法、语义的搭配关系的，正显示了语音平面的相对独立性。核心前的定语有带"的"、不带"的"两种情况，带"的"的定语和数量定语对核心的长度没什么限制，因此节律限制主要表现为不带"的"的名词性定语和形容词性定语对核心名词的限制。名词性定语和核心名词的组合主要有这几种：

① 名$_单$ + 名$_单$：鸡蛋、烟灰、人心

② 名$_单$ + 名$_双$：铁锁链、海平面、鱼贩子

③ 名$_双$ + 名$_单$：金鱼缸、人力车、蔬菜地

④ 名$_双$ + 名$_双$：牛皮凉鞋、家庭教师、人类行为

其中以单音节为核心的①③和单音节做定语的②都是构词模式而非短语结构，只有④是短语结构，可以比较自由地组合[①]。

形容词做定语也有相应的四种：

① 形$_单$ + 名$_单$：大鱼、红纸、深水

② 形$_单$ + 名$_双$：小楼房、圆脑袋、怪事情

③ 形$_双$ + 名$_单$：普通人、要紧事、明白话

④ 形$_双$ + 名$_双$：伟大人物、英勇行为、奇怪事情

③是明显的构词式，①②常被看作短语结构，实际上也有词化倾向，许多语义上允许的组合不能用这两式来表示，如"红板、深红、高树、淡

[①] 陆志韦等（1957：28）把偏正格中的"名$_单$ + 名$_单$、名$_单$ + 名$_双$、名$_单$ + 名$_三$、名$_双$ + 名$_单$"都看作词（其中偏正至少一方是单音节），但认为"名$_双$ + 名$_双$""基本上是词"。

肉汤、贵手绢、亮房间"。只有④才具备较充分的短语性质。[①]

这样看来，在不含"的"的定名结构中，只有双音名词才具有较强的做核心的能力，而单音名词的这种能力很受限制，主要用在定名复合词中充当核心语素。当然，带上"的"以后，各种词长的名词做核心都很自由。但是，在复杂的定名结构中，汉语强烈排斥连用几个"的"，为了减少"的"，汉语自然倾向于在同义的单双音名词中选择双音词，试比较：

牛的肺的病的治的方法～牛类肺部疾病的治疗方法

因此，双音名词充当核心的能力总是大大强于单音名词。

定语是名词的常用功能之一。上文讨论名词做核心时，实际上已显示了名词做定语的节律限制：双音节做定语较自由，而单音节做定语基本上限于构词平面。

三音节名词做核心和做定语都比较自由，接近双音节而强于单音节。如：

猴头菇营养液生产线（全用三音节）
东城区青年技术员培训班教师聘请书（双音节三音节交替）

名词的最后一项重要功能是做呼语。呼语是独立性最强的板块，集中体现了名词的节律限制。汉语中只有双音和三音名词能自由充当呼语，这跟汉语人名的普遍长度相一致。单音节的姓、名除儿化外不能单做呼语，汉语中的"老×、小×、×子、阿×"等称呼的作用之一便是将单音的姓、名双音化，双音的姓名一般不采用这类形式。取单名者若无上述双音形式，则即使在家庭中也是连姓带名一起叫。再比较感叹性呼语"天哪"和"老天"、"妈呀"和"我的妈"，单音词"天""妈"必须靠语气词凑足双音节才能叫。姓名后的称谓词也是称呼的一部分，构成的"王老师、张科长、大成哥"等很适于做呼语。但超过三音节的

[①] 朱德熙（1956：§1.3）认为"甲₁（单、双音形容词直接修饰名词——刘按）常常表现出一种'单词化'倾向"，"它的结构原则不是自由的造句原则"，但所举甲₁的例子绝大多数是单音形容词做定语的，朱先生在同文中也指出"单音形容词是典型的甲类成分，双单形容词则往往带有乙类成分的性质"。

"王刚老师、张伟立科长"等就远不如三音节的自然和常用,"张司令员、林工程师、陈总经理"等,也常被"司令员、工程师、总经理"或"张司令、林工、陈总"等代替。这再次显示名词的理想词长是双音节和三音节。

综上所述,在名词的各项功能中,双音节、三音节是自由的,单音词和超过三音节的单位则分别有语素化和短语化的倾向。

再看动词。动词的句法功能可分主要功能和次要功能两大类。充当句子的核心(常带宾语)是其主要功能,据我们(莫彭龄、单青1985)统计,该功能占动词出现次数的76%,其他各项功能(主、宾、定、状、补)加起来只占24%,是其次要功能。

汉语节律对句子核心,尤其是带宾语的核心的长度制约,明显超过句中其他板块。可能因为核心过长,会减弱向心作用。动词核心除动词本身外,有时还包括动词的形态成分、结果补语和趋向补语(都无"得")、补语中的"得"和介词,这些成分和动词间都不能停顿。据我们观察,动词核心的长度限于一至四个音节,带宾语时一般不超过三个音节,如:

他在看电影。| 我们谈过这事儿了。| 他朝我挥了挥手。你做完作业了吗?| 他寄出去三篇稿子。| 你把来龙去脉解释清楚。| 他们商量起办公司的事来了。| 你算得清楚这些账?| 他以前住在这儿,后来搬到别处去了。

四个音节的核心,有的也能带宾语,但总是不太顺口,因此常被换成别的说法,如:

咱们快讨论讨论这件事吧。(比较"咱们快谈谈这件事吧"或"咱们快把这件事讨论讨论吧")

他们商量出来一个办法。(比较"他们想出来一个办法"或"他们商量出一个办法来")

他洗干净了油迹。(比较"他洗清了油迹"或"他把油迹洗干净了")

单音动词的四音节形态,即使是及物动词,也不能带宾语,如"洗啊洗的""吃着吃着""一探一探"。动词核心中有些成分是互相排斥的,部分原因是它们的同现使核心过长。如:动词重叠式一般不带结果补语,也不接"得、在、到"等引出补语的虚词;体助词"了、着、过"不跟"得"同现,也很少跟"在、到"同现。核心的长度限制,使双音动词的用途远不如单音动词广泛。其实双音动词本身并不违背核心节律,但若用到其他的核心内成分,双音动词就容易破坏节律,至少会减弱带宾语的能力。至于超过双音节的动词性单位,在汉语这种结构态势中是很难取得词的资格。

动词的次要功能中,定语、主语、宾语略常见些。动词带"的"做定语没有什么节律限制,而不带"的"做定语则基本上是双音动词的专有功能;做主、宾语的动词也是以双音词为主。对此,张国宪(1989a,1989b)等文有详尽分析,这里不重复,张国宪(1992)并据此提出"双音节动词功能增殖"的概念,认为这代表了动词发展的一个方向,而不同意陈宁萍(1987)提出的漂移说,即一部分动词(多为双音词)因具备多种名词功能而向名词漂移。从本文的分析看,陈先生的观点更易被接受。动词区别于其他词类的特点正是其形态特征和充当句子核心的功能,而在这两点上,至今仍只有单音动词具备典型的资格并占有优势。双音动词在动词特点上不如单音词典型,在与名词共有的功能(定、主、宾)上却远胜于单音词,这正反映了现代汉语"动单名双"的大势。至于动词做补语,主要见于动结式、动趋式。做结果补语的动词本来就比形容词少,双音动词就更少,在赵元任(1968/1979:§6.6.2)列举的常用补语表中,单音动词有"倒、穿、破、通、断、定、塞、碎、散、成、病、活、化、翻"等十几个(有的兼形容词)。双音动词只有"没有"一个,而且常简作"没"。做趋向补语的动词有单有双,但双音补语常被隔成单音成分,如"拔出剑来"。做补语是谓词性功能,恰恰又是单音动词占优势。动词做状语很少见,无须专门讨论,有人把"笑着说"中的"笑着"看作状语,这种"状语"也是单音动词居多。

总之,在动词的主要功能及谓词性的次要功能上,单音节比双音节更适合汉语的句法节律要求。双音动词目前数量也不小，今后比例还会增大。但其中的离合词处在词和短语的交叉处，非离合词又处在动词和名词的交叉处，难以取代单音节作为动词典型词长的地位。再联系名词看，由于双音节名词的绝对优势，加上三音名词的强大发展势头，汉语中"动单名双"的格局还将逐步发展为"动单名双名三"的格局，动词和名词的实际词长差距将长期存在并有所加大。集中体现这种节律态势的是大量存在并不断涌现的惯用语。惯用语是意义上词化而结构上短语化的单位，其基本特征正是"动单名双"（走后门、开夜车），也有一部分"动单名三"（吃大锅饭、放马后炮）。

五、余论

应该说，本文对词类和词长相关性的探讨是很粗略的。尤其是词长状况的句法原因，还有待于大量具体课题的成果来补充。但相信本文的探讨已经初步显示，词类确实有自己的词长特征，而这种特征至少部分地是由形态和句法功能的节律限制所造成的。语音节律确实在汉语语法中起着不可忽视的作用。

限于篇幅，本文没有谈及第三大词类形容词。但有一点可以指出，形容词的各类词长统计数字都介于名词和动词之间，略接近动词一些，这正好符合汉语形容词的语法性质更接近动词的状况（在印欧语中更接近名词），其平均词长大于动词，又跟它不带宾语有关，如前所述，带宾语的动词所受的词长限制最严。形容词词项数少于动词，借词长提高语义区别度的需求也当小于动词，而平均词长却大于动词，这说明在决定词长的因素中，语法功能因素大于语义因素。至于其他各类实词虚词，据初步观察，也都有自己的词长特征并跟语法功能有关。

最后，想举几项本课题研究的应用意义。计算机处理汉语，编纂词典，教外国人学汉语，常遇到切分词和词类的问题，注意到词类的词长特征及其句法表现，或许对此有些帮助，汉语的重名率太高，有人建议采用双姓双名或单姓三名，考虑到汉语名词（尤呼语）的词长以双音三音为限。此举可能未必现实。还不如在减少单名、挖掘双名潜力上下功夫。公司、商标等名称若想叫得响传得开，恐怕也以双音三音为限，四音节以上的，除非是洋化或半洋化的，如"香格里拉、琴岛–海尔"之类，一般是难以取得最佳效应的。

参考文献

陈宁萍　1987　现代汉语词类的扩大——现代汉语动词和名词的分界线的考察，《中国语文》第 5 期。

刘丹青　1993　汉语形态的节律制约——汉语语法的"语音平面"丛论之一，《南京师大学报》（社会科学版）第 1 期。

陆志伟等　1957　《汉语的构词法》，北京：科学出版社。

莫彭龄、单　青（刘丹青）　1985　三大类实词句法功能的统计分析，《南京师大学报》（社会科学版）第 3 期。

钱乃荣（主编）　1990　《现代汉语》，北京：高等教育出版社。

王　还等　1986　《现代汉语频率词典》，北京：北京语言学院出版社。

吴洁敏　1992　汉语节奏的周期和层次，《中国语文》第 2 期。

张国宪　1989a　"动 + 名"结构中单双音节动作动词功能差异初探，《中国语文》第 3 期。

张国宪　1989b　单双音节动作动词充当句法成分功能差异考察，《淮北煤炭师院学报》第 3 期。

张国宪　1992　双音节动词功能增殖探源，第三届现代汉语语法研究讨论会论文。

赵元任　1968/1979　《汉语口语语法》，吕叔湘译，北京：商务印书馆。

中国文字改革委员研究推广处　1959　《普通话三千常用词表》（初稿），北京：文字改革出版社。

朱德熙　1956　现代汉语形容词研究，《语言研究》第 1 期。

（原载《南京师大学报》（社会科学版），1996 年第 2 期）

北京话代词"人"的前附缀化[*]
——兼及"人"的附缀化在其他方言中的平行表现

一、附缀及相关概念简介

"附缀"（clitic[①]，又译作"语缀""附着语"或"词组尾"）的概念最初是针对印欧语的一类特殊成分提出的。这类成分在句法上有词的地位，语音上类似词缀，具有依附性。例如，英语 'V you seen Jerry 中的 'v（来自 have），拉丁语 ovis porcusque（羊和猪）中 -que，普什图语 wə-me-təxnawela（完成体-我-挠痒）中的 me[②]，词性上分属助动词、表并列的助词、人称代词；但与 you、porcus、təxnawela 等典型的词不同，它们都没有独立重音，语音上必须分别依附后面的 you、前面的 porcus 或外围的 wə-təxnawela，共同构成一个韵律成分。这些成分在传统的词-词缀二分系统中很难找到明确的归属。于是，"附缀"的概念应运而生，指句法上属词但语音上又像词缀那样必须依附相邻独立词的成

---

[*] 本研究得到中国社会科学院重点课题"语言库藏类型学"的资助，初稿曾在中国社会科学院语言研究所研究生沙龙上由白鸽报告，得到方梅、唐正大、王伟、刘探宙等先生和朱佳蕾等同学的指正。本文语料除文中注明来源者外均来自对北京母语人的调查及经过母语人确认的自拟例句。《语言科学》编辑部及匿名审稿专家提出了宝贵的修改意见，在此一并感谢，尚存问题由作者负责。

[①] "clitic"源自古希腊语的动词 klinein，义为"依附（to lean）"（Kübner 1834/1966，转引自 Birgit 2002：2）。

[②] 普什图语（Pashto）的这一例源自 Tegey（1977：92），转引自 Roberts（1997）。根据 Roberts（1997），普什图语的代词都有中附缀属性，它们不仅要插入完成体屈折前缀 wə- 与动词词干（stem）之间，而且当复合动词不通过添加 wə- 而通过改变自身词重音（移至首音节）表示完成体时，也要插入复合词的第一个音节之后，仍以 me（我）为例：ʈelwahə（推）~ ʈelmewahə（我推了）。

分（Zwicky 1977；Birgit 2002；Anderson 2005 等）。[①]

附缀语音上的依附对象称为"宿主"（host）。根据其与宿主相对位置（依附方向）的不同，附缀可分为前附缀（proclitic）、后附缀（enclitic）和中附缀（endoclitic 或 infixed clitic）。从跨语言角度来看，后附缀最常见，前附缀次之，中附缀最罕见，仅见于爱沙尼亚语、土耳其语、Hua 语（Zwicky 1977：8—9）、普什图语（Roberts 1995）、尤迪语（Harris 2002）、Degema 语（Kari 2002）等少数语言。

附缀是词附缀化（cliticization）的结果。附缀化本质上是一种句法-语音现象（Pullum & Zwicky 1986；Bošković 2001），指一个词[②]在特定的句法语义条件（如高频、虚化）下，主要因韵律驱动而发生句法和语音的某种不同步，从而表现出不同于"正常的"词却类似词缀的某些特征的过程。共时层面，附缀的句法地位介于独立词和词缀之间；历时层面，附缀经常充当独立词语法化为（屈折）词缀的中间环节（Zwicky 1977：6；Nübling 1992，转引自 Birgit 2002；Hopper & Traugott 1993：7[③]）。附缀与词、词缀的划界问题也因此成为一个研究重点。Zwicky & Pullum（1983）和 Zwicky（1985）是讨论该问题的两篇经典文献，文中提出了著名的"Zwicky 标准"（Zwicky Criteria），见表 1[④]。

[①] Zwicky（1977：1—3）提出语序、内部连读音变、绑定、与词缀结合、（句法）规则免疫（rule immunity）以及重音等方面的标准来区分词和词缀，将在此六个方面表现出混合特征的语言成分归为附缀。Zwicky（1995）再次强调附缀的混合特征，指出它们既像独立词那样能充任句法核心、论元或修饰语，又像词缀那样必须依附相邻的词。Anderson（2005：1）亦称"附缀就是不能像'正常的'词那样整合（integrated）进句子又不能像'正常的'词缀那样整合进词的那类成分。"

[②] Zwicky（1977：10）列表称，能以附缀形式出现的有助动词、人称代词、限定词、"傀儡"名词、前/后置词及副词。

[③] Hopper & Traugott（1993：7）提出了"实词＞虚词＞附缀＞屈折词缀"这一语法化斜坡（cline）。

[④] 表 1 在很大程度上借鉴了 Birgit（2002：26）的表 10，同时根据 Zwicky & Pullum（1983）和 Zwicky（1985）做了适当增补。

表 1　附缀与词、词缀划界的"Zwicky 标准"

	标准参项	独立词	附缀	词缀
1	组合上的无理据空缺（arbitrary gap in combination）	−	−	+
2	特殊的形态音位现象（morphological idosyncrasies）	−	−	+
3	特殊的语义变化（semantic idosyncrasies）	−	−	+
4	与短语组合	+	+	−
5	对宿主有高度的选择限制（语义、语类等方面）	/	−	+
6	与宿主结合而成的新成分能接受进一步的句法操作	/	−	+
7	宿主可以是已带有附缀的成分	/	+	−
8	独立重音	+	−	−
9	有黏着性（bound）	−	+	+
10	允许内部连读音变（internal sandhi）	−	+	+
11	位置相对固定	−	+	+
12	分布受限（由单一规则支配）	−	+	+
13	形态（构词和构形）简单	+	−	−
14	允许对等删除（delete under identity）	+	−	−
15	允许移位	+	−	−

　　表中前七项参项用以区分附缀（/独立词）和词缀，后八项区分附缀（/词缀）和独立词。Zwicky 强调，上述标准都只是倾向性的，并非所有附缀都绝对如此，因为作为词与词缀之间的过渡地带，附缀内部也存在着附缀化程度的不同。Zwicky（1977：3—6）曾根据是否尚有相应的完整形式、是否已有特殊分布，区分了一般附缀（simple clitic）和专门附缀（special clitic）。一般附缀指在句中临时附缀化、可自由恢复其原独立词形的附缀，如英语中的 'm。专门附缀是指具备某种特定功能而不再能恢复其独立词形，也即具有了某种特殊句法属性的附缀。[①]Nübling（1992）更从多个方面[②]设立量阶，试图量化不同依附性成分在"一般附缀＞特殊附缀＞屈折词缀"这一维度上不同程度的附缀性（clitic-hood）。

---

　　① Anderson（2005）对此提出了质疑和修正，请参原文。
　　② 主要包括：与宿主的语音融合程度、与完整形式的语音相关性及可替换性、对宿主的选择性限制、辖域及功能化（functionalisation）等。本文有关 Nübling（1992）的内容，均转引自 Birgit（2002：26—28）。

附缀的句法身份不像独立词或词缀那样明确，Zwicky（1985）认为附缀是一种更有标记（more marked）的语言现象，并建议认定附缀时遵循一条总原则（metacriterion），即除非有明确证据表明某一成分为附缀，否则应判定其为独立词或者词缀。刘丹青（2008：550—551）根据学科任务的不同，将该原则进一步明确为"语音从宽"和"句法从严"两条原则，即在语音/音系学研究中，只要某成分表现出语音上的依附性，就要指出其附缀属性，因为它涉及附缀本身乃至其所在单位的音段和韵律属性的很多改变；而在句法研究中，只需重点确认那些对句法结构影响较大的（如涉及语序改变、结构错配、分布限制以及明显的语音脱落等）依附性成分，并将其视为附缀，语音上不独立但无上述现象者可优先分析为虚词或词缀。

　　虽然"附缀"的概念及其认定标准均是基于有词重音的印欧语而提出的，但在汉语这样的声调语言中，同样存在着兼具词与词缀混合特征的附缀性成分。例如，动词之后的"在"和"到"，句法上属介词，介引其后的名词性成分，语音上却永远轻读（区别于其他介词，甚至动词前的"在、到"），向前依附于更高层的动词核心，甚至要求体标记"了"置于更外层，（如"放在（了）桌子上""扔到（了）大门外"），因此可看作典型的层次错配的后附缀。①北京话这一位置上的介词附缀性更强，不仅轻读、前附，还发生了弱化变音（读作 de，常写作"得"，如"别就那么坐得那儿！"②），以致语源上已无法确定是来自"在"还是"到"。另外，动补助词"得"（如"看得很清楚"）、疑问句末的"不/吗"（如"你买啤酒、饮料、瓜子不/吗"）、四字格中的"所"（如"有所不知"）以及整类语气词（如"原来他没去上海啊③""他考了全年级第

---

① 许多学者（如林焘 1962；赵元任 1968/1979；朱德熙 1982；赵金铭 1995；冯胜利 1997；范晓 1998）都注意到动词后"在/到"等介词在韵律及句法上的这些特点，因此主张将"V 在/到 NP"分析为"V 在/到+NP"，如范晓曾将"V 在"这类组合称为"动介式组合体"。刘丹青（2003：176）首次提出将此类介词轻读并存在韵律和句法错配的现象归为附缀化问题。

② 此例引自赵元任（1968/1979：178）。

③ 语气词"啊"还随着其前语素韵母的不同而发生变读，这更证明了其语音上的依附性及其附缀属性。

一呢")等,都明显带有类似的后附缀特征。

上文提到后附缀比前附缀更常见,"在、到、得、所"等句法上介引后续成分的词都向前依附成为后附缀的现象更说明了这一点。然而,汉语中也并非没有前附缀。① 接下来,文章就详细介绍北京话代词"人"在特定句法位置上的前附缀属性,并考察它在不同方言中的表现。

二、北京话代词"人"的前附缀化

吕叔湘主编(1980:407)称口语中代词"人家"在非句末位置可省为"人"。方梅(1998)认为当代北京话两个代词"人"中,有一个由代词"人家"脱落"家"而来。② 董树人(2010:386)还为这个"人"专设词条。③ 可见,"人家>人"的省缩已得到学界认可。两者在指称功能和句法分布上存在一定的一致性(方梅1998),但并非完全相同。陈满华(2007)的语感调查结果显示,主、宾语位置上非自指④ 的"人家"以及充当同位性定语的"人家"省略为"人"最自然,自指的和带"的"字做定语的"人家"省略为"人"时可接受度不高,句末的"人家"则不能省略。

上述研究揭示了北京话代词"人"的来源、指称功能及句法分布,

---

① 北京话冠词化的"这"、近现代汉语"可VP"问句的"可"在方言中的对应形式"阿、格"等,语音上都有一定的前附缀性,不过这些成分都未涉及错配等现象,故不必专门凸显其附缀性。

② 方梅(1998)将这个"人"记作"人₂",同时将古汉语代词"人"(详参吕叔湘1985:90—93)在当代北京话中的残留记作"人₁"。文章认为"人₁"泛指"别人",语义相当虚化,轻读时甚至会被吞掉,只出现在被动介词后面,"帮、陪"等构成的连动式以及一些惯用语中,其原有领地已逐渐被"别人""人家"和"人₂"侵占。

③ 该词典将这个"人"标示为名词,这与其他学者的代词定位不同,也不符合其功能,本文不取名词说。

④ 陈文所谓"自指"确切地说应该是"说话者自指",相当于"我"。该用法多见于女性。非说话者自指时,"人家"中的"家"轻声轻读,容易脱落。说话者自指时,"人家"的"家"多读本调,因为用他人指自己是高度有标记、有特定含义的积极手段,一般不会弱化,只会强化,因此此时的"家"倾向于不省说。

但并没有就其本身的性质做具体讨论。文章认为，代词"人"虽由"人家"省缩而来，但若结合附缀理论来看，二者当下的性质并不相同："人家"是一个独立词，而"人"已走上了附缀化的道路。因此，二者出现了句法分布上的差异。下面，文章就通过与代词"人家"以及其他单音节人称代词的比较，考察当代北京话里代词"人"的一系列附缀化表征。

2.1 代词"人"语音上的依附性

"人家"中的"人"读阳平。而代词"人"只有在对比强调的情况下，如出现在"才、也、可"之类的话题焦点敏感算子之前时，才读清晰完整的阳平调并承担焦点重音。例如（"`"表示重音）：

（1）`人才不稀罕你这破玩意儿，我家要什么没有啊？

（2）`人也挣得不多，你有了钱就赶紧还他吧。

（3）`人可不愁吃不愁穿的，咱哪能比？

非对比强调的情况下，代词"人"在任一句法位置上一般都轻读（本调阳平，调值不明显），不能独自构成一个韵律单位，必须依附相邻的独立词。例如（各例中带下划线者为"人"语音上的依附对象，下同）：

（4）放心吧！人肯定亏待不了你。

（5）俩姑娘，初来乍到的，咱得对人好点儿。

（6）人王志刚学习倍儿好。

（7）小王就说了他一句，他就把人打了一顿。

例（4）—（7）所示代词"人"语音上的依附性，明显区别于其前身"人家"。然而，我们并不想仅凭这一点就将各个位置上的"人"都认定为附缀，因为同为单音节人称代词的"我、你、他"在相同位置上也常常轻读，且韵律上表现出与"人"相同的依附模式。三身代词是跨语言范围内最常附缀化的成分之一（刘丹青 2008：551），与名词、动词等典型的"独立词"相比，"我、你、他、人"的这种语音表现确实带有明显的附缀色彩，但是说"我、你、他①"以及某些位置（如同位语性定语、介词宾语等）上的"人"是附缀或者附缀化了，并不比传统上将之处理为词能更好地揭示其句法特征。

但是，另外一些句法位置上的"人"则不同。承认"人"在这些句法位置上的附缀化（确切地说是前附缀化，下详），能够更好地说明它区别于前身"人家"及同类"我、你、他"的句法特殊性。接下来，文章就逐一介绍不同位置上的"人"因发生附缀化而导致其作为"词"的某些功能的丧失。

2.2 代词"人"在特定位置上的附缀化表征

2.2.1 主语位置上"人"的前附缀化

附缀与词缀都要求有语音上的宿主，但二者对宿主有着不同的选择限制。词缀的宿主必须是语素或词（而且是特定词类的词，甚至只是某类词中的一部分）。例如，英语中表复数的屈折词缀 -s 只能附着在名词而且是部分可数名词上，如 bag~bags、child~*childs、water~*waters。与此不同，附缀通常对宿主没有语类上的要求，可以是词且不限词类，也可以是短语（Zwicky & Pullum 1983; Klavans 1985）。例如，英语中由助动词 has 省缩而来的一般附缀 's 能依附在名词、代词、介词、动词、形容词、副词等多类成分上（例证详参 Zwicky & Pullum 1983）。主语位置上的代词"人"正是如此，其依附对象可以是专有名词、时间名词、动词、形容词、副词、能愿动词、介词、动宾短语或数量短语等。例如：

（8）你可没法儿跟小张比。人美国留过学。

（9）快谢谢人家吧。人刚才冒着大雨去给你买的饭。

（10）小张是个聪明人。人办事特别周全。

（11）人忙得都脚打后脑勺了，咱就别去给他添乱了。②

---

① "他"的情况复杂些，本文暂不详论。
② 例（11）中"人"语音上的依附对象实为"忙得"。上文曾提到动补助词"得"是一个后附缀。

（12）人都吃的吃，喝的喝，你怎么干坐着呀？
（13）小张是个北方人。人愿意跟你一块儿去南方吗？
（14）人在图书馆学习呢，那就你俩去好了。
（15）人洗衣服洗了一上午，想先歇会儿。
（16）人两天没怎么睡觉了，还不兴叫人歇歇！

由例（8）—（16）可见，代词"人"不仅允许多种语类充任其依附对象，而且还允许句法结构和语音结构的错配：各句中，主语"人"在句法上的直接组合成分都是后面整个谓语，而其语音上的依附对象都只是谓语最左端的某个成分。

必须承认，同为单音节代词的"我、你、他"在主语位置上也有着相同的依附模式（可带入上述例句验证），也表现出相当强的附缀性。但是，从它们与代词"人"在话题化、焦点化等方面的差异来看，后者在附缀化道路上已经走得更远。

话题化是汉语中相当常见的一种句法操作，一般是将话题成分置于句首，其后插入停顿或提顿词（"啊、嘛、么、吧"等）将之与述题分开。北京话中，句首主语大都能接受这种话题化操作，代词"人"却不能。例如：

（17）a. 你可没法儿跟小张比。*人啊，美国留过学。
　　　 b. 你可没法儿跟小张比。人家（啊），美国留过学。
　　　 c. 你可没法儿跟小张比。他（啊），美国留过学。

如（17）所示，主语"人"后面不能插入停顿或话题标记"啊"，例（8）—（16）亦不能。而与之同义的"人家"以及同为单音节的"他"却允许这一操作。显然，"人"的这种句法特殊性不是其词类属性、语义内容或音节数量造成的。那么，根源何在呢？我们认为，原因就在于该位置上的"人"发生了附缀化。Zwicky & Pullum（1983）指出，"所有的附缀化都后于句法，换言之，附缀化之后不再允许句法操作"。此言有两层含意：(1)附缀化了的成分本身不再能接受句法操作（Zwicky 1985）。这是附缀别于词而近于词缀的一个重要特点。句法操作的对象是词或短语，而词缀属词内成分，附缀有词缀的特点，可看作一个类词构造（word-like construct）的内部成分，故二者都不能接受句法操作。（2）[附缀+宿主]不能接受句法操作，除非它能作为一个合法单位充任句子成分（Zwicky & Pullum 1983；Zwicky 1985）。① 例如，附缀'm就不能像其对应的独立词形（the corresponding full form）am那样进行移位操作：I am/I'm a student~Am/*'M I a student。类似地，正是由于主语"人"发生了附缀化，所以无法再接受话题化这样的句法操作。同理，做主语的"人"亦不能像"人家"和"我、他"那样受"是"标记而被焦点化。例如：

(18) a. 人/人家/我/他冒雨给你买的饭。快说声"谢谢"吧！
   b. 是*人/人家/我/他冒雨给你买的饭。快说声"谢谢"吧！

如果说"常轻读""因缺乏语音独立性而通常不择语类地依附于相邻成分""造成句法-语音的错配"等语音特征只是北京话单音节人称代词的共性，只表明它们在语音上具有些许附缀色彩，那么排斥话题化、焦点化等操作的这一特点就清晰地体现了代词"人"区别于"人家"以及"我、你、他"的句法特殊性。而这种特殊性的形成，正是因为"人"在主语位置上附缀化，确切地说是前附缀化了。

2.2.2 定语位置上"人"的前附缀化

与主语位置上的"人"一样，做定语的"人"也发生了一定程度的前附缀化。例如：

(19) a. 人家务事儿不想让别人插手。~ a'.?人的家务事儿不想让

---

① 这是附缀区别于词缀的一个重要特点。词缀、附缀都排斥句法操作，但[词缀+词根]构成的是词，是句法操作的典型对象，而[附缀+宿主]常常是跨层的依附，所构成的结构不是词或短语，自然排斥句法操作，如很难想象哪种句法操作可作用于"I'm""人办事"。只有当[附缀+宿主]为非跨层依附时，才有可能允许进一步的句法操作，如同位结构"人老张"可话题化（"人老张啊，办事特别周全"），亦可焦点化（"是人老张给你买的饭"）。需要指出的是，以[附缀+宿主]为对象的句法操作，不包括单纯以宿主为对象的句法操作，即发生在宿主不带附缀那一侧的操作，这种操作是允许的，如 sister > elder sister 的扩展操作：My sister's gone > My elder sister's gone。

别人插手。①

b. 人家家务事儿不想让别人插手。~ b'. 人家的家务事儿不想让别人插手。

（20）a. 他没事儿老动人东西，真是的！~ a'.*他没事儿老动人的东西。

b. 他没事儿老动人家东西，真是的！~ b'. 他没事儿老动人家的东西。

做领属定语时，"人"后面一般不用定语标记"的"，"人家"则用与不用均可。如上两例中 a、b 两句插入"的"后，a' 句可接受度明显下降，b' 句则不受影响。陈满华（2007）的语感调查结果也显示，代词"人"带"的"做定语可接受度不高，例（21a）、（21b）两句的可接受度仅为 18% 和 38%。

（21）a. ?这是人的事，咱不管。（引自陈文句（3））

b. ?人的学习成绩那么好，我可没法比。（引自陈文句（6））

与"人"的情况不同，单音节人称代词"我、你、他"做领属定语时带"的"相当自然，如"我的家务事儿""你的成绩""他的事"。"人"与"人家"及"我、你、他"在用"的"问题上的上述差异，不能简单地理解为"人"做领属语时不能带定语标记。因为，"这/那"这种兼用定语标记（参吕叔湘 1985：209；张伯江、方梅 1996：157—158 等）是可以与"人"共现的。例如：

（22）a. 人这家务事儿不想让别人插手。

b. 人那学习成绩那么好，我可没法比。

那么，如何解释"人"对"的"的排斥呢？文章认为，根本原因在于定语位置上的代词"人"发生了前附缀化。"的"形态单一，位置相对固定，总是轻声甚至允许韵母脱落（只留下 [d] 的成阻动作），语音前附但对依附对象无特殊的语义、语类限制，允许句法-语音的错配（如"去过三次的女孩儿"中，"的"句法上的直接成分是整个定语"去过三次"，而其语音依附对象是"三次"）。按照"Zwicky 标准"以及

---

① 该句标注"?"是因为不同被调查人对该句的接受情况有差异。其中，质疑和不接受者居多。这与陈满华（2007）的调查结果是相一致的。

"句法从严"原则,"的"俨然可看作一个典型的后附缀。后附缀"的"和前附缀化的"人"都没有语音独立性,任何一方都无法充当另一方的宿主,二者自然难以共现。"这/那"(口语中读 [tṣei^{51}]/[nei^{51}])做定语标记时,虽有所弱化,但仍保留着原有音节和相对清晰的声调,语音独立性相对较强,有能力为前附缀化的"人"提供宿主;加之,"这/那"即使在语音上略有依附,也是向后依附,此时"这/那"可与后邻成分共同充任"人"的宿主(这种情况类似于"I'd've done it if you'd asked me."中 I 与附缀 'd 的结合体 I'd 为附缀 've 提供宿主(Zwicky & Pullum 1983))。因此,"人"可与兼用定语标记"这/那"自由同现。

正因为"的"以及"人"在定语位置上的附缀性,用"人"时,就多选用定语标记"这/那"或让名词(短语)紧邻其后充当宿主;用"的"时,就多选用同义的、有能力充当其宿主的独立词"人家"。而当代词"人"在特殊情况下(如进行对比强调时)重读而不再是附缀时,便可以与"的"共现并充当其宿主。例如:

(23) a. 行了,`人的东西,`你瞎吆喝什么!
　　　b. `人的学问可比`你俩深多了。

2.2.3　宾语位置上"人"的前附缀化

与主语、定语位置上的情况类似,宾语位置上的代词"人"也开始了前附缀化的进程。其中一个最突出的表现就是代词"人"不能出现在句末(吕叔湘主编 1980:407;陈满华 2007)。在陈满华(2007)所做的调查中,人们对句末"人"(如例(24)所示)的接受度仅为 24%。"人家"和"我、你、他"则不受此限。例如:

(24) $^?$你可不要这样说人。(源自陈文句(5))
(25) a. *张华挣得也不多,你有了钱呀,就赶紧还人。
　　　b. 张华挣得也不多,你有了钱呀,就赶紧还人家/他。
　　　c. 我挣得也不多,你有了钱呀,就赶紧还我。

陈满华(2007)曾试图对该现象做出解释,认为"人家"省略为"人"可能是一种特殊的语流音变(整个音节脱落),而这种音变需要后面的音节做依托，当"人家"后面没有任何成分出现时，就不宜省略为"人"了。陈文将"人"的句末限制与后邻音节联系起来，这是值得肯定的。但是，若将问题的关键简单地归结为后邻音节的有无，便无法说明与此密切相关的另外一些现象。例如：

（26）没看见旁边儿有一老大爷么，还开那么快，撞着人怎么办？[①]

（27）小张工作挺认真的，厂长老骂（/批评）人干吗？

（28）a.*看胡同口坐一老大爷没？拐弯儿的时候慢点儿，小心别撞着人了。

b.看胡同口坐一老大爷没？拐弯儿的时候慢点儿，小心别撞着人家/他了。

（29）a.*羡慕人老张吧？这些都是厂里送（/奖励）人的。

b.羡慕人老张吧？这些都是厂里送（/奖励）人家/他的。

（30）a.*帮了你这么大的忙，你总得买点儿什么感谢一下人吧。

b.帮了你这么大的忙，你总得买点儿什么感谢一下人家/我吧。

如例（26）—（30）所示，即使代词"人"后面有其他成分，句子也不是总能成立。然而，其中也并非毫无规律可循。比较"怎么办、干吗"与"了、的、吧"可知，制约句子合法性的关键不仅仅是"人"必须有后接音节，而且该音节还要满足一定的条件——必须具有语音独立性，也即必须有能力充当宿主。而这正是前附缀的特点。就是因为（句末或次句末位置上的）代词"人"发生了前附缀化，强制要求具备语音独立性的词/短语充当其宿主，因此不能现于句末，亦不能现于句尾"了、的、吧"等依附性成分之前。

以上讨论了北京话代词"人"在语音及句法方面的种种附缀化表征。文章认为，正是"人"在主语、定语以及（次）句末宾语等位置上的前附缀化，导致"人"与其独立词前身"人家"以及单音节人称代词"我、你、他"在能否话题化和焦点化、能否加定语标记"的"、能

[①] 该句的"人"有轻读和非轻读（标准的阳平）两种读法：轻读时为代词，非轻读时为名词。本文只考虑代词"人"。

否现于句末等方面表现出差异。根据跨语言研究成果,典型的三身代词"我、你、他"似乎更容易附缀化,但代词"人"语音上有同等的依附性且在某些句法位置上更强制要求后附于宿主的事实表明,"人"在附缀化道路上已经走得更远。

三、其他北方方言中代词"人"的平行表现

与北京话类似,其他北方方言中也存在代词"人家"或其方言对应形式省略为"人"的现象,并且这些代词"人"在特定位置上同样表现出了某些前附缀特征。下面仅简要介绍河北冀州话(属冀鲁官话)和河南光山话(属中原官话)中的代词"人"。

冀州话中,名词性的"人(儿)"读作 [jən^{53}](儿化时作 [jəʴ^{53}]),与北京话代词"人家"相对应的词是"人个"[jəŋ^{55} kə]。"人个"中的"人"变成后鼻音韵尾 /ŋ/,是受了"个"字声母 /k/ 的逆同化作用,其声调变成 [55] 则是因为冀州话中有"[53]+轻声>[55]+轻声"的变调规则,如:"人"[jən^{53}] ~ "人们"[jəŋ^{55} men],"黄"[huaŋ^{53}] ~ "黄的"[huaŋ^{55} ti]。冀州话也有一个代词性的"人"[jəŋ^{53}],据其后鼻音韵尾 /ŋ/ 可知,这个"人"由"人个"脱落"个"而来。光山话的代词"人"[ʐəŋ^{34}](名词"人"读作 [ʐen^{34}])亦来自代词"人个"[ʐəŋ^{34} kø] 的省缩。

冀州话和光山话的代词"人"也总是轻读(对比焦点这类特殊情况下允许重读),语音上具有依附性但对依附对象无语类限制,且允许句法-语音的错配。例如,上文例(1)—(16)各句在两方言里的对应句中,"人"的轻读及依附模式与北京话代词"人"完全相同。例如(例(31)的 a 句为冀州话,b 句为光山话,下同):

(31)a. 人刚才冒着大雨给你买的饭。

b. 人将才勒大雨去跟你买的饭。

冀州、光山两方言中,做主语的代词"人"同样排斥话题化、焦点化等操作,做定语的"人"也都是只允许定语标记"这/那",排斥

"的"。请看下面的例子：

（32）a. 小张儿可灵透哩。人个/他/*人（啊），会办事儿得不行。
　　　b. 小张儿可灵巧。人个/渠/*人（啊），嘛几_特别_会办事法的。
（33）a. 是人个/俺/*人冒着雨给你买的饭。快说声"谢谢"半！
　　　b. 是人个/我/*人落勒大雨去跟你买的饭。快说个"谢谢"含！
（34）a. 人个/他/人这（/那）东西还便宜，质量也还好。
　　　b. 人个/他/*人的东西还便宜，质量也还好。

两方言的代词"人"也同样排斥句末以及强依附性成分（如体标记、语气词等）之前的次句末位置。例如：

（35）a. 张华挣得也不多，你有了钱就赶紧还人个/*人。
　　　b. 张华挣得也不多，等你有钱了就搞快点还人个/*人。
（36）a. 胡同口坐着个老大爷哩。你拐弯儿的时候慢点儿，看着别撞着人个/人咾。
　　　b. 巷子口岸头坐有个老头子，你拐弯的时候招呼点儿，莫撞倒人个/*人了。
（37）a. 胡同口坐着个老大爷，他一紧张，撞着人个/人滥。
　　　b. 巷子口岸头坐个老头子的，渠一怕，就撞倒人个/*人了。
（38）a. 羡慕人（个）老张呗？这都是厂子里奖励人个/*人的。
　　　b. 眼羡人（个）老张啊？这哈是厂的奖励人个/*人的。
（39）a. 帮咾你这么大忙，你怎么也得谢谢人个/*人呗。
　　　b. 跟你打了这大的伙儿，你么样也得谢谢人个/*人歪。

例（36a）与（37a）之所以成立，是因为冀州话中与北京话"了"相对应的"咾 [lɑu]（=了₂）""滥 [læ]（=了₁）"虽也读轻声（遵循"[53]+轻声>[55]+轻声"的变调规则，如：来 [lai⁵³]~来咾 [lai⁵⁵ lɑu]~来滥 [lai⁵⁵ læ]），但毕竟有着较大的开口度，较北京话、光山话的"了 [lə]"以及同方言中的"的 [ti]""呗 [pe]"等语音独立性更强，更有能力充当前附缀性成分"人"的宿主，因此可以与"人"同现。这也从侧面印证了北京话代词"人"不能现于句末"了"之前，并非由于句法原因，而是"人"语音上的附缀性使然。

四、结语

冀州、光山两方言中，代词"人"与"人个"之间的语音联系表明，前者是由后者语音省缩而来。这也为北京话中代词"人"源自"人家"的省略提供了有力的旁证。虽然"人家/人个"与"人"有前世今生的关系，但在语音、句法上有显著差异。"人"总是轻读（特殊情况除外），必须依附相邻成分，但对依附对象无特殊的语义和语类限制，甚至允许句法-语音的错配，有明显的附缀色彩。而主语位置上代词"人"对话题化、焦点化等句法操作的排斥，更是与附缀化作为一种句法后操作（post-syntactic process）的特点相契合。代词"人"不能与后附缀"的"共现、排斥句末及强依附性成分之前的次句末位置、必须后接有较强语音独立性的成分等一系列事实显示，这些位置上的"人"不仅语音前附缀化，其句法分布也因此受到了较大影响。按照"Zwicky标准"及"句法从严"原则，主语、定语和（次）句末宾语位置上的代词"人"已经发生相当程度的前附缀化，可以认定为句法上的前附缀。"人家/个"在语音、句法上均无上述特点，仍是一个语音独立、词类属性明确的独立词。单音节人称代词"我、你、他"虽语音上表现出与"人"类似的依附特点，但这并未显著影响其句法结构，它们的句法分布特点更接近于"人家"，句法上不妨仍处理为词。

参考文献

陈满华　2007　北京话"人家"省略为"人"的现象考察，《汉语学习》第 4 期。
董树人　2010　《新编北京方言词典》，北京：商务印书馆。
范　晓　1998　动介式组合体的配价问题，《现代汉语配价语法研究》，袁毓林、郭锐主编，北京：北京大学出版社。
方　梅　1998　北京话他称代词的语义分析，《句法结构中的语义研究》，邵敬敏主编，北京：北京语言文化大学出版社。
冯胜利　1997　《汉语的韵律、词法与句法》，北京：北京大学出版社。
林　焘　1962　现代汉语轻音和句法结构的关系，《中国语文》第 7 期。

刘丹青　2003　《语序类型学与介词理论》，北京：商务印书馆。
刘丹青　2008　《语法调查研究手册》，上海：上海教育出版社。
吕叔湘（主编）　1980　《现代汉语八百词》，北京：商务印书馆。
吕叔湘　1985　《近代汉语指代词》，上海：学林出版社。
张伯江、方　梅　1996　《汉语功能语法研究》，南昌：江西教育出版社。
赵金铭　1995　现代汉语补语位置上的"在"和"到"及其弱化形式 de，《中国语言学报》第 7 期。
赵元任　1968/1979　《汉语口语语法》，吕叔湘译，北京：商务印书馆。
朱德熙　1982　《语法讲义》，北京：商务印书馆。

Anderson, S. 2005. *Aspect of the Theory of Clitics*. Oxford: Oxford University Press.

Birgit, G. 2002. *Clitics between Syntax and Lexicon*. Amsterdam/Philadelphia: John Benjamins Publishing Company.

Bošković, Željko. 2001. *On the Nature of the Syntax-Phonology Interface: Cliticization and Related Phenomena*. Oxford: Elsevier Science Ltd.

Harris, A. C. 2002. *Endoclitic and the Origins of Udi Morphosyntax*. Oxford: Oxford University Press.

Hopper, P. J., & Traugott, E. C. 1993. *Grammaticalization*. Cambridge: Cambridge University Press.

Klavans, J. L. 1985. The independence of syntax and phonology in cliticization. *Language*, 61(1), 95-120.

Kari, E. E. 2002. On edoclitics: Some facts from Degema. *Journal of Asian and African Studies*, 63(1), 37-53.

Pullum, G. K., & Zwicky, A. M. 1986. Phonological resolution of syntactic feature conflict. *Language*, 62(4), 751-773.

Roberts, T. 1997. The optimal second position in Pashto. In G. Booij, & J. van de Weijer (Eds.), *Phonology in Progress: Progress in Phonology*. The Hague: Holland Academic Graphics.

Zwicky, A. M. 1977. *On Clitics*. Bloomington: Indiana University Linguistics Club.

Zwicky, A. M. 1985. Clitics and particles. *Language*, 61(2), 283-305.

Zwicky, A. M. 1995. What is a clitic? In J. A. Nevis, B. D. Joseph, D. Wanner, & A. M. Zwicky (Eds.), *Clitics: A Comprehensive Bibliography, 1892–1991*. Amsterdam/Philadelphia: John Benjamins Publishing Company.

Zwicky, A. M., & Pullum, G. K. 1983. Cliticization vs. inflection: English n't. *Language*, 59(3), 502-513.

（原载《语言科学》，2012 年第 4 期，
与白鸽、王芳、严艳群合作）

"唯补词"初探

一、"唯补词"：汉语词类的又一家族

汉语动结式中的结果补语，一般归入动词、形容词。如《现代汉语八百词》（吕叔湘主编1980）的"语法要点"中说："主要动词加表示结果的形容词或动词，可以叫动结式"。动词、形容词都能做谓词，所以合称"谓词"。可是，动结式中的一部分结果补语，已经只能做补语，不能做谓语，似乎不宜再归入谓词，而它们在现有的任何一家词类体系中都无类可归。因此，我们建议为这些词类中的无家可归者设立一个新的词类之家，暂且叫它"唯补词"。如：

着（zháo）：打～；淋～；睡～；见～；猜～；买～；抢～

到：抓～；见～；猜～；想～；碰～；吃～；做～

住：抓～；拦～；捆～；锁～；盯～；记～；叫～；稳～

当然，这些词都来源于谓词，并且现在也还有做谓词的用法。但能做谓语的用法往往意义实在、专门，组合面有限，与上述用例中的补语判然有别。比较：

（1）a. 点着了火→火着了；着了火

　　　b. 打着了头↛头着了；着了头

（2）a. 走到车站→车站到了；到了车站

　　　b. 抓到小偷↛小偷到了；到了小偷

（3）a. 雨停住了→雨住了

　　　b. 他站住了↛他住了

我们不能因为这些词有 a 类中的谓词用法而把 b 类用法也看作谓词。正

像我们并不因为"就、白、怪"有谓词用法而把"就走、白跑、怪热"中的"就、白、怪"也看作谓词。

把"唯补词"看作一个词类,还可以跟区别词的建类相类比。区别词最先是由吕叔湘、饶长溶两位先生发现的,称为"非谓形容词",被看作形容词内的一个小类(吕叔湘、饶长溶 1981)。可是,形容词属谓词,"非谓形容词"隐含"非谓谓词",是个自相矛盾的名称。因此,后来人们更倾向于将其独立成一个词类,叫区别词,如朱德熙(1982),黄伯荣、廖序东主编(1991)。假如把唯补性的成分仍看作动词形容词,那也同样存在"非谓谓词"的矛盾。因此本文主张单立一类"唯补词"。其实区别词也就是唯定词,副词则基本是唯状词,唯补词的存在毫不奇怪。

上面举到的"唯补词"除了做结果补语外,都还能做可能补语。如"打得着、打不着"。还有一些词,只能做可能补语,不能做结果补语,更不能做谓语。可能补语也是补语,因此这些词也应划入"唯补词",如:

了(liǎo):管得/不~;吃得/不~;装得/不~;写得/不~;要得/不~

来:做得/不~;吃得/不~;谈得/不~;玩得/不~;要得/不~

起:买得/不~;吃得/不~;住得/不~;雇得/不~;穿得/不~

其中"了"有谓语用法,"来、起"有谓语和趋向补语用法,但都与上述可能补语中的"了、来、起"有明显的语义区别,因此不妨碍将它们划入"唯补词"。它们构成了"唯补词"的另一个次类。下面把"着"这一类称为 A 类,把"了"这一类称为 B 类。

二、"唯补词"的语法特点

"唯补词"的语法功能,实际上在有关补语的大量论著中已谈得很多,只是没有跟谓词性补语区分开来。下面着重讨论"唯补词"区别于谓词性补语的语法特点，这些讨论不再考虑它们可用做谓语的义项。先从 A 类谈起。

A 类"唯补词"具有以下四个特点。

1. 唯补性、后附性、黏着性。这三个词实际上是从不同角度指出了"唯补词"的同一种性质（也是它的本质属性），即只能充当紧附于动词之后的补语。与其有前附性的"唯定词"（区别词）、"唯状词"（副词）相比，"唯补词"的黏着性最强。区别词和中心词之间、副词和中心词之间，都可以插入其他附加成分，如：

<u>副</u>组长～<u>副</u>小组长～<u>副</u>的居民小组长

<u>偏</u>去～<u>偏</u>一块儿去～<u>偏</u>跟他一块儿去

而"唯补词"除了前面加"得/不"构成可能式，与中心词之间不能有任何成分相隔。

2. 不能按语义指向进行分解式变换。一般的结果补语都可以根据其语义指向进行分解式变换，以下变换引自李临定（1986）：

你长胖了＝你长＋你胖

我看懂了这幅画＝我看这幅画＋我懂这幅画

孩子哭醒了我＝孩子哭＋我醒

"唯补词"不具备谓词性，因此不能这样变换。如"他买着了票"可以分析出一个"他买了票"，至于补语"着"，"他着了、着了票、票着了"等均不成话。

3. 不能有"一 A 就 B"式。张寿康（1978）曾提出用"一……就……"的嵌入法来区别谓补结构和谓补式复合词。他举例如下：

逗哭——一逗就哭　　　　听见——×

吃饱——一吃就饱　　　　记住——×

说妥——一说就妥　　　　看出——×

我们认为，有些动结式不能有"一 A 就 B"式是因为其属于复合词，如"改善、加强、提高"等，但"记住"这类若也算复合词，那复合词的范围就太宽了。事实上，所有带 A 类"唯补词"的动结式都不能有"一 A 就 B"式，这是由它们的唯补性决定的，这正是"唯补词"与谓词性补语的一个区别。

4. 不能扩展。"唯补词"的唯一变化形式是在"得/不"后做可能补语。B类"唯补词"则只有这一项功能，而且可能补语本身是一种不能扩展的补语。谓词性结果补语则有多种扩展形式，其中最简单的一种是在"得"后做状态补语。状态补语看似与可能补语同形，但它是可以扩展的，从而形成更复杂的扩展式，如：

吓跑了：吓得跑了；吓得跑没跑；吓得很快跑了

喝醉了：喝得醉了；喝得很醉；喝得一点儿没醉；喝得醉倒在地上

"唯补词"不能有上述扩展形式。

B类"唯补词"的特点是只能在"得/不"后做可能补语，其他方面与A类无异。

总体上，"唯补词"的语法功能远比谓词受限制。假如副词是半实词，那么"唯补词"更像是半虚词。它的黏着性，词项上的封闭性，组合上的广泛性，使用上的高频性，都体现了"虚"的一面。

三、"唯补词"的语义、语用特点

"唯补词"在语义上也比较虚，即宽泛、抽象，在某些组合中则保留着一部分实义。这使得对"唯补词"的释义颇为不易。《现代汉语词典》已注意到"唯补词"在语法和语义上的特殊，为"唯补词"单立义项。在释义时，有的相当概括抽象，有时难免不够切实；有的较为具体，这是不得不从细分项以照顾众多的用法，还不一定照顾周全。这非关词典质量，实在是这类词的语义特点使然。如：

着（zháo）：④用在动词后，表示已经达到目的或有了结果：睡~了|打~了

到：③用作动词的补语，表示动作有结果：看~|办得~

住：③做动词的补语。a）表示牢固或稳当；拿~|捉~……b）表示停顿或停止：一句话就把他问~了……c）跟"得"（或"不"）连

用，表示力量够得上（或够不上）；胜任：支持不~ | 禁得~风吹雨打

　　了（liǎo）：②放在动词之后，跟"得、不"连用，表示可能或不可能：做得~ | 来不~……

　　起（qǐ）：②用在动词后，表示力量够得上或够不上：……买不~。注意②动词和"起"之间常有"得"字或"不"字。

　　来：④跟"得"或"不"连用，表示可能或不可能：他们俩很谈得~ | 这个歌我唱不~

从以上释义可以看出几点：1.各词全都用了"表示"这一释义用语。在该词典中，普通的名词谓词并不用"表示……"来释义，只有虚词或虚化的词才用，它提醒读者释义内容是它的某种语法意义而不等于其词汇意义。2.各词和义项的释义同多异少，核心内容是"结果"（用于A类）和"可能"（用于B类）这两类抽象的范畴义。3.词与词、用法与用法之间的差异没有也难以一一顾及，否则义项数目将激增，如"了""来"都释为可能，但"吃得了"与"吃得来"显然不同。"睡着"之"着"与"打着"之"着"也并不等同。

　　既然"唯补词"的语义比较空泛，那么它在句子中又起什么表义作用呢？主要是用来表示"结果"或"可能"这种范畴意义。但这种范畴意义不是"唯补词"孤立地赋予的，而主要是由结果补语或可能补语的句法位置赋予的。任何词只要用于这种句法位置都有这种范畴意义。"唯补词"的作用是在需要表示结果或可能而又没有合适的更具体的词项时填入这种位置，表示比较空泛的结果义或可能义，而"喝醉""关不紧"则通过"醉""紧"表示了较为具体实在的结果义或可能义。这种填位作用，决定了"唯补词"的数量不需要太多而又不能完全没有。

　　此外，"唯补词"还有重要的语用功能。汉语的结果补语和可能补语往往是句子的焦点，而动结式、可能式中的主要动词则常是预设。问"他喝酒了吗"，"喝"是疑问点之一，而问"他喝醉了吗"，通常已知他喝酒，问的是醉不醉。"唯补词"也有这种语用功能。虽然它们语义较空泛，但能将句子的焦点转向结果或可能，而使前面的动词退居预设的地位，比较：

（4）a.他还没睡。（"没睡"是新信息）
　　　b.他还没睡着。（"睡"是预设，没有入睡是焦点）
（5）a.你拿吗？（不知拿不拿）
　　　b.你拿得了吗？（肯定想拿，不知能否拿）

由以上讨论可以看出，"唯补词"的语法范畴义和语用功能比它的词汇意义更加重要，把它们归入半虚词是比较合理的。

四、"唯补词"的范围和界限

"唯补词"的范围目前还颇难确定，因为它处在由实到虚的一个复杂进程的中段。"唯补词"全都是由谓词虚化而来的，几乎所有"唯补词"都在某些义项上保留着谓词用法。而虚化过程并不以此为终点，有些谓词经过"唯补词"的阶段又进一步虚化为助词，如体助词"了、着、过"。现有的"唯补词"也不排除进一步虚化的可能。趋向补语"起来、下去"已带有体标记的性质。因此，"唯补词"在实虚两头都有模糊地带。

本文暂且提出四条确定"唯补词"的标准：1.在某些义项上只能做结果补语、可能补语等紧附于动词而且不能扩展的补语；2.做补语的义项比谓词用法抽象空泛；3.组合面广泛（这是区别于已凝固的构词语素）；4.能充当句子的焦点（这是区别于助词，详刘丹青1996）。

根据这四条标准，上文所举的六个"唯补词"都是比较典型的。此外，下面这些词在某些义项上也基本上属于"唯补词"：走（拿~、搬~、飞~、割~、分~），掉（走~、吃~、割~、花~、废~、坏~、错~——带南方色彩），开（站~、走~、传~、议论~、谈~），动（咬得~、走不~、喊不~、叫得~）。它们的意义比前面六个词实在一些，但比它们做谓词时还明显虚化。处于谓词与"唯补词"过渡状态的有"完、尽、好（吃好了饭）、拢"等。

下面这些单位已凝固成词，其中的补语虽比较空泛，但缺乏类推性，不能算作"唯补词"："说穿、想开些、想不开、看得起、对不起、来不及"。"见"在"看见、听见、碰见、撞见"中介于"唯补词"和构词语素之间。

"看得、看不得"中的"得"是"唯补词"。"看不得"之"得"是个普通的 B 类"唯补词"。"看得"在共时平面可以看作"看得得"的紧缩，相对于"看不得"，因此这个"得"是补语标记与补语本身的重合，也即结构助词与"唯补词"的重合。

最难处理的是趋向动词。据初步考察，所有趋向动词都兼有下列四种用法中的至少三种：a. 表趋向的谓语；b. 表示趋向的补语；c. 意义虚化的补语；d. 体的标记。一部分单音节的趋向词从 b 往下都具有唯补性，如"举起红旗"不能说"起红旗"或"红旗起"，所有的趋向词在用于 c、d 时都具有唯补性。下面的举例用 a、b、c、d 分别表示这四种用法：

（6）a. 进房间；b. 走进房间；c. 吃进一张牌

（7）a. 上山；b. 爬上山；c. 吃上自来水；d. 住上十天半月

（8）a. 下了网；b. 撒下网；c. 撒下他；d. 买下一块地

（9）a. 他出来了；b. 走出来；c. 想出来了

（10）a. 他起来了；b. 站起来；c. 酒席摆起来了；d. 唱起来了

（11）a. 他下去了；b. 躺下去；c. 高烧退下去；d. 说下去

（12）a. 船过来了；b. 开过来；c. 醒过来了

目前想到的处理办法有三种：1. 趋向词从动词中独立出来自成一个词类（如钱乃荣主编（1990）的做法），这类词跨越谓词与非谓词之间，其中非谓词用法与"唯补词"相同。2. 仍叫趋向动词，但所有的趋向动词都兼"唯补词"；3. 每个趋向词都按义项分为两类，分别属于动词和"唯补词"。孰优孰劣，可以讨论。本文倾向于第一种办法。

五、余论

关于"唯补词"的想法，首先是在方言语法研究中提出的。刘丹青（1996）在考虑东南方言体貌标记的来源及虚化轨迹时，发现体助词大都由实词经"唯补词"的阶段进一步虚化而成。而虚化的结果补语与体助词的区别，也在更早时的一篇方言语法论文（刘丹青1995）中做过分析。考虑到普通话也存在"唯补词"，而那两篇文章重点讨论的是助词而不是"唯补词"，而且研究普通话语法的先生不一定会看到，因此特在本文中对普通话的"唯补词"做一粗浅探讨，以期引起语法学界的关注与批评。

假如"唯补词"的建立是有根据的，那么我们就能看到汉语词类更有系统性的结构。我们有名动形这三大词，它们是多功能的，但名词和谓词分别主要占据主宾语和谓语这几个主干成分的位置。我们有区别词、副词、"唯补词"这三个词类，它们是单一功能的，分别占据定、状、补这三个附加成分的位置。由此可见，汉语的词类和句子成分虽然不是简单地一一对应的（西方语言也不是完全一一对应的），但毕竟存在着一定程度的对应，尤其突出表现在三个单一功能的词类上。

最后说明一点。本文通篇为"唯补词"加了引号，一是表明，这一词类家族的资格尚需征求学界的认可，并非定论；二是表明，这一名称不一定是最适宜的，切盼有人更好地正其名，顺其言，然后为其脱下引号之帽。

参考文献

黄伯荣、廖序东（主编） 1991 《现代汉语》（下册），北京：高等教育出版社。
李临定 1986 《现代汉语句型》，北京：商务印书馆。
刘丹青 1995 无锡方言的体助词"则"（仔）和"着"，《中国语言学报》第6期，北京：商务印书馆。
刘丹青 1996 东南方言的体貌标记，《动词的体》，张双庆主编，香港：香港中文大学中国文化研究所吴多泰中国语文研究中心。
吕叔湘（主编） 1980 《现代汉语八百词》，北京：商务印书馆。
吕叔湘、饶长溶 1981 试论非谓形容词，《中国语文》第2期。
钱乃荣（主编） 1990 《现代汉语》，北京：高等教育出版社。
张寿康 1978 说"结构"，《中国语文》第4期。
朱德熙 1982 《语法讲义》，北京：商务印书馆。

（原载《汉语学习》，1994年第3期）

汉语里的一个内容宾语标句词

——从"说道"的"道"说起

一、引言

有些语言里，小句做宾语常常要带一个语法标记，如英语的 that（I believe that he will come~我相信他会来）。现代语法理论把宾语小句都归入动词的补足语[①]（complement），that 这类介引补足语小句的关系代词或其他虚词便被称为补足语句标记（complementizer），或简译为标句词。不是所有介引小句的虚词或语素都属于标句词。只有当被介引的小句是谓语的补足语即必要论元时，其标记才称为标句词。假如介引的小句是关系从句（≈定语从句），介引的虚词便被称为关系化标记（relativizer），当标记介引的小句是状语从句（≈复句的偏句）时，它们又被称为从属句标记（subordinator）。英语 that 既可做标句词，又可做关系化标记。

标句词的概念在当代语法学派中被普遍看重。在生成语法中，高于小句屈折投射 IP 的单位 CP（complementizer phrase）就是以此命名的（见 Napoli 1993：387）。而类型学则特别注重标句词作为虚词的作用，尤其是其语序，因为"标句词+小句"通常与前置词及动宾

[①] 补足语不是国内汉语语法学里的通行概念（人们多只在英语教学语法中接触此概念），但却是现代语法理论中必不可少的基本概念。有人将其译为"补述语"，这容易被理解成补充性述语，其实是指补足述之语，故本文不采此名。补足语是谓语核心的必要论元，所以很不同于汉语语法学所说的"补语"，尽管不少人把汉语的"补语"也译为 complement，或把英文中的 complement 译为补语。

语序（VO）和谐，"小句+标句词"一般与后置词及宾动语序（OV）和谐（参看 Dryer 1992）。这个重要的概念在内地学界很少被提及，部分的原因可能是汉语被认为没有像英语 that 那样的标句词。汉语里这类标记是不发达，但确实存在，例如本文要讨论的"道"。这个"道"典型地反映在"说道"这个组合中。本文先以共时语料的分析说明"道"是一个标句词，再用历时语料的分析显示"道"由言说动词到内容宾语标句词的语法化过程，最后从类型学角度说明"道"的核心标注性质，并显示由言说动词到标句词是人类语言中常见的语法化路径。下面就从"说道"说起。

二、"道"的语法性质和作用：从"说道"到"V 道"

"说道"这个组合被《现代汉语词典》（2000 年增补本）收为条目，全部释文为：

（1）说（小说中多用来直接引进人物说的话）：校长～，"应该这么办！"

词典合理地指出"说道"的含义就是"说"。在我们所考察的现代语料中，"说道"确实大体都能单用"说"来替换。该释义也触到了"说道"与"说"的关键性差别。"说"虽然也能引出话语，但远非总是如此，而"说道"只用来引出话语。"你说，你快说"，不能说"你说道，你快说道"；"他说了两个字"不能说"他说道（了）两个字"；"他说北京话"，也不能说"他说道北京话"。

不过，上述说解也不尽严密。"说道"的使用不限于小说，近代汉语的各种记叙文体乃至语录文体都常用"说道"，是当时口语书面语通用的。如下列三例用了"说道"的元明文献都不是小说，而分别是历史记述、讲学语录、口语体诏书[①]：

[①] 本文所用的中古至近代语料主要取自汪维辉教授提供的一个语料库，包含中古以来到清代《红楼梦》（前两回）的 12 种文献，约 40 万字。

（2）万户云："恰似人家养个义儿，却赌钱吃酒，待赶了，又赶去那里？且只得怎地。说道韩家有几万，岳家有几万，都在淮南。从入界来，何曾见一个？看如今怎奈何刘麟去哩？"（《三朝北盟会编》卷·五绍兴甲寅通和录（［元］王绘））

（3）有一等人常常的做歹勾当，却来人面前说道俺做的勾当好，便如掩著那耳朵了去偷那铃的也似。（［元］许衡《鲁斋遗书·直说大学要略》）

（4）霸王观樊哙好伟哉人物，说道："此壮士也！"遂与生猪肉一块，酒一碗。樊哙即时接了，说道："大丈夫死且不怕，生肉安得不食？"（［明］《皇明诏令·戒谕管军官敕》）

注意例（2）中作者语言用"云"引述话语，而人物语言中的引语则用"说道"。可见"说道"在当时是更有口语性的。

更值得注意的是，有类似作用的"V道"远不止"说道"一个。例如："念道、问道、答道、骂道、叹道、吟道、唱道、叫道、喊道、嚷道、喝道、吆喝道、赞扬道、批评道、怪道、责怪道、埋怨道、抱怨道、嘟哝道、嚷嚷道、命令道、喝令道、介绍道、解释道、分辩道、训斥道、补充道、提醒道、议论道"乃至"写道、想道、转念道"等，这些组合《现代汉语词典》全都没有收录。显然，"V道"组合不是一个全封闭的类，而至少是半开放的松散组合，只要属于说话/写作/思维义的动词都可以组成这种"V道"，"道"在其中的语义和作用是统一的。因此，词典不收录它们是合理的，而被收进词典的"说道"性质上与上述"V道"并无二致，只是出现频率可能高一些。（"道"念轻声的"说道"与本文无关。）

既然"V道"组合并非词汇单位，那么它们是什么样的单位呢？"道"在"V道"组合中的确切作用又是什么呢？下面先来讨论这两个问题。

结构上，"V道"不是一种并列复合词。汉语有"V道"而没有意义相关的"道V"，如"道说、道念、道叫、道介绍"等都不行。可见"道"是个定位语素。

语义上,"V"中的"道"难以简单解释为"说"。"说道"似能勉强释为同义并列,"答道、叹道"等也能勉强释为连动("回答说、感叹说"),但"问道"要解释为"问说"就有点困难,不管并列还是连动都难以说通。更困难的是那些跟口头说话无关的"V道",如"写道、记载道"是书面语行为,"想道"是思维行为,均无"说"义,不能解释为"写说、记载说、想说"。但这些"道"的作用又显然与"说道"中的"道"是一致的,都是引出动作 V 的内容宾语小句,不管其是口语的产物还是写作或思维的产物。这显示,"V 道"的"道"在语义上早已不是地道的实语素,虽然它的确源自表示说话的动词"道"。

考虑到它的定位性和搭配广泛性(能产性),人们会想到"道"是个后缀。它确实带一些后缀的性质,但不是一个普通的动词后缀,更不是一个构词性后缀。"道"没有为动词增加什么词汇意义。当它与"说、喊"等言语动词搭配时,已有前面的 V 表达言语义。当它与非言语动词搭配时,它根本就没有表达"说话"义,如"写道、想道"。看不出加了"道"能添加或改变什么词汇意义。"道"也没有改变 V 的词性,原来的动词还是动词。

"道"的作用在于句法功能:"道"一定要求后面有一个补足语小句作为 V 的内容宾语。请看下面的例句:

(5)他慢慢地说着(当时的经过)。~他慢慢地说道*(当时的经过就是这样)。~他慢慢地说道当时的经过*(就是这样)。

(6)小张想过(这件事)了。~小张想道*(这件事谁去做呢)。~小张想道这件事*(谁去做呢)。

不加"道"时,动词 V 带不带宾语是自由的(所以宾语都放在括号内);而加了"道"则 V 必须带小句宾语,不带宾语或光带名词短语如"当时的经过"都不行。有时,"V 道"后面似乎仅有名词短语,那是因为这些名词短语都是能单独成句的单位,如"喊道""叫道"等后面可以单接一个名词,这时候它不是一个简单的名词,而是用来称呼的独词句。如:

(7)小舅妈摘了帽子,叫道:大姐。(王小波《艺术家》)

其他能充当"V 道"的内容宾语的名词短语或单词也都是能单独成句

的，如构成疑问小句的疑问代词及短语（例8—9）、用来表示肯定否定的词语（包括夹杂的外语词，如例10）：

（8）胖大汉赶忙站稳……恨恨地问道："什么？"（鲁迅《示众》）

（9）主人出来，知是远道来客，问道："何事？"（汪曾祺《花瓶》）

（10）我们动手罢！他却总说道 No！（鲁迅《阿Q正传》）

至于有谓无主的小句宾语就更多了，这是因为汉语主语隐现比较自由，如：

（11）他得意之余，禁不住大声的嚷道："造反了！造反了！"（鲁迅《阿Q正传》）

（12）小吕……过了一会，不知为什么，又在心里想道："真好！"而且说出声来了。（汪曾祺《看水》）

（13）一个担任司仪的高年级同学高声喊道："唱——校——歌！"（汪曾祺《故里杂记》）

可见，"道"是一部分动词所带的一个关系性（relational）或者说连接性的语法标记，表示其后的成分为内容宾语小句。从这点上看，"道"跟英语动词后引出小句的关系代词 that 有相近的作用，两者都属于宾语小句标记或简称为标句词。

当然，that 和"道"的语法作用也有差异。首先，that 的作用要广泛得多。除非小句中有疑问代词可做标句词，如 "I know what he really wants"（我知道他实际上想要什么），其他小句做宾语都可以甚至必须带 that，尤其在较正规的语体中。而"道"的适合面比较窄，只有表示言语行为（广义，可包括笑、哭、嚷等）、写作书写行为（写道、记载道、在大树上刻道）、部分思维行为（想道、转念道）的动词。像英语中的 believe（相信）、decide（决定）、wish（但愿）、hope（希望）、demonstrate（说明、演示）、illustrate（展示）、reveal（揭示）、note（注意到），等等，后面都可带或当带 that 从句，而其相应的汉语动词均不宜带"道"。其次，在引语功能上，that 多用于间接引语从句，在直接引语前一般不用，比较：

（14）He said that he would go. ~ He said, "I will go."

汉语的"道"总体上都不是强制性的,而是可选性的。当直接引语和间接引语可以通过人称区分时,一般是直接引语可以用"道"而间接引语不宜用,与英语 that 相反。比较:

（15）他ᵢ说他ᵢ会去。～??他ᵢ说道他ᵢ会去。～他ᵢ说道他ⱼ会去。

（16）他说道:"我会去。"

例（15）中,假如两个"他"指同一人,则从句"他会去"是间接引语,前面用"道"很勉强。假如两个"他"不同指,则"他会去"可以是直接引语,这时就能用"道"。

作为标句词,"道"在许多情况下是可以省略的,像"说、问、想"这些基本的言语、思维类动词,不加"道"也能带内容宾语。但是有些言语、思维类动词直接带内容宾语的功能较弱,若省去"道"句子就不太顺,如:

（17）秦老吉正在外面拌馅儿,听见女儿打闹,就厉声训斥道:"靠本事吃饭,比谁也不低。麻油拌芥菜,各有心中爱,谁也不许笑话谁!"（汪曾祺《三姊妹出嫁》）

（18）谭凌霄常窝火,在心里恨道:"好小子,你就等着我的吧!"（汪曾祺《皮凤三楦房子》）

（19）她用脚尖不停地踢我的额头,催促道:愣什么?快点做题!（王小波《白银时代》）

（20）她用绿笔在"棍面包"底下画了一道,批道:我知道了。（王小波《白银时代》）

（21）"你要干什么?"马林生喝道:"还想跟我动手吗?"（王朔《我是你爸爸》）

这时"道"的标句词作用就变得重要,是引进内容宾语的关键手段。英语的标句词 that 也有类似情况。有些动词后用不用 that 都可以带内容宾语,如 say（说）、think（想）等;另一些动词带内容宾语的功能较弱,必须依靠 that 的帮助,如:

（22）I explained* (that) I was really a police officer. "我解释道我真的是一个警察。"

（23）John began to speculate * (that) the two events might be really linked."约翰开始推测这两件事可能是有关联的。"

汉语中还有一些难以省"道"的情况貌似例（17）—（21）的同类，其实情形很不相同。看例：

（24）而阿 Q 自己也不说，独有和别人口角的时候，间或瞪着眼睛道："我们先前——比你阔的多啦！你算是什么东西！"（鲁迅《阿 Q 正传》）

（25）一定走出一个男人来，现了十分烦厌的相貌，像回复乞丐一般的摇手道："没有没有！你出去！"（同上）

（26）马林生想了想，点头道："那倒也是，有的说了——你觉得美国能打赢么？"（王朔《我是你爸爸》）

请注意这些"道"都用在非言语思维类动词后，其前面的动词往往是表示表情或姿态的，而"道"后的小句表示的却是说出的话语，它们不可能是"道"前的非言语动词的内容宾语，而只能是"道"的内容宾语。可见这些"道"是动词，语法化程度很低，与前面的 V 构成连动关系，这种"道"不是本文所谈的标句词。这种"道"只用在言语意义上，后带所说的话语；不用在思维意义上，不能带所想的内容。例如，（26）"点头道"后面的内容必须是说出来的，而不能仅仅是点头沉思想到的内容。（26）并没有其他表示说话的动词，其说话义全靠实义动词"道"表示。这种动词"道"带有明显的近代白话风格，当代作品中已不多见。

三、"道"的语法化过程

"道"作为标句词显然是由表示说话的动词"道"语法化来的，所以至今有些动词后的"道"仍应当解释为言说义实义动词。下面简要地勾勒一下"道"语法化的路径。

在上古时期，汉语中也有类似"道"的标句词，那是用在动词后的

"曰"，如：

（27）单公子愆期为灵王御士，过诸廷，闻其叹，而言曰："乌乎！必有此夫！"（《左传·襄公三十年》）

（28）石碏谏曰："臣闻爱子，教之以义方，弗纳於邪……"（《左传·隐公三年》）

（29）子贡问曰："贫而无谄，富而无骄，何如？"（《论语·学而》）

（30）梁惠王曰："寡人愿安承教。"孟子对曰："杀人以梃与刃，有以异乎？"（《孟子·梁惠王上》）

"曰"前能搭配的动词少于后来的"道"。"V曰"之V是限于同言语有关的动词，如"言、对（回答）、谏、问"等，而不能是表思维的动词，没有类似"想道、思念道"的"思曰"等。中古近代某些文献中的"云"也有类似作用（见下）。

"道"作为言说动词直到中古以后才常见起来。我们的讨论也可以从中古开始。从言说动词到直接引语标句词，"道"的发展经历了下面这几个句法阶段。每个阶段我们只列出其新的句法表现。根据语法化的渐进性原则和多阶段并存常例，进入新的阶段后允许老的表现继续存在。

阶段一，单独作为言说动词用，可带直接引语做宾语，"道"为十足的行为动词，做谓语核心。"道"后常要加作为内容宾语的引语，这为它朝引语标句词的虚化奠定了语义和句法的基础，不过此阶段的"道"也可以不带任何宾语。

阶段二，跟在另一个与言语有关但不是纯粹言说行为的动词短语后，形成结构较松散的并列或连动关系，后面带直接引语。前面的动词带直接引语的能力比较弱，"道"成为表示言说行为本身的主要词项，引语基本上只是"道"的宾语，"道"帮助前面的动词引出该行为涉及的话语内容。这时"道"仍是动词，但其言语义因为与前面动词的语义部分重合而开始弱化，相对于前面的动词已处于某种从属位置，成为虚化的起点。

阶段三，跟在单纯的言说行为动词或动词短语之后，这时，"道"本身的说话义已很薄弱，因为与前一个动词内容重复，完全无法再翻译为"说"。"道"的主要功能是介引直接引语，因为它的这种功能比其他言语动词强。这时"道"处在动词和标句词的转折点上。

阶段四，跟在表示写作/书写类动词或动词短语后，已完全没有说的意义，只有介引直接引语的作用，这时已可以判定为标句词。但是虚化的程度仍有不同。假如加在动词短语后，"道"仍有一定独立性，是一个独立性近似于介词、连词的虚词性标句词。假如加在单个动词上，特别是只能加在动词上，已发展成带有词缀性质的标句词。

阶段五，跟在思维心理类动词后，已割断与言语行为的语义联系，所带的成分也不是直接引语，而是思考的内容，"道"虚化成彻底的标句词，这种"道"也只能跟在单个动词后，不能跟在动词短语后。

下面讨论这五个阶段在汉语史上的大致进程。本文穷尽性考察的对象主要是第169页脚注①所说的中古至近代语料库。抽查的语料则不限于此。从中大体上可以看出"道"虚化的脉络。

六朝时期，"道"都表现为一个十足的言说动词，可以单独充当谓语，而不能用在其他言说动词之后，甚至也不见用在一个与言语行为有关的动词短语之后（如"问某人道"之类），属于上面所讲的阶段一。下面几个例子颇能说明问题：

（31）此中人语云："不足为外人道也。"（《搜神后记》卷一 5）

（32）璞便语门吏云："可入通，道吾能活此马，则必见我。"（《搜神后记》卷二 22）

（33）良久还草中，少时复还为人，语二人云："归家慎勿道。"（《搜神后记》卷四 47）

例（31）在后人用"说道"的地方用了"语云"，"语"是行为动词，"云"相当于"曰"，有标句词作用。而引语内用的"道"独立做谓语，而且没有带内容宾语。例（32）中由动词短语"语门吏"和"云"构成连动式，仍由"云"介引内容宾语。小句中"道"带了引语小句，不过仍是单独做谓语。（33）一方面像（32）那样用了"语……云"，另一方面其引语内的谓语动词"道"也像（31）那样不带宾语。

到唐代，文献中表示说话的"道"大致都属阶段一，跟在言说动词后介引内容宾语的功能都是由"曰/云"完成的：

（34）你道生时乐，吾道死时好。（王梵志诗卷二060《你道生时乐》）

（35）下官起，谘请曰："十娘有一思事，亦拟申论，犹自不敢即道，请五嫂处分。"五嫂曰："但道，不须避讳。"余因咏曰："药草俱尝遍，并悉不相宜。唯须一个物，不道亦应知。"十娘咏曰：……（张文成《游仙窟》）

（36）相公对僧等近坐，问："那国有寒否？"留学僧答云："夏热冬寒。"相公道："共此间一般。"相公问云："有僧寺否？"答云："多有。"又问："有多少寺？"答："三千七百来寺。"又问："有尼寺否？"答云："多有。"（[日本]释圆仁《入唐求法巡礼行记》卷一77）

不过，此时期出现了与言语相关的动词短语后加"道"的情况，"道"的意义有所弱化，开始进入"道"字语法化的阶段二，如：

（37）语你夫妻道：我死还到汝。（王梵志诗卷二039《用钱索新妇》）

（38）寄语天公道：宁能那我何？（王梵志诗卷三124《我家在何处》）

在这一时期，"道"和前面的言语类动词关系还比较松散，都是动宾结构后加"道"，没看到"V道"直接相连的例子。

到晚唐、五代时期的文献，如《敦煌变文选》《祖堂集》等，出现了言语类动词的"V道"式，不过例子很少，如：

（39）抄录已了，言道：二十万人，总著刀箭，五万人当夜身死。（《敦煌变文选·汉将王陵变》）

（40）相公言道：得为夫人说《涅盘经》中之义。（《敦煌变文选·庐山远公话》）

（41）云门拈问西峰，洞山前语道："将来与你刮。宾家第二机来，为什摩道不刮？"西峰沉吟后云："上座。"（《祖堂集·卷六·洞山和尚》）

在这一时期的文献中，大部分言语义"道"的例子仍属于六朝时期的那种情况，即单独做动词谓语，如（41）的后一个"道"，有时用在一个表言语类行为的动词短语后，如：

（42）师有时云："我行脚时，有一个老宿教某甲道：'返本还源，噫祸事也。我十八上解作活计，三乘十二分教因我所有'……"（《祖堂集·卷第十六·南泉和尚》）

不过，在晚唐五代的"V 道"式中，"言道"的出现具有标志性意义。作为纯言语动词带"道"的例子，它显示了更高的虚化程度，已经进入了虚化的阶段三。"言"是最单纯的言说动词，它使"言道"组合中"道"的言语义大大淡化，主要用来介引内容宾语小句。到宋代的口语化文献中，"说"作为言语动词开始常用，相应地也出现了"说道"的组合：

（43）某说道："后来黄河必与淮河相并。"（《朱子语类》卷二）

（44）伊川也不是道爱不是仁。若当初有人会问，必说道"爱是仁之情，仁是爱之性"，如此方分晓。（《朱子语类》卷六）

（45）住了几日，崔宁道："信州常有客人到行在往来，若说道我等在此，郡王必然使人来追捉，不当稳便。不若离了信州，再往别处去。"（《碾玉观音》）

（46）却说魏生接书，拆开来看了，并无一句闲言闲语，只说道："你在京中娶了一个小老婆，我在家中也嫁了一个小老公，早晚同赴京师也。"（《错斩崔宁》）

注意例（46）的"说道"实际上是信中所写，这是用口语言说动词转喻书面语言动词，体现了"道"的搭配进一步扩展至书写动词的认知基础。此外，非纯言语动词组成的"V 道"也有不少用例，如：

（47）话别临行，犹自再三、问道君须去。（柳永《林钟商·倾杯》）

（48）怕郎猜道，奴面不如花面好。（李清照《减字木兰花》）

（49）但看答问中不曾问道如何是仁，只问如何行仁。（《朱子语类》卷四十一）

（50）只听得桥下裱褙铺里一个人叫道："我儿，出来看郡王！"（《碾玉观音》）

（51）原来郡王当日尝对崔宁许道："待秀秀满日，把来嫁与你。"这些众人都撺掇道："好对夫妻！"（《碾玉观音》）

（52）临别时，浑家分付丈夫："得官不得官，早早回来，休抛开了恩爱夫妻。"魏生答道："功名二字，是俺本领前程，不索贤卿忧虑。"（《错斩崔宁》）

（53）不想惊觉了刘官人，起来喝道："你须不尽道理！我从丈人家借办得几贯钱来养身活命，不争你偷了我的去，却是怎的计结？"（《错斩崔宁》）

（54）当时山定承了这件文字，叫僧儿同时，应道："则是茶坊里见个粗眉毛、大眼睛、蹶鼻子、略绰口的官人，教把这封简子来与小娘子。"（《简帖和尚》）

（55）小娘子供道："自从小年夫妻，都无一个亲戚来往，即不知把简帖儿来的是甚色样人。如今看要教侍儿吃甚罪名，皆出赐大尹笔下。"（《简帖和尚》）

这些例子虽不像"言道""说道"那样具有语法化阶段标志的意义，但"V道"组合的多样化也反映了"道"字朝虚化方向的迈进，因为搭配面的扩大也是语法化的重要表现。

在南宋至元的话本小说中，还出现了书写动词后加"道"的用例。其中有些例子是"道"用在动词短语后，结构还比较松散，如：

（56）书上先叙了寒温及得官的事，后却写下一行道："是我在京中早晚无人照管，已讨了一个小老婆，等候夫人到京，同享荣华。"（《错斩崔宁》）

（57）去这词后面又写四句诗道："长安此去无多地，郁郁葱葱佳气浮。"（《简帖和尚》）

有些例子已是"写道"的直接组合，如：

（58）赵正当晚去官店里安歇，打开宋四公书来看时，那书上写道："师父信上贤师弟二郎、二娘子：别后安乐否？……"（《宋四公大闹禁魂张》）

（59）大尹就马上看时……简上写道："姑苏贼人赵正拜禀大

尹……"(《宋四公大闹禁魂张》)

这种"道"在语义上已经与说话义分离,其作用就是帮助前面的书写义动词引出内容宾语。

在南宋话本小说中,思维类动词带"道"的情况也已出现,如:

(60)那刘大娘子见他凶猛,<u>料道</u>脱身不得,心生一计,叫做"脱空计",拍手叫道:"杀得好!"(《错斩崔宁》)

(61)妇女自<u>思量道</u>:"这婆婆知他是我姑姑也不是……"(《简帖和尚》)

(62)自<u>思量道</u>:"每年正月初一日,夫妻两人双双地上本州大相国寺里烧香。我今年却独自一个,不知我浑家那里去?"(《简帖和尚》)

从意义上看,思维义比书写/写作义离言说义更远,"道"在思维义动词后更如一个单纯的内容宾语标句词。因此上文把书写动词后的"道"和思维动词后的"道"分别归为"道"字语法化的阶段四和阶段五。从语料看,这两种搭配似同时出现。不过从句法上看,仍然可以区分这两个阶段。属于阶段四的"书写动词+道"仍有一定分离性,中间可以插进宾语,如(56)的"写下一行道";而属于阶段五的"思维动词+道"只能紧密组合,例如"料道"不能说"料此事道"。这种"道"是彻底的标句词,从黏着性上来看已带上词缀的性质。

由上面的简述可以看出,"道"从言语义动词到内容宾语标句词的语法化过程,在宋元之交已经完成,其后的情况,只是对这些用法的继承和搭配面上的扩展,不必赘述。到现代汉语口语中,"道"的标句词用法已经衰落,但在书面语言中尤其是叙事类作品中仍然活跃,成为书面语的一个标句词。

四、"道"的句法属性及语法化路径的类型学分析

前文根据介引宾语小句的功能指出"V道"之"道"与英语 that 有共同之处,都属于标句词。不过,在共时的句法表现上,汉语"道"

和英语 that 还有一大差别。that 是加在补足语小句上的标句词，如 (I) believe that he will come，可以切分为动词 believe 和 that he will come 两个部分，其中后一部分完全可以离开动词构成一个语法单位，如 "It's true [that he will come]"。而"V 道"中的"道"显然是加在动词上的，所以我们在语感上能接受"说道""想道"等为一个单位，以致有词典把"说道"收作一个词条。我们无法接受在"V"和"道 + 小句"之间切分的分析，即把"（他）说道咱们走吧"切分为"说"和"道咱们走吧"。我们能否根据这一差别就怀疑"道"的标句词性质呢？

从类型学角度看，人类语言的标句词，以及一切核心与从属语间的语法标记，本来就按附加方向分两大类。一类加在从属语（dependent）上，称为从属语标注（dependent-marking）手段，一类是加在核心成分（head）上的，属于核心标注（head-marking）。此外还有核心和从属语双重标注的现象。举例来说，主谓关系是一种以动词为核心、以主语为从属成分的句法关系。有些语言如汉语只用语序来表示主谓关系，无所谓标注的方向。有些语言在主语上加主格标记（包括与其他格标记对立的零标记），如日语的 ga，这就是从属语标注。有些语言在谓语动词上加表明主谓一致关系的标记，如英语动词上表明主语为单数第三人称的词尾 s，这就是核心标注。有些语言两者同时用，则为双重标注。其他如动宾、定名、状动等关系无不有此分别。汉语表示动词的处所题元，可以在方所题元上加介词一类标记，这是从属语标注，如"在图书馆看书"中的"在"。也可以在动词上加引进方所题元的趋向动词，这是核心标注，如"走进图书馆"中的"进"（参阅刘丹青 2001a）。据 Siewierska（1988：181）引述 Nichols 的统计，虽然印欧语中从属语标注（如介词、格形态、关系代词等）更常见，但人类语言总体上核心标注更为常见。

由此角度可以看出，汉语"道"和英语 that 的附加方向之别，不过是核心标注与从属语标注的正常类型差别，并不影响其标句词性质。that 是从属语标注的标句词。"V 道"之"道"则属于核心标注的标句词。

不但核心标注成分充当标句词是非常正常的，而且像"道"那样由言说动词到标句词的语法化路径也是不少语言的共有现象，尤其是在亚太地区。据 Mastisoff（1991），在泰语（壮侗语族）和高棉语（南亚语系）中"说"义动词都可以用作小句标记。因为这两种语言都是 VO-前置词型语言，所以"说"义动词也前置于所介引的小句。拉祜语（藏缅语族）也用"说"义动词 qoʔ 充当介引小句的标记。因为拉祜语是 OV-后置词型语言，所以 qoʔ 后置于所介引的小句；塔芒语（Tamang，藏缅语族）也用"说"义动词作为小句标记。上述语言都用"说"义动词介引条件小句。与汉语"道"的情况更接近的是 Camling 语（藏缅语族，在尼泊尔）。据 Ebert（1997：67）描写，Camling 语在使用引语时都要在言语思维类动词之外再使用一个本义为"说"的词 [rungma]（词形本身还要按从句与主句间的时间关系发生相应变化）。Camling 语也是 OV-后置词型语言，所以虚化的 [rungma] 和实义动词相继出现在引语之后。下面的例句正好可以用"道"来对译 [rungma]：

（63）Ram-wa　　　　　　"selama ta-khat-e"
　　　（人名）-（作格）　　明天　　（II 人称）-去-（未完成体）
　　　runga-na sen-unga.
　　　道-（相继）问-（I 人称单数）
　　　'Ram 向我问道"你明天去吗？"'

更虚化的"说"义词是南岛语系 Kwamera 语（Lindstorm & Lynch 1994）的 [ua]。[ua] 可以用在意愿动词（想要）、认知动词（知道）、言语动词之后，搭配面超过汉语的"道"，如（64）。最值得注意的是，在实义言说动词 [ua] 后有内容宾语时还要加同源的标句词 [ua]，充分显示 [ua] 已彻底虚化为标句词，因为同源的两个词语以虚实不同的身份叠加是语法化程度差异的显性标志（参阅刘丹青 2001b），如（65）：

（64）iak-okeikei　m-in-ua　　　　t-ik-rhɨkin
　　　I 人称-想要　（回声主语）-说/道　II 人称-（将来）-造
　　　nimwa　　　vi　　　　　se-iou.
　　　房子　　　　新　　　　　（属格）-I 人称
　　　'我想要你为我盖一座新房子。'

(65) Rapi   r-in-ua   m-ua
（人名）III   人称-（完成体）-说   （回声主语）-说/道
     in   r-apwah   iraha.
     他   （III人称）-不要   他们

'Rapi 说道他不要他们。'

汉语中存在言说动词"道"和标句词"道"并存的情况，也大量存在其他言说动词和"道"叠用的形式，如"说道"等，但没见到言说动词"道"和标句词"道"叠用的形式"道道"。

本文的描写和分析表明，语法描写需要借助于一定的语法理论和较广阔的语种视野。现代语言学理论的引进和发展，可以帮助我们消除一些描写中的死角，发掘出更多的事实。

参考文献

刘丹青 2001a 方所题元的若干类型学参项，《中国语文研究》（香港）总第12期。
刘丹青 2001b 语法化中的更新、强化与叠加，《语言研究》第2期。
Dryer, M. S. 1992. The Greenbergian word order correlations. *Language*, 68(1), 81-138.
Ebert, K. 1997. *Camling (Chamling)*. München & Newcastle: Lincom Europa.
Lindstorm, L., & Lynch, J. 1994. *Kwamera*. München & Newcastle: Lincom Europa.
Mastisoff, J. A. 1991. Areal and universal dimensions of grammatization in Lahu. In E. C. Traugott, & B. Heine (Eds.), *Approaches to Grammticalization* (Vol. II). Amsterdam: John Benjamins.
Napoli, D. J. 1993. *Syntax: Theory and Problems*. Oxford: Oxford University Press.
Siewierska, A. 1988. *Word Order Rules*. London: Croom Helm Ltd.

（原载《庆祝〈中国语文〉创刊50周年学术论文集》，
商务印书馆，2004年）

叹词的本质——代句词

一、对叹词的传统看法和近年新见

叹词（interjection），又称感叹词，是词类系统中最特殊的类别，也可能是最古老的类别或"语言化"（linguisticization）程度最低的类别（详后）。

词类划分最重要的依据是词的句法功能，尤其是与其他词类的组合功能，而叹词的特殊之处就在于它是词类系统中唯一不和其他词发生句法组合关系的词类。

词类成员首先是语言单位。而叹词却是连语言单位的身份都被质疑的一类。

与名词、动词一样，叹词也是以句法功能界定、以语义类别命名的词类。叹词的界定比其他词类更加简单，因为其句法功能就是没有组合功能。其语义，则由其名称宣示：表示感叹。这一意义也常被写进叹词的定义（见下）。叹词因其特殊性常被视为词类或词汇中的边缘成员甚至非语言成分，在词类研究中受关注很少。许多谈到词类的著作都不提叹词，例如以下语言学、句法学概论性著作和英语语法书都没有在其词类部分提到叹词：

布龙菲尔德（1933/1980）《语言论》

鲍林杰（1968/1993）《语言要略》

弗罗姆金和罗德曼（1988/1994）《语言导论》

van Valin & LaPolla（1997）*Syntax: Structure, Meaning and Function*（《句法学：结构、意义与功能》）

Close（1975/1979）*A Reference Grammar for Students of English*（《学生英语参考语法》）

有的书虽然提及叹词，但也仅限于"提及"。如霍凯特（1958/1986）只在列举传统语法的虚词词类时提到"感叹词"一词，没加任何说明。大概因为叹词既没有形态变化，又没有组合关系，令很多学者觉得无规则可述。

本文将显示，叹词在语法上并非无内容可讲；一个完整的词类理论，必须包含对于叹词的准确认识。

汉语语法著作对叹词稍稍重视一些。下面我们择要介绍近一个世纪现代汉语语法学界对叹词的代表性看法。

黎锦熙（1924/2000：21）：

  叹词　是用来表示说话时一种表情的声音。常独立，不必附属于词和语句；以传声为主，本身也没有什么意思。例如：

  "啊呀"！这铁桥的工程真是了不得！

  "唉"！太阳怎么还不出来？

黎先生用"……的声音"而不是"……的词"来下定义，似乎不太承认它们是词。他的说明提到了它的功能（独立），也说到了它的作用是"表情"，且"本身也没有什么意思"。词是音义结合体，作为声音却"没有什么意义"，这一描述也弱化了对其词的身份的认定。

赵元任（1926/2002）将叹词称为单呼词："平常以'感叹词'译interjections，但有许多表示口气的 interjections 不一定有'感叹的'性质，所以暂称之为单呼词。"他用描述性语言列举了一些"单呼词"的"口气"，作为这些词的"意义"，但都跟一定的词调结合，这儿说的词调超出了四声的范围，实际是语调，如"M!"念平调表示的口气意义是"是的，我已经听见过说勒"。赵元任《汉语口语语法》（1968/1979）对叹词的说明特别简略，只说"叹词永远是自由形式"，并在简述叹词的语音形式和方言差异时认为叹词的方言间和语言间差异比助词和别的词类要小得多，这似乎暗示叹词的语音是不受语种制约的较为普遍性的声音，但承认"叹词还是得作为词汇项目"（赵元任1968/1979：369—370）。

赵先生似乎是在犹豫之后才承认叹词的词汇地位的（"还是得"）。

王力（1941/1985：326）的第四十节名为"情绪的呼声和意义的呼声"，他解释说"这里所谓'呼声'，如'唉'和'哦'之类，并不是语言，只算是语言的附属品。它们固然也能表达情绪或意义，然而表达得很不够明白，不够周全。假使咱们没有其他的语言形式，仅仅有一些'呼声'，就和牛狗猴虎的呼声差不多，可以说没有语言了。"情绪的呼声是表达感情的，意义的呼声用来"表示简单的意思"，包括六小类：招呼、答应、赞同、否认、追问、叮咛（王力 1941/1985：331—332）。王先生用更明确的话否认了叹词的语言单位身份，甚至用"呼声"而不是"X词"来称呼它们。不过他看到了叹词"表情"之外的更多功能，这是一点进展。

吕叔湘（1942—1944/1982：316）："感叹词就是独立的语气词。我们感情激动时，感叹之声先脱口而出，以后才继以说明的语句。后面所说的语句或为上文所说的感叹句，或为其他句式，但后者用在此处必然带有浓郁的情感。"吕先生明确了叹词作为语言中的词的地位，这是一大不同。但在表义作用上仍限于"感叹""感情激动"的解释。而且此书好像认为叹词只出现在实义句之前，实际上叹词在句子的前、中、后都可以出现。

吕叔湘主编《现代汉语八百词》（1980：14）：

> 叹词是不参加句子组织的词，一般出现在句子的前头，有时候也插入句子的中间。……叹词要跟语调配合起来起作用，同一个叹词同不同的语调说，就表达不同的意思。

此书主要从句法功能方面给叹词定义，在表义方面只强调了它"要跟语调配合起来起作用"，语义因语调而异，似乎暗示它本身的语义不实在、不稳定。

朱德熙（1982）没有为"叹词"设立章节，在40页"3.6词类表"里列举最后一类为"17.感叹词"。此表从上到下分为实词、虚词和未标虚实的三大格，未标虚实的格包含"拟声词"和"感叹词"两类。可见朱先生承认叹词的词类地位，地位在实词虚词之外。没设章节则似乎认为叹词不值得在语法书中细说。

郭锐（2002）的词类专著明确将叹词视为一个词类，指出"划分叹词的标准是：（〈独立成句〉|〈独立成分〉）∧ *〈其他用法〉"，并指出"叹词的功能很简单，它不能与别的成分组合，总是独立使用，或独立成句，或做独立成分。"（第236页）同时提到，"就语义而言，叹词不表示概念义"（第237页）。这集中代表了近一个世纪众多学者对叹词的看法。

许宝华、汤珍珠主编（1988：§7）对上海话用于独词句的"啊"[ɦA¹³]的定位别有启发性，该书将此词归为代词中的小类"代句词"（第426—427页），例如：

（1）A：《芙蓉镇》辩本小说有哦？ B：啊？（听不清对方讲话内容而要求重复）

（2）做啥啦？㑚做啥啦？㑚！啊？（"啊"代替前面说过的一句话："做啥啦？"）

"代句词"的提法及归入代词的处理极具创意。可惜，该书的代句词只有"啊"一个成员；476页另设专节"附：象声词和感叹词"，其他叹词均归于此，并未归入代句词。

代句词的概念，Shopen（2007：31）也用，指的是英语中的 yes 和 no 这类应答词及其他语言中的同类成分，认为它们的功能相当于一个完整的肯定句或否定句。我们主张这类应答词属于叹词（详细论证以待另文），因此将它们归入代句词也反映了作者看到叹词与代句词功能的叠合。但是，此书只将这类应答词归入代句词，而没有考虑叹词的全局。

综上所述，虽然在叹词是否属于语言单位或词汇单位的问题上，学者们见仁见智，但对叹词句法功能的基本看法是一致的，即叹词在句法上是独立的，不与其他成分发生组合关系，要么独立成句，要么做独立成分。另外，提到其语义者，多认为叹词不表示理性义或概念义，而主要表示情感情绪一类意义。

近年来，国际上对叹词的研究颇有进展。如 Kockelman（2003）详细分析了南美洲 Q'eqchi' Maya 语里叹词的作用。其田野调查的频率统计发现，叹词用于传统视为叹词典型功能的感叹用法恰恰是叹词所有用法中频率最低的。叹词绝大多数实际用例用于感叹之外的交际、社会和文化功能。这和赵元任、王力等注意到叹词的感叹以外功能一样，对叹词表感叹的传统观念构成一定挑战。Poggi（2009）通过对意大利语及英语叹词的详细研究，指出"叹词是有声语言中仅有的单词完整成句的信号"（holophrastic signal，意近赵元任的"单呼词"——引者），她的研究触及了叹词的成句作用，并且注意到叹词在感叹以外的众多作用。这些研究对我们探究叹词的本质和汉语叹词富有参考价值。

本文基于汉语学家已形成的关于叹词句法功能的共识和海内外学者对叹词属性的新探讨，着重想指出：

1. 根据叹词的句法功能定义，叹词的范围和种类远不止现在认识到的这些，叹词的表义作用并不都跟感叹之类情感情绪表达有关，甚至与感叹相距很远，需要重新定位。

2. 叹词的共同本质属性是代句而不是感叹，它是一类代句词。许宝华、汤珍珠主编（1988）和 Shopen（2007）所说的代句词（pro-sentences）很有道理，但这不是"啊"一个词或 yes/no 这一小类应答词的个性，而是整个叹词词类的共性。叹词既可以像上海话"啊"那样代替刚说过的句子，也可以以约定的简短语音形式代替一个未说出的句子或分句。叹词在词类系统中与代词的属性最相近，是进入了词类库藏的句子。其所能代替的句子有陈述句、疑问句、祈使句、感叹句等各种句类。感叹只反映叹词所代句子中的一类，它甚至可能不是主要的类。

3. 叹词与其他词类的界限虽然比较清楚，但并不是一道壁垒。正如各类实词都有拟声化用法（刘丹青 2008）一样，各类实词也都有叹词化用法。另一方面，叹词也有转换为拟声词乃至其他实词的情况。我们将专文讨论叹词化和去叹词化现象，此处不赘。

二、叹词的代句词功能

词类是按照词的句法功能划分出来的——在形态语言中还可以按照

体现句法功能的形态来划分。同时，词类划分也都有自己的语义基础和表述功能，例如名词表示名称并用来指称，动词表示动作行为事件并用来述谓，形容词表示性质状态并主要用来修饰名词。

那么，叹词的共同语义基础或表达功能是什么呢？

大多数著述倾向于按照这类词的名称认为它们主要表达与情感、情绪有关的语义。实际上，在王力（1941/1985）中，已提到两类叹词之一的"意义的呼声"表达招呼、答应、赞同、否认、追问、叮咛这类意义。这些功能很难都用情感、情绪来概括。例如，"追问"是一种疑问的言语行为，"叮咛"是一种祈使的言语行为，都没有感情和情绪的感叹。

Poggi（2009）将叹词的功能确定为"单词完整成句的信号"，并提出了一个相当全面的叹词语义功能分类体系，包括四个大类：信息标记（informative）、疑问（interrogative）、请求（request）、祈愿（optative）。四大类有多个层次共几十个小类。她给叹词所下的更正式的定义是：

> 叹词是一种代码化的信号，即一种可以感知的信号，在口语中是一串声音，在书面语中是一串字符，它以固定的方式，在某语言的说话人心中，关联到一个言语行为的意义，既包括行为性内容，也包括命题性内容。

她的定义和基本分类都没有提到"感叹"，却大致能覆盖反映叹词的各种话语功能。所谓"代码化的信号"（coded signal），"关联到一个言语行为"等说法，都点出了叹词的真实功能并具有一定的概括力。

Poggi 的表述虽然合理，但还不够直接和到位。既然叹词是代码化的信号，并且关联到一定的言语行为（国外对句子功能分类或者说语气分类的称说），那么，不妨将许宝华、汤珍珠主编（1998）中游汝杰对"啊"和 Shopen（2007）对 yes/no 的处理泛化（generalization），直接将叹词定义为代句词。

"代句词"之"代"，反映了 Poggi 所说的代码化的功能，而能完成 Poggi 所说的言语行为的语言单位至少是句子，"代句词"一名简洁而直接地反映了叹词的这两个根本属性。有些叹词未必独立完成一个完整的言语行为，特别是那些插入单句中间、传统被视为独立成分的叹词，称之为言语行为或显夸大，但称为代句词则没有问题，因为句子可以是分句或小句（clause）。叹词至少代表了有一定话语功能的小句或分句。例如：

（3）"嘘，这是秘密！"（网络）

（4）妈妈说："啊呀，我忘了。看连续剧了……"（网络）

（5）什么叫牛？有钱就这样，唉。（网络）

（6）这件事……呃，刘峰不是去办了吗？（网络）

（3）"嘘"用于句前，相当于说"别说话"，代替了一个祈使句。（4）"啊呀"用于句前，表示醒悟，相当于说"糟了""不好"，代替了一个感叹句。（5）"唉"用于句后，相当于说"没办法呀，无可奈何呀"，代替一个感叹句。（6）"呃"插在一个单句的话题和述题之间，包裹它的实义句是一项反问言语行为，"呃"作为一个插入的叹词，用于填补连贯话语中途的间隙，以免听话人误以为话轮结束。它置于一个单一言语行为的内部，本身没有独立的言语行为，也与感叹无关，但有话语标记作用，相当于一个小句，代替"我想想""听我说"这一类插入语小句——话语标记常常是由简短小句表示的，例如"我说""你想""就是说"等，英语的 I think、you know（缩简为 y' know）等。

因此，在词类系统中，叹词在本质上最接近的词类其实是代词。

叹词和代词的共同点是替代，因而都属于广义的替代形式（pro-forms）。主要区别在于，代词（包括人称代词、指示代词和疑问代词等）代替词或短语，而叹词代替句子。有些代词也能单独成句，但这是省略句，省去的成分是可以补出来的。如"谁？"单独成句时其实是"你是谁？""谁来了？"一类句子的省略；而叹词是独立代句，没有省略成分，也无法补出。Poggi（2009）认为独立成句和通过省略成句是叹词与其他词类的一大区别，也是叹词和代词的差别所在。此外，叹词和代词都是句法功能实在、词汇语义虚灵的词类。代词可以充当句法成分，叹词可以单独成句或做独立成分。这是叹词句法实在的一面，也是人们将它们归为实词的原因。另一方面,代词常被各种虚词词典收录,因为其词义虚灵,用来代替名词等实词;叹词在被一些学者视为实词的同时又被普遍认为词义较虚。这与代词的命运相近。

既然叹词的本质是代句词,那么对叹词的分类,就可以从句子的功能类别(或称语气类别,言语行为类别)着手。从基本句类出发,再扩大到一些次要句类及话语标记性小句,也最容易看出叹词替代功能俱全,是典型的代句词。

三、叹词的代句功能分类

下面主要以所代句子的功能类别为角度对汉语叹词做一些分类例析,并不包含每类内的全部叹词。材料取自普通话和方言,也涉及作为比较对象的其他语言用例。

3.1 感叹句。这是唯一符合"叹词"(interjection)中英文名称和传统定义的句类,也是以往汉语叹词研究关注最多的句类。我们只需要从本文的新角度做些许补充。

用来表示情感或情绪反应的叹词,在话语中的作用就是单独构成感叹句。假如叹词是以不完句的小停顿(逗号)与其他小句相隔,则叹词可视为表感叹的分句,如上文的(3)(4)。叹词所表达的感情或情绪,应取广义,可以用更中性的"感受"来概括。同一个感叹词往往因语调的不同而传达很不相同的感受,如升调、降调、不同的曲折调等所表感受各不相同。单音节叹词的声调其实就是语调,虽然在具体方言中会朝固有的声调靠拢(参看刘宁生1987),但需要时就可以突破声调的限制。以下是一些叹词带上语调后的表达功能:

(7)"啊"a. 升调:惊奇(啊!真高啊!|啊,连你都来参加了!)
　　　　b. 低缓降调:哀叹(啊,这么好的房子就要拆了!)
　　　　c. 高降调:恐惧惊吓(啊——!一只大老虎来了!)
(8)"哦"a. 升调:惊讶好奇(哦!他都会被录取?!)

　　　　　　b.降调：领悟（哦，原来是这样！）
（9）"嗨"高降调：庆幸（嗨！总算找到路了。）
　　　　　　　　　幸灾乐祸（嗨，这下有他的好戏看了。）
　　　　　　低降调：贬抑（嗨，也就那么回事。）
（10）"嚯"短降调：小惊奇（嚯，你也来了。）
（11）"咝"纯辅音，吸气，拖长：突遭疼痛、寒冷等刺激（咝……，疼死了！｜咝，真冷啊！）

有些学者论及叹词的表情功能，说其表达"强烈的感情"。其实叹词所表感受强弱各异，并不都强烈。确有些情形是现场情景刺激下的直觉反应，因而出声速度极快，但感情未必强烈。例如，表示领悟的"哦"，表示小惊奇的"嚯"，都无强烈可言，"嚯"甚至可以表示很轻微的感受，但是它们确实经常是在现场情景下的瞬间反应。

　　直觉反应的现场性和瞬间性，是叹词使用的重要动因，这一点对感叹句以外的其他叹词句类也有效。因为是直觉反应，所以大脑来不及仔细搜词编句，以简短的叹词代替复杂的感叹句，是更自然的选择，这也正是叹词作为替代形式的用武之地。例如用升调"哦！"代替"真奇怪呀"，用"嗨！"代替"太好了"，非常便捷。

　　正因为叹词句有直觉反应的性质，所以某些叹词具有语音象似性或生理反应性，这也是某些学者混淆叹词和拟声词的原因之一。Poggi（2009）指出，意大利语表疲乏厌倦感的 uffa 模仿吹气的声音，是疲劳时的反应；表示满意的叹词 òoh 也是模仿呼气声，不过是经过努力达到目标时的松一口气。不过她也指出很多叹词并没有拟声性，如 ah。有些学者用"声音"（黎锦熙）、"呼声"（王力）来指称叹词，也是基于叹词凸显声音属性的特点。例（11）汉语"咝"有受寒、痛刺激时本能吸气的动作，徐州话疼痛时喊"[fuə^{51}]"（李荣主编 2002：6438），可能也与疼痛时呼气舒解的本能动作有关。"呸"则有喷气或吐唾沫的动作（比较英语 puff）。这类语音象似性或生理反应性使叹词具有一定的跨语言跨方言相似性，并且有时突破常规语音系统。体现人的生理直觉反应的叹词语音，与动物性喊叫性质相近，而且其表义比组合性语句模糊，因此叹词确实是较为原始的词类（参看 Poggi 2009），或者说，有些叹词可能确实语言化（linguisticization）程度偏低，即作为具有音义任意性的人类语言要素的典型性较低。然而，正如赵元任（1968/1979：370）所指出的，叹词语音的方言间和语言间差异比助词和别的词类要小得多，但"叹词还是得作为词汇项目"。毕竟叹词有系统间的显著差异，说到底，还是规约性词汇成员。汉语"呸"和英语 puff，虽然同样模拟喷气、唾弃动作，但仍然各自有约定俗成的读音，不能互换。不具有共同性的叹词也不少，例如南方方言的"哇"[wa]（粤语写作"哗"），跟英语的 wow 倒点像，但同属汉语的官话系统原来就没有；英语中表惊奇的 oops 等也是汉语等很多语言所没有的叹词。

3.2　陈述句。这是以往叹词研究最为忽视的句类。实际上好几个小类的叹词句都应归入陈述句的范畴，叹词所代替的是一种陈述句。

3.2.1　直指性叹词陈述句。这是一类较常见的典型的代替陈述句的叹词，也是叹词中与它的近亲代词关系最密切的词项，在很多方言中存在，但是普通话中不明显，因此长期未被重视。

直指性叹词用来指示现场一个事物的存在，也常用于言域，用于话语直指，即指向现场的话语成分。欧阳伟豪（2004）对粤语中的这种词（呢、嗱）进行了研究，称之为"起始助词"，因为它常用在句子的前部。这个名称不确切，因为这类词可以独立成句，本身未必有起始功能。在有的方言中还能用在句子中间。陆镜光（2005）对更多方言中的这类词进行了研究，称之为"指示叹词"，此名按现有习惯算比较贴切。这类词句法上按传统当称叹词，即本文所说的代句词，语义上则有直指功能，代替一个含直指成分的陈述句。粤语中指示叹词的用法可以参看上引欧阳伟豪（2004）和陆镜光（2005）。下面我们以上海话指示叹词"喏"[no/nɔ] 为例来说明指示叹词代替陈述句的功能。[no] 音节在上海话中仅有此叹词，方便起见借用入声近音字"诺"[noʔ] 来表示，快读时也音近"诺"。

"诺"在句法上不能和任何成分组合，只能独立成句或充当独立成分，符合典型的叹词特征。"喏"的语义与感叹毫无关系，它略近于英语直指小句"Here we are/go",主要用来向说话人指示眼前的事物(上引英语直指小句可指处所或事物),表示"这就是""(东西)就在这儿(眼前)"之类直指义陈述短句,常常伴随用手指示或出示某物的动作或眼神。它可以单独用来回答问题,也可以用在句子的前、中、后,切合叹词的功能。如:

(12)A:侬买个书呢? B:(出示或手指该书)喏。(≈A:你买的书呢? B:这就是/在这儿。)

(13)喏,辣个是李阿姨送拨侬个巧克力。(瞧,这是李阿姨送给你的巧克力。)

(14)李阿姨送拨侬一盒巧克力,诺。(李阿姨送给你一盒巧克力,这就是/在这儿。)

(15)伊写个么,喏,就是辣本书。(他写的,瞧,就是这本书。)

当"喏"独立成句时,如在(12)中,它起着一个完整的陈述句的功能。当他与其他句子同现时,其完整句子的表述功能稍受压缩,但直指功能仍在。普通话没有类似的成分,有时我们只能用普通话口语中插入性的"瞧"来大致翻译。

陆镜光(2005)指出吴语等方言中的指示叹词还能用于"篇章指示",即指示现场的话语。我们认为这是直指功能的言域用法。我们仍以上海话为例:

(16)A:伊昨日生病了。B:喏,辣个就是伊没来个原因。

　　(A:他昨天生病了。B:瞧/就是这个,这就是他没有来的原因。)

(17)侬勿晓得啊? 喏,我来告诉侬。……

　　(你不知道吗? 听着/就是(下面)这个,我来告诉你。……)

例(16)B说的"喏"指示上文A说的他昨天生病这段话。(17)中的"喏"指示下文将要说的话。对这类句子,普通话可以用"就是这个"这样的直指性的陈述短句来翻译或解释。此外,"喏"也常用在说话人递东西给听话人时,如:

(18)A:物事传拨我。B:(递物给A)喏/*拨。

　　(A:东西传给我。B:给。)

这时，普通话口语通常会说单个动词"给"，而上海话此时绝不能单说一个给予动词"拨"。

上面这种指示叹词虽然在普通话中未必显著存在或未必常用，但官话区口语中不乏其例。陆镜光（2005）初步列举了已记录或发现的方言指示叹词，其中官话区的有保定话"喏"[no^{35}]，江苏淮阴话[ni^{42}]、"呹"，陕西扶风话"嗲"[tsaA^{21}]，江苏宿迁话"捏"[nie^{55}]，兰州话[tie^{55}]（给东西时）。再如陈玉洁（2010）举到河南商水方言中用"这□[pei^{55}]/那□[pei^{55}]"指示眼前的事物，有近指远指之分。其中"这/那"是指示词，但其中"□[pei^{55}]"的共时词源已模糊（据陈文，可能来自"不是"的合音），虽含指示语素，但整个词现在只能独立使用，没有组合能力，只能归属叹词。商水方言这对指示叹词带指示语素"这/那"，使我们想到方言中众多 n 声母的指示叹词，可能正与古汉语指示词"尔"（上古 n 声母）有关。

3.2.2 称呼应答陈述句。对叹词功能的描述中，早就提到过应答作用（如王力1941/1985）。应答的本质是应答方陈述自己对发话方话语的接收状态和评判。常见的有这几种：

一是对称呼的应答。这是向称呼方表明应答方已经听到该称呼语。如：

（19）A：小张。B：哎！

"哎"的作用是代替"我听见了"这样的陈述句。

二是针对对方的话语进行表态，这是一种对命题真假值的判断，例如：

（20）A：小明这孩子其实很聪明。

　　　B：嗯 [m̩/n̩/ŋ̍^{51}]。（≈是的。≈你说的是对的。）

　　　B'：嗯 [m̩/n̩/ŋ̍^{214}]。（≈我有点怀疑。）

三是对祈使句做出反应，代替"我会做""我不愿意"这一类表态陈述句。

（21）A：你还是去见见他吧。

　　　B：哎！（≈我知道了，我会去见。）

　　　B'：嗯 [n̩/ŋ̍^{2141}]！（≈我偏不去。）

以上叹词句，就语用而言有各自的言语行为功能，有些可以归入以言行事的句子，即句子所说的内容本身无所谓真假，但说出这句话本身能使句子为真。但是，从传统的功能句类分析看，这类句子还是属于陈述句，与感叹句和感叹语义无涉。

3.2.3 祈使句。叹词发出对听话人的行动指令。最典型的是请对方别大声说话的发音略为拖长的"嘘"[ɕy]（[y] 不带音，voiceless）：

（22）嘘——。（别说话了，）老师来查房了。

括号中的祈使句，语义与"嘘"重合，是与"嘘"同义的迂曲式（periphrastic）表达，说不说两可。叹词"嘘"的韵母部分只有擦音 [ɕ] 在 [y] 的前高圆唇部位的延长，声带并不振动。这个叹词以轻微的清擦音模拟微弱之声，提示对方别大声说话，保持静默或小声说。说话时还可能用手指挡嘴的象似性动作配合表示闭上嘴的意义。这个叹词及所配动作与英语中写作 sh-sh-sh 的祈使叹词音近。由于该语音和动作都有象似性，现在不清楚两者是象似性音近，还是汉语由英语借入，因为缺少资料来证实与西方接触前古代中国人也是用 [ɕy] 一类音来表示静默祈使的。

同样读音的"嘘"还有另几个祈使叹词义项。

有些方言给小孩把尿催促小孩小便时用拖长及反复的"嘘-嘘……"，例如哈尔滨、温州（李荣主编 2002：5139）。

"嘘"还可以用来驱赶人和动物，这也是祈使叹词。

针对动物的祈使叹词构成了祈使叹词的一小类。除了"嘘"这种兼用于人类和动物的，还有专用于驱使动物的。例如苏州话双音词"喔嘘"就只能用于驱赶动物。虽然言语对象是动物（家禽、家畜），但其功能是命令对方行动，因此这类词也是祈使叹词。如：

丽：呼鸡声，常常重叠而发。

这是一种语音学上称为 click 的舌尖塞擦音。click 江荻译为"倒吸气音"（国际语音学会 2008：13），国际语音学会正式定名为 velaric（软腭气流音），以前也叫吸气音（与另几种音相混）、搭嘴音或搭舌音，朱晓农（2006：17—18）建议汉语就以呼鸡声命名为"丽音"。本文以 [tʂ] 这类形式表示倒吸气音，所以"丽"可以表示为 [tʂ'ou]。其中的韵母只表发音部位，不带音。这类音的舌背软颚是闭塞的，在吴语这类有喉塞入声的方言中听感似入声字，所以吴江吴语的"㗗"可标为[tsʿoʔ]。再如：

笃 [tʿoʔ]，吴江吴语，塞音倒吸气音，呼鸡声，是塞擦音"㗗"[tsʿoʔ] 的变体。

[kʰa³³]：雷州闽语，"驱赶鸡的声音：～！鸡啄肉去食啦。"（李荣主编 2002：6493）

驾：让马起步。

驭：让马停步。

针对动物的祈使叹词也常有语音象似性。如呼鸡靠近自己的叹词"㗗"或"笃"是倒吸气音，气流向内；赶鸡走的"嘘"或 [kʰa³³]（雷州闽语）是普通擦音或送气塞音，都有向外的较强气流。呼和赶的气流方向都跟鸡的行走方向一致。有的祈使叹词来自实词的叹词化（另文讨论），如"驾""驭"可能都来自这两个动词的语义。

与针对人的祈使叹词句不同，针对动物的祈使叹词句虽然语义上相当于一个祈使句，但是一般不会换用被替代的实义句，因为动物只能对简单的声音有反应，无法对实在的完整句子有反应。例如"㗗"代表"鸡回来！鸡过来！"，但是鸡只能对"㗗"有反应，对实义句不会有反应。但对狗等亲密宠物，说话人常会使用完整祈使句，不管宠物是否能听懂。

3.2.4 疑问句。正像代词中有疑问代词，代替句子中有疑问的成分，叹词也有疑问叹词，代替一个疑问句，通常要与疑问语调一起出现，共同表示疑问功能。汉语中可以写作"嗯"的 [m̩, n̩, ŋ̍] 等自成音节的升调鼻辅音是最常见的疑问叹词，在普通话和很多方言中都常用。其他如"啊、哦"等也有这类功能。如：

（23）A：小张今天不来了？B：嗯？（≈怎么会这样？为什么？）

（24）A：明天要下雨。B：哦？（≈是真的吗？≈英语 really?）

（25）你明天要出差，嗯？（≈是吗？）

叹词无法表达很具体的疑问内容，所以它们主要用在对话中，对上文的内容提出疑惑，希望获得证实或解释，或者在叹词后再说出实义疑问句,使叹词所问的内容更加显豁,如(24)B可说"哦?真的吗?"疑问叹词偶尔会出现在实义小句之后,将句子转化为附加疑问句(tag question),起附加疑问小句的作用,如(25)中的"嗯"。方言中的类似现象如:

(26)[hṅ³⁵](或[ṅ³⁵]),厦门闽语,释义及举例为:"疑问的发语词,相当于北京话的'怎么了':~,你咧物代_{你在干么}?|~,伊敢无来_{他怎么没来}?(李荣主编 2002:6486)

3.2.5 称呼招呼句。称呼招呼是一种有特定交际目的的言语行为,用来建立现场人际交际关系。称呼对方有两种基本功能。

一是社交关系确定语,表示自己注意到对方并示以友善之意。假如所用称呼是尊称,则更有表示尊敬之义,如小孩叫对方"叔叔",学生叫对方"王老师",员工或客户叫对方"张总"之类。英语叹词 hello/hi 就有这类功能,其所对应的实义句是"我见到你/您了,我对你/您表示友善或敬意"。汉语中用实义称谓特别是尊称招呼对方是常规,没有相当于 hello 的礼貌招呼叹词,用叹词招呼带有非常随意甚至不敬的色彩。有些译文用汉语招呼叹词"哎""嗨"来翻译英语 hi,似乎不妥,因为这些词表示非常随意或亲密,不能表示尊敬,如用于招呼长者尊者属于不礼貌行为。因此,称呼语在汉语中兼带着 hello 一类招呼叹词的作用。

二是话语关系确定语,表示要与对方建立话语关系,设定对方为下面话轮的受话者(addressee)。相当于说"我要跟你说话了"。常用的除了"哎""嗨"外还有打电话和日常交际都用的"喂"。这些叹词用于这种功能时,语气也比较随意,但没有不敬之义。

假如两人路遇,打完招呼后即各自离开,则只有社交关系确认功能。假如在持续的交谈中称呼,则只有话语关系确认或重申功能。假如在刚见到对方的场合用称呼招呼语开始话轮,则兼有两个功能。称呼招呼语也可以用陈述句来解释,如"我看见你了""我要跟你说话"等。但由于其交际用途比较特殊,因此我们将它单立为四大基本功能之外的一个小功能句类(minor sentence type)。

四、小结

叹词的作用就是独立充当句子或分句，代替相应的有特定话语功能的实义句子，是进入了语言的词类库藏的句子。

由于叹词跟各种代词一样是一种替代形式（pro-form），其词汇义比较空灵，因此适合于表达有限的一些规约语义类别，特别是在特定情景和交际现场刺激下所出现的一些直觉反应。不适合表达具体复杂的句子义。

叹词既有原生的，也有次生的，即由其他实词叹词化而来。关于叹词化，我们将另文讨论。原生的叹词常常（但不是必定）有一些语音理据，有的有象似性，有的接近生理直觉反应的呼叫。这些语音容易超出常规音系的库藏范围。

叹词可以独立成句，也可以与其他句子一起构成复句。与叹词句同现的分句，可以是相关的其他内容，也可以是叹词句本身的具体明示。后一类如：

（27）a. 哇，真冷啊！ b. 嗯，就是这样。c. 嘘，别出声！
    d. 哎，你怎么来了？ e. 嗨，小李！

以上叹词后的分句分别是对叹词所表达的感叹、陈述、祈使、疑问、称呼招呼的具体内容的明示。这类句子组合，虽然语义上有羡余性，但并不改变叹词的代句词性质。就像人称代词，也可以和同指的实义名词组合，如"我郑大明就要去""杨二狗你给我滚""周小娟她走了"，这一类表达也不改变"我、你、他"的代词性质。

有些叹词可以用在一个单句的内部，这种叹词的成句功能有所压缩，有话语标记的作用，跟用作话语标记的短句性质相近，仍是代句词。

参考文献

鲍林杰（Bolinger, D.） 1968/1993 《语言要略》，方立等译，北京：外语教学与研究出版社。

布龙菲尔德（Bloomfield, L.） 1933/1980 《语言论》，袁家骅等译，北京：商务印书馆。

陈玉洁 2010 《汉语指示词的类型学研究》，中国社会科学院研究生院语言学系博士论文。

弗罗姆金、罗德曼（Fromkin, V., & Rodman, R.） 1988/1994 《语言导论》，沈家煊等译，北京：北京语言学院出版社。

郭 锐 2002 《现代汉语词类研究》，北京：商务印书馆。

国际语音学会（编著） 2008 《国际语音学会手册：国际音标使用指南》，江荻译，上海：上海教育出版社。

霍凯特（Hockett, C.） 1958/1986 《现代语言学教程》，索振羽等译，北京：北京大学出版社。

黎锦熙 1924/2000 《新著国语文法》，北京：商务印书馆。

李 荣（主编） 2002 《现代汉语方言大词典》，南京：江苏教育出版社。

刘丹青 2008 实词的拟声化重叠及其相关构式，《中国语文》第 1 期。

刘宁生 1987 叹词研究，《南京师范大学学报》第 3 期。

陆镜光 2005 汉语方言中的指示叹词，《语言科学》第 6 期。

吕叔湘 1942—1944/1982 《中国文法要略》，北京：商务印书馆。

吕叔湘（主编） 1980 《现代汉语八百词》，北京：商务印书馆。

欧阳伟豪 2004 粤语起始助词的研究，《丁邦新教授荣休纪念论文集》，香港：香港科技大学人文学部中国语言学研究中心。

王 力 1941/1985 《中国现代语法》，北京：商务印书馆。

许宝华、汤珍珠（主编） 1988 《上海市区方言志》，上海：上海教育出版社。

赵元任 1926/2002 北京、苏州、常州语助词的研究，《赵元任语言学论文集》，北京：商务印书馆。

赵元任 1968/1979 《汉语口语语法》，吕叔湘译，北京：商务印书馆。

朱德熙 1982 《语法讲义》，北京：商务印书馆。

朱晓农 2006 《音韵研究》，北京：商务印书馆。

Close, R. A. 1975/1979. *A Reference Grammar for Students of English*. London: Longman.

Kockelman, P. 2003. The meanings of interjections in the Q'eqchi' Maya: From emotive reaction to social and discursive action. *Current Anthropology*, 44(4), 467-490.

Poggi, I. 2009. The language of interjections. In A. Esposita, A. Hussain, M. Marinaro, & R. Martone (Eds.), *Multimodal Signals: Cognitive and Algorithmic Issues*. Berlin / Heidelberg: Springer.

Shopen, T. 2007. *Typology and Linguistic Despcription* (Vol. I). Cambridge: Cambridge University Press.

van Valin, R. D. Jr., & LaPolla, R. L. 1997. *Syntax: Structure, Meaning and Function*. Cambridge: Cambridge University Press.

（原载《世界汉语教学》，2011年第2期）

实词的叹词化和叹词的去叹词化[*]

零、引言

叹词是词类中最特殊的一类。它是唯一不与任何词发生句法组合关系的词类，它的功能就是没有句法组合功能。笔者已经在本文的姊妹篇（刘丹青 2011）中指出，叹词的实质是代句词，代替句子、小句或有话语标记功能的简短小句；叹词的语义就像实词中的代词一样，相对空灵；至于它的功能，就是其所代句子的交际功能、语用功能。

叹词虽然在词类中特立独行，但是它和其他词类间并没有森严壁垒相隔。事实上，叹词和非叹词在使用中的相互转化相当常见，只是以往关注不够。本文就专门探讨叹词和非叹词作为不同词类库藏之间的流转机制。

国外有学者根据叹词的来源区分出原生叹词和次生叹词（primary and secondary interjections）两类（Poggi 2009）。原生叹词是与生俱来的叹词，如英语中的 oh、uh。次生叹词是由其他词类派生出来的叹词，Poggi（2009）举的例子有英语的 my god、well 等。

从造词理据来说，原生叹词直接由声音构成，常常有语言外的理据，其声音与人的直觉生理反应等有关（刘丹青 2011；马清华 2011），而没有语言内的理据。叹词的声音甚至不一定是语音，因为可以在常规音系之外。反过来，次生叹词没有直接的语言外声音理据，但是常常有

---

[*] 本研究获中国社会科学院重点课题"语言库藏类型学"资助，由在"纪念朱德熙教授诞辰 90 周年、陆俭明教授从教 50 周年学术研讨会"（北京，2010 年 8 月）宣读的《叹词的本质、叹词化和去叹词化》一文的后半部分修改扩展而成。何莫邪（Christoph Harbsmeier）教授、郭锐教授等多位与会者和唐正大博士、陈玉洁博士、博士生白鸽等都提出过有益的意见。在此一并致谢。尚存问题概由笔者负责。

语言内的理据，反映在叹词化成分的词语来源和次生叹词的形成机制方面。下面我们将对这些理据进行分析。

我们把由非叹词转化为叹词的过程，称为叹词化。刘丹青（2009）曾探讨过实词的拟声化重叠。这是一种在共时平面将一般实词转化为拟声词的能产机制。叹词也可以由实词转化而来，由此形成次生叹词，只是叹词化的机制与拟声化不尽相同。

反之，叹词也可以用作其他词类，即去叹词化。最自由的可以类推的去叹词化是拟声化，即用作拟声词。此外叹词还可以用作其他各类实词，本文称之为叹词的实词化。

一、实词的叹词化

1.1 实词叹词化的句法表征

从历时维度或语言的发生学角度来看，叹词可能是早于实词而存在的成分（马清华 2011），也可能是部分实词的来源，因此叹词化的历史可能不短于人类语言实词出现的历史。本文所关注的则是在实词系统早就存在的情况下所发生的叹词化，尤其是共时平面的叹词化。在共时平面上，实词的叹词化是一种句法操作，就是拿其他词类的成员用作叹词，如刘丹青（2009）所讨论的实词的拟声化用法。但是，拟声化有重叠手段作为形式标记，而叹词化大多没有词形上的标记，因此需要更加细致的测试标准，尤其是句法标准。而叹词化操作的经常化可能会导致部分词项的叹词用法在词库中逐渐固定下来，并获得叹词义项。叹词的句法特点就是单独代替一个句子，不跟其他成分组合。因此，实词叹词化的句法表征，就是在特定场合单独承担叹词的代句功能，而且在该功能上失去原有组合能力和扩展能力。需要注意的是，绝大部分实词具有单独成句的能力，不能认为这都是叹词化。关键在于是否失去原有功能。一般实词单独成句时，通常表现为省略，被省略的可组合词语是可以补出的，因此并没有失去组合和扩展功能。需要注意的是，绝大部分实词具有单独成词的能力，不属于叹词化。比如"走！"，作为祈使句或祈愿句，可以根据语境补全，说成"你走！""咱们走！"，因此"走"就是个动词谓语的省略句，没有叹词化。下面来分类分析一些真正的叹词化实例。

1.2 动词和副词在提示语、应答语等陈述句范畴中的叹词化

刘丹青（2005）把汉语"不"用作否定应答语的用法分析为叹词用法，跟英语做否定应答语的 no 相当。这就属于本文所说的叹词化。例如：

（1）a. 他昨天去了上海。　　　　b. 不，他没去上海，他去了广州。
（2）a. 你明天去上海吗？　　　　b. 不，我不去上海。

例（1）中作为应答语的"不"，在这里是独立表达否定命题的叹词，不再是否定副词，已经叹词化。表达功能上，它独立成句（分句），对问句给出了否定的回答。更重要的是，句法上，这里的"不"不能再修饰动词。假如把"不"看作副词用法的省略句，那么应当能补出否定副词所修饰的动词，但在例（1）中是补不出的。作为对已然行为的否定，普通话中应当用"没有"而不是"不"，若补成"他昨天不去上海"，句子不成立。

例（2）虽然说的是将来之事，但"不"在其中的作用与（1b）是完全相同的，由（1）的句法表现可以推知（2b）中的"不"已经叹词化。而且，例（2）中的"不"也很难分析为省略句。这个"不"是用叹词句对整体命题先做简单否定，再做出具体明示。这种用法既符合叹词句的使用常规，也符合否定性回答常例，可以说得很从容，并不是仓促之间先说省略句，再补足语义的说法。不管该命题是什么时体、什么情态，一律用这个"不"，"不"在（2b）中与所代句子的动词谓语的体一致，只是一种巧合，并非必然要求。假如将这个"不"分析为省略句，前后两小句就成为两个语义完全重复的句子，反而不符合交际规律。

再看普通话递物时所说的"给"。普通话使用者在给对方递上东西时，常常说一个"给"字。从语义上看它似乎就是动词"给"，因为指的就是现场进行中的给予行为。实际上，它作为递物时专用的提示语已

失去带主宾语的能力。比如，设想街边烤串的商贩把刚烤好的肉串递给对面等着拿的顾客的情景：

（3）a. 给！ a.* 给肉串！ b.* 给你！ c.* 我给！
　　　d.* 我给你！ e.? 给你肉串！

在这种特定的场合，只有这个"给"才符合其单纯直指性（deictic）的现场提示功能。这里的交际功能就是"请你注意接物"的提示句。其他各种带论元的表达，虽然在句法上都是合格的，但是都因为不符合这一交际需求而不被接受，只有（3e）稍能接受，但此句的功能已经不同于（3a）句。一方面（3e）是传递完整信息的一般陈述句，超出了在当面情况下所需传达的信息量，对于近距离相对、一切情形明了的场景，这是多余的表达，一般只会在顾客买了多种食物的情况下才会以此强调现在给的是肉串；另一方面，这种较完整的句子反而没有了单用"给"字所特有的单纯提示功能。因此，（3e）不应被视为（3a）的扩展形式。失去了组合扩展能力的"给"，实际上已经重新分析，即叹词化了，可称为提示叹词。

方言和语言比较，可以更加清楚地佐证"不"和"给"的叹词化。

不少南方方言中与"不"相应的否定副词，如北部吴语的"勿"（或作"弗"）、闽语和粤语的"唔"，都没有（1）（2）中"不"的用法（见刘丹青 2005 及所引文献）。下面例（4）是刘丹青（2005）所举的北京话和苏州话的例子：

（4）〈京〉——你抽烟吗？　　　　　〈苏〉——倷阿吃香烟？
　　　　——不。　　　　　　　　　　　——勿吃。（*勿。）
　　　　——小张到广州去了。　　　　　——小张到广州去哉。
　　　　——不，他到深圳去了。　　　　——勿是，俚到深圳去哉。
　　　　　　　　　　　　　　　　　　　（*勿，俚到深圳去哉。）

由例（4）可见，不管是针对疑问句的否定性回答，还是对于陈述句的否定性应答，苏州话都不能使用单独的否定词"勿"。有两种策略可以使用：假如有合适的谓词，否定词会和谓词一起出现，如"勿吃"。假如没有合适的谓词，则启用判断动词，如"勿是"或"覅 [fiæ^{412}]"（＝勿要：不要、别）""朆 [fən^{44}]"（＝勿曾：否定副词，没、未）"等融合了其他语素的合音字,以及否定拥有和存在的"吼拨"(没有)。由此可见,普通话单独应答的"不",实际相当于方言中的"不+V"或"不+是"等小句,是一个代句词,而不再是否定副词。

英语的组合性否定副词 not 也没有独立成句用法,独立成句只能用 no,而 no 作为应答否定词没有组合能力,自然也不能用来否定动词。例如:

(5)—Do you like movies?　—<u>No</u>, I don't (=do <u>not</u>) like movies, I like music.

　　　—你喜欢(看)电影吗?　—不,我不喜欢(看)电影,我喜欢(听)音乐。

英语这种否定副词和否定应答词不同形的情况在印欧语中很常见,如俄语,只是俄语词形上有点颠倒。其相当于 not 的否定副词是 не[niɛ],而相当于 no 的否定应答词是 нет[niɛt]。

(6)—Он <u>не</u> пришёл?　　—<u>Нет</u>, не пришёл.
　　　—他　不　来(过去时)　　不　不　来(过去时)
　　'—他没来吗?　　　—没有,他没来。'

虽然传统语法把英语 no 和俄语 нет 之类否定应答词也归入副词,但现代语言学者倾向于不把否定应答词视为副词。如 Schachter & Shopen(2007:31)就将 yes 和 no 称为代句词(pro-sentences),而代句词正是我们对整个叹词词类的定性。

总之,独立应答成句并不是否定副词必有的用法,很多语言不用基本否定副词作为否定应答词。否定副词在应答用法中失去组合、扩展能力,只能单独成句,从而发生叹词化。

既然应答否定词"不"可以理解为叹词化的成分,那么其相应的肯定词语应答句,即"是、对、好、行"等,也属于叹词化的用法。如:

(7)a. 你明天来上班吗?
　　b. 是!/对!/*我是!/*我对!/*这是!/*这对!

(8)a. 你明天来上班吧!
　　b. 是!/行!/好!/*我是!/*我行!/*我好!/*这行!/*这对!

Schachter & Shopen（2007：31）将 yes 和 no 统一归为代句词。以上"是、对、好、行"都和 yes 相当，作为肯定应答词时，句法上与应答词"不"一样，不再有组合能力，不宜再补出它们做动词时所带的补足成分，如（7b）和（8b）所示。这符合叹词的特征。

回到递物时说的"给"。其他方言、语言常以别的手段来完成"给"的这种功能，甚至排斥用给予动词。在例（3a）那种场合，上海、苏州等地吴语就绝对不用动词"拨"（给），而只会使用有直指功能的指示叹词"喏"[①]。在英语中，这种场合会使用惯用短句"Here you are"（语义接近"你要的东西在这儿"），而不会用带给予动词 give 的句子。吴语和英语所用的手段差距很大，但共同点是都有直指功能。可见当面递物这一场合需要的交际功能是直指提示。普通话"给"起着同样的作用，只是用了动词"给"来表示。

上述"给""喏""Here you are"三者也有一些共同特点，具体如下。

1）它们都有直指和现场提示作用。"喏"作为指示叹词本身含有直指性。英语则用了直指空间代词 here。不同的语言和方言可以选择不同手段来实现这种功能。吴语的"喏"和英语的短句都还可以用于递物以外的需要现场提示的场合。总体上，直指性跟提示功能在语义上更近些，所以用于现场提示很自然。给予动词的词义本身缺乏直指性，所以有些方言、语言于这类功能并不使用给予动词。用给予动词来实现这种直指-提示功能带有一定的语种偶然性，这可能与汉语属于动词型语言有关（刘丹青 2010）。

2）虽然三者的句法属性不尽相同，但都是凝固成分，不能自由扩展和同义替换。Here you are 是一个固定结构，不能进行同义词替换（仅有的替换形式是 Here you go，仍是凝固结构），其语义解释也不透明——字面义是"你在这儿"（Here you go 的字面义是"你到这里"），实际上已经习语化（类似词汇化）。"给"在这儿也不能换用其他给予义动词。"喏"作为指示叹词（即有直指功能的代句词），也有直指及提示

[①] 关于指示叹词的概念及"喏"的用法，参看陆镜光（2005）和刘丹青（2011）。

功能，代替一个提示性语句。"给"作为一个失去了组合能力和替换可能性的词语，已经发生了重新分析——叹词化，成为一个提示性叹词，跟"诺"一样代替一个提示小句。

以上是由动词、副词叹词化而来的次生叹词，用来代替广义陈述句中的提示语或应答语。叹词化的主要句法表征是组合扩展能力的消失，包括带论元的能力和修饰限制功能的消失。

1.3 名词性、形容词性成分等在感叹语、呼唤语等句类范畴中的叹词化

名词、形容词及其相关短语都可以用作评价性小句。当这种词语用于即时感性反应，就具有感叹作用，而感叹在传统上正被视为叹词（又叫感叹词）的典型功能，所以这种用法为名词、形容词的叹词化准备了语义条件。

即时反应的感叹词语通常都是很简短的，也容易发生凝固化和规约化。一旦凝固化、规约化，就会失去原有的组合、扩展能力，成为只能单独成句的叹词。如：

（9）好！（戏曲剧场中的专用喝彩声。此时不能喊：唱得好！好戏！好嗓子！）

（10）好球！（球类比赛观众的赞美语。此时不能喊：一个好球！好的球！球很好！）

（11）糟糕！（遇到或想起不顺心之事的直觉反应）

（12）（我的）妈呀！（惊叹。此时不能喊：我的爹呀！你的妈呀！）

（13）（我）晕！（表惊奇的网络用语。此时不说：你晕！我们晕！大家晕！他晕！）

（14）天哪！（强烈惊叹。此时不说：天唉！佛呀！）

这些词语有的本来是单词，有的本来可分析为短语，如"好球"，有的本来带了语气词，如"妈呀""天哪"。但这些词语在上面所指明的语境功能上都凝固了，没有词汇替换性，并失去了组合能力，如括号中的

例子所示。有些词看起来似乎能加上一定的定语或主语，如"妈呀"可以说成"我的妈呀"，但其组合能力仅限于此，不能加其他领属语，因此可以看作"我的妈呀"整体叹词化。同样，网络热词"晕"在作为跟帖表达"不可思议"一类反应时，一般只用这一个字，至多加上第一人称主语——"我晕"，没有其他说法，因此，"我晕"整体也发生了叹词化。

所谓国骂之类的常用詈词，实际上都是叹词化词语，如"他妈的"和当代流行的"（我）靠"等，在句法上都符合叹词化的标准。当然，"我靠"一类詈词是由动词性成分凝固而成的。

伴随着形式上的叹词化，常用詈词在语义功能上也会向感叹句靠拢。詈词原本都是指向特定人员的，但成为常用詈词后，它们可以用来宣泄单纯的消极情绪，并不针对他人。如"他妈的，我的钱包好像忘在柜台上了"。这种詈词除了其不雅的色彩，语义方面跟"呀""哎""哟""嗨"一类原生叹词已没有什么区别。

源于詈词叹词化的次生叹词还可能经过方言借用在借入地变成原生叹词，因为借入地使用者已经不了解其本意和内部结构，只按语音形式借入，成为没有语言内理据的单词，加上其语义上失去个人针对性，被异地重新分析为不可分析的原生叹词。如当代流行语"哇塞"，其实是来自闽南话的主谓式詈词，"哇"即"我"的闽南话读音，"塞"是表示性交的亵词，整体相当于北方话的"我操"。但借入普通话口语和网络语言后，被当作一个表惊奇甚至惊喜的普通叹词（"哇"的口字旁也助长这种理解），很多人不知其来历，张口落笔都不避讳。

1.4 动词在祈使类句子中的叹词化

普通的祈使句动词都能形成完整的论元结构。即使第二人称主语常常省略，也可以补出来，如"（你）关上门"。但是有些用途专化的常用祈使句可能因为某种功能原因而失去组合能力，从而发生叹词化，形成专用于祈使句的次生叹词。

下面是一对既特殊又典型的祈使动词叹词化的有趣例子：

（15）驾：用于令牲口起步或加速，与鞭策之类的动作相配。

（16）驭（或作"吁"）：用于让牲口止步，与收紧缰绳之类的动作相配。

我们认为这两个叹词就源自动词"驾"和"驭"的叹词化。"驾"和"驭"都指驾驭牲口，所以有"驾驭"这个同义并列复合词。但两词的凸显点有异。"驾"凸显驱使牲口行进的过程，而"驭"凸显控制牲口的功能，包括使其止步。于是，这两词分别成为驱使牲口的指令词，并丢失本义的二元动词带主宾语的功能，用于命令牲口时只以单词出现。

"驾"和"驭"的叹词化不仅是一种共时现象，而且已经在历时平面完成了叹词化。这两个词，尤其是"驭"，作为动词在口语中已经基本不用，而它们作为叹词则是纯粹的口语词，因此已经在语言心理上脱离了与动词"驾""驭"的联系，很多人已不解其源，所以"驭"有"吁"等异写（见下文例（36））。这是它们作为叹词化例子的典型性所在。但这两个词不是人际交往中的祈使词，而是人对家畜的指令词，这是它们的特殊而有趣之处。

对人使用的常用祈使短句很多，有的相当固定化，但考察其组合能力后发现，它们多半没有丧失组合能力，也即没有叹词化，如：

（17）请：请进！请吃！请慢用！

（18）滚：你滚！给我滚！你们都给我滚出去！

（19）上：大家上！你给我上！现在上吧！

（20）慢走/留步/慢用：你们慢走/留步/慢用！大家慢走哇/留步吧/慢用啊！

（21）加油：中国队加油！大家加油啊！你们给我加油干！

（22）干杯：大家干杯！快干杯！

开始呈现出叹词化趋势的，有用来表示不礼貌地驱赶的重叠说法"去去"：

（23）去去：去去，别来添乱！~ *你去去！ *给我去去！ *你们都去去！ *大家去去！

这个"去去"从来源看既不是单词，也不是重叠形式或短语，而是动词"去"在话语中的反复，是一种松散的单位，可以插入停顿："去！

去！"但是经常的重复导致其词汇化，使重复的"去去"出现了不同于"去"的特点，中间的停顿也近乎消失。单说"去"的祈使句可以有完整的论元结构和组合能力，而正在变得紧密的"去去"却丢失了这些能力，比较：

（24）去：你去！给我去！你们都去！大家去吧！你也去吧！

因此，我们认为"去去"正在同时发生词汇化和叹词化，从话语的反复变成更加紧密的词级单位，并且丢失动词"去"原有的组合能力，带上叹词的特点。这一过程可能尚未完成，表现之一是"去去"还可以说成"去去去"甚至"去去去去"，并没有完全脱离话语反复的性质。

1.5 名词的呼语化：呼语叹词化

叹词中有一类是专门用于称呼招呼的，如"哎、喂"，其功能是建立、维护人际联系或建立会话关系（刘丹青 2011）。与此功能相当，当名词单独成句用来实现称呼招呼功能时，就是一种叹词化用法。以往文献尚未见到将名词的呼语用法视为叹词的，但是，在将叹词定义为代句词之后，将呼语视为叹词化是逻辑上的必然结论。名词的呼语化，可能是各种叹词化中最能产的一个次类。

名词的呼语化，就是一个名词不用来组合造句，而只用来称呼对方。如这些词语都能用来做现场或通信式的称呼：王老师、张总、李局长、陈导、沈教练、董会计、爸、奶奶、大姐。用这些词称呼对方，跟用"哎、喂"等叹词称呼对方，只有内容虚实和礼貌程度的差别，其交际功能是同质的，单独成句的句法表现也是相同的，完全符合叹词作为代句词的性质。有些称呼，名词可以加上领属语做有限扩展，如"我的宝贝、他大婶儿"，其实这种不能自由替换的领属语已是称呼的一部分，不能够再扩展，整体已叹词化。

名词的呼语叹词化是任何一种语言都大量需要的操作，除了直接将名词原形叹词化之外，不少语言还会发展出一些专用的形态-句法手段来实现这一范畴转化。

语法化程度较高的典型手段之一就是名词呼格（vocative case）。有呼格的语言往往要求名词在用作呼语时要强制性地取呼格形式。比如波兰语是呼格发达的语言，不但指人名词有呼格，如 student（大学生）的呼格是 studenci，而且非指人名词也有呼格，如 paw（孔雀）的呼格形式是 pawie，甚至 sen（梦）这样的抽象名词也有呼格 snie（李金涛 1996：37，38，40）。按本文的看法，呼格就是靠形态实现的一种叹词化操作。使用呼格意味着它失去组合能力，只能独立成句，这正是叹词的特点。

汉语普通话没有专用的呼格，但是口语中有时会在人名后加个"啊"，例如：

（25）就听她招呼女儿，说："招弟啊，快把这个旗袍去当了去。"（邓友梅《烟壶》）

（26）母亲说："君生啊，儿呀，天地良心，妈对你究竟怎么样，你心里总该是有数的。"（梁晓声《疲惫的人》[①]）

（27）他望着儿子沉思了许久，以一种充满慈父柔情的口吻说："儿子啊，先把拼图收起来。"

（28）副厂长在厂长的暗示之下，措词谨慎地说："老王啊，实话告诉你吧，瞒下去也不是一回事儿。"

（29）在他的催促之下，副厂长吞吐了半天，才又开口道："老王啊，表彰会是不能开了。"

（30）王君生啊王君生，难到你的生活里已没了任何能使自己振奋使自己喜悦的事，只有将别人的身败名裂当成自己幸灾乐祸的好消息了么？

（31）乌世保……不由得长叹一声，说道："天啊！天！我半生以来不作非分之想，不取不义之财，有何罪过，要遭此报应呢？"（邓友梅《烟壶》）

上述"啊"或"呀"字，不是中性的呼语标记，并不常用。它主要用于关系亲密的人之间，多见于上对下表示关切之情，如（25）—（30）都是父母称呼子女或厂长称呼职工。例（31）这种对天呼喊的用法，则是

[①] 例（27）—（30）出处同此。

由此引申而来的固定用法，已经习语化，整体如一个叹词（见例（14）的分析）。老舍的长篇小说《骆驼祥子》的全书对话没有一个称呼带这个"啊"，可见其不常用。

然而，这种用法的"啊"，却是真正的呼格标记的起点。

在苏州方言等北部吴语的熟人间交际中，这种加"啊"的形式比普通话常用得多，表现出了向呼语标记发展的更强倾向。类似倾向在余干赣语中实现为系统的呼格形态。

根据吴鹏（2009）的描写，在余干赣语中，余干方言名词有引称和面称的系统对立。面称只能做当面称呼语，不能进入句法结构。从吴文的描写看，余干话的面称实际上由引称（相当于名词原形，用于叙述时提到的人）通过规则化的形态方式构成。基本规则是将引称末尾音节的韵母改为 [a]。假如名词韵母本来就收 [a] 尾，则 [a] 尾不变或后面再加一个 [a] 音节。经与吴鹏核实，这些面称形式是专用于称呼的形式，其实就是呼格形态。不难看出，余干话的呼格，呈现为名词的元音交替，而这种形态变化，就是汉语称呼后常用的"啊"进一步融入名词的结果。只有在名词以 [a] 结尾时才可以保持 [a] 韵母不变，这个 [a] 韵可以视为原韵母与"啊"的叠合形式（犹如"了"有时等于"了$_1$+了$_2$"）；也可以在 [a] 韵母后再加一个"啊"，这个"啊"属于呼格后缀。由后加到元音交替或称"变韵"，是汉语方言和人类语言的常见语法化路径。更有意思的是，余干话的呼格还发展出了距离对立。如果被称呼对象有近远之别，则上述面称形式指近（近指呼格），指远则将词尾韵母改为 [ei]（远指呼格）。以下是吴文中部分实例（声调不计）：

（32）原形：哥哥 [ko ko]

　　　面称（近）：哥价 [ko ka]　　面称（远）：哥□ [ko kei]

　　　原形：嫂仔 [sau tsɛ]

　　　面称（近）：嫂喳 [sau tsa]　　面称（远）：嫂□ [sau tsei]

　　　原形：爷 [ia]（父亲）

　　　面称（近）：爷 [ia] 或爷啊 [ia a]　面称（远）：爷诶 [ia ei]

　　　原形：姆妈 [m ma]（母亲）

面称（近）：姆妈 [m ma] 或姆妈啊 [m ma a]

面称（远）：姆妈诶 [m ma ei]（或 [m mei]）

称呼的对象一般是指人名词，但是在有呼格的语言里，呼格成为一种可类推的形态，非指人甚至非动物名词都可以用呼格，如前引波兰语例子。在没有呼格形态的语言中，修辞时也有将非动物名词拟人式地呼语化的需要，这时，尤其需要显性方式的呼语化。如刘丹青（2009）列举过法国大革命时期罗兰夫人临刑名言的常见中译文：

（33）自由自由，多少罪恶借汝之名而行。

这里的"自由自由"是拟人化的呼语形式，其反复形式是用来帮助凸显法语原文的 O Liberté（啊，自由）的呼语性。原文的 O 是没有呼格的法语用来凸显其呼语属性的叹词，英语用"上帝"做叹词时，也常加上叹词来凸显呼语性："Oh, my God"。以重叠形式译呼语是基于汉语称呼时反复叫喊的习惯，如"小王小王，你快过来"。

上述名言的另一种中译版本是"自由啊，多少罪恶借你之手而行"，这个"啊"正是汉语中常用的呼语化手段，译得也很贴切。

从以上普通话及其他语言、方言的相关现象可见，名词的呼语化，是人类语言普遍需要的一种叹词化。有些语言、方言的呼语化的语法化程度高，已经成为该语种形态库藏的一部分，如波兰语和汉语余干方言的呼格。有些语言中名词的呼语叹词化还只是一种没有形式标记的句法操作，没有进入语法库藏，但是为了凸显名词的呼语属性，这些语种也会借用一些其他手段来强化其呼语属性，如普通话和吴语的语气词"啊"，法语和英语的叹词 O、oh，特别是在充当呼语机会小的非指人名词等呼语化时，更需要借用这些非专用的辅助手段来凸显其呼语性。而有些真正的呼语化标记可能就是由这些辅助手段逐渐语法化而来的，如余干方言的呼格形态就可以追溯到语气词"啊"。

二、叹词的拟声化和实词化

叹词与其他词类间的流转，并不限于其他词类的叹词化。叹词也有用于其他词类功能的情况，总体都属于去叹词化，具体可分为叹词的拟声化和实词化两方面。

2.1 叹词的拟声化

即叹词用作拟声词，从而可以入句与其他成分组合充当状语、定语等。叹词的拟声化像其他实词的拟声化一样（见刘丹青 2009，如"他大哥大哥地喊着"），一般以重叠为形式手段，即使原叹词本身不是重叠形式。如：

（34）我迷迷糊糊地快要睡着了，也没听清，嗯嗯地点头。（王朔《过把瘾就死》）

（35）海喜喜威武地赶着大车回来了，"啊、啊……"地用鞭杆拨着瘦瘦的马头，挺着胸脯坐在车辕上。（张贤亮《绿化树》）

（36）车把式把各自的牲口一匹匹从棚里牵出来。顿时，院场里"吁、吁"，"啊、啊"，"驾、驾"……响成一片。（张贤亮《绿化树》）

叹词的拟声化用法带有引语的性质，是说话人引述他人话语中的叹词。叹词的这种用法，常令人对叹词和拟声词的界限产生困惑，以至主张将两类词合并为一个词类（邢福义 2004），对此，已有学者提出了有说服力的商榷（杨树森 2006）。现在基于上文分析，我们更可以看出两者可以合并的错觉，实际上是把叹词的拟声化用法当成了叹词的本类用法。如刘丹青（2009）曾指出，任何实词都可以进入拟声化引语，在这点上叹词与其他实词并无二致，构不成将叹词和拟声词合并的理由。

事实上，叹词的拟声化用法与作为代句词的叹词在语音、语法和语义上都有区别，已经不再是真正的叹词。理由如下：

1) 有些叹词体现人的生理直觉反应，与动物性喊叫性质相近，是较原始的词类（Poggi 2009；冯清华 2011），所以叹词的读音可以偏离常规音系更远。比如可以有倒吸气音 ʬ（click）[①]，如呼鸡用的"㗗"、称

[①] 据江荻译名，国际语音学会正式定名为 velaric（软腭气流音），见国际语音学会编著（2008：13）。

羡时的咋舌声"啧"等；可以有吸气擦音，如突然受冷受痛时的"嘶"（吸气的 s）；也可以有自成音节的辅音，如示意沉默的"嘘"（xu，读 ü 时会有前高圆唇动作，而不带音）、应答的"嗯"[ŋ̍/m̩/ŋ̍]等（刘丹青 2011）。而拟声词的读音基本上都是常规音系中的固有音节，至多有辅音元音的个别较特别的组合，如汉语的 piang、biang 等，其辅音元音仍是普通话固有的。叹词在拟声化时会改变读音，如拟声词般更靠近常规语音，抹除音系外的特殊读音。如例（34）中的"嗯嗯"作为状语不再念自成音节的[ŋ̍/m̩/ŋ̍]，而是念音系内的 ēnēn。再如"啧、啧"作为表称羡的倒吸气音叹词在"啧啧称奇"中就念常规的 zézé。

2）例（34）—（36）中的重叠叹词，在作为叹词单独成句时，都能以单音节出现，而在拟声化之后入句，就必须以重叠形式出现，这与实词的叹词化是一致的，因为拟声词的典型形式是重叠的（参看刘丹青 2011）。如例（34）"嗯嗯地点头"不能说"嗯地点头"，而由叹词"嗯"[ŋ̍/m̩/ŋ̍]单独充当应答句是很常见的。

3）叹词和拟声词的流转基本是单向性的。所有叹词都可以在需要时通过重叠等手段临时用作拟声词，就像所有实词都有拟声化重叠一样。反过来，我们尚未看到纯粹的拟声词用作叹词的现象，反而不少实词有叹词化现象。这也说明叹词和拟声词不但不宜简单合并，而且叹词和拟声词的关系可能还远于其他实词和拟声词的关系。

人们有时忽视叹词的拟声化对叹词固有用法的偏离，可能因为人们在书面语中看到的叹词句也常带引号，跟带引号时的拟声词相近。这是一个误解，书面语中带引号的叹词，是作者引用他人的叹词句，已经是叹词的"二手"用法了。只要是作者自己正在表达的叹词句，就不带有引语性质，不能带引号。如一个人写信时就可以这样写：

（37）小丽姐：你好。我遇到了很大的麻烦。哎，让我怎么说呢？哦，对了，就从咱上次见面说起吧。

这里的"哎""哦"，才是真正的叹词句，在信中是不能加引号的。真实口语中的叹词句，也都是不用带引号的，而拟声化用法的叹词，都可以加上引号，即使原作者没有加。

2.2 叹词的实词化

李明（2004）讨论言语动词的功能扩展时就谈到了汉语史中的一类现象，实际上就是叹词的动词化或谓词化。如李文所引：

（38）行水边，见一女子浣衣。揖曰："寄宿得否？"女曰："我有父兄，可往求之。"曰："诺我即敢行"女首肯之。（《五灯会元》卷一）

按李文的分析，"诺"本为应答语，这里用如动词，指"对……说'诺'"，即答应某人，"诺我"即用说"诺"来答应我。李文讨论的是表示言语行为的词 X 用来表示"说 X"，用作动词。当 X 为"诺"这一类叹词时，就出现例（38）这种应答叹词的动词用法。笔者在与李明讨论时也提到（见李文"附记"），《史记·商君书》中"千人之诺诺，不如一士之谔谔"，"诺诺""谔谔"都是应答语（属叹词）用为动词。"唯唯诺诺"则是由"唯""诺"这两个叹词的动词用法合成的动词性成语。李文还例示了多种语言中叹词、拟声词用作动词且表示"说该词"（= 进行该言语行为）之意，如英语 hush（嘘）可以用作动词 to hush，表示"使不出声"。李文还注意到《现代汉语词典》在"嘘"下列了一个方言义项，表示"发出'嘘'的声音来制止或驱逐"，如"大家把他嘘下去了"。用本文观点看，这是表祈使的叹词的及物动词化。再如英语表示厌恶轻蔑时发的叹词 boo 可以用作动词 to boo，表示发 boo 的音即表示厌恶轻蔑。这些都是叹词实词化、尤其是谓词化的例子。

现代汉语也不乏叹词用作谓词的例子，如：

（39）他搪塞地嗯嗯着。（梁晓声《疲惫的人》）

（40）"哎，你一上午就看相册来着？"

"嗯。"

"还好意思嗯！"（梁晓声《疲惫的人》）

例（39）叹词"嗯嗯"用作动词，表示"连连说着'嗯'字句"。叹词用作动词谓语不像用作状语，重叠不是必须的，这里也可以说"他搪塞地嗯着"。例（40）前一个"嗯"是叹词用法，独立成句，而后一个不重叠的"嗯"是拈连上文而来的动词用法，表示"说'嗯'"。

三、结论

我们把叹词化、去叹词化（拟声化、实词化）都看作一种句法操作（syntactic operation）。这种操作能显著改变相关词语的句法功能和语义范畴。在一些情况下，这类句法操作由一些特定形式手段来表征，如呼格形态、作为呼格形态前身的语气词之类虚词、重叠（用于实词和叹词的拟声化，有时也用于实词的呼语性叹词化）、语音变异（叹词拟声化时特异音变成常规音）。这些现象可以理解为词类转换手段。由于叹词、拟声词都属于词类库藏中的边缘小类，因此这些词类转换的显性手段以往未被学界重视。另一些情况下，句法操作以零形态发生，这时可视为这类词临时用于偏离自身语义范畴的句法功能。如动词、名词等的叹词化或叹词的谓词化等。有些操作需要有历时跨度的积淀凝固才能形成，如动词单独成句本身并不是范畴转换，只有在长期使用中失去组合能力且只能单用后，才能视为叹词化，如递物时的提示词"给"、驱使牲口的"驾、驭"等。

结合本文及刘丹青（2009，2011）来看，拟声词、叹词和普通实词之间虽然存在有形或无形的相互转换机制，但它们本身的定义是很清楚的，本质属性界限是分明的。前两个边缘性词类与普通实词间的差异，不是一般的语义范畴间和不同句法功能间的差异，而是涉及语言根本功能的范畴差异。它们的相互转换，是比普通词类转换更加深刻的范畴转换。拟声词凸显能指，而语言的基本功能是以能指表达所指。实词的拟声化是从表达所指变成凸显能指，符号的性质有根本性嬗变。叹词的功能是代句，以比组合性句子原始、直觉、混沌的方式行使句子的言语功能，与作为人类语言根本属性的组合性、层级性和分析性对立。实词的叹词化，就是语言单位的混沌化、凝结化和孤立化。叹词的拟声化，一方面是由仍属于所指的代句功能变为凸显能指，另一方面是摆脱孤立化，重新进入语法组合。所以，虽然以研究句法组合关系为重点的词类研究很少关注这两个边缘性词类，但它们其实是词类库藏中不可缺少的特殊成员。为了建立一个完整的词类库藏理论，特别是为了深入了解人类语言的根本属性和功能，对叹词、拟声词的词类属性和相互转换的探讨是必不可少的。

参考文献

国际语音学会（编著） 2008 《国际语音学会手册：国际音标使用指南》，江荻译，上海：上海教育出版社。
李金涛 1996 《波兰语语法》，北京：外语教学与研究出版社。
李 明 2004 从言语到言语行为——试谈一类词义演变，《中国语文》第5期。
刘丹青 2005 汉语否定词形态句法类型的方言比较，日本《中国语学》252号。
刘丹青 2009 实词的拟声化重叠及其相关构式，《中国语文》第1期。
刘丹青 2010 汉语是一种动词型语言——试说动词型语言和名词型语言的类型差异，《世界汉语教学》第1期。
刘丹青 2011 叹词的本质——代句词，《世界汉语教学》第2期。
陆镜光 2005 汉语方言中的指示叹词，《语言科学》第6期。
马清华 2011 论叹词形义关系的原始性，《语言科学》第5期。
吴 鹏 2009 论余干方言面称与引称的区别，中国社会科学院研究生院语言学系课程论文。
邢福义 2004 拟音词内部的一致性，《中国语文》第5期。
杨树森 2006 论象声词与叹词的差异性，《中国语文》第3期。
Poggi, I. 2009. The Language of interjections. In A. Esposito, A. Hussain, & M. Marinaro (Eds.), *Multimodal Signals: Cognitive and Algorithmic Issues*. Berlin / Heidelberg: Springer.
Schachter, P., & Shopen, T. 2007. *Typology and Linguistic Despcription*. Cambridge: Cambridge University Press.

（原载《汉语学习》，2012年第3期）

对称格式的语法功能及表达作用

我们有时会碰到这样的句子：
(1) 人们<u>你一句</u><u>我一句</u>地催他。(《重放的鲜花》129页)
(2) <u>东也闹兵</u>，<u>西也闹兵</u>，谁敢走啊。(《骆驼祥子》三章)
(3) 满屋子的人<u>你看看我</u>，<u>我看看你</u>。(《重放的鲜花》252页)
(4) 俺管她<u>陆素云</u>，<u>七素云</u>的。(《风雷》下卷三十六章)

这几个句子中，加下划线的部分都可以分成构造相同的两半，要是我们拿掉其中的一半，剩下的一半就成了不合语法常规的组合，整个句子也就站不住。我们又注意到，加下划线的两半，不仅内部构造相同，词的数目也一样，而且，用词上都有相同、相对的部分。一句话，它们都是对称的。

这样看来，这种对称格式在现代汉语中具有独特的语法功能。许多在非对称情况下违反语法常规的结构现象，都可以在对称格式中合法地出现。因此，我们说，汉语的语法手段，除了经常提到的词序、重叠、虚词等以外，还有比较特殊的一种，这就是对称。同时，跟其他语法手段一样，对称格式也有它独特的表达作用。比如在例（1）中，并不真是讲话人（"我"）和听话人（"你"）在催他，而是泛指大家都在催他，并且是一个说完另一个又接着说，一句讲好另一句就出口了。短短的一个对称格式，就把本来得说的好多话一下子给说得一清二楚了。

注意到对称格式的特殊语法功能，就能解释我们在学习、运用语法规则时会遇上的许多所谓"例外"；掌握了对称格式的表达作用，也有利于提高我们理解、分析和运用汉语的能力。下面，我们便想分别就语法功能和表达作用两个方面来谈一下对称格式。

对称格式的语法功能是十分广泛、丰富的，但归纳起来，不外这两种情况：

一、内对称（例（1）（2））——某个语言单位本身依靠对称才得以成立，去掉同它相对的一半就不能成立，换句话说，是对称才使得这种组合成立，如例（1），光"你一句"就站不住了。

二、外对称（例（3）（4））——对称式的一半可以成立，但整个对称式在和某些成分发生结构关系时，它的一半就不能独立，换句话说，是对称才使得这种语言单位带上某种语法功能，如例（3），就不能说成"满屋子的人你看看我"。

具体分析起来，对称格式的语法功能主要表现在以下几个方面：

一、一般说来，一个并列结构的语法功能同组成它的各个部分的语法功能是一致的。可有些对称式，虽似并列，而语法功能却不同于它的部分，一般都变得有描绘性，在语法上像一个形容词那样充当谓语、状语等成分。如：

（5）她们……说到逗趣处，就<u>你推我一下</u>，<u>我打你一巴掌</u>。（《河北短篇小说选》152页）（由于整个对称式作用相当于一个形容词，因此可用"就"来修饰。）

（6）星星们……<u>你碰我我碰你</u>的在黑空中乱动。（《骆驼祥子》三章）

（7）终日好茶好饭，去将息他，<u>好言好语</u>，去温暖他。（《古代白话短篇小说选》459页）

（8）她比小福子美多了，而且<u>香粉香水</u>的沤着，<u>绫罗绸缎</u>的包着。（《骆驼祥子》二十章）

二、重叠或者并列的数量结构、数量名结构，都能在每一半前面各加一个相对的词，加进的词和数量（名）结构的这种组合关系，只有在对称式中才能成立。如：

（9）亲戚们也<u>这个一杯</u>，<u>那个一杯</u>给他敬酒。（《小说月报》1980.5）

（10）上面沾了<u>红一块绿一块</u>的油彩。（《乔厂长后传》）

（11）他又使劲拔出脚来，深一脚浅一脚地走着。(《红旗谱》三十二章)

（12）他便大三步，小二步，追出圩门。(《风雷》下卷五十三章)

（13）我左一个揖，右一个揖，讲了无数千万好话。(《风雷》下卷三十三章)

三、语法书一般总谈到，单音节方位词通常不单用。但是，在对称的情况下，单音方位词单用能力非常强，甚至还能够做谓语，如：

（14）上有老下有小，谁给你服侍？(《红旗谱》六章)

（15）马头左一歪、右一歪。(《河北短篇小说选》295页)

（16）万春芳的思路就象断了线的风筝一样，忽而东，忽而西。(《风雷》下卷五十二章)

四、用了对称格式，有些一般不能省的成分也能很自然地省略，下面例句中我们用括号给它们补上省去的成分。

（17）到如今，闹的人不（像）人，鬼不（像）鬼。(《吕梁英雄传》七十六回)

（18）整个村子，没有一（条）狗一（只）猫，一（只）鸡一（只）鸭。(《当代》1980.2，77页)

（19）这两个人，一（个）说一（个）答，一口气把话说完了。(《风雷》下卷三十三章)

（20）你就是少将？……管你（是）什么豆瓣酱芝麻酱的，给我带上。(《周立波选集》60页)(这一例是外对称，所以省略在对称式以外。)

五、单音节指示代词"这、那"一般不能充当宾语、兼语，而在对称式中，这两个词经常跑到宾语、兼语的位置上，如：

（21）金牛媳妇拾掇这，拾掇那，整整忙了一天。(《风雪茫茫》，《小说月报》1980.5)

（22）又上前捅捅这，摸摸那。(《河北短篇小说选》20页)

（23）田十方也抓起一把土，叫这看叫那看。(《春雷》)

六、有些句法结构中，某两个成分的用词是相同或基本相同的，这些现象有的一般只出现在对称式中，它们可以分为几个小类：

1. 主宾语相同（宾语包括判断动词后的成分）：

（24）他有他，我有我……他可管不着我！（《高干大》一章）

（25）说是说，笑是笑……你那条黄狗还是早搁倒好。（《小说月报》1980.5）

（26）刚才是刚才，现在是现在。

（27）穿着件短不够短，长不够长……的棉袄。（《骆驼祥子》十章）

2. 主语是"谓语动词+的"：

（28）看见死的死了，降的降了。（《阿Q正传》四章）

（29）俺们这个组，老的老，小的小。（《风雷》下卷三十八章）

3. 主谓相同，中间有状语：

（30）他自己才披着……黑不黑、灰不灰的旧皮袄。（《高干大》十章）（限定语）

（31）父母慌又慌，苦又苦，正不知什么意故。（《古代白话短篇小说选》338页）

七、有些转折、假设和条件关系的复句，如果对称着说，常常甩掉关联词语，可见对称格式还有连接复句的功能：

（32）康肉肉……求张张不管，求李李不保。（《吕梁英雄传》十八回）

（33）日子过得紧窄，想汤没汤，想药没药。（《红旗谱》一章）

（34）在村子里见鸡偷鸡，见狗摸狗。（《桐柏英雄》三章）

（35）因为大家都是上课来，下课走，不参加什么活动的人。（《重放的鲜花》368页）

对称格式所具有的以上这些功能，在同一个句子里并不一定互相排斥。比如"我左一个撎、右一个撎"（例（13））。对称既使得单音方位词独用，又使得两个名词性结构起了相当于一个动词或形容词谓语的作用。

对称格式，作为现代汉语中一种语法手段，是建立在元音为主、音节清晰的语音系统和有单音词双音词的词汇系统的基础上的；这也是在对称形式（民谚、民谣、对联、骈文、律诗等）日益广泛的运用中发展出来的。对称形式用词精炼，节奏感强，朗朗上口，富于生动的描绘性，因此，具有独特的表达作用。总结起来，大致有以下几个方面：

一、虚指泛指作用。一般由两个常用的意义相对的词在对称式里相互呼应，这样，所指的范围就超出了这两个词的本义——或者是虚指某些不确定的范围，或者是泛指到处、全部的范围。如"又上前捅捅<u>这</u>、摸摸<u>那</u>"（例（22）），并不真是指两样确定的东西，而是虚指不确定的几样东西。我们前面分析过的"人们<u>你</u>一句<u>我</u>一句地催他"（例（1）），这主要体现了泛指作用。而"<u>东</u>也闹兵，<u>西</u>也闹兵"（例（2）），就更明显是泛指，有"到处"的意义。再比如"他便大三步、小二步，追出圩门"（例（12））、"上面沾了红一块绿一块的油彩"（例（10））等，这里的"大、小""二、三""红、绿"，都已经不是定指本来的含义了。

二、有描摹、渲染或者夸张作用。对称格式特别适合于描写状态，能够逼真地再现人物、事物、环境在当时的情形，并且带有一种动态，又包含着讲话者的主观感情，因此，有很强的表现力。如"他又使劲拔出脚来，<u>深一脚浅一脚</u>地走着"（例（11）），划线的六个字，就写出了在泥地上赶路那种步履艰难、极不稳当的样子，极其形象、传神。实际上，大部分对称格式都有这种描写作用。比如"东也闹兵、西也闹兵"，虽然基本上表达了"到处都在闹兵"这种泛指意义，但它同时渲染了战火四起的形势，还带有讲话者夸张的语气，这些，就不是"到处都在闹兵"这一非对称的表达法所能代替的了。

三、点明范围、划清界限。比如"俺们这个组，老的老、小的小"（例（29）），这是说全组都在老和小的范围内；这类句子，是夸张地言其范围之大，没有例外。而"刚才是刚才，现在是现在"（例（26））和"他有他，我有我"（例（24））这一类，则是点明各自不同的范围，重在划清其中的界限。这些，用词虽似叠床架屋，但特殊的结构自有特殊的含义，并不能用其他来代替。当然，这第三类作用，同第一类虚指泛指作用和第二类描绘作用，也是有明显联系的。

（原载《语文知识丛刊》（3），地震出版社，1982年）

试谈两类"同位语"的区别

一

"同位语",又叫"复指成分"或"复指词组"。汉语语法书上提到的同位语,最普通的是这两类:

甲:专名+通名:王大成主任("专名"指专有名词,"通名"指普通名词)

乙:通名+专名:主任王大成

乍看起来,这两类组合相近,组成成分完全一样,只是次序颠倒了一下。其实,这是两类很不相同的组合。有些甲类不能换成乙类,如"王主任"不能说"主任王";乙类不能换成甲类的更多,如"三车间主任王大成"不能说"王大成三车间主任"。即使能调换次序的,实际用途也不一样,在"大成主任您早"这一句中,就不能改用"主任大成"。本文试从构成成分、句法作用、交际功能等方面探讨一下这两类组合的主要区别,为汉语教学,特别是对外国人的汉语教学提供一些参考。

二

适合于这两类组合的成分是很不相同的。先谈组合中的通名使用情况。

用在甲类(专名+通名)中的通名,从意义看,一般限于有尊敬或客气意味的能够用来称呼的指人名词,包括:

职衔:主席、总理、司令、厂长、秘书、律师、法官、会计、老师、经理、大夫、导演；

职称或学位：教授、工程师、技术员，博士、元帅、上校；

称谓：舅舅、阿姨、姑娘、大伯、师傅、同志、老兄。

这里，有一些很值得注意的现象。

有许多表示职业、身份的名词是不能用于甲类的，如工人、学生、运动员、作家、科学家、诗人、演员。不能说"张平工人、李新学生"。有些职务相近或相关，但有的可用，有的不可用。如可以说"谢晋导演、孙晋芬队长"，却不可以说"谢芬演员、郎平队员"。甚至同义词也可能一个可用一个不可用。如"张英同学、陈老师"就不能换成"张英学生、陈教师"。

职称或学位名词中，"教授、工程师、博士"很常用，而"讲师、硕士、学士"至多在书面文件中用，口头称呼很少用到。

称谓名词中，家庭成员和直系亲属一般不用。"爸爸、妈妈"永远单说，"哥哥、舅舅"等有几个时，多用"大、二、三、小"等来区别，偶尔才用"小昌舅舅"这样的说法。在间接亲属、邻居、同事、朋友间这类组合用得较多。

绰号可以不受上述限制，比如"王诗人、李哲学家"，甚至可以用"坏字眼儿"，如"许大马棒、周扒皮"。

用于甲类的通名，从单位的大小看，绝大多数是单词，能带的修饰语只有"总、副、前"这几个非谓形容词，如"王大成<u>副</u>主任、张<u>总</u>工程师、田中<u>前</u>首相、彭<u>副</u>总司令"。一般不带其他修饰语，"王大成车间主任、郝建秀候补书记、吴学谦外交部部长、孙晋芬前任队长"等都是不符合汉语习惯的。所以，日本政府首脑的两种译名，"首相"能用在甲类中，"总理大臣"一般只用在乙类中，如"中曾根首相～总理大臣中曾根"。缩略语近于词，所以也可以用，如"吴学谦外长"。而且能用的多音节形式也常有简缩形式，如"杨<u>总</u>（参谋）长、李<u>工</u>（程师）、徐<u>总</u>（工程师）、陈<u>副</u>（队长）"。另外，甲类中的通名还不能组成并列短语。比如，可以说"齐亚·哈克总统、齐亚·哈克将军、总统齐亚·哈克将军"，但不能说"齐亚·哈克总统将军"或"齐亚·哈克将军总统"。只有少数短语性名称在书面语或正式场合能用于甲类,如"国务委员、主任委员、第一书记、亲王阁下"。

乙类组合(通名+专名)用通名时,没有甲类的那么些限制。一切表示某类人的名词都可以自由地用上,如"工人李刚、作家周立波、教师陈明"等。而且,乙类中的通名,既可以有修饰成分,也可以并列,还可以兼而有之,长达几十个词,一个人的所有职衔可以同时用上。如:"中华人民共和国国务院总理赵紫阳""国务委员兼外贸部长陈慕华""市政协委员、生物系副主任、生化教研室主任、教授王静立"。

乙类中的通名,无须像甲类那样含有尊重、客气等意味,如"大贪污犯王守信""投机政客汪精卫"。

甲类中的通名限于指人名词,而乙类中的通名还可以指物,如"首都北京、中东国家黎巴嫩、世界最高峰珠穆朗玛峰、我国最早的诗歌总集《诗经》、国宝和氏璧"。

不能用于乙类的,只有专门用来称呼而不强调人的类别的少数通名:同志、(不表示师徒关系的)师傅、先生、阁下。如一般不说"同志王大成"。

下面谈谈组合中专名的使用情况。乙类要求通、专两部分都是自由(能单用)的成分;单音节的姓在现代汉语中一般是黏着的、不自由的(吕叔湘1963),不能用在乙类中,"主任王大成"不能说成"主任王"。甲类中的专名却可以是单音节的,如"王主任、张教授、李阿姨"。而且,用姓不用名是当面称呼的主要用法,这样才显得尊重和亲近;更亲近和随便的称呼是用名不用姓,如"大成主任"。此外,乙类中的专名经常并列使用,如"作曲家施光南、王酩、王立平",甲类中的专名很少这样用。

三

甲乙两类组合在句子中的功能也是很不相同的,这主要体现在组合的两部分能否单用上。

通名的能否单用，主要取决于所指对象确定不确定。

甲类组合中，通名是一个称呼。用甲类来称呼对方时，通名的所指是确定的，就是对方，所以，可以脱离专名而单用，如"王厂长——厂长""陈明老师——老师"。把甲类组合当作第三者谈论，通名的所指就不确定，因此，也就不能单用。如郭沫若《不灭的光辉》一文，开头是"鲁迅先生死了，他的死有重大的历史意义。"这里的"先生"所指不确定，因而不能脱离"鲁迅"而单用。再比如，"请凌晖同学来一趟""炳总理将访华""陈老师来过吗"，都不能只说通名。

有两种情况似乎是甲类组合中通名单用的情况，其实并非如此。

（一）在特定的交际范围里把通名用成了专名。比如，同厂工人间，只说"厂长"就可以知道是本厂的"×厂长"；同门弟子，只提先生，也不会误解成别人。前些年中国人民常用"主席"指毛泽东、"总理"指周恩来，在中国这个交际社团中已约定俗成，也属于此类。

（二）用通名指一类人，这时，通名可以单用，如"你们系有教授吗？""这学校出了好几个博士"，但这些显然不是甲类组合中的通名，因为不能加进合适的专名。

乙类组合不能用于当面对称；通名确定与否，大致有以下几种情况：

（一）通名是确定的，如"联合国秘书长德奎利亚尔、上海市市长汪道涵、小萍的爱人李兴、他的二哥觉民"。

（二）通名不确定，但前面有表示不确定的词语修饰，如"一个穷光棍出身的农会主席于会川""一个老猎户李炮"（刘白羽《环行东北》）。

（三）通名不确定。如"国务委员陈慕华、觉新的弟弟觉民（还有其他弟弟）、福建青年潘秋"。

在（一）、（二）两种情况下，通名都可以脱离专名而独用，不影响句子的完整性，因为这两类通名都确定了所指的范围，或者是确定的，或者是整体中的一部分或个体。在语言实践中，这两种通名单用的情况很常见。如《人民日报》1983年3月11日一篇关于牡丹江市的报道，只提"市委书记、市长，集中主要精力，……"，通篇未提人名。又如刘白羽《环行东北》，既有前述通专都用的说法，也有不用专名的说法，如"一个六十余岁的老人，眼含酸泪从街上走过"。第（三）种情况一般不能单用通名。单说"福建青年"，还容易误解成全体福建青年。

总之，甲类组合中，通名基本上没有独立性，一般不能脱离专名而独立；乙类组合中，只在少数情况下通名才不能独立。

甲乙两类组合专名单用情况也不同。甲类专名常常是一个单音节的姓，这在一般情况下不单用，只有超过一个音节时，才能独用，如"杨振宁教授→杨振宁""杨教授↛杨"。乙类组合的专名总是超过一个音节，因而都能单用，不用举例。

四

甲乙两类组合最大的区别在于各自的交际功能；造成这种区别的主要原因，是这两类组合的表义重点很不相同。

甲类组合的表义重点，是说话人对所指的尊敬、尊重或客气、礼貌的态度。组合中的通名（将军、老师、同志、先生）并不是所要传达的主要信息；它在某些情况下可能是部分听者读者所未知的，如"基辛格博士、卡扎菲上校"，但在更多的情况下，它是已知的，例如在中国谈到"李先念主席、赵紫阳总理"，在同一所小学的教师间谈到"陈明老师"，在列车广播里找"天津上车的徐同林旅客"。有些通名几乎不传达信息，是专为表示尊重、客气而用的称呼，如"同志、先生、阁下、女士、小姐"。

因此，甲类组合在交际功能上也表现出自己的特点。它特别适用于称呼对方，如"王主任、李老师、赵师傅、石爷爷、陆阿姨、吴同志"。由于当代中国没有像英语的 Mister（先生）、Miss（小姐）、Mistress（太太）、Ms（女士）这种广泛适用的客气称呼，因此，有时会因想不出合适的通名来放在专名后而感到苦恼。当所指是听说者以外的第三者时，说话人可以用甲类组合表示对所指的尊重或客气，如"陈明老师刚才来找过你"。也可以不用甲类，只说专名，显得随便一些，如"陈明刚才来找过你"。当所指是说话人所厌恶的，这时一般不会用甲类组合，如

"你快走吧，要不然陈明又要来找你了"。

乙类组合的表义重点，是说明所指对象的类别、属性、职务等，因此，通名常常是最主要信息，是需要告诉听者读者的。如"尼日利亚副总统埃奎梅到京"（报）；"老集邮家林嵩、马任金、曾华"（报）；"吴玉章同志的二哥吴永锟，服膺宋人理学"（何其芳）。这类组合不一定表示尊重客气的含义，所以在某些场合可以用于自称，如公文、布告、电文的落款："××区人民法院院长陈良"，"国立三闾大学校长高松年"（钱锺书《围城》），又如自我介绍"我是连溪镇邮电所职工李成"。值得注意的是，甲类组合最主要的功能——称呼对方，乙类组合恰恰不具备。

甲乙两类表义重点的不同，还造成它们在运用上的另一个差别。甲类组合的通名不是用来传达信息的，而是表示尊重客气，因此，可以在一长串话语或同一篇文章中反复运用。例如何其芳在《记贺龙将军》一文中，用了十五次"贺龙将军"、九次"贺师长"、两次"贺龙师长"、一次"贺老总"。乙类组合就不同，它的通名是用来传达信息的。因此，在用了一次后，它传达信息的任务已经完成，一般就不再重复运用。在下文中，或者只用专名，或者改用甲类组合，或者在专名不很重要时只用通名。例如，《人民日报》1983年3月16日一则报道，先用的是乙类组合"国务院总理赵紫阳……会见赤道几内亚外交和合作部长马塞利诺·恩圭马·翁圭内一行"，下面就不再用乙类组合，而用"赵紫阳、马塞利诺"（专名）和"赵紫阳总理、马塞利诺部长"（甲类组合）。该报同月12日的一封来信说"骂我爱人陈学高……，气得我爱人走投无路"，先用乙类组合，后面就只用通名。当然，实际的运用情况还要复杂得多，因为还有其他各种因素的影响，如谈话者之间的关系、说话场合、幽默、讽刺、反语等。

五

甲乙两类组合，虽然都被称为"同位语"，但从上述讨论可以看出，二者的性质有着非常明显的区别。把它们笼统地归成一类，不利于教学，也掩盖了汉语语法在这方面的特点。

甲类组合并不是典型的句法组合，而是一种紧密的更接近于词的单位。它的专名部分可以用黏着的单音节姓（王主任），通名部分能用的词又非常有限，而且一般不能带修饰成分，不能并列，几乎没有扩展能力，专名和通名之间不能有实词与实词之间常有的那种停顿，"王大成主任"不能说成"王大成｜主任"，这些都说明甲类组合不是一种自由短语。在句法功能上，甲类组合更是整个儿地像一个词。

乙类组合则完全是一种自由的句法组合。它的专名部分都必须是自由的单位，而且常常可以并列，通名部分的用词又不受什么限制，还可以自由地扩展成偏正短语和并列短语，而且通名和专名之间可以稍有停顿，如"主任｜王大成"。在句法功能上，乙类组合的两个部分都有较强的单用能力。

由于甲乙两类组合的紧密程度不同，因此，当碰到"国务卿基辛格博士"这种组合时，不宜把三个成分看成同一层次上的"同位语"。以下三种分析，我们认为A就可以了，当然也可以是B，但绝不能是C。

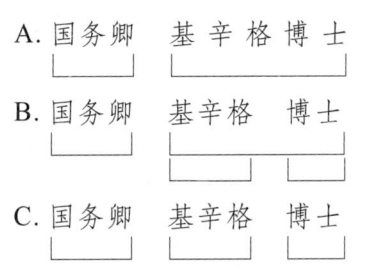

A. 国务卿　基辛格博士

B. 国务卿　基辛格　博士

C. 国务卿　基辛格　博士

如果专名用了单音节姓，则几乎只能是A：

A. 校长 王教授

参考文献
吕叔湘　1963　现代汉语单双音节问题初探，《中国语文》第1期。

（原载《语言教学与研究》，1985年第1期）

汉语类指成分的语义属性和句法属性[*]

一、"类指"义的界定

指称问题是当代语言学家、逻辑学家和哲学家等共同关注的前沿课题，它涉及很多方面，与语义、形态、句法、话语信息结构、认知等都有关系，而且几个方面纠葛很深。因此，无法指望在一篇论文中达到一个有关汉语类指成分的充分的结论。本文只想抛砖引玉，提出一些初步的观察，以使大家更加关注这个至今重视不够的课题。

类指在本文中相当于Chierchia（1998）所说的kind-denoting或reference to kinds。它大致也相当于文献中更常用的generic（译为"通指"或"类指"），但generic的含义更加复杂多样。

类指成分（下称类指NP）可以用下列两句的主语做代表：

（1）熊猫吃竹子。
（2）学生就该好好学习。

在指称系统中，类指NP似乎不是与其他指称义如有定、无定、实指（specific，也译"特指"或"有指"）、无指（non-referential，也译"非指称"）等在同一个标准下划分出来的，有时与其他指称义有交叉，与全量、无指、有定等也有纠葛。本文试图从以下几个语义和句法属性对类指成分进行界定，以求尽可能划清与其他指称义的界限。

---

[*] 本文写作获中国社会科学院语言研究所重点项目（ZD01-04）的资助，初稿曾在第十二次现代汉语语法学术讨论会（长沙，2002年4月）上宣读，写作修改过程中徐烈炯、张伯江、方梅、邓思颖等先生各有指正，特此致谢。尚存的问题均由笔者负责。

1.1 非个体性

类指的核心语义是非个体性，即[-个体]。如（1）（2）中的"熊猫"和"学生"都不指具体的个体，而指作为一个类或者说集合的"熊猫"或"学生"。与类指相对的概念"个体"却不是一个独立的指称义，有定、无定、实指、非实指、全量、存在量（existential，指一些、some 等）这些其他的指称量化义中都带[+个体]的属性。只有无指带[-个体]属性，所以类指与无指有接近处，但仍有区别（见下）。Chierchia（1998）通过比较多种语言认为，在没有单复数区别的语言如汉语中，光杆 NP 本身的性质就如同不可数名词，只有加上量词等指称量化成分后才能获得个体性。因此，用没有个体性的光杆名词短语[①]表示类指最符合汉语的类型特点，而在有单复数之别的语言中，常用光杆复数形式和不可数名词表示类指。

1.2 外延抑制与外延恢复

类指像无指一样着重内涵而不着重外延（无指的这一特点参阅张伯江 1997），但是类指可以通过添加指称成分凸显外延，从而区别于无指。类指仍然是一个独立的指称成分，它实际上是有外延的，其隐性的外延相当于全量。只是在认知及交际中未被突出，或者说外延在认知上暂时被抑制。在一定条件下类指成分可以加上全量词突出外延而基本不改变或完全不改变真值条件。如（1）倘若说成"所有熊猫都吃竹子"，真值条件基本不变，细微差别在于本句排除任何熊猫不吃竹子的可能，而（1）似乎不排除个别熊猫反常地不吃竹子。（2）加了情态词"该"，若说成"每个/所有学生都该好好学习"，真值条件完全不变。不过在

---

① 光杆名词短语（bare NP）可以是单个的名词，但不限于单个名词。它只是不带与指称和量化有关的成分，即不带指示词，数量短语，"所有、每"等，而可以带形容词定语（漂亮衣服）、名词属性定语（木头桌子）、关系从句定语（他买的衣服）等。用生成语法的概念说，光杆名词短语是 DP（限定词短语）下面所辖的 NP。见第二节对 DP 和 NP 的进一步说明。

一些只适合类指成分的句法位置上,类指的外延被强制性抑制,无法转化为全量(如下面§1.4所述情况)。相比之下,"无指"意为"非指称",即根本不是一个独立的指称成分,只取其内涵而没有外延。如"学生阅览室",只是指出该阅览室的属性是为学生而设的。当我们说"他走进了学生阅览室"时,其真值条件必然包括有一间"学生阅览室"存在,但并不要求此时该阅览室里边一定有学生存在。可见这种无指的"学生"没有外延。

1.3 类指相对的谓语属性:属性谓语而非事件谓语

海外一些学者指出(参看徐烈炯1999的介评),光杆名词是类指还是单指(有个体性),跟谓语类型有关。谓语表示状态,或者说属于"个体平面"(individual-level,本文意译为"属性谓语","个体平面"之说特别不适合类指做主语的情况),光杆名词主语常常是类指的(如"青蛙有四条腿");谓语表示事件,或者说属于"阶段平面"(stage-level,本文意译为"事件谓语"),光杆名词主语常常是单指的(如"青蛙在叫")。上面的(1)(2)句都用了属性谓语。假如我们换用事件谓语说成"熊猫吃了竹子"或"学生正在好好学习","熊猫"和"学生"都成了有定或无定,而不再是类指。这说明类指适合的句法环境是属性谓语而非事件谓语。

1.4 测试类指属性的句法框架

属性谓语虽然适合类指主语,但并不限于与类指主语同现。比如"这个学生应该好好学习","应该V"是属性谓语,但"这个学生"则是有定的。不过,有一种属性谓语只允许类指NP做主语,排斥其他指称义的主语,那就是"多、少、丰富、稀少"等。Chierchia(1998:§4.1)引用Carlson(1977)指出英语rare(稀少、难得)和widespread(分布广泛的,普遍的)做谓语可以用作揭示类指性质的框架。根据汉语情况，我们找出上述对应词语作为测试类指主语的谓语框架。看例：

（3）a. 狗在乡下很多，城里比较少。

　　b. 世界上蚂蚁比人多得多。

　　c. 阿拉伯半岛淡水很稀少。

（3）中的"狗"和"蚂蚁"都是可数名词，"淡水"是不可数名词。在（3）中，它们都具有非个体的性质，都指类，而且排斥表示其他指称义的标记。

它们不能加"这条""这些"等指量短语，可见它们不是有定的。如：

（4）a. *这条狗在乡下很多。

　　b. *那些狗在乡下很多。

它们不能带数量短语，可见不是无定、存在量或（数量短语重读时）计量成分。如：

（5）a. *一只蚂蚁在乡下很多。

　　b. *三只蚂蚁比人多得多。

　　c. *阿拉伯半岛一些淡水很稀少。

它们不能带全量成分，可见不是全量，也显示此时类指的外延被完全抑制。如：

（6）a. *所有狗在乡下很多。

　　b. *世界上每一只蚂蚁比人多。

汉语的类指 NP 确实主要以光杆名词短语的形式出现。不过有一个例外，就是类指成分能与带表类量词的有定指示词同现。请看：

（7）a. 狗这种动物在乡下很多。

　　b. 世界上这种蚂蚁比人多得多。

　　c. 阿拉伯半岛那样的淡水很稀少。

（7）中的主语中都出现了"这、那"这样的指示词，不过它们都与"种、样"这样的表类量词搭配。这些量词本身就显示了（7）中的主语都不是个体性的，而是类指的。我们把"这种、那样"等指示类别而非个体的指量短语称为类指量词短语，其性质很不同于一般的指量短语，

第二节将有进一步讨论。

再来看一种比较微妙的现象:

(8) 王大鹏家的狗很多。

(8) 的"狗"受专有名词"王大鹏家"修饰,似乎是有定的。其实,有定的领属定语不一定保证整个 NP 是有定的。"王大鹏家的狗"确实可以表示有定,如(9),但其解作有定时还是可以加进指示词,如(10),而用"多/少"类词做谓语时,就排斥有定指示词,如(11):

(9) 王大鹏家的狗很凶。

(10) 王大鹏家的那些狗很凶。

(11)* 王大鹏家的那些狗很多。

可见,(8) 中的主语仍是类指的,只不过说话人把"王大鹏家的狗"作为一个类,是"狗"这个大集中的一个小子集。由此可见,"多/少"类谓语可以让本来有指称歧义的单位限定在类指的解读上。

通过以上分析,我们大致能将类指 NP 与其他指称语义做一个区分。

二、类指成分在名词短语中的位置:
光杆名词短语类指普遍性假说

以光杆 NP 形式出现的类指 NP 与带类指量词短语的 NP 在"多/少"类谓语的测试中有相同表现,这体现了两类成分在指称义上的共同性。这两类形式的共同性还不止于此。本节将从这两者的共同点入手,进一步提出光杆名词短语普遍具有类指属性的假说。

我们注意到,在汉语中,只有表类量词可以用在另一个量词短语后。这时表类量词 NP 就相当于一个光杆 NP,实际上这两者也可以互相替换(刘丹青 2001a)。先看例:

(12) a. 他买了一件这种衬衫。

  b. 老王演过三个那类角色。

没有其他指量短语可以用在(12)中的"这种""那类"的位置。另一方面，假如在语境中"这种衬衫"指的是"格子衬衫"，"那类角色"指的是"反角"，那么"格子衬衫""反角"这种光杆 NP 就可以代替"这种衬衫""那类角色"这种表类 NP，真值条件保持不变。即：

（13）a. 他买了一件这种衬衫。= b. 他买了一件格子衬衫。

（14）a. 老王演过三个那类角色。= b. 老王演过三个反角。

在（13）（14）中，宾语中有"一件""三个"这种表无定或计量的指称标记，因而整个宾语是表无定或计量的，但"种、类"这种量词决定了"这种衬衫、那类角色"这种 NP 本身的指称意义仍是表示种类即类指的。"这种衬衫"这类结构的作用不是有定指示，而是代替一个没有指明名称的类别。只要所指的类别有合适的名称，它完全可以被类指的光杆 NP 取代，如"格子衬衫"等。同样，对于名词，假如我们一时不能或不想说出其名称，也可以用带表类量词的短语来代替，如"一件格子衬衫"不妨说成"一件那种衬衫"，甚至"一件衬衫"也不妨说成"一件这种衣服"。由此可见，（13）（14）中 b 句的"格子衬衫""反角"这种光杆 NP 和 a 句的"这种衬衫""那类角色"功用相当，具有共同的指称意义，而这种指称义当然只可能是类指。

光杆 NP 表示类指本是汉语中很自然的现象，上面分析的重要之处在于，在带有其他指称标记（"一件""三个"等）的 NP 中，指称标记后面的光杆 NP 也是类指的。这就意味着，类指以光杆 NP 的形式存在于一切名词性单位中，其他指称义的 NP 都可以看作其他指称标记加一个类指 NP，当没有用其他指称标记时，光杆 NP 以纯粹的类指义出现。换言之，类指 NP 不但形式上是最无标记的，在意义上也是最无标记的，是一切指称义的基础。

上面的分析可称为"光杆名词短语类指普遍性假说"，即在一切名词性单位中，其不带指称标记的 NP 都具有类指的指称义。光杆 NP 假如表达类指以外的指称义，则理解为其他指称标记的省略或零形式标记。用当代生成语法的 DP 理论（由 Abany 1987 最早提出）来看，名词性的短语是以限定词（D）为核心的限定词短语（DP），短语中限定词以外的 NP（光杆 NP）则是 D 的补足语。不管我们在句法上是否接受 DP 假说，至少在语义上，这一假说可以很好地解释名词性短语中类指和其他指称义的关系。既然 D 是核心，那么整个短语的指称义就由其核心决定，所以"一件格子衬衫"的整体指称义是无定的（"一"不重读）或计量的（"一"重读）。当 NP 前面有指示词、数量短语等指称标记时，光杆 NP 的类指义就被其他指称义覆盖；当 NP 前面没有其他指称标记时，NP 就作为类指成分出现。这一解释可以表示如下：

（15）DP（有定、无定、计量、全量等）= D（有定、无定、计量、全量等）+NP（类指）

这一解释在汉语中还能获得特殊的有力证据：论元中的类指成分可以和作为 DP 核心的指称标记分离，独立充当一个话题，从而使其类指义得到显现。汉语作为话题优先语言，其谓语前除了主语的句法位置外，还有话题的句法位置，因此，一个受事论元可以只让其指称标记部分（DP 减去 NP 后的部分）单独充当宾语，而让其光杆 NP 在动词前充当话题或次话题，形成（16）（17）那样的分裂式话题结构（刘丹青 2001a）：

（16）a. 格子衬衫他买了一件。~ b. 他格子衬衫买了一件。

（17）a. 反角老王演过三个。~ b. 老王反角演过三个。

这种结构的话题部分必须是光杆 NP 或类指量词短语（这种衬衫、这种角色等），而充当宾语的部分则是数量短语或普通的指量短语（亦即 DP 减去光杆 NP 后剩下的部分）。这种位置分配是不可逆的，即话题和宾语不能互换位置。这种不可逆性正好显示了做分裂式话题的光杆 NP 是类指的。因为，框架式话题有"话题大于述题内容"的普遍原则（Liu 2004；刘丹青 2001a）。光杆 NP 解释为类指成分正好造成集合大于集合内任何个体或群体（由宾语位置的数量短语体现）的格局。假如光杆 NP 没有独立的类指义，就无法解释它为什么能分裂出来做话题，并和宾语不能互易位置。

三、类指成分的其他句法属性

3.1 类指成分的典型句法属性

上面在讨论类指成分的指称属性和在名词性短语中的地位时，已经涉及类指成分的一些典型的句法属性和表现：（1）类指的主要表现形式是光杆 NP；（2）只适合类指 NP 充当的句法位置是"多/少"类谓语的主语；（3）类指 NP 可以作为光杆 NP 出现在有定、无定、量化等各类指称标记之后，这时其类指义被其他指称义所覆盖；（4）受事论元中的光杆 NP 可以离开其指称标记在句首或动词前充当话题或次话题，而让作为指称标记的数量、指量短语居于动词后的宾语位置。

下面讨论类指成分在语言实际中表现出的更加复杂多样的句法形式。

3.2 带有定标记的类指成分

北京口语中，类指成分前常常加"这"，而不必是光杆 NP 的形式，形式上就如同有定成分，但实际上从形式到语义类指的"这"都有别于真正的有定成分。

张伯江、方梅（1996：156—157，179—180）已指出并初步分析了"这"表示通指（generic 大致相当于本文所说的"类指"）这一用途，方梅（2002）对此有进一步的分析。他们所举的例子如（编号重排，某些上下文此处略去）：

（18）"我发现这女人全是死心眼。"孙国仁对刘顺明说。

（19）这老婆我还有一比，好比手里这烟。这烟对身体有害是谁都知道的，为什么还有那么多人抽？

（20）——你说我们这位吧，过去挺好的，任劳任怨，……现在倒好，成大爷了，……其实有什么呀，不就写点儿狗屁文章吗，别人不知道,我还不知道!

——没错,这男的呀,稍微长点本事,就跟着长脾气。

他们的分析中,值得注意的有两点:

(一)这种用法的"这",在语音上总是轻读,并且只读 zhe,不读 zhèi。张伯江、方梅(1996)还提到,这种用法"这"比"那"用得多。方梅(2002)把像(20)那么用的"这"归为"定冠词用法"(类指和定冠词的关系下文还将讨论),并更明确地指出"从收集到的材料看,只有近指词'这'虚化为定冠词,远指代词'那'还没有那么高的虚化程度"。(18)(19)两例和(20)完全属于同类,则可以基本肯定这种用法在语料中只限于"这"。

(二)这种"这""所修饰的成分总是说话人引出的一个话题,这个话题总是和上文的某个事物相关,具体而言就是上文事物所属的类别"(张伯江、方梅 1996:157)。(19)一例中第一个"这烟"中的"这"没被看作"通指",对于后一个"这烟"来说,前一个"这烟"就该是他们所说的"上文的某个相关的事物",后一个"这烟"则是上文"这烟"所属的类别。我们同意他们的分析,第一个"这烟"是有定的,大概就是直指现场手里的那支烟,后一个"这烟"虽然与此有关,但指称义已经转为类指,即对身体有害、又有那么多人抽的烟,不是当场手里拿着的那支特定的烟,而是作为一个类的烟。(20)的"这男的呀"在篇章上与上文的"我们这位"(指说话人的丈夫)相关,但已经不是特指该男子,而是泛指男人或为人丈夫者一类人,其中的"呀"更是显性的话题标记。

第一点说明,用于类指成分的"这"在形式上已与有定的"这"有所区别,因为表示有定的"这"不轻读,并可以变读为 zhèi("这一"的合音)。而且,还出现了在近远指示词中只选"这"作为类指标记的倾向。第二点说明,类指成分前加"这"的情况总是出现在话题位置,这就说明"这"似乎不单单是个类指标记,其作用与话题化有关。

此外,前面提到,光杆名词是类指还是单指(指具体个体),跟谓语类型有关。在属性句中,光杆 NP 主语常常是类指的;在事件句中,光杆 NP 主语常常是单指的(有个体性的)。这一分别对"这 NP"同样适用。比较：

（21）a. 这蛇是挺可怕的。~ b. 这蛇咬了他一口。

（22）a. 这小学生也不能随意糊弄。~ b. 这小学生在回答问题。

（23）a. 这人都爱往高处走。~ b. 这人升了大官了。

（24）a. 这电脑我也不太懂。~ b. 这电脑被他搞坏了。

上述 a 句都是属性谓语句，其中的"这 NP"都只能理解为或至少倾向于理解为类指，"这"必须轻读或优先选择轻读。由同样的"这 NP"构成的 b 句，都是事件谓语句，"这 NP"都只能理解为单指，"这"不轻读，而且倾向于读 zhèi。

有定标记特别是虚化度高的有定标记具有类指的作用，是语言中的常见现象。英语的定冠词 the 就是一个熟例，而虚化程度低的指示词 this、that 则只表有定不表类指。① 比较：

（25）a. The panda eats bamboo. '熊猫吃竹子。'

b. This/That panda eats bamboo. '这只 / 那只熊猫吃竹子。'

因此，北京话由定冠词用法的"这"派生出类指用法是很自然的事。而尚未虚化到冠词阶段的"那"没有类指用法也是自然的事。从类型学角度看，倒是很少看到有语言使用专门的与其他指称标记无关的虚词来标记类指，这部分是因为类指常常优先抢占一个更经济的形式——光杆 NP，包括英语中的光杆复数 NP（如 Pandas eat bamboo）。

我们知道英语的定冠词来自指示词，因此"指示词→定冠词→类指标记"可以看作英语和北京话共有的语法化路径。倒是一些量词功能发达的南方方言，如吴语、粤语，在上述路径的前一段中表现出与北京话的差异。这些方言不是由指示词，而是由量词虚化出定冠词用法，进而用作类指标记，体现了一项重要的类型差异。下面先以苏州话为例来说明。

苏州话"量词 + 名词"不带指示词、数词就能用在句首等位置表示有定，如"只碗破脱哉"表示"这 / 那只碗破了"。换句话说，苏州话

---

① 其他语言中的定冠词 / 定尾词往往也有类指用法，如匈牙利语的定冠词 a(z)，例见顾宗英、龚昆余（1989 : 165），罗马尼亚的定尾词 (u)l，例见杨顺禧（1993 : 37）。

量词整体具有类似于定冠词的作用（石汝杰、刘丹青 1985）。此外，基本个体量词"个"[kəʔ⁵]除了量词共有的定冠词作用外，还有其他量词所没有的两项专门化的功能，这两项功能都与北京话的"这"相当，包括类指定冠词的作用。

"个"的第一项专门功能是用在做话题的专有名词前。专名前通常不加量词，但在做话题时，可以加"个"，翻译成北京话就是"这"。如：

（26）a. 个老张么，捺亨还觞来。b. ~ 这老张么，怎么还没来。

（27）a. 个长沙，现在变仔样子哉。b. ~ 这长沙，现在变了样子了。

（28）a. 五一节辰光，个岳麓山游客实在多。b. ~ 五一节时候，这岳麓山游客实在多。

"个"的第二项专门功能就是加在做话题的类指 NP 前。当 NP 是类指时，就只用泛指量词"个"，不能用其他量词，如（29a）(30a)；当 NP 有定时，就要用与名词相配的专用量词，如（29b）(30b)：

（29）a. 个蛇是蛮怕人葛。'这蛇是挺让人害怕的。'（义同 21a）

　　　b. 条蛇咬仔俚一口。'这（条）蛇咬了他一口。'（义同 21b）

（30）a. 个电脑我也勿大懂。'这电脑我也不太懂。'（义同 24a）

　　　b. 部电脑拨俚弄坏脱哉。'这（台）电脑被他搞坏了。'（义同 24b）

当然，假如 NP 本身的专用量词也是"个"，则有定和类指都用"个"，如：

（31）a. 个人侪欢喜望高处走。'这人都爱往高处走。'（义同 23a）

　　　b. 个人升仔大官哉。'这人升了大官了。'（义同 23b）

以上情况显示，苏州话的"个"，真的已进一步虚化为专用的定冠词。其搭配的范围不但超过其他量词，而且超过表示有定或计量时的"个"——有定或计量的"个"仍然与名词有选择限制，而定冠词"个"可以与一切 NP 相配，包括专有名词。搭配范围的广泛性正是语法化程度的最重要指标之一。①

---

① 上面有关吴语以量词做类指标记的情况，用上海话不易说清，因为上海话量词"个"[gəʔ/ɦəʔ]和指示词[gəʔ]（也可作"个"）同音，作为类指标记的"个"易被认为是指示词，这就显得与北京话"这"一样了。而苏州话与量词"个"[kəʔ]音最近的指示词是"舸"[gəʔ]，两者声母清浊有别。

广州话也用不带指示词的量词来表示做话题的类指NP，不过它选择的不是个体量词，而是复数量词"啲"（些），如：

（32）啲女人都中意买衫。'这女人都喜欢买衣服。'

从共性与类型的角度看，广州话的选择更符合语言的共同倾向。因为类指就是要排斥个体性，所以英语等很多语言都优先选择复数NP表示类指。吴语选择突出个体性的个体量词"个"来表示类指，这有点反常。不过我们要注意到，吴语并不是直接由突出个体性的量词用法派生出类指定冠词用法的，而是从已经表示定指的量词用法再派生出类指用法的，因此性质上已经与英语用定冠词表示类指相近。况且吴语表示类指时选择的不是针对特定名词小类的专用量词，而是不管什么名词都用意义比较宽泛的"个"，这也进一步降低了量词的个体性。其实，吴语偶尔也用复数量词"点"表示类指话题，如（32）用苏州话也可以说"点女人侪欢喜买衣裳"，只是不像"个"已成为表类指的专用手段。

从书面上看，北京话的"这+NP"、苏州话的"个+NP"和广州话的"啲+NP"都可能有指称歧义，可有定，可类指，而一旦加了量词，就只表有定，不表类指。如北京话"这学生"、苏州话"个学生"都是既可表示一个有定的学生，也可表示学生这类人。广州话"啲学生"也是既可表示一群有定的学生，也可表示学生这类人。（当然，在口语中，北京话"这"存在有定的zhèi和类指的zhe之别，苏州话也存在有定"个"非轻读、类指"个"轻读的差别。上述指称歧义写下来才存在。）而一加了量词，形成"指示词+量词+NP"，如"这个学生"、"埃个学生"（这个学生）、"呢啲学生"（这些学生），就只表有定了。换言之，完整的指量短语（指示词+量词）在北京话、苏州话、广州话里都只能是有定标记，非要省去其中之一，才能用于做话题的类指NP，成为更像定冠词的标记。这是大的共同点。区别只在于北京话省"量"留"指"，吴语、粤语则省"指"留"量"。北京话类型可以叫"指示词优先型"，吴语、粤语类型可以叫"量词优先型"。这两种类型的差异是系统性的，不但表现在类指成分上，也表现在专有名词前（这老张～个老张），还表现在定语标记上（老张这书～老张本书）。在某些方面，粤语是比吴语更强烈的量词优先型（参见刘丹青 2000 对粤语量词功能的说明以及方梅 2002 对北京话指示词功能的说明）。

3.3 类指标记还是话题标记

前面已引用张伯江、方梅（1996）说明普通话表类指（"通指"）的"这"都用在做话题时。苏州话表类指的"个 NP"也用在话题位置上，如前面例句所示。那么，这些类指 NP 中的指示词到底主要是表示类指还是话题？其指称作用和篇章作用哪个更重要？

张伯江、方梅（1996）和方梅（2002）似乎都认为其篇章作用更为重要。张伯江、方梅（1996：180）比较了老舍剧本《茶馆》和北京人艺的实际演出录音，发现剧本中的类指名词（如"学生"）在演出时加上"这"（如"这学生可没什么老实东西啊！"）的例子很多，仅第二幕就有 10 例，"可见这加'这'的确是口语表达引入话题的重要手段"。与此相关的是张伯江、方梅（1996：180）注意到做话题的谓词成分也有加"这"的，如：

（33）这一对夫妇生一个孩子是国家的政策，谁都得遵守。

有趣的是，他们自己的著述也用这种口语化表达，如刚引"这加'这'……"，就是"这"加在谓词短语"加'这'"上。他们认为"给谓词成分加上'这'有助于听者或读者把它理解成一个具有指称性质的成分。'这'的使用加大了话题的可识别性。"对照苏州话，则此时也可以用来自量词的定冠词"个"加在话题的谓词短语前，如：

（34）a. 个一对夫妻养一个小人是国家葛政策，人人侪要遵守。
　　　　（义同 33）

　　　　b. 个买西瓜板要自家会得拣。'这买西瓜一定得自己会挑。'

方梅（2002）更是明确地把谓词前的"这"称为"话题标记"。不过她没有把类指 NP 前的"这"明确称为话题标记。

本文的看法与他们接近，也认为类指 NP 前的普通话"这"或苏州话量词"个"都是表话题作用大于表类指作用，不过它们的使用与类指的指称义确实也有关系。

在话题位置上，不仅类指 NP 可加"这/个"，而且专有名词前也可以加"这/个"，两种场合"这/个"都有引出话题的功能，而指称意义并不相同，"这/个"在专有名词前没有类指作用。而且，专有名词本身就是有定的，也不需要加有定标记。可见这些成分加"这/个"的关键因素还是话题功能。

另一方面，"这/个"在形式上虽然来自其定冠词用法，但用于类指成分已同有定用法有所分化：表现为普通话，是"这"的 zhe 与 zhèi 之别，表类指不能读 zhèi；表现为苏州话则是"个"和专用量词的区别，表类指只能用"个"，如"个蛇"，不能用专用量词，而表有定要用专用量词，如"条蛇"。再看谓词成分做话题加"这/个"的情况。我们注意到能加"这/个"的谓词性成分都是无界的行为，相当于名词性成分的类指，而有界的谓词性成分虽然也能充当话题或主语，但是不能带"这/个"。以北京话"这"为例：

（35）a. 这喝杯水就要收五块钱？
　　　b. (*这) 喝了一杯水就要收五块钱？
　　　c. (*这) 喝这杯水就要五块钱？

例（35）中，a 句谈论的是任何人喝任何一杯水的收费问题，属于无界/类指，可以加"这"。b 句谈论的是一次具体的喝水行为的收费问题，属于有界/无定，不能加"这"。c 句宾语里带有定成分，决定其为有界/有定，也不能加"这"。可见，谓词成分前的"这"既要求该成分做话题，也要求该成分有无界/类指的指称义。

综上所述，北京话的"这"和苏州话的"个"都能看作类指话题标记，有指称标记作用，更有话题的篇章功能。广州话的"啲"也有类指作用，是否为话题标记则尚待核实。

3.4　带无定标记的类指成分

在英语中，类指成分除了用定冠词表示外，也可以用不定冠词表示，如：

（36）A panda is a mammal animal.'熊猫是一种哺乳动物。'

（37）A student should study hard.'一个学生就应当刻苦学习。'

汉语也有这种情况。如：

（38）一个学生就应当刻苦学习。

（39）一位客人，怎么能对主人这样不礼貌？

其中的"一个、一位"虽然形式上是类似不定冠词的数量组合，通常表示无定，但在上述句子中显然表示类指。"一个NP"这种形式表类指还是表无定，有一个突出的区别。"一个NP"表无定时，该NP不能带具有话题标记作用的语气词（或曰提顿词），而"一个NP"表类指时就可以带话题标记。比较：

（40）a. 一个学生（*么）走了过来。

b. 一个学生么，就应当刻苦学习。

此外，表类指的"一个NP"可以去掉"一个"而不改变NP的指称义，而表无定的"一个NP"去掉"一个"就可以理解为有定。如：

（41）a. 一个学生就应当刻苦学习。= b. 学生就应当刻苦学习。

（42）a. 一个学生走了过来。（主语无定）≠ b. 学生走了过来。（主语可以有定）

如何理解类指成分带无定指称标记的现象？

首先，类指成分带无定标记的情况和带有定标记的情况是不对称的，前者比后者有标记（marked），在使用上受更多限制。类指NP前的无定标记，如上举（38）、（39）、（40b）、（41a）各例中的"一个""一位"等，都能改用有定标记"这"；而类指NP前的"这"有时却不能改成"一个"之类，特别表现在NP生命度低的时候，如：

（43）a. 这砖头，就是用来盖房子的。~ b.*一块砖头，就是用来盖房子的。

（44）a. 这塑料饭盒，可能造成大范围的污染。~ b.*一个塑料饭盒，可能造成大范围的污染。

同真正的无定NP比，类指NP前的无定标记也更受限制。超过"一"

的数量词语和复数数量短语"一些"都能用来表示无定成分,却不能表示类指,如:

(45) a. 店里走了三位客人。~ b.? 三位客人,怎么能对主人这样不礼貌?（除非作定指解）

(46) a. 一些学生忽然围了上来 ~b.* 一些学生,就应该好好学习。

分析这些限制背后的原因,可以帮助理解汉语中无定标记用于类指的现象。

如前所述,类指 NP 前加"这",首先是因为"这"有表话题的功能。"一个"这类无定标记没有话题功能,因此用于做话题的类指 NP 时受的限制更多,而且往往借助于提顿词"么"等或插入停顿来帮助凸显话题功能。也可以用"对（于）"一类有介引话题功能的介词来引出,如:

(47) <u>对于一个</u>在北平住惯的人,像我,冬天要是不刮风,便觉得是奇迹;济南的冬天是没有风声的。<u>对于一个</u>刚由伦敦回来的人,像我,冬天要能看得见日光,便觉得是怪事。（老舍《济南的冬天》）

(48) 小地方的人有一种传奇癖,爱听异闻。<u>对一个</u>生活经历稍为复杂一点的人,他们往往对他的历史添油加醋,任意夸张,说得神乎其神。（汪曾祺《皮凤三楦房子》）

类指的语义核心特点就是非个体性,"这"只是个指示词,而且不读含有"一"的 zhèi,它用在无数量标记的 NP 前,没有显露出个体性。一旦加上量词变成"这个"等,就只能表示有个体性的有定了。而"一个"的表层形式表明是表示单一个体的,因此在表示类指成分方面不如"这"适宜。而"一些、三位"等更是加进了数量因素,个体性得到增强,因此更不宜用于类指了。

不过,我们还是需要解释,为什么表面上就写明个体性的"一个"等能用于类指 NP。比较同为类指的光杆 NP 和带无定标记的 NP,我们可以看出两者在语用功能上的差别。

光杆 NP 是表类指的常规（canonical）手段,加了无定标记再表类指,则有一种转喻的性质,即以个体转指类,其类指义是通过对转喻的理解而获得的。所以，这种形式最适合针对特定个体宣扬普遍道理的交际需求。例如针对一个或若干个学习差的学生进行教育，就适宜说"一个学生（么），就应该好好学习"。假如是一般性的号召，就更倾向于用光杆 NP，如"学生么，就应该好好学习"。因为是转喻，字面上仍是个体的，所以篇章中仍可将其作为个体来回指。如（48）中"对他的历史添油加醋……"就用"他"来回指前文的"一个……人"。假如去掉前面的"一个"，或换上"这"，该小句本身没有问题，"（这）生活经历稍为复杂一点的人"仍是类指话题，但下文再用"他"回指就不自然了。个体对类的转喻也可以解释为什么这种用法主要用于指人名词。在人的认知域里，非生命的个体是很不突出的，还不如类凸显，所以在有数范畴的语言里很多物质名词干脆就是不可数名词，其个体性完全被语法系统忽略，即使加上数的标记也往往表示其种类的数量而非个体数量。认知的常规是用凸显的对象隐喻或转喻不如其凸显的对象。因此，说话人不会用不凸显的无生命个体去转喻比它还凸显一些的类指。

我们说无定标记表类指是转喻，字面上仍是表个体的，这有句法上的证据。用"他"回指是一个方面。另一个证据是前述类指测试框架——用"多/少"类词语做谓语。用"这"标记类指时仍能用"多/少"做谓语，而用"一个"标记类指就不能进入这个框架，如：

（49）a. 这保险推销员现在真多。~ b.*一个保险推销员现在真多。

（50）a. 城里这麻雀也稀少了。~ b.*城里一只麻雀也稀少了。

3.5 类指在主语／话题以外的位置

类指成分的典型位置是充当主语或话题，包括这些位置上的定语（<u>学生</u>的首要任务是学习），也包括有话题篇章功能的状语中的 NP（对于<u>学生</u>来说，学习是首要任务）。此外，本文第二节论证了有定、无定等标记后面的光杆名词也都是类指的，但其类指义被上一层的有定、无定等覆盖，因此这样的 NP（或称 DP）充当的句法成分不能算类指 NP 充当的成分。除了主语／话题，类指成分还能否出现在其他适合名词短语的位置，如宾语的位置？

本文研究的类指是 kind-denoting，它可以视为 generic（类指、通指）这个术语最原型的理解，指严格的指示类别、指向集合的成分，是一种凸显内涵、暂时抑制了全量外延的成分，但在一定条件下可以加上全量标记而不改变真值条件。而 generic 这个术语所指称的，除了 kind-denoting 以外，还包括若干种偏离原型的变体。例如：

（51）小明在岛上发现了蜥蜴，小亮也在岛上发现了蜥蜴。所以他们发现了相同的动物。

（52）老王碰到了一些学生，老张也碰到了一些学生（，*所以他们碰到了相同的人）。

在（51）中人们关注的是"蜥蜴"作为一个物种的存在，而不是具体哪些蜥蜴个体。小明见到的蜥蜴和小亮见到的蜥蜴可能不是同样的个体，但这不妨碍把他们的发现视为相同的。（52）则不行，"一些学生"是无定成分，具有个体性，两人碰到的人虽然都是同一种人，但所指个体可能不同，不能说"碰到了相同的人"。在这个意义上，（51）的"蜥蜴"可以算作类指。但是，它和原型的类指不同，两人发现的肯定只是蜥蜴中的一部分，绝不是蜥蜴整个类，也绝不能变换为全量成分。所以，这种类指，可以认为是无定外延（而不是全量外延）被暂时抑制的类指。类指还有其他各种变体，无法在此一一分析。

就类指的句法位置来说，本文讨论的原型类指以主语/话题为常规的位置。至于这种类指能否出现在主语/话题以外的位置，这要待类指义的各种变体得到细致研究后才能深入讨论，本文暂不深究。可以一提的是，否定辖域内的受事要么是有定的（没见到老王/没碰着那个人），要么是类指的（没钓到鱼）。因此，至少在否定句里，类指是可以做宾语的。不过，在话题优先更加明显的吴语中，否定句受事也强烈倾向于做话题而不是宾语，这仍然反映了类指成分做话题的倾向；是非疑问句的受事也有类似属性，因此在吴语中也倾向于做话题（刘丹青 2001b）。其实普通话也有这种倾向，即否定句和是非疑问句的受事比肯定陈述句的受事更容易话题化（敬酒不吃吃罚酒），只是不如吴语那么突出而已。

Givón（1978）比较不同语言对指称成分的不同处理模式，其拿来作为比较参项的不是单纯的指称成分，而是指称成分和句法成分的复合体，如有定-主语、无定-主语、有定-宾语、无指-宾语等，因为具体语言用形态或句法来范畴化的指称义常常不是单纯的指称义，而是与其句法位置结合在一起的。虽然他的做法未必是最科学的，但至少反映了指称属性和句法位置极其密切的关系。本文要讨论的汉语类指义也有这个属性。典型的类指义通常只出现在主语或话题的位置，处在动词范域中的成分很难表现为纯粹的类指。与句法范畴紧紧纠缠在一起的范畴，似乎比那些较为单纯的语义范畴更加难以理清看透。所以，借鉴 Givón 的做法，本文实际上讨论的是"类指-主语/话题"这种指称义与句法位置的复合体。

四、小结

类指的核心语义是非个体性，它不指具体个体，而指向一个类或者说集合。类指重内涵而不重外延，但是可以通过添加指称量化成分凸显或恢复外延，其隐性的外延相当于全量。

类指适合的句法环境是属性谓语而非事件谓语。"多、少、丰富、稀少"等属性谓语只允许类指 NP 做主语，排斥其他指称义的主语，因而可以用作揭示类指性质的测试框架。

汉语的类指 NP 主要以光杆名词短语的形式出现，不过它能与带表类量词的有定指称标记同现，这是因为光杆名词短语和类指量词短语具有相同的指称属性即类指。本文提出汉语"光杆名词短语类指普遍性假说"：一切名词性单位中，其不带指称标记的 NP 都具有类指的指称义。当 NP 前面有指示词（指量短语）、数量短语等指称标记时，光杆 NP 的类指义就被其他指称义覆盖；当 NP 前面没有其他指称标记时，NP 就作为类指成分出现。

北京口语中，话题位置的类指成分前常加"这"（轻读的 zhe，不读

zhèi）。这一功能，苏州话用泛指量词"个"表示，广州话用复数量词"啲"表示。这些成分已虚化为专用的定冠词，可以看作类指话题标记，有指称标记作用，更有话题的篇章功能。

话题位置的类指成分有时也用"一个NP"等来表示，这时候它就能带上其表无定时所不能带的话题标记（提顿词或曰句中语气词）。类指成分带无定标记的情况比带有定标记的情况更有标记，超过"一"的数量词语和复数数量短语"一些"都只表无定不表类指。"一+量"表类指是用个体转喻类。所以它仍能被"他"一类单数代词回指。而且"一个"标记类指就不能进入"多/少"类谓语的类指测试框架。

本文讨论的原型类指成分的典型位置是做主语或话题，包括这些位置上的定语，也包括有话题篇章功能的状语中的NP。广义的类指还包括若干种偏离原型的变体。至于类指能否出现在主语/话题以外的位置，这要待类指义的各种变体得到细致研究后才能深入讨论。

参考文献

方　梅　2002　指示词"这"和"那"在北京话中的语法化，《中国语文》第4期。
顾宗英、龚昆余　1989　《匈牙利语语法》，北京：外语教学与研究出版社。
刘丹青　2000　粤语句法的类型学特点，《亚太语文教学报》第2期。
刘丹青　2001a　论元分裂式话题结构，《面向二十一世纪语言研究再认识——庆祝张斌先生从教五十周年暨八十华诞》，范开泰、齐泸扬主编，上海：上海教育出版社。
刘丹青　2001b　吴语的句法类型特点，《方言》第4期。
石汝杰、刘丹青　1985　苏州方言量词的定指用法及其变调，《语言研究》第1期。
徐烈炯　1999　名词性成分的指称用法，《共性与个性——汉语语言学中的争议》，徐烈炯主编，北京：北京语言文化大学出版社。
徐烈炯、刘丹青　1998　《话题的结构与功能》，上海：上海教育出版社。
杨顺禧　1993　《罗马尼亚语法》，北京：外语教学与研究出版社。
张伯江　1997　汉语名词怎样表现无指成分，《庆祝中国社会科学院语言研究所建所45周年学术论文集》，北京：商务印书馆。
张伯江、方　梅　1996　《汉语功能语法研究》，南昌：江西教育出版社。
Abany, S. P. 1987. *The English noun phrase in its sentential aspect* (Unpublished doctoral dissertation). Massachusetts Institute of Technology (MIT), Massachusetts.
Chierchia, G. 1998. Reference to kinds across languages. *Natural Language Semantics*,

6(4), 339-405.

Givón, T. 1978. Definiteness and referenciality. In J. H. Greenberg (Ed.), *Universals of Human Language: Syntax*. Stanford: Stanford University Press.

Liu, D. Q. 2004. Identical topics: A more characteristic property of topic prominent languages. *Journal of Chinese Linguistics*, 32(1), 20-64.

（原载《中国语文》，2002年第5期）

并列结构的句法限制及其初步解释*

一、并列结构：不能自由替换的向心结构

并列结构是结构语言学意义上的向心结构（布龙菲尔德1933/1980：239—240），其整体句法功能应与其中的任何一个并列肢相同。例如，"工人和农民"和"工人"有同样的功能。[①]

事实上，并列结构的句法功能远非这么简单，它们的出现常受到两个方向的限制。一种是并列限制，即很多句法位置能自由容纳某一语类却排斥该语类的并列式。比较：

（1）a. 小明丢了帽子，小伟丢了帽子 → b. 小明小伟都丢了帽子

（2）a. 你去唱，你去跳 → b.*你去唱跳 c.?你去唱和跳

（1）中的"小明"和"小伟"可以合成单句中的并列短语，而（2）中的"唱"和"跳"却难以合成单句中的并列短语。文献对这类限制已有所涉及（如储泽祥等2002），但专门的讨论还不够。另一种是挂单限制，即某些位置可以接受并列短语，却不能接受其中的挂单并列肢。如（引自刘丹青1982）：

（3）a. 上面沾了红一块绿一块的油彩。→ b.*上面沾了红一块的油彩。

（4）a. 星星们你碰我我碰你的黑空中乱动。→ b.*星星们你碰我的

---

* 本文系国家社科基金重点项目（03AYY002）的成果之一，初稿及会议报告得到沈家煊、陆丙甫、张谊生、储泽祥、邓思颖等先生及唐正大、陈玉洁等课题组成员的指正，一并致谢。尚存问题均归笔者。

① 基于这种认识，语法书在叙述句法规则时往往是不区分并列结构和其组成部分的，例如说某个句法位置可以用"名词性成分"，就同时包括了名词句的并列结构。

黑空中乱动。

这类无法挂单出现的并列成分的向心结构身份已可怀疑，文献中有时用并列结构的名称，如"对称格式"（刘丹青1982）、"对举格式"等。①本文只讨论并列限制，梳理一下这种句法限制的一些常见类别，然后对造成这些限制背后的原因做些初步的探讨。

"并列"的概念在汉语语法学中比较模糊（参看马清华2005，"绪论"）。本文以此对应"coordinate"，着重取其句法含义，在短语层级大致相当于"联合"，不涉及复句层面上位的"联合复句"和下位的"并列复句"的纠葛。并列可细分为三类：原型（狭义）、非原型（广义）和边缘。非原型的并列包括递进、选择等关系（在汉语复句体系中被归入联合而非并列）。边缘的并列包括连动、同位等。②排除非原型和边缘的并列后，剩下的就是原型的并列（必要时称"等立"）。用排除法来界定原型并列，是因为原型并列其实也不同质，次类不少，如马清华（2005：§2.1.4）提到的"并合、交合、微递进、微转折、对比"等。虽然有些小类被马书看作并列复句的类别，其实也存在于短语层面的原型并列，如"沉着而坚强"（微递进）、"聪明而懒散"（对比）等。

本文主要关注原型的并列，兼及非原型并列，不考虑边缘并列。

---

① 朱德熙（1982：36）把"你一句我一句"等结构归入"并立式复合词"，仍属"联合结构"，并就此说"联合结构的语法功能跟它的组成成分的语法功能不一定一致"。说它们是"复合词"可以避开向心结构的矛盾，因为复合词功能上偏离其核心很正常，如动宾式的"司令"是名词。但这些结构难以都看作词，有很多是可以临时构造的，如"红一块绿一块"之类。朱先生还注意到这类结构的表义特点：它们意义上不是实指，而是比况性的。不过刘丹青（1982）所讨论的逆向限制的对称格式也有不少例子是实指的，如"穿着件短不够短、长不够长的棉袄"，"复合词"或"比况性"都不能概括这类情况。

② 连动和同位在句法上仍然可与作为基本句法关系之一的并列关系归为一类。上引布龙菲尔德书明确将coordinative（并列性）和serial（连动性）归为向心结构的一个大类（另一大类是偏正）。当然有部分连动更靠近偏正（参看高增霞2005：114—115）。与连动对应的顺承复句和与同位很接近的解说复句都被视为联合复句。

二、并列结构的词类限制

2.1 虚化程度对并列的制约

不同的词类构成并列结构的功能相距悬殊,最大差别体现在虚词和实词之间,总体上,虚化程度越高,越难以并列。比较:

(5)a.果树的上面(和)下面~b.果树上下~c.*果树上和下/*果树的上和下

(6)a.大门的里面(和)外面~b.*大门里外/*大门里和外/*大门的里和外

(7)a.大门的上面(和)外面~b.*大门上外/*大门上和外/*大门的上和外

(5a)和(5b)似乎显示不管是"上面"和"下面",还是"上"和"下",都是可以并列的。可是,(5a)可以加并列连词"和",而(5c)显示是无法加"和"的,不管前面是否有"的"。这提示我们(5b)的"上下"并非句法并列,否则不能解释为什么不能加"和"。(6)则显示,(5b)那样的并列无法类推到同一语义范畴的"里外"等其他词语。(5b)只是"上下"作为一个复合词的特例用法,而作为句法组合的并列结构不应不能类推。(7)进一步证明"上下"只是个词汇特例,同样有并列关系的"上外"无论在哪种句法环境里都完全不成立。这种限制是句法性的,因为语义上同义的"上面和外面"完全成立。

"里面"和"外面"能自由并列是因为它们仍然是方位名词,而"上、下、里、外"等虚化为方位后置词,作为名词已经去类化(decategorized)了,因此难以并列。"大门上下""大门内外"可以说,这是因为"上下""内外"已经词汇化为复合词,而且它们恰好具有后置于名词的功能,它们不能化为自由的并列短语。"里外"虽也成词,但该词就不具备"上下""内外"的功能,而只能用在"里外不是人"之类句法环境中。而"下上、上外、下里、上里、上内"等因为不成词，没机会出现。再来比较意义上与"上下"同类而且能后置的"左右"，其词汇化体现为挂单限制，比较：

（8）a. 大门左右～b.*大门左／*大门右（可以说"大门左边／大门右边"）

足见"左右"也不是"左"和"右"的临时组合。

不过，理论上并不能断言实词都能并列而虚词都不能并列。例如英语的前置词（介词）就可以并列，如：

（9）You can travel by bus to and in Beijing.

（10）There were lots of tourists in and outside the museum.

限制并列的虚化临界点（即虚化到什么程度不能再并列）因语言而异，难以据此比较不同语言间相关词语的虚化程度，但是可以据此在一种语言内部测试虚化程度。

英语很多虚词都能并列。连词的并列如 What should we do before and when you arrive?（在你到达前和到达时我们该做些什么？）。只有虚到后缀之类的形态要素才不能规则化地并列，如 bigger or biggest（更大或最大）不能并列成 bigger-or-est。而汉语无论介词（前置词）还是连词都不能如英语般并列。如英语 to travel to and in Beijing 就无法按字面直译为"往和在北京旅行"，而要将句子分拆为两个并列谓语，说成"往北京旅行和在北京旅行"。汉语助词、语气词等更虚化的成分更难并列（助词连用和语气词连用都不是并列）。甚至实词内部较虚化的词项也不能并列，如副词中接近虚词的单音副词"就、也、才、只、可、太、很、都"等都没有并列的功能。更早时汉语连助动词都难以并列。王力（1943/1985：353）将下面这种"可能式的排偶"或可能助动词和非助动词的并列都归为"欧化的语法"：

（11）我不能，也不该离开他。

（12）你仍然像在特别包厢里看戏一样，本身不曾，也不必参加那出戏。

其实这些句子也是靠了"不"的某种帮助才增强并列能力的，单音助动

词就很难并列:

(13)*我能、也该离开他。

以上初步观察表明,在词类方面,英语是并列结构宽松型语言,汉语是并列结构限制型语言。英语要虚到词内的形态成分才不能并列,而汉语只要开始虚化就难以并列了。

语法化程度及与之相关的音节数目对并列的限制,主要是一种句法的限制,意义相近的词语,并列功能可以很不相同,比较:

(14)a.*小张很或太敏感。~ b.小张非常或过于敏感。

(15)a.*他常并只喝绿茶。~ b.他经常并仅仅喝绿茶。

这些限制有字数因素在起作用,但不是单纯的韵律限制,因为状语位置并不排斥三字组合,如"大家一窝蜂喝绿茶"。上面是带连词的并列,而不带连词时变成层次不同的副词连用,结构和意义都改变了,不再是并列,如"他常只喝绿茶"。再看有源流关系的词类,因为虚实不同,并列能力就不同,即使它们字数相等,比较:

(16)a.*往并在北京旅行(比较例(9))~ b.(请你)看并开这款新车

汉语前置词都来自动词,至今仍保留一些动词性,但作为介词已不能并列,如上面的"往、在",而同样单音节的"看、开"因为是动词就可以并列。这也说明不是纯韵律限制。

2.2 名词和动词并列功能的差异

即使在最实的两大词类——名词和动词中,并列功能也有显著差异,动词并列受到更多限制。我们将主要比较最能反映它们固有属性的各自常规句法位置的情况。名词的常规句法位置是做论元,主要是主语、宾语及介词宾语,而动词的常规句法位置是做谓语(参看莫彭龄、单青1985;Croft 2000)。在词类的常规句法位置,汉语名词作为论元的并列远比动词作为谓语核心的并列自由。

在论元位置,名词既可以直接组合(一些语义、字数方面的限制条件参看储泽祥等 2002：25—30），也可以加并列连词（比直接组合自由得多）：

（17）铁（和）不锈钢都能做炒锅｜我买了些家具（和）电器｜对嫌犯和服刑人员也要讲人权

而在谓语位置，汉语动词的并列很受限制。谓语位置相对自由的是构成作为边缘并列类的连动句，但单个动词的组合仍较受限制，因为连动句更常见的是动词短语的组合，如"他走过去买份报纸看～*他走买看"。① 边缘并列不是本文关注的重点。

除了连动句外，谓语位置的并列有直接组合、依靠停顿和使用连词几种情况，下面我们就直接组合和使用连词两种情况分别考察。

动词间不停顿直接组合做谓语的情况，带有很强的词汇化倾向。单音词的组合几乎限于词汇化的凝固组合，双音动词的组合相对自由一些，但仍比论元位置双音名词的组合受更多限制。储泽祥等（2002：77—95）对动词并列的组合能力有较为细致的考察，从其描写和分析不难看出这些并列的词汇化性质或倾向。$V_{1单}+V_{2单}$的并列，储书的举例有：

（18）争抢、死伤、接送、欺瞒、赔赢、涂抹、擦抹、拆洗、捆绑、揉搓、搂抱、接听、剪裁、耙梳、拼争、捏摸、抢揽、挑拣、收买、搅割、挑送、翻挖、揪扯

例句中举到的还有"分拆（稿件）、刨挖（墓穴）"等。不考虑某些疑义，暂且认为这些组合都是并列关系，虽然其中大部分组合的两个字不能换位，如：

（19）*抢争、*伤死、*送接、*瞒欺、*抹涂、*绑捆、*抱搂、*拣挑……

另一些两字组虽然语序不固定，但其本身能否成立恐怕汉语母语人语感有异，如"搅割、赔赢、捏摸"。作为句法组合的并列结构虽然有一些受语义制约的语序，但原则上是可以自由换位的，不应该出现如此大比例的固定语序。更重要的是，不能换位例子不必有语义理据，如"接送"不说"送接"（小孩上学，先送后接还更符合象似性），"搂抱"不

---

① 某些藏缅语连动更加自由，是比汉语更典型的连动自由型语言，见 Matisoff（1991）。

说"抱搂"。储书指出,"这种组合凝固性强""有不少以并列式复合词的身份被收进了《现代汉语词典》"。这些都显示了它们的词汇化性质或倾向,难于看作真正自由的句法组合。至于单音动词组成更多项的并列,更是严格局限于高度词汇化的组合,不能随意换位,如:

（20）鬼子进村烧杀抢掠/*杀烧掠抢/*掠烧杀枪/*抢杀烧掠……

事实上汉语常用动词可以拼出大量有理据却不合格的例子,如:

（21）*唱跳/*跳唱:*他们在歌舞厅~。(他们在歌舞厅唱唱跳跳。)

（22）*借送/*送借:*我以前~他很多东西。(我以前送他很多东西,也借他很多东西。)

（23）*打吵/*吵打:*你们别在教室里~。(你们别在教室里打啊吵的。)

（24）*写画/*画写:*退休以后他每天在家~。(退休以后他每天在家写写,画画。)

（25）*说骂/*骂说:*他们老在背后~老张。(他们老在背后说老张,骂老张。)

双音节动词在谓语位置的直接并列组合比起单音节动词来要自由得多,但本质上仍是不自由的。再参考储泽祥等（2002）的观察。储书归纳的 $V_{1双}+V_{2双}$ 式的第一条特点就是"结构匀称、凝固性强"。这两句话都反映了双音动词并列结构的凝固性——就是某种程度词汇化。结构匀称,表现为"一般来说,V_1V_2 构成成分相同"（储书79页）,即动宾加动宾（挺胸叉腰）,并列加并列（腐化糜烂）,偏正加偏正（胡编乱造）。虽然也有一些结构不对称的"混合式"（设计安排、出生长大）,但是"以相同成分组成的并列形式占绝对优势,混合式的数量不多"。凝固性强,作者归结为形式上与成语相同。实际也表现出词语固定、语序固定等特点。并列结构作为句法结构,理论上不应对词内结构有限制。试比较名词,"司令军长警卫一起合影",包含动宾、偏正、并列三种复合词,丝毫不影响其并列。而词内结构、成语之类则有对称倾向。此外,绝大多数双音动词的并列限于两个双音词构成四字格,所以像成语,而句法的并列既不应限制并列肢的数目,也不应在理论上限制音节的数目，即使有某种韵律限制，选择范围不会如此狭小。再来比较名词。上举例子，假如再扩展成"司令军长参谋长警卫队长一起合影"，并列肢增至 4 项，字数也有 2、3、4 三种，组合仍然完全成立。这于动词是很难存在的。由此可见，动词在其常规位置上的直接并列受到严重制约，而名词在其常规位置上的并列要自由得多。由于名词双音化程度远比动词领先，能独用的单音节名词在名词中的比例远远不如单音动词在动词中的比例（刘丹青 1996），但只要是能单用的单音名词，其直接并列的能力就比单音动词强得多，也可以用于不同音节间的并列，还可以用于超过两个词的并列，不像动词基本上限于两单成双的并列，如"雨衣伞都带上""房间里面人狗鹦鹉一起在叫""我买了桃苹果香蕉梨哈密瓜"。

再看带标记的并列。对名词来说，并列结构带标记就如猛虎插翅，句法上、韵律上甚至语义上的限制都极大地放宽了，比如可以说"请听袁隆平和杂交稻的故事""魏晋风度及文章与药及酒之关系"（鲁迅篇名）等。而对汉语动词来说，并列结构带标记却是遇虎拦路：汉语普通话缺少一个连接动词的泛用（不带其他意义）的并列连词。印欧语的泛用并列连词通常适合于名动形各个词类和各种短语、小句，如英语 and、德语 und、法语 et、俄语 и [i]。有些语言则有专用于动词或谓词的泛用并列连词，如朝鲜语中用于每个并列动词之后的后置连词 ko（柳英绿 1999：13）。其实普通话缺乏泛用的动词并列连词不反映汉语共性，广州话的"同埋"和老派上海话的后置连词"咾"[lɔ]（详见刘丹青 2003：238—251）及其苏州话同源词"勒"[ləʔ] 都可以用于各种词类、短语和复句，包括动词并列，如：

（26）你同埋我 | 唱同埋跳 | 听啲音乐，同埋睇下电视（听些音乐，看一下电视）

（27）倷咾我 | 唱咾跳 | 听眼音乐咾，看看电视

普通话的"并"（及文言色彩的"且"）实为轻递进连词，如"你可以躺着休息并思考""会议讨论并通过了决议""他有时间且愿意帮忙"，因而没有条件成为泛用的动词并列连词。语法书上多说动词的并列可以

用"并",造成它与名词短语的"和"(举"和"赅"跟、同、与",下同)等分庭抗礼的印象,实际上这是错觉。并列连词"并"的使用频率极低,与"和"不可同日而语。我们统计王小波《黄金时代》,全文净字数 3.2 万多,无一例用"并"做并列连词(有一例用"并且",做分句连词)。再统计老舍《骆驼祥子》,净字数超过 13.5 万,只有一次用"并"连接动词性谓语:

(28)好像刺开万重的黑暗,透进并逗留一些乳白的光。(《骆驼祥子》)

普通话中其他连接并列动词的连词,都是离原型并列更远的连词,表达选择、转折等非原型的或边缘性的并列关系,除了递进义更强的"并且"外,还有"或(者)"(选择)、"而"(轻转折)、"一方面……(另)一方面"(对比、列举)等。一些本来可以不加连词的原型并列式谓语,加了相对中性的"并"之后合格性反而大降:

(29)小明在房间里不停地开灯(*并)关灯。
(30)老王昨天又在公园里打拳(??并)舞剑。
(31)他们要去农村调查(*并)研究。
(32)他感冒不爱吃药,就一个劲儿喝水(??并)睡觉。

连接并列动词的连词还可以是"和",但"和"用于动词时要受很大限制。朱德熙(1982:157)甚至认为"由'跟、和、与、及'等连词连接谓词性成分造成的联合结构却是体词性的"。实际情况不是这么绝对,但用"和"等连接的并列结构的确丢失了很多动词性(详参储泽祥等 2002)。用"和"连接的大多是论元位置而非谓语位置的动词,它们在相当程度上已经名词化,例如"工作和休息都很重要""你就负责打扫和整理"。这些情况已不属于本文关注的对象。"和"在谓语位置上连接并列动词的用例不是绝对没有,但大体上是一种由欧化句法带来的有条件的书面表达,在口语中不多见。

由于泛用的动词并列连词的阙如,且直接组合又受到严格的词汇化的限制,因此普通话动词的并列就成为很受限制的短语结构,即使能够并列也常带来去类化效应,如带"和"组合难以用作谓语。于是,单个动词难以自由扩展为并列短语，动词并列结构的功能又很不同于单个动词，很不符合向心结构的理想属性，跟名词并列相对自由形成对照。

并列手段还可以是停顿。然而，并列名词间的停顿不会改变名词组合的论元地位，而并列动词间的停顿却可能会改变其句法地位。因为汉语是主语省略较自由的语言，意义上可以推导出的主语可以不出现，因此单句和复句的界限比较难划。经过20世纪50年代单复句问题的讨论，语法论著一般将被停顿隔开的谓语处理为独立的分句，这应是最有操作性和一致性的分析法，否则单复句的界限还要难定。如例（33）就被吕冀平（1985：114）分析为三个分句的复句：

（33）车上的人跳下来，绕到车后，帮忙推车。

据此，停顿难以作为汉语构成并列动词短语的基本手段。而且，单音动词间实际上也很少用停顿来并列，如：

（34）a.*他对犯错的下属骂、吼、打、关。
　　　b.他对犯错的下属责骂、吼叫、殴打、关押。
　　　c.他对犯错的下属又骂、又吼、又打、又关。
　　　d.他对犯错的下属会骂、会吼、会打、会关。
　　　e.他把犯错的下属骂了、吼了、打了、关了。

这证明被停顿隔开的动词谓语要有分句的性质，而单音动词独立成句的能力很低。此外，（34b）—（34e）这种并列，是共享主语的并列，同样的情况用于共享宾语就困难，如：

（35）a.*他洗了、炒了、吃了一些菜。
　　　b.??他会赚、会花很多钱。

这里的差异在于，（34b）—（34e）的停顿后各谓语是承前省主语，可以理解为有一个回指句首主语的空宾语；而（35）的前面几个谓语是蒙后省主语，前面没有先行词，这种没有先行词的空宾语难以满足分句的论元结构。可见用停顿隔开的并列谓语在汉语语感中确实是被当作分句对待的。而名词的并列作为短语内部的成分就没有这种限制，"他的家属、朋友、同事"是共享前面定语的名词并列，"家属、朋友、同事的事情"是并列定语共享后面的核心名词，都很自然。

三、音节的限制

上面讨论的词类限制中已经涉及音节的限制，这儿再聚焦一下音节限制问题。

谓语位置上动词直接并列所受限制明显是单音动词大于双音动词。这里，音节数当然是一个有效因素，但还不是唯一因素。"$V_单+V_单$"所构成的二字组本是普通话中非常自由灵活的韵律单位，不存在限制二字组出现在谓语位置的规则，因此这一限制肯定别有他因。

单音动词的直接并列更像是一个韵律词构成的现象。根据冯胜利（2005：7），"汉语的标准韵律词一般均取双音节形式。由于汉语的合成词必须首先是一个韵律词（冯胜利1996），所以汉语的合成词必取韵律词的音步形式。"韵律词是一种韵律和词法句法界面的现象（参看冯胜利2000，第二章）。韵律词虽然与词汇词、句法词不是处处吻合，但它之所以被称为"词"，就是因为它对应的基本上是汉语中的词（主要是合成词）。上文的观察显示，单音动词的并列有强烈的词汇化倾向。结合韵律词理论来说，它基本上是一个严式韵律词的构成过程，因此既有韵律的严格限制，排斥超过两个单音动词的并列，也有构词（远比短语构成严格）的要求，基本上不是一种短语的并列。说它是"严式韵律词"，是因为它比一般的韵律词更受限制。按照冯胜利（2000：78；2005：7），三音节单位也能构成由"超音步"充当的"超韵律词"，包括词法词如"总统府"和句法词如"小雨伞"。而单音动词并列强烈排斥这种"超韵律词"，基本上只允许单单成双的形式。另一方面，韵律词允许相当多的自由临时组合，如"小树、小鱼、小猫、大猪、大熊、大鸟"等，而单音动词的直接并列如前所述，基本上只允许很凝固的组合，很多意义上合法的并列都受到排斥。

那么，为什么双音节动词的直接并列比单音节动词自由、更接近短语结构一些？这是因为动词的典型词长是单音节和双音节（刘丹青 1996），双音词加入并列结构，必定组成短语级单位，而且"大于三音节的组合，譬如四音节形式，必然是两个音步（因此是两个标准韵律词）的组合"（冯胜利 2000：78）。既然双音动词的并列在韵律上已不是构词单位，就更容易摆脱词汇化的限制而按照构成短语的方式运作了。

句法上单、双音动词的地位应当是平等的，而事实却是单音动词因为韵律原因而受到句法规则的"歧视"，被迫按词汇化运作。我们知道，动词的双音化进程远慢于名词，单音动词的出现频率仍占优势（刘丹青 1996）。对单音动词的严格限制意味着最典型、最活跃的一大批动词在并列功能上很受限制。这是一种非常显眼的类型现象。

不过，双音动词的直接并列也只是相对自由，它仍受韵律的制约。理论上，双音词并列可以有两个词、三个词到 N 个词参与，也允许字数不同的动词间的并列，而事实却是绝大多数都限于两个双音词构成的四字格，这一种格式压倒所有其他可能格式的总和，而双音词与单音词的直接并列几乎不可能。这些显示非"$V_双+V_双$"四字格的双音动词并列仍受到音节数这种韵律因素的强烈制约和限制。

再简要看一下形容词。形容词常规句法位置是定语。对直接并列的限制也主要见于单音形容词，两个单音形容词在定语位置很难并列。汉语确有"矮胖（的）男人"这样的例子，可是它无法类推，仿之造出的"矮瘦／胖矮／瘦矮／高胖／胖高（的）男人"都不成立，显然"矮胖"只是个凝固词项。双音形容词的并列要自由一些，如"矮小瘦弱的男人、肥胖矮小的男人、聪明调皮的孩子、调皮聪明的孩子"等都能成立。可见形容词并列也存在着对单音词的"歧视"。另一些貌似并列的结构实际上是层层叠加的非并列定语，如"大红苹果"的层次是"大［红［苹果］］"。当然双音形容词仍受字数的一定制约，例如两字组只能与两字组并列，"矮小瘦／瘦矮小的男人""皮聪明／聪明皮的孩子"都是不合格的组合。

四、句法位置

上文对此已有所涉，这里专门探讨一下句法位置的差异对并列限制的影响。

4.1 动词的原型句法位置是做谓语，其他位置则是次要位置。上文提到，动词用泛用连词"和"连接在谓语位置受限，而在论元位置则很自由。再如：

（36）a.（第一首歌和预选赛时的表现一样，）<u>唱和跳</u>都不整齐。（网络）

b. <u>做过这事和喜欢这事</u>大不一样。（《黄金时代》）

（37）a. 要以一种冷静的态度去面对<u>推销和降价</u>。（网络）

b. 我打着请一位老学究，专为<u>教汉文，跟讲一点儿经书</u>。（《京语会话·荐举》）

（38）那时我……对<u>每次亲吻和爱抚</u>都贯注了极大的热情。（《黄金时代》）

谓语位置和论元位置的并列功能差异与名词动词之间的并列功能差异是对应的。在论元位置，动词起指称作用，功能趋同于名词，因而可以自由采用名词的并列手段。这种并列动词还可以用指示词限定（如例（38）的"每次"）或用名词性的同位语来复指，如"他同时从事<u>教书和演出这两项工作</u>"，都清楚体现其指称性。此外，在定语位置动词也可以自由地用"和"连接并列成分，如"<u>钓鱼和游泳</u>的人很多""要挣出<u>吃和穿</u>的花销"。这仍是向名词而非形容词靠拢，因为定语位置上的名词也用"和"，而形容词多用"又A又B"（口语）或"A而B"（书面）。

动词直接并列，也是在论元位置上要自由得多。下面这些网上或文献语料中的并列式单音动词都很难改置谓语之位：

（39）米蛋鱼价格回落　<u>吃穿用</u>上海人日均花销近7亿元（新闻标题）

（40）a.××××独家推荐吃穿用玩。（广告）

　　　b.海南省最新调查显示：石油涨价影响吃穿用行。（报）

（41）听读抄背不同于听说读写，它不是四种英语技能，而是四个学习程序。（报）

4.2　主语和宾语同属论元位置，句法描写中常归为同类句法功能，语法书中不乏某某成分"可以做主宾语"或"不能做主宾语"等语。实际上，主语和宾语存在着种种句法上的不对称表现（参看沈家煊1999，第9章）。材料显示，并列结构在主宾语位置所受限制也不同，宾语位置的并列更受限制。我们首先是在1998年进行的吴语区句法调查的宁波话中发现的。其发音人特别排斥宾语位置的并列，将调查蓝本例句中宾语位置的并列结构换成复句来表示，甚至将并列肢改放在动词前充当对比性受事话题，如：

　　普通话　　　　　宁波话（括号中为字面直译）

（42）a. 我买了一些　　b. 我买眼桌凳买眼矮凳。
　　　桌子和椅子。　　（我买些桌子买些凳子。）
　　　　　　　　　　c. 我桌凳也买眼，矮凳也买眼。
　　　　　　　　　　（我桌子也买些，凳子也买些。）

（43）a. 老王昨天已经碰　b. 老王昨么子已经我也碰着其也碰着过唻。
　　　到过我和他了。　　（老王昨天已经我也碰着了他也碰着过了。）

对于这两个调查问卷中仅有的可拆分并列式宾语句（宾语意义上可以拆成两个独立的NP），发音人都避开了并列宾语的形式。[①] 虽然宁波话有强烈的话题优先倾向，VO结构不太发达，但从（42b）拆成两个VO句看，说话人改句式的目的是避免宾语位置出现并列结构而不是回避VO。遇到主语并列的蓝本句时，宁波说话人却总是提供并列主语句，有时只提供并列主语句，有时在提供并列主语句的同时再补充拆成分句的表达。如：

[①] 该发音人也说过一个并列宾语句。在对应蓝本句"那些东西已经交给了老王和老张"时说了"该眼东西啦我已经拨老王老张咪"（直译：这些东西我已经给老王老张了）。这里有其他句法语义条件的制约：(1) 该双及物行为客体做了有定性话题，整体性强，作为接受者的并列宾语倾向于充当一个整体，难以拆分成"拨老王，拨老张"两个分句；(2) 此句宾语是生命度高的与事宾语，即使在宁波话中也难以话题化。

(44) a.〈普通话〉老王和老张都是我的同事。
　　　b.〈甬〉老王老张和总是我同事。(老王老张都是我同事。)
(45) a.〈普通话〉桌子和凳子都坏了。
　　　b.〈甬〉桌子矮凳和总弄坏唻。(桌子凳子都弄坏了。)
　　　c.〈甬〉桌子也弄坏唻,矮凳也弄坏唻。(桌子也弄坏了,凳子也弄坏了。)

宁波话口语中主语明显比宾语更能容纳并列结构的现象,并非吴语独有,类似倾向也存在于北京话/普通话。我们就此考察了两种北京话/普通话语料。一是成书于20世纪一二十年代的北京话教材《京语会话》(以下简称《京》,该书用"跟"而不用"和"做连词),二是王小波中篇小说《黄金时代》(以下简称《黄》,1994年,主要用"和"做并列连词)。下面列出《京》书中用"跟"连接的并列短语和《黄》书中用"和"连接的并列短语在小句主语和宾语位置上的出现次数,顺便列出其他位置上的出现次数,结果如下:

《京》NP 跟 NP：主语 27,宾语 12(另兼语 5,表语 1,介词宾语 5,定语 4,谓语 1)

《黄》NP 和 NP：主语 41,宾语 13(另介词宾语 5,定语 6)

在《京》中,带连词的并列成分在主语位置的用例是宾语位置用例的 2.25 倍(27∶12);在《黄》中则高达 3.15 倍(41∶13)。可见,主语和宾语是句法上都能接受并列结构的位置,但北京话或普通话的实际语篇中,主语远比宾语更容易接受并列结构,这跟宁波话的倾向一致。

五、并列关系小类

并列功能的强弱,还跟并列关系的小类有关。上节刚刚谈到的主语比宾语更容易并列的情况,说的其实是原型并列或者说等立关系的情况。有趣的是,同样是在吴语的调查材料中,表选择的并列成分却在宾语位置比在主语位置自由。这是在吴语的大面积调查中发现的。调查蓝本例句中有两个分别在主语和宾语位置使用"还是"的选择问句。对于主语取选择问的"老王还是老陈先退休"一句，12个吴语点13位发音人中，有6位使用了改变结构的句子，大多是将句子拆分成复句，有的是将主语改造成等立话题，然后用疑问代词主语复指话题来表达选择问（即例（47b）和例（48），例（47a）则保留了选择问主语的句式）。有8位（包括两种用法都用的苏州）发音人使用了蓝本的选择问主语句式。改变结构的例句为：

（46）〈上海〉发音人A：老王先退休还是老陈先退休？

（47）〈苏州〉（a）老王还是老陈先退休？（b）老王勒老陈，啥人先退休？（老王和老陈，谁先退休？）

（48）〈无锡〉老王搭老陈，啥人先退休？

（49）〈绍兴〉老王先退休还是老陈先退休？

（50）〈乐清大荆〉老王先退休还是老陈先退休？

（51）〈温州〉老王退休先还是老陈退休先？

当蓝本句在方言中有自然的对应句时，发音人一般会优先选择跟蓝本句一致的句式。现在有多位发音人选择改变句式，说明选择问形式的主语很受排斥。而保留蓝本句式的发音人只是接受蓝本句的说法，不排除在实际口语中仍会避免让选择问形式充当主语。与之形成对比，蓝本中在宾语位置使用选择问形式的"你想要大号还是小号"一句，12个点的13位发音人全都保留了蓝本句的并列结构，没有人改说为复句。这说明宾语位置对选择问形式的容纳度远大于主语位置。至于陈述句的选择结构，即用"或（者）"连接的主宾语句，由于问卷缺少可比较的例句，暂未获得足以概括的语料。就选择并列问题，我们也回头考察了北京话/普通话的情况。整体上汉语选择连词主要用于谓语位置，用于主宾语的例子要少得多，因此我们统计了篇幅更大的老舍《骆驼祥子》，结果如下（谓语未统计）：

或（者）：主语5，宾语17（另介词宾语9，定语9）

还是：主语1，宾语4（另表语6）

书中选择陈述句例子较充足，主宾语之比为5∶17，宾语是主语的3.4

倍。选择问例子较少，主宾语之比为1:4，宾语是主语的4倍。这个统计数字与吴语的调查结果相当一致。这些事实说明，并列关系的小类对并列结构的接受性有显著影响，等立和选择所受的句法位置限制正好相反，借鉴沈家煊（1997）的标记模式，可以构建如下匹配模式：

    主语 宾语
  等立 无标记 有标记
  选择 有标记 无标记

这一模式综合反映了句法位置和并列小类对并列结构的限制模式。

六、对并列结构句法限制的初步解释

  并列结构在汉语的使用中受到种种限制，虽然它属于向心结构，却经常不能自由地替换其所含的并列肢。对这些现象和因素，有些用我们已有的认识已经能找到初步的解释，有些则还需要进一步探讨。下面略说几点已经可以想到的解释。

  汉语的名词和动词在典型词长上有差距，名词的典型词长是2至3字，而动词的典型词长是1至2字。这种格局的使因之一是汉语句子在论元和谓语核心的长度方面有不同的限制，谓语核心强烈排斥长的单位，即使出现长的单位也会降低其向心力包括及物性，如丧失或减弱带宾语的能力（参看刘丹青1996；Lu & Duanmu 2002）。这一原因也构成了动词难以直接并列的原因之一，因为并列会导致词长增加，降低核心的向心力。普通话动词带连词并列的能力因为缺少泛用连词而极受限制，却是一个多少有点偶然的现象，因为吴语粤语都不缺这种连词，动词带连词并列也相当自由。至于普通话为什么长期容忍这种重要连词的缺乏，仍有待解释。不过近年的语料中，"和"连接的谓语动词并列式有增多趋势，这是"欧化"还是方言影响，抑或普通话本身的需求促成，还需要专门的考察。

  单音节动词比双音动词更难直接并列，这似乎与上面的词长解释不符。关于这一点，上文已经借用韵律词理论做了解释。"$V_单+V_单$"构成的两字组是典型的汉语韵律词长度，这使得单音动词的并列被纳入词的层级，受到词汇化的限制。而"$V_双+V_双$"不受此限。

汉语的主语位置有强烈的有定性要求，但也允许出现某些无定主语。徐烈炯（Xu 1997）的研究表明，名词修饰语的增加，也就是名词短语信息量的增加，会带来指称性的增强，从而使无定主语句的可接受性增加。用陆丙甫（2004）的术语来说就是定语增加导致"可别度"的增加，而可别度高的成分有前置的倾向，更适合主语位置。在这点上，添加并列肢和添加修饰语的作用是近似的，都有增加可别度的效应，从而更适合主语位置。而宾语位置的自然取向是定指度低的成分（科姆里1981/1989：158），不欢迎会增加指称性或可别度的手段。这解释了并列（等立）成分在宾语位置比在主语位置更受限制的现象。另一方面，在选择问句中，选择问短语（A还是B）是疑问焦点，自然更适合宾语的尾焦点位置，宾语位置欢迎焦点，而主语位置则欢迎话题、排斥焦点，这很好地解释了选择问并列短语在主语位置比在宾语位置更受限制的现象。至于陈述句中的选择类并列结构，跟等立类并列结构的指称-信息功能正好相反，选择类并列短语非但不增加名词短语的指称性，反而因其不确定性从而降低其指称性和可别度，因而受主语位置排斥。这也解释了选择性短语在主语位置比宾语位置更受限制的现象。

从本文所观察到的情况来看，对并列结构的限制主要来自词性、句法位置这些句法条件的制约和音节数目这些韵律条件的制约，它们的背后还有指称和信息结构这些话语篇章因素的制约。这与我们以往研究所认识到的汉语的语用优先的类型特点（刘丹青1995）和语法中语音平面重要的类型特点是一致的。

参考文献

布龙菲尔德（Bloomfield, L.） 1933/1980 《语言论》，袁家骅等译，北京：商务印书馆。

储泽祥、谢晓明、唐爱华、肖 旸、曾庆香 2002 《汉语联合短语研究》，长沙：湖南大学出版社。

冯胜利　2000　《汉语韵律句法学》，上海：上海教育出版社。
冯胜利　2005　《汉语韵律语法研究》，北京：北京大学出版社。
高增霞　2006　《现代汉语连动式的语法化视角》，北京：中国档案出版社。
科姆里（Comrie, B.）　1981/1989　《语言共性和语言类型》，沈家煊译，北京：华夏出版社。
刘丹青　1982　对称格式的语法作用及表达功能，《语文知识丛刊》（3），北京市语言学会编，北京：地震出版社。
刘丹青　1995　语义优先还是语用优先——汉语语法学体系建设断想，《语文研究》第 2 期。
刘丹青　1996　词类与词长的相关性——汉语语法的"语音平面"丛论之二，《南京师大学报》（社会科学版）第 2 期。
刘丹青　2003　《语序类型学与介词理论》，北京：商务印书馆。
柳英绿　1999　《朝汉语语法对比》，延吉：延边大学出版社。
陆丙甫　2004　汉语语序的总体特点及其功能解释——从话题突出到焦点突出，《庆祝〈中国语文〉创刊 50 周年学术论文集》，北京：商务印书馆。
吕冀平　1985　《复杂谓语》，上海：上海教育出版社。
马清华　2005　《并列结构的自组织研究》，上海：复旦大学出版社。
莫彭龄、单　青（刘丹青）　1985　三大类实词句法功能的统计分析，《南京师大学报》（社会科学版）第 2 期。
沈家煊　1997　形容词句法功能的标记模式，《中国语文》第 4 期。
沈家煊　1999　《不对称和标记论》，南昌：江西教育出版社。
王　力　1943/1985　《中国现代语法》，北京：商务印书馆。
朱德熙　1982　《语法讲义》，北京：商务印书馆。

Croft, W. 2000. Parts of speech as language universals and as language-particular categories. In P. Vogel, & B. Comrie (Eds.), *Approaches to the Typology of Word Classes*. Berlin: Mouton de Gruyter.

Lu, B. F., & Duanmu, S. 2002. Rhythm and syntax in Chinese: A case study. *Journal of the Chinese Language Teachers Association*, 37(2), 123-136.

Matisoff, J. 1991. Areal and universal dimensions of grammatization in Lahu. In E. Traugott, & B. Heine (Eds.), *Approaches to Grammticalization* (Vol.II). Amsterdam: John Benjamins Publishing Company.

Xu, L. J. 1997. Limitation on subjecthood of numerically quantified noun phrases: A pragmatic approach. In L. J. Xu (Ed.), *The Referential Properties of Chinese Noun Phrases*. Paris: Ecole des haude Studes en Sciences Sociales.

（原载《语法研究和探索》（十四），商务印书馆，2008 年）

构式的透明度和句法学地位：
流行构式个案二则

一、从词库成员——词项到"句库"成员——构式

本文从形-义透明度的角度探讨构式的句法性质和在句法研究中的地位。讨论将基于两种流行构式的个案研究，一种是"（连）X的心都有"（我连死的心都有了）（以下简称"构式I"），另一种是"也就一X"（他也就一土老帽）（以下简称"构式II"）。

本文对构式——至少是典型构式的理解，是由词项的理解类推而来的。词库（传统说的词汇）汇聚了一种语言中现成的可以随时取用的固定单位，即词或者说词项。类似地，"句库"汇聚了一种语言中现成的、可以随时取用的句法结构，即构式。

词库单位（即词）的整体凝固意义不一定能从其字面（语素和语素组合）直接获得，类似地，句库单位（即构式）的整体凝固意义也不能单从其构成成分和句法结构推出。文末会说明，这种理解，实际上比Goldberg（1995，2003）的"构式语法"和Croft（2001）的"激进构式语法"所界定的构式都要更加窄一些。词和构式的差别在于，词作为完全固定的单位储存在词库中，而一个构式既包含由某些虚词及实词充当的常项，还包含多由实词充当的变项，根据表义需要临时填入。两者的异同如表1所示：

表1

词库（词汇）	句库（典型构式总汇）
语言中现成的可以随时取用的固定单位	语言中现成的可以随时取用的句法结构
整体凝固意义不一定能从其字面（语素和语素组合）直接获得	整体凝固意义不能单从其构成成分和句法结构推出
作为完全固定的单位储存在词库中	包含由某些虚词及实词充当的常项，多由实词充当的变项根据表义需要临时填入

理论上，语言在共时平面的词库和句库是由相对固定的成员构成的，这也是词典和语法书的依据。但在现实中，由于语言演变的普遍性，词库成员在不停地增加和变化，作为句库单位的构式也在不断地增加和变化。

新词项的增加，有两种主要途径（参看吴福祥2005）。一是词汇化，它要经历由短语及一部分非结构的组合在语言运用中逐渐凝固成词项的过程；二是构词法，由造词者用现成语素套用构词规则一次性铸造（coin）而成，需要的只是更多社会成员的承认和使用。

构式的形成更像词汇化的过程，往往有一个逐渐浮现的过程，这个过程有长有短，但必须经历。而构式的整体义往往是在具体使用过程中逐渐浮现并凝固下来，相当于浮现语法（Emergent Grammar）所称的浮现意义。

当代语言生活中的网络等新型传播途径使新构式的涌现变快，这为我们观察这种浮现和凝固的过程提供了生动的实例。本文将围绕形义透明度问题分析"（连）X的心都有"（构式Ⅰ）和"也就一X"（构式Ⅱ）这两个当下流行于随意文体中的构式，以此探讨构式作为一种语法单位的属性和句法学地位。

二、构式Ⅰ"（连）X的心都有"

构式Ⅰ是近年流行于网络语言及随意文体中的构式。最常见的是由"死"充当其中的变项X，如"我连死的心都有了"。除了占绝对优势的

"死"字外,其他稍常用的 X 也多含死亡义素,如"杀人、自杀、寻死、跳楼、撞墙",非死亡义的 X 要少得多。先看例句:

(1) 想死的心都有。29.5 买的。(股票帖)

(2) 牛群回忆当县长:人言可畏 死的心都有(新闻标题)

(3) 牛群连死的心都有,却怕什么?(博客标题)

(4) 无聊的小偷,杀你的心都有了……(帖题)

(5) 郁闷啊!郁闷!跳楼的心都有了(帖题)

(6) 气死我了,撞墙的心都有了。(帖文)

(7) 买台新电脑买的我砸它的心都有了……烦躁啊(帖题)

(8) 我得了好多妇科病,什么阴道炎,宫颈糜烂,检查出来后我哭的心都有。(网文)

(9) 哥们哭的心都有,佳能 DV 的保修卡死活找不到了,连抽奖都抽不了。(帖文)

从以上例句,结合语料库和网络语料的统计,可以大致总结出这一构式的主要特点。

1. 结构上,它属于"(连)X 都 VP"构式下的一个子构式(关于"连"字句的构式性质,可参考刘丹青 2005)。网络上大部分用例没有"连"字,少数例子用"连"字。在 Google 搜索"的心都有"(搜索日期:2009-2-22,下同),前 40 项的此类例句中只有一项用"连",即用"连"的只占到 2.5%。北京大学现代汉语语料库(网络版)总共有 11 例符合该构式,其中 6 例用"连"字,例如:

(10) 我就是当着这个厂长就算了,我真是连宰你的心都有了!(《作家文摘》1996)

两种语料的差异就在于北大语料比较早、语体偏向正式,两者"连"字出现率的显著差异反映"连"字由显现为主趋向于基本隐去,而且语体越是随意"连"字越倾向于隐去。用不用"连"意义相同,这从例(3)看得很清楚。(3)其实是由(2)的新闻引出的博客。作者在引述牛群原话时有意无意添加了"连"字,而且标题和正文两次引文都加了"连"。这一添加说明有无"连"字意义相同,或许反映了例

（3）作者用该构式时不爱省"连"的语言习惯。所以，本文将构式中的"连"字放入括号。

2.从句法结构和语义结构的关系看，构式Ⅰ中的NP（X的心）为受事——可以视为"V+NP"的强调性变体，但这个NP是由动词X修饰名词"心"，"有X的心"就表示"想X"，如"有死的心"就是"想要死"，这是构式Ⅰ的字面意义。

3.有些用例中的X是"想/要+实义动词"，表达意愿情态，如例（1）就用了"想"。由2可知，"想/要"的语义跟整个构式的字面义是重复的，"想"字或"要"字为冗余信息，所以其隐现不影响语义，多数实例从隐，但现者亦非罕见。

4.既然表示"想要X"，自然这一构式整体上都表示行为V的现在或过去的未然体（未完成体），但承担事件核心动词的V处在关系从句中，这一时体特征不靠时体标记表达。

5.构式Ⅰ的主语以第一人称"我"为绝对优势（主语省略句的可补主语也大多是"我"），而这个主语与定语X的隐性主语同指，所以"我连死的心都有"就是"我想死"。例（9）的"哥们"也是说话人自指。即使主语是第三人称，也常是在引述他人的自述，因为人无法代替别人描写心理状态。如（3）就是对（2）的引述。再看下例：

（11）a.张峻宁回忆《五星大饭店》拍摄：<u>自杀的心都有</u>（文题）
　　　b.博客上，张峻宁记录当天的心情是"真是<u>自杀的心都有</u>了"。（正文）

这些句子看似以第三人称为大主语，但构式Ⅰ所在小句都有直接引语的性质，其未出现的主语仍是第一人称的。句法主语和言者主语相一致的高频出现是构式Ⅰ强主观性的成因之一（详第7点）。但是这不等于主语只能是第一人称，因为在小说等虚构性作品中，作者可以按创作需要把心理活动指派给人物：

（12）有那么一瞬间，茂才几乎连死的心都有了。（《乔家大院》，北大语料库）

6.构式Ⅰ不但具有非现实语气（irrealis mood），而且X必然是违实的（counterfactual）情况，即 X 不但是在本句中未曾发生的，而且必须是与事实相反的。如"自杀的心都有"，其真值条件是自杀没有发生，"哭的心都有"表明实际没有哭。这一违实性找不到句子结构形式方面的依据，是构式 I 的整体性语义。本来，具有什么念头，是完全可以实施的。"X 的心都有"字面义相当于"起了 X 心"。我们查阅了网络，"起了杀心"的新闻大多报道实际发生的杀人事件。例如：

（13）于是姜某<u>杀心顿起</u>，准备杀了平平后自杀。……姜某便趁机进入平平家，用斧头砍死了还在熟睡中的平平。（中新浙江网）

X 的违实性，来自第一人称主语和死亡类词语两者相配的高频性，既然想死的人还在说话，就可以推出他想死的愿望肯定没实现，这种违实的实例被凝固下来成为构式语义。

7. 非现实性和违实性只是构式 I 的一些附带属性，本式的核心语义是"夸张性地表达沮丧"。作为本式上位句的"连"字句本身就有一种强调性语义，这种强调基于"连"字句预设中的尺度极点义（最不可能的对象或事件）和断言（此事件居然为真）的强烈对照，参看刘丹青、徐烈炯（1998）。如"连老张都同意了"：老张是相关人员中最不可能同意的，事实却是老张确实同意了（其他人就更是同意了）。这种强调义本来靠"连"介引处于尺度极点的对象来实现，但后来进一步凝固为构式的整体义，不需要"连"后成分一定是一个极点对象，如"夫妻俩<u>连架</u>都打过"（"架"作为离合词的不成词语素不是一个独立对象，无法与"打"的其他对象构成一个集合），参看刘丹青（2005）。构式 I 继承了"连"字句的强调义，但"连"字句不要求具有违实性，"连"字句所述事件常常是实际发生的，而构式 I 的 X 都有上文第 6 点所述的违实义。在近年的用例中，"(连)X 的心都有"也大多是违实的，因为那些谈死论杀用例的起因事件大都不是真会引起死杀之心的极端事件。强调（来自结构）、违实（来自第一人称和死亡类词语的高频组配）、强主观性（来自句法主语和言者主语的同一）、极端义词语（死亡类词语的高频使用）、对比性语境（与死亡不相称的非严重事件），共同塑造了本式的极度夸张语义。而这种夸张所表达的核心语义，不是字面上的死亡

构式的透明度和句法学地位：流行构式个案二则　　277

之类，而是一种沮丧的心情。从认知角度讲，此处沮丧含义主要来自死亡念头一类词语的转喻，是一种"结果转喻原因"的操作，其机制类似"出汗"转喻紧张或惭愧（网络热词"汗"即由基于这个转喻的"汗颜"一词而来）。极度沮丧会引起死亡之念，而死亡是比沮丧更显著的认知对象，因而被选来充当转喻的喻体，显夸张之效。

　　夸张沮丧的语义虽然源于死亡类词语，但在高频下已凝固为构式的整体义，于是不使用死亡类词语的句子也会带上这种整体义。例如，"哭"是一个强烈沮丧时的正常反应，谈不到夸张，但例（8）和例（9）用了"哭"，照样带上夸张沮丧的语义。此外，我们在例句中还看到有时句子有戏谑自嘲一类偏向轻松的含义，这是由于事件本身的轻微可笑和死亡一类严肃重话的极度反差，显然为假，严重违背会话原则的质的准则，引起会话含义：纯属戏谑。如：

　　（14）看到这些"嗲妹妹"，<u>我死的心都有</u>（帖题）

这是某消遣性论坛里的帖子标题，内容是对某选秀节目中少女的打扮举止表示不屑，标题用"死"来形容自己对此的心情，假到只能理解为开玩笑。这种戏谑语义目前仍是构式与语境互动产生的临时语义，还没有凝固为构式本身的语义，因为大量用例是严肃表达的深度沮丧，如例（15）为一位受恶劣的婆媳关系困扰的网友所发：

　　（15）可怕的婆婆来了，<u>我死的心都有了</u>！！（帖题）

　　从上面的分析可见，作为"连……都"强调句的下位构式，构式Ⅰ的整体意义是夸张地表达沮丧的心情。形成这一整体意义的原因则是结构、词汇、语境、转喻和语用推理等综合因素的合力。其中频率起了很重要的作用，突出表现在以下几个要素压倒性优势的高频同现：死亡类词语、第一人称主语（＝句法主语和言者主语的合一）、非重要事件的语境。下面我们看一项死亡类词语的统计。根据对Google带引号的"的心都有"的检索，第1页10项结果（有时一项不止一例）中，9项中的X是"死"，1项X是"杀你/他"。再统计前10页100项，除了1例"自宫"外，其他用例全部是死亡义的X，即"死、杀、自杀、跳楼、撞墙"之类。非死亡类的X，如"哭、砸（电脑）、疯"等，都在前 10 页 100 项之后零星存在。在北大现代汉语语料库中，我们总共搜索到含本构式的句子 11 例，其中 10 例都由死亡类词语做 X，1 例 X 为"咬人"。正如 Bybee（2006）所强调的，在构式的形成过程中，高频实例起着很关键的作用，它们充当了构式的代表性实例（exemplar）。正是死亡类词语在实例中所占的绝对优势，使构式借助结果转喻原因的认知机制从死亡意愿获得沮丧之义。再结合北大语料库的统计，更可以看出某些要素的频率对构式整体义的巨大影响。

在构式 I 的网络搜索中，前几十页数百项例子基本上都是近年的例子，很难发现更早的例子。而在北大语料库中，符合构式 I 形式的实例只有 11 个，其中 10 例的 X 都是死亡类词语（死、要死、自杀、上吊、宰你……）。从年代上看，有 10 例是 20 世纪 90 年代和 21 世纪初的用例，可见其流行确实是在最近十余年间，而且已经进入略微正式的文体。但有 1 例见于 1958 年就出版的长篇小说《烈火金刚》（为了分析，补上了更大的语境）：

（16）这门亲事她本来打心眼儿里腻歪，……她越看刁世贵心里越腻烦，越想越难受，真是<u>上吊的心都有</u>，……哭得是那样悲伤！……进去看看。一具血淋淋的死尸在洞房屋地下躺着。原来是<u>小凤儿自己拿刀抹了脖子</u>。(26 回)

此例无疑体现了构式 I 在北方地区的直接的语言基础。它看起来也具备构式 I 的大部分特征：结构要素齐全、X 为死亡类词语、表示心情极度不好。但是，这一例跟构式 I 仍有明显距离，缺少了作为构式 I 实例的最关键的整体语义要素——夸张、违实、整体表示沮丧。本例表达了抗战时期伪保长女儿小凤被迫嫁给她所厌恶的伪军小队长并在婚礼上被一帮流氓伪军调戏侮辱之时的心情。但是，这里的上吊之心，不是夸张，X 的事件也不违实，此回的结尾就是新娘不堪日军进一步侮辱而以刀自尽。"上吊的心都有"是在写实而不是夸张。全句所表达的意思也超过了沮丧的强度，是绝望求死的悲伤。因此，整句的语义是可以从其构成成分和句法结构中推导出来的。

由此可见，在《烈火金刚》写作的年代，与构式 I 形式上非常接近的用例已经存在，并且已经使用死亡类词语，但是，当时其形义之间的对应仍然是透明的。到了世纪之交，这类说法借助流行媒体特别是网络语言的高频使用得到快速扩散，特别是扩散到大量并不严重的事件上，形式上 X 以死亡类词语占压倒优势，而且绝大部分是第一人称主语。高频率使用的特定的词语和语境因素通过对说听者的强化心理刺激转化为这类表达式的整体语义，从而成为语义凝固而不尽透明的典型的构式。

从上面分析可知，构式义的形成有可以追溯的原因和形成历史，因而构式义与其结构形式之间存在一定的可推导性或透明度，但是，一旦这些由推导或追溯而来的语义在高频使用中被构式吸纳、凝固成构式的整体意义，这些语义便可以摆脱当初的促成因素而存在。例如，无论是由比死亡类语义轻微得多的词语充当 X（如例（8）、（9）的"哭"），还是用于非第一人称主语（如例（3）、（12）），构式仍然具有夸张、沮丧、违实等整套的原有属性。此外，构式 I 的字面义"想X"本来要求后面的 X 是自主可控动词（"死"在本式中也是被视为自主可控动词的，"想死"就指想自杀），但是在已经形成的构式 I 中 X 也扩展到非自主非可控动词，其违实、夸张、沮丧等成套的构式义却仍然存在，如：

（17）显示器异常，疯的心都有了！（帖题）
"疯"即精神失常，"疯"不能像"自杀"那样有一种"自疯"的行为，因此难以用字面义解释为"想疯"。但此句完全成立，其整体意义跟其他同构式例句一样。当死亡类词语、第一人称主语等这些对形成违实、夸张、沮丧等构式整体义起过关键作用的因素都不再是构式整体义的必备因素时，这些构式义就成为不依赖结构形式推导的整体义或称完形义，构式也就带上了形-义之间不透明的特征。这种不透明性，使这种结构形式成为比常规"连"字句更加凝固、整体性更强的构式，远别于一般的自由句法结构。此外，"连"字在构式 I 中的使用也由多到少，到近年已所剩无几（2.5%），而"连"本来是强调语义的来源之一。"连"的锐减从形式这一头削弱了构式的形-义透明性。

三、"也就（是）一X"

构式 II 也是一种主观性很强的评价性构式，其中的 X 都有评价色彩——主要是贬低性意味的词，以名词为常，但也不排除动词和形容词。下面是一些实例：

（18）他<u>也就一凡人</u>，不是他有什么错。是你自己。（帖文）

（19）<u>也就一俗人</u>（某博主自取的网名。又自称"姓名：俗人先生"。）

（20）想找奥巴马那样的没错，但人家奥巴马结婚的时候<u>也就一群众</u>。（帖文）

（21）<u>新安也就一垃圾股</u>，09 业绩 8 毛左右。（帖文）

（22）你<u>也就一吃糠的</u>（帖题）

（23）我也不是大师，<u>也就一中级职称</u>。（王朔谈话）

（24）整个<u>也就一菜场</u>（帖题。省略的主语指某医院。）

（25）前女友<u>也就一"阿猫阿狗"</u>（帖题）

（26）现在老五单身，很想找到幸福，但<u>也就一憧憬</u>。（帖文）

下面根据用例分析构式 II 的一些重要特点及其形成原因。

1. 句法上，构式 II 是一种判断句，其表语主要是名词，但构式 II 一般不用系词"是"，由名词短语直接做谓语（性质仍是表语）并受两个副词"也""就"依次修饰。有少数例子的谓语看上去是谓词性单位，但性质上仍然是判断性表语而不是事件谓语，如例（26）。系词"是"可以插入，但用了系词后有的仍是构式 II，表贬抑义，如例（27）、（28），有的则成为普通判断句，"也就"用来强调主词谓词的等同性，如例（29）：

（27）他也就是一凡人。（义同例（18））

（28）中国基金经理也就是一超级大散户？（帖题）

（29）所谓快乐，也就是一种心境（网文标题及正文语句）

由此可见，构式 II 更典型的形式应该不带"是"。

2. 构式 II 中的数词"一"和名词间基本不带量词。特别是在系词不出现时，量词较难出现，比较例（18）和下面的例（30）、（31）：

（30）他也就是一凡人。

（31）??他也就一个凡人。

由此可见，构式 II 的典型形式应该是主语和表语之间不带"是"，数词"一"和名词之间不带量词。也就是"NP 也就一 X"。

3. 构式 II 能适合的数词就是"一"。这个在名词前不带量词的"一"是北京话特色要素，来自"一个"的合音或脱落形式，与"俩、仨"平行，"一"因为在隐性的"个"字之前而固定念阳平（参看刘祥柏 2004）。这个北京口语特征词通常不出现在书面语中（其表现不同于文言色彩的"一+名"），但是却随着构式 II 大量进入通俗书面语（网络语言也是一种书面语）。从网络汉语中熟悉此式的人也未必都将里边的"一"念成阳平。而语类上与这个"一"同类的"俩"和"仨"远不像"一"那样常用于类似的结构，而且语义上也大多没有构式 II 的整体意义（详下）。我们在 Google 中检索了"俩""仨"前置于 X 的用例，检索单位是"也就俩"或"也就仨"。出现"也就俩"的网页项极少——2660 项，而"也就一"是 2,880,000 项，相差 1000 多倍。另搜"也就两"310,000 项，也只有"也就一"的十分之一强，而且"两"后要用量词，并不是本文的合适对比项。"也就仨"就更少——839 项。而在结构上与构式 II 匹配的"也就俩 X""也就仨 X"例句中，很少以 X 为焦点，绝大部分以数词"俩""仨"为焦点，强调数量而不是 X，如例（32）—（34），只有很少一些例句是以"俩""仨"后的 X 为焦点，对其是贬抑的，如例（35）、（36）：

（32）殊不知历史上也就俩姓袁的皇帝了……术哥……凯哥（帖题。指袁术、袁世凯。）

（33）贵族也就俩眼睛一鼻子一嘴巴（网络小说章回名）

（34）加上你不也就仨人儿么？（帖文）

（35）想开点，也就俩水龙头。（跟帖文，指在法国被拍卖的圆明园兽首。）

（36）这仨玩意儿也就仨"痞子"，称不上"油子"。（跟帖文）

（32）强调历史上姓袁的皇帝只有两个，并无贬抑"皇帝"之义。（33）是说贵族的五官数目跟平民一样，并不更多，重在数量而不是五官。（34）是说三个人而不是更多，不强调"人"。（35）、（36）与构式Ⅱ整体义相符，分别强调兽首仅是（不值得看重的）"水龙头"和三个人是比"油子"还低下的"痞子"。"也就俩/仨"例中这种贬抑X的例子不多。可见构式Ⅱ的典型形式只以"一"为数词，用其他数词是在特定条件下偶尔类推的结果。

以上几点的共同之处是都采用了语法中更不常规的形式。判断句带系词、数量词语修饰名词带量词，是现代汉语中更加常规或者说无标记的规则，而省略系词、不用量词则是更受限制（包括结构限制和语体限制）的有标记形式。构式采用更有标记的形式，说明构式在结构方面也具有不同于普通句法结构的凝固性和整体性。

4. 构式Ⅱ的核心语义是以一个贬义词或社会评价值较低的词语给主语定性，凸显表语名词的内涵，以此贬抑判断句主辞。在"一X"中，焦点落在X上，这个焦点与焦点敏感算子"就"关联，"也"则是与"就"配合的表委婉的语气副词。X有的是贬义词，如"吃糠的、垃圾股、阿猫阿狗"，有的是在当前认知域中社会评价值偏低的词项成员，如"中级职称（相比于高级职称）、群众（相比于领导）、凡人（相比于名人或英雄等）、俗人（相比于雅士）"。还有一些X是中性词语，但因为使用了本构式，也被强化其贬抑一面，使人想起其他高评价的背景成员。如（26）的"憧憬"凸显其非现实性。值得注意的是，有些本来毫无贬抑义的词语，一旦使用构式Ⅱ，就会被临时赋予贬抑含义，迫使听话人激活其贬抑解读。这种解读压力来自构式整体，而不仅是"也就"的限制义和"一"的少量义。例如，（29）也使用了"也就"和"一"，但是并没有贬抑的含义。要是换成构式Ⅱ的典型形式，不用系词"是"和数名之间的量词，就会被强行赋予贬抑色彩。如：

（37）所谓快乐，也就一心境。（含贬低"快乐"之义，意为快乐未必很重要。）

只要添加"是"或"种"就会使本句失去或至少减弱上面那种贬低的口气。如：

（38）所谓快乐，也就一种心境。（无明显贬低快乐之义。）

（39）??所谓快乐，也就是一心境。（无明显贬低快乐之义，因不用量词而合格度较低。）

下面我们分析构式II整体语义的由来。

构式II中的"就"是一个焦点敏感算子，其义相当于限定义的"只"，表示其后的关联成分（语义焦点）小于预期的数量、程度或范围，这本身已为贬抑义铺垫了语义基础。有些句子句末还出现与此呼应的"而已"，更反映了这种语义的作用，如：

（40）开发商也就一"行货"而已（帖题）

一般来说，如果动词后有数量成分，"就""只"类副词算子优先关联数量词语，不一定关联数量词语后的核心名词。为什么构式II用了"一"却总是以表语核心名词为焦点呢？这是因为，口语中不带量词的阳平"一"已不是典型的数词，而带有不定冠词的性质，它不强调数量，而只表无定（参看方梅2002）。比较：

（41）a. 刚才一学生来吃饭。

　　　b. 刚才只有一个学生来吃饭。

　　　c. 刚才只有一学生来吃饭。

（41a）不用量词，表示有学生（而不是别的什么人）来吃饭，不强调数量。（41b）用了"只"和量词，有两解。通常"只"优先指向数量词语，强调数量少，只有一个而不是更多人吃饭，强调重音不落在"学生"而是在"一个"上，"一"后不准隐去量词。也可以重读"学生"，强调其学生属性，则"一个"不重读，可以隐去量词变成（41c）。（41c）没有量词，"只"无法指向数词"一"，只能指向"学生"，强调只有学生而没有其他人如老师等来吃饭。因此，正是采用了没有显性量词的"一X"，才使"也就一X"构式的"就"固定指向"一"后的X。

另一方面，"就"类副词所表示的语义焦点程度或范围小于预期的限定义，虽然与贬抑含义比较相容，但它并非必然带上贬抑这一强主观性的含义。例如,(41c)表示除了学生外,没有其他人来吃饭。这其他人,既可以是地位高于他的教师,也可以是闲杂人等,句中"学生"并不必然含有贬抑意味。此外,"也"的义项之一是表示委婉语气(吕叔湘主编 1980：524),只有负面的对象才需要委婉,所以"也"从旁为"就"的主观倾向定位,即关联负面的语义焦点。但是,由于这两个副词都是多义词,当"也"表类同、"就"表肯定时,"也就"也可以表示实同名异的判断,如"电脑也就是计算机",可见这一副词组合并不总是表示贬低。而"也就一X"构式永远带有很强的贬抑性。这并非结构要素本身必然导致。这一凝固的构式含义,还可以由下面这些因素合力作用而成：1)语料显示构式 II 主要由贬义词或评价等级较低的词语充当 X,这使构式 II 高频用例中的词义特点(贬抑)凝固下来,转化为构式的整体语义。2)构式 II 所用的"一+名"是个口语性极强的结构。口语比书面语更适合表达实时现场的主观性色彩,例如语气词在口语中比在书面语中用得更多,而在书面语(如网络)中故意使用口语特色结构,有进一步增强主观性的效应。3)经常用于贬抑语境。

如构式 I 的分析所示,在构式的形成中,高频用例的词义倾向、语境的作用等可以共同起效,但一旦这些因素在高频刺激的心理强化效应下凝固为构式的整体属性,整体含义就不再依赖当初的成因而存在。贬义词的高频使用使得构式 II 整体带上贬抑义,但今天,只要该构式出现,即使其 X 本无贬义,也照样会有贬抑的解读。例如(24)、(37)。再如：

(42)也就一亲戚了,难道还真的当亲姐妹么?那叫天真哈。(跟帖文)

此帖是回答网友"大家怎样看待妯娌关系?""妯娌关系该怎样相处?"的问题。在这儿,用"亲戚"指一般亲戚,强调妯娌不如"亲姐妹"亲密,临时带上了贬抑义。甚至一些带褒义的动词性单位,也可以用作此式的 X,整体表达贬抑判断。如(26)的"憧憬",这个褒义词在这里却用来表达无法享受只能想想的遗憾。这就是构式的独立整体作用。

与构式 I 相比,严格的构式 II 似乎出现得更晚,在北大现代汉语语料库中找不到一个实例。在该库中检索"也就一"可得 166 例，其中无一属于构式 II，如"附近的营也就一起延烧起来"。大部分用例像此例一样，"也就"后接谓词性单位，只有很少量的例句可分析为名词性表语，但都是数量结构，纯粹表示数量，如"大学四年，正规学习也就一年"。很多还是不带主语的，是判断性很弱的补充性数量表达，如"到不了，也就一万多"。以后面核心名词为焦点并带贬抑义的，只有一个 1953 年出版的小说的用例，是带量词的：

（43）"娘家的有哪些人？"

"也就一个六十多岁的老妈妈呀！"（《铁道游击队》19 章）

这是抗战时日军路遇抗日联络员芳林嫂的盘问对话，语境中在表范围限制的字面义之外略带主观贬抑义，芳林嫂以此句表示老妈妈不值得关注，以便摆脱日军的纠缠。这类用法可以视为构式 II 的来源之一，其中的"也就"由对数量的"低于预期"的限制义兼表对核心名词的低于预期的限制——问复数"哪些"，答单数"一个"，且是"老妈妈"。但此例还带着量词，而且形义关系总体上仍是透明的，尚未形成构式 II 所具有的很强的主观贬抑义。

我们还检索了北大语料库与构式 II 相近而带系词的"也就是一"项目，得 290 条，其中大部分是表达等同性的，有的甚至是极言其大的，这些都与构式 II 无关，如：

（44）虽然这些人分散来看不多，然而聚合起来也就是一大批。（《人民日报》1998 年）

也有一部分"也就是一 X"之类是强调数量少于预期的，而强调表语核心名词不重要的用例也有一定比例，但它们系词和量词齐全，形式上距构式 II 还远，如：

（45）老吴叔在我们家当差的时候，只有 30 岁，开始也就是一个仆人罢了，每天只做些粗活，按年从帐房领一份工钱。（林希《婢女春红》）

（46）其实演员不也就是一份职业么，和世界上千千万万份职业一样，有的人适合，有的人不适。（潘虹《潘虹独语》（连载之十））

这两例"也就"关联的语义焦点都是表语核心名词"仆人""职业"，还有语气词"罢了"和反问标记"不……么"来加强"不重要"的语气。这固然说明这种句式在语义上与构式Ⅱ关系密切，可以视为其来源之一；但同时也说明这些用例还不是典型的构式Ⅱ，它们还需其他主观化标记的帮助，其形式和语义尚处于透明状态，系词和量词都没有脱落，其贬抑的强度、主观性和口语化也远不如构式Ⅱ。例（45）"老吴叔"的称呼显示作者尊敬判断句主辞所指对象，而（46）中名演员潘虹表达了一种对自己职业的适度谦虚，用来纠正被拔高的预设，并没有明显贬低（贬低会伤及其他演员）。构式Ⅱ的真正形成，还是在口语化的省系词、省量词形式与高频出现的贬义词语结合并借助当代传媒快速传播之后。

"也就一X"是一个构式化的判断句，表达对句子主语的贬抑性判断。它由多种因素、特别是某些词项和语境的高频出现铸就其整体的强烈贬抑语义。但形成构式Ⅱ后，其贬抑义就成为构式的整体含义，不受那些高频的要素出现与否的影响。

四、从两种构式再看构式的透明度和"句汇"

上面讨论的两种构式有以下几个共同点值得关注。

1. 这两种构式都有两重性：原有的句法结构和新兴的特定构式。就句法结构而言，它们都符合现代汉语一般语法规则，其中构式Ⅰ所在的"连……都"句本身也是一种构式。构式Ⅰ、Ⅱ的用例即使在几十年前出现，也是合格语句。但是，作为带有特定整体含义的构式——"X的心都有"专表夸张的沮丧、"也就一X"专表贬抑——则是在近年来的非正式语体尤其是网络语言的高频使用中形成的。

2. 这两种构式的语义要素都有透明和不透明两种情况。在构式Ⅰ中，通过一种极端状态表达的整体强调义是从其母构式"（连）X都V"继承来的，相对于构式Ⅰ的其他整体义来说是透明的（"连"字句本身作为构式有不透明处，参看刘丹青2005），而X的非现实性、违实性、夸张性的沮丧等意义无法由"连"字句获得，是构式Ⅱ自身形成的整体不透明性。

在构式 II 中，表示程度、范围小于预期，这是从其结构特别是副词"也就"可以推出的透明语义，而强烈的主观性贬抑含义则没有专门的结构依据，是非透明的。

3.两种构式都有常项（"的心都有""也就一"）和变项（X），变项 X 的高频词语（构式 I 的死亡类词语和构式 II 的贬抑词语）对构式整体义的形成有显著影响，高频词语也是早期其源头结构中 X 的典型词项，可见构式义很早就孕育在早期相关用例中。但形成构式后，其整体义已改为依附于构式，不再受具体 X 词项的影响。

4.两种构式在形式上也带上自己的典型特征，与相关的普通话结构在无标记性上有所差异。

构式 I 源自"连……都"句，但"连……都"句以保留"连"为优势（无标记），省略"连"的较少见（有标记），而构式 I 以隐去"连"字为更常见的无标记形式。

构式 II 源自带范围限制性副词的判断句，但带副词的判断句以带系词和数词名词之间的量词为无标记形式，省略系词不常见，省略量词只用阳平"一"则是纯口语现象。而构式 II 则以不用系词和表语中不用量词为无标记形式，如出现系词和量词为有标记形式，可能保留其构式义，也可能属于普通判断结构。

根据以上几点，对照一下 Goldberg（1995）关于构式的定义：

C 是一个构式当且仅当 C 是一个形式-意义的配对〈F1，S1〉，且 C 的形式（F1）或意义（S1）的某些方面不能从 C 的构成成分或其他先前已有的构式中得到完全预测。

本文讨论的构式 I 和 II 完全符合这一构式定义。实际上它们在形式和意义两个方面都不能从其构成成分或其他先前已有的构式中得到完全预测。语义上的不透明部分，形式上的特有的典型形式，都是无法完全预测的。

但是，Goldberg 的定义实际上有两种解读。一种是"构式"解读：构式区别于非构式（或本文所说的普通或自由的句法结构）。一种是

"一个构式"解读：一种构式区别于其他构式，即认定它为一个构式是因为它不是别的已确定的构式。

本文跟刘丹青（2005）一样，对构式注重的是上述定义的"构式"解读，因为我们认为存在不必分析为构式或构式程度更低的普通句法结构。而从 Goldberg（1995）及其后续著述（如 Goldberg 2003）的系统论述来看，Goldberg 所取的恰恰是上述定义的"一个构式"解读。她认为所有的语法单位，包括小于句子直到语素，大于句子直到复句，都是某种构式（类，type）的实例（token）。按此理论，一个语法单位非此即彼总属于某一种构式。需要确定的只是某个结构是与其他结构同属一个构式还是自成一个独立的构式。自称激进构式语法的 Croft（2001）和其他基于用法的语法理论（如 Bybee 2006 所概括的若干学说，包括语法化学说）也都持有类似的泛构式观，将构式看作语法研究的主要对象。Croft 更明确地认为语法研究不能基于推导（derivation）、组合之类规则，一切皆应基于作为整体的构式。

我们认为，这种泛构式观，在逻辑上是能够自成体系的，事实上也为很多共时和历时的语法探讨提供了适用的框架，它的作用特别体现在这几个方面：

1. 便于说明语法结构的形成历史过程对其共时功能及整体语义的深刻影响，例如 Bybee（2006）对英语表目的的 be going to 和表惊讶的 what are you doing 等构式的讨论。本文对两个新构式整体语义的讨论也属此类。

2. 便于说明构式对词语类别的反作用，如双及物构式能扩展适用于非双及物动词并靠构式力量赋予其词汇语义中所没有的给予类意义（Goldberg 1995）。汉语词类研究也常遇到这类难题。

这两个方面，正是形式语法较难处理好的问题。然而，对照语言、语言学习和语言习得的实际，我们认为泛构式观也存在薄弱之处：

1. 泛构式观淡化了形-义透明的结构和形-义不完全透明的结构之重要差别。

2. 泛构式观难以体现语言的经济性和语法的有限性。

上述命题是很大的研究课题，本文只拟借助上述两则个案研究做一点简略的讨论。

先看透明性。让我们从语法单位的语义解读谈起。我们觉得语义解读取决于四大因素：

1. 组成成分（词项）及其结构关系（内部要素）
2. 世界知识和语境（外部要素）
3. 常见认知策略及由世界知识与语境互动所引发的语用推理（内外间的间接关联）
4. 构式整体的语义（不可分解的非透明要素）

比如，"他打人"，我们知道，这是一个由这三个词项组成的"主-动-宾"结构，而主谓关系、动宾关系作为最基本的句法关系，都包含了多样化的语义关系，但是也有其典型角色。主语的典型角色是主动自主的施事者，而宾语的典型角色是受行为影响的受事者。这是优先被选择的解读，"他打人"完全符合这一典型。同时我们知道，"他挖土"的"土"是早已存在的受事，而"他挖井"的"井"是动词所表行为完成后的结果，这靠的是词语搭配背后的背景知识，结构与外部知识之间存在直接的关联。这两类因素都是透明的，在以上例子中，两者的关联也是透明的。另有些解读要依赖认知策略或语用推理，其实就是内外要素间需要有一些间接的关联。如"挖王教授（到我们学校）"。在语境中，这句话的字面意义显然为假，只能按隐喻（"挖"比喻通过努力而寻找并获得）理解为从其他单位去招聘有用的人才。认知策略和语用推理都部分借助于但不等同于字面语义，而语用推理也存在或然性，不像演绎推理那样具有必然性，因此可以看作半透明的语义。半透明的语义在共时平面是自由组合和凝固构式的中间态，在历时平面常是由自由句法结构形成凝固构式的过渡环节。而构式的整体义，则是脱离其具体成分、由整个构式所负载的意义，如"X的心都有"所表达的非现实性、违实性和夸张的沮丧，都是整个构式所具有的，不依赖于其具体成分。这是不透明的因素。按此标准，汉语一般意义上的主谓、动宾这些基本句法结构的理解，都只依赖于 i 和 ii 两项透明因素，没有能覆盖所有结构的不透明的整体义的存在。因此，本文把这种透明的句法结构称为"普通句法结构"，区别于狭义的或凝固的构式。

有了透明的普通句法结构和不透明的构式的对立，才便于解释为什么同一种表层形式有时会有普通结构和凝固构式两种解读（如英语的"What are you doing?"就有普通的疑问和表示惊讶、不满两种解读），或透明度高低有别的两种构式的解读，也便于解释为什么普通结构可以在不改变表层形式的情况下演变为凝固构式（如"X的心都有"从写实到违实、夸张的演变）。假如不管其透明度，统统按构式处理，就难以充分展示其共时及历时的两重性。

再看经济性。不透明构式的生成和理解都无法从一般的句法规则推导出来，这些构式必须作为整体由母语人或学习者储存在长期记忆中。词汇单位的储存之处习称词库，表现为词汇。构式的储存之处，可以叫句库，表现为句汇。语言习得——不管是母语习得还是第二语言习得，都只要储存这些不透明的构式，而透明的构式则由说者听者在使用时根据组成成分和规则来生成和理解。这便是语言的经济性。儿童语言习得的效率，也反映了这种经济性。假如我们将透明的结构也全都处理为构式，那么构式就是一个极其庞大的数量，很难设想可以在短短几年中被儿童习得。

有人可能会说，主谓、动宾、定名、状动这类结构是非常有限的，即使将这些基本结构看作构式放入句库，也不会加大记忆和习得的负担。这种看法禁不起进一步推敲。

人类语言具有递归性，具体句子可以包含同类或异类句法结构的叠加。叠加造成的变化是难以穷尽的，假如"他打人""张家打井"这类结构算构式，那么它们的各种扩展和变化形式是不是构式呢？理论上无法将它们排除在构式之外。可是，请看例（47）：

（47）把张老板请来也不能逼着他给予本市大家期盼的投资。

就这一个中等长度的句子，里面有主谓、动宾、状中等结构和致使性兼语结构、"把"字处置式、双宾结构、关系从句等，我们应将这个例句算做哪个构式的实例呢？要是为这样的结构确立构式，可以想见构式将会是一个无穷集合，这样的集合，不可能是储存在头脑中供随意取用的单位，因为它们超过了语言经济性的限度。况且，现有研究已经证明，除了实词之间的组合外，可以层层叠加于句子的情态成分、时体成分、语气成分，话题和焦点手段，及各种虚词或形态所担负的语义功能，都可能影响句法结构，导致结构的变异或受限，表层结构可变量更会以几何级数增长。人类的头脑是不可能储存这样的无穷集合的。

泛构式论者可以辩护说，（47）包含了多种基本构式，只要习得了这些基本构式，把这些构式组合起来就可以形成（47）这样的具体句例，说话人不需要一一储存句例或复杂构式。

然而，不同的"基本构式"并不能随意搭配组合，必须遵循一定的规则，以避免不合格句。既然规则可以用来生成复杂结构，则它们更可以用来生成简单的基本结构，只要它们是透明的结构。人们无法声称规则只能用于复杂结构却不能用于简单结构。归根到底，透明的结构是由规则生成的。体现基本句法关系的简单结构虽然数量有限，但是它们的生成和理解跟无数复杂结构的生成和理解遵循同样的规则，不应当将有限的基本句法结构和无穷的复杂结构分开处理，它们都是语法的规则库的一部分。

由此可见，语法研究有必要区分透明的不进入句汇的普通句法结构和不透明的必须从句汇中整体取用和理解的凝固构式。它们分别位于头脑中的规则库和句库。构式语法的用武之地，主要应在句库中的不透明或低透明度的凝固构式。在规则库所能生成的普通句法结构方面，基于构式的研究难以做得比基于规则的研究更好。

此外，主谓、动宾、偏正等基本句法结构，虽然在不同语言中的具体表现有所差异，但其原型关系具有跨语言的普遍性。尽管确有少数学者如 Dryer（1997）质疑其普遍性，但大多数学者仍然在不同语言中使用这些术语，实际上默认其普遍性。而构式具有较强的语种特殊性，因而比基本语法关系更值得构式语法研究。

当然，由于语言的动态性，也确实存在徘徊在句库门口的半透明的结构。测定不同结构的透明度是构式语法应着重加强的工作。

我们可以化用一句西谚（上帝的归上帝，恺撒的归恺撒）来概括我们对构式的看法：

规则的归规则，构式的归构式。

具体地说，把规则管得住的交给规则，把规则管不住的交给构式。这样的态度同时肯定了规则和构式在人类语言的习得、记忆、生成、理解过程中的实际作用，能够最大程度地发挥规则和构式的互补作用，让规则研究和构式研究各尽其长，以便全面认识人类语言的本质。

构式的动态性，表现在历时层面，就是语言要素在不同"库藏"间流动，包括构式和其他库藏要素的转换。构式通常都是由普通句法结构浮现凝固而来，这一过程可以称之为构式化，也是由规则库到句库（构式库）的历程。此外，也存在去构式化，即离开句库进入其他库藏。例如，从洪波、董正存（2004）所分析的"非……不可"句式来看，它们最初应当是在古汉语中由普通句法规则生成的，但在历史演变中逐渐成为表达强烈主观性的一种构式，如"他非去不可"。这是由规则库到句库。再往后，"不可"可以省略，"非"可以单独表达"一定"的意思，如"他非要去"，至此，构式已经解体，相关的语义落到"非"这个单词上，使汉语中多了个表强烈意愿的"非"，于是从句库（构式库）移居到词库，去构式化表现为词汇化。再如汉语的正反问句，原来是在普通的并列结构基础上形成的专表疑问的正反问构式，但在一些方言中，正反问中的否定词脱落，"A 不 A"疑问句变成了"AA"，如用"去去"表示"去不去"，双音词的"AB 不 AB"通常经"A 不 AB"变成"AAB"，如用"高高兴"表示"高兴不高兴"，这种疑问句已经形不成一个句法结构，只能分析为重叠形态了（参看刘丹青 2009），于是由构式库移入规则库中的形态库，去构式化表现为形态化。

好的语法理论，应当能够处理好词库、句库和规则库（含句法规则库和形态规则库两个子库）这三库的关系，既要解释它们在共时平面的分工和互动，也要解释它们在历时平面的转化和流动。

从方法论角度看，试图用规则解释一切或试图用构式解释一切的努力都更符合逻辑的一致性，更具有科学之美，更能创一家之言。形式语言学试图用规则和推导解释一切，构式语法试图用构式解释一切。可惜，人类语言的真实事实就是单靠规则或单靠构式都不能覆盖全部，在科学之美和科学之真之间，我们只能将真置于美之上。

参考文献

方　梅　2002　指示词"这"和"那"在北京话中的语法化，《中国语文》第 4 期。

洪　波、董正存　2004　"非 X 不可"格式的历史演化和语法化，《中国语文》第 3 期。

刘丹青　2005　作为典型构式句的非典型"连"字句，《语言教学与研究》第 4 期。

刘丹青　2009　谓词重叠疑问句的语言共性及其解释，《语言学论丛》第三十八辑，北京：商务印书馆。

刘丹青、徐烈炯　1998　话题与背景、焦点及汉语"连"字句，《中国语文》第 5 期。

刘祥柏　2004　北京话"一＋名"结构分析，《中国语文》第 4 期。

吕叔湘（主编）　1980　《现代汉语八百词》，北京：商务印书馆。

吴福祥　2005　汉语语法化演变的几个类型学特征，《中国语文》第 6 期。

Bybee, J. 2006. From usage to grammar: The mind's response to repetition. *Language*, 82(4), 711-733.

Croft, W. 2001. *Radical Construction Grammar*. Oxford: Oxford University Press.

Dryer, M. 1997. Are grammatical relations universal? In J. Bybee, J. Haiman, & S. Thompson (Eds.), *Essays on Language Function and Language Type*. Dordrecht: John Benjamins.

Goldberg, A. E. 1995. *Constructions: A Construction Grammar Approach to Argument Structure*. Chicago: The University of Chicago Press.

Goldberg, A. E. 2003. Construction: A new theoretical approach to language. *Trends in Cognitive Science*, 7(5), 219-224.

（原载《东方语言学》，2010 年第 1 期）

"有"字领有句的语义倾向和信息结构[*]

零、小引

"有"是汉语中仅次于"是"的第二高频动词,有多种引申甚至虚化的用法,而它的最基本的语义,从古到今大体一致,表示领有关系,即有生命的个体特别是人对事物的拥有关系,领有者和被领有者分别占据主语和宾语的位置。如:

(1) 初,虞叔有玉,虞公求旃。(《左传·桓公十年》)

(2) 他有一台笔记本电脑。

对"有"的语言学研究和词典释义,多将注意力放在它的各种引申虚化义方面,对它的"领有"义项,各种著述多以指出"有"所表示的领有者-领有-被领有物关系为限,好像"有"的本义就是这种普通的领有关系。如《现代汉语八百词》(吕叔湘主编1980)"有"字条:

(3) [动] 1. 表示领有,具有。可带"了、过",否定式为"没有、没"……

当然,该书也指出"有学问"等有程度深的意思,但这已可视为某种引申用法。

本文关注的恰恰是"有"最实在的本义及其用法。袁毓林等(2009)将"有"表达的领有关系分为四大类:(1)(广义的)领属关系(含物权领有、关系领有、性状领有),(2)包含关系,(3)包括关系,

---

[*] 本文系中国社科院重点课题"语言库藏类型学"成果之一。初稿曾宣读于第16次现代汉语语法学术讨论会(香港城市大学,2010年6月),蒙多位同行指正,另获本刊审稿人的有益意见。一并致谢。尚存问题均归作者。

(4)存在关系。本文只讨论其中的"领属关系",尤其是例(1)、(2)那种物质的、具象的物权领有关系,也扩展到关系领有和性状领有。

我们发现,在汉语中,最具象的物权领有的"有",也不是单纯表达中性领有关系的动词,汉语"有"字领有句具有显著的语义倾向,这种倾向与汉语的信息结构特点一起对这类句子形成一定的句法制约。概括地说,在语义倾向上,它表示领有的"既好又多",主要表现在领有句宾语强烈地、甚至刚性地排斥负面定语和主观小量定语;与此同时,汉语信息结构中强势的尾焦点原则使领有句以宾语核心或带定语的宾语为自然焦点,要求其定语与领有句整体的"好而多"语义保持一致,以免背离这些倾向的定语单独成为焦点。不符合以上条件的"有"字领有句,有的成为不合格句子,有的在频率统计上与符合条件的句子相差非常悬殊。

一、"有"字领有句的若干"本性"

领有也可以说是拥有、占有,领有关系在大多数情况下符合领有主体(以下简称"领主")的利益,领有的原型属性包含"有益"的特征,如"有财富/土地/资源/权力/门路/靠山",等等。所以,表领有关系的"有",本就有积极倾向。另外,"有"和"无"相对。任何拥有,不管多少,相对于不拥有,是任何数比零,均为无穷大,因而"有"的本性里又有"多"的倾向。这也是"有本事、有学问"之类组合可以表示多、程度深的来历。潜存于"有"字语义里的本性,就是既"多"又"好"。虽然人类语言里的领有动词(如英语的have)可能都潜存这样的属性,但汉语领有动词"有"似乎在这点上要明显得多,以至于影响到句法结构。

在古人的训释中,"有"并不被视为一个中性的领有动词。下面是《故训汇纂》(宗福邦等主编2003)所集的"有"字众多古训中的几条(按本文编号):

（4）有，不宜有也。春秋传曰：日月有食之。从月，又声。(《说文·有部》)

（5）有，谓本是不当有而有之称，引申为凡有之称，凡《春秋》书有者，皆有字之本义也。(《说文·有部》段玉裁注)

（6）有，谓富也。(《诗经·邶风·谷风》"何有何亡"毛传)

（7）有，多也。(《诗经·小雅·甫田》"终善且有"朱熹集传)

在许慎《说文》及其段注看来，"有"的本义不是泛指领有关系，而是指本不该有的"有"。换言之，是超乎寻常的"有"，例如日月有食（出现"被食去"部分或全部的现象），这是不寻常的现象。段玉裁认为，《春秋》经文部分用的"有"字，都是这种超乎寻常的有，而不是普通的领有，以后才"引申"为普通的领有。

许、段之见也不无可疑之处。"领有"是人类语言最需表达的基本概念之一。他们认为"有"的本义不是普通领有，但并未举出当时普通领有（"凡有之称"）另凭何词表示，则似乎古汉语原来就没有普通领有动词。实际上，段注"有，谓本是不当有而有之称，引申为凡有之称"这段话有四个"有"字，除了被释词"有"，后三个用来释义（元语言）的"有"都是泛指领有之义，这正好说明语言很难缺漏一般领有动词，而该义在汉语里也只能由"有"来表示。但他们所指出的现象仍是值得重视的，至少说明"有"经常或一度主要用在超乎寻常的领有关系上。这在某种程度上也符合交际的常规，因为应有之物，一般是无须明说的常识，例如一个人有手、有嘴、有家庭、有亲戚，均属常识，在交际中不能提供有效信息，因此在简约性文体中，只有超乎寻常的领有义才会富有信息量，值得提及。正是这种超乎寻常的含义，比一般的领有更容易滋生出"多""富"这类意思，这也是上引后几条训释的由来。

超常领有既可有益，也可有害。《说文》举的"日月有食"就是古人认为有害之有（视为不祥之兆）。但是，人类语言的表达受求好心理的制约（此处感谢审稿人的提醒）。例如，否定坏的属性，多用直接否定，如"不错、不坏、不烂、不臭、不凶"。而否定好的属性，常常采用委婉的否定，如"不太好、不太亮、不很清楚、不很及时、不太干净、不怎么聪明"。马清华（1986）指出，汉语中的委婉否定表达，其概念意义经常等同于完全否定。采用委婉式，就是为了满足求好心理。所以，"有"的超常拥有义，更多表现为对有益事物的超常领有，从而强化了"有"的表好倾向。

另一方面，确实有一些领有关系是领主被动承受的不利事物。当代俗语说"有啥别有病，没啥别没钱"。这里的"有病"，及"有债务、有仇人、有情敌"之类，就是负面的领有。汉语自古负面领有义并没有专词，也靠"有"字表达，有的组合甚至可以词汇化为贬义词语，如"有病"的一个义项就是做骂人神经质的詈词。

作为一个正面负面都能用的领有动词，"有"在直接支配名词时，本身并没有显著表现出它的"既好又多"的含义，"有冤家、有难处、有恶习"这些负面组合都是合格结构。但是，"有"内在的"既好又多"的倾向，在领有宾语带定语、特别是由"的"引出的组合式定语（朱德熙1980）时，就得到了显性的表现。所以，这种带组合式定语的领有句是本文的主要研究对象。

二、"有"字领有句的褒义倾向

本节先谈带有褒贬类定语的情况，见例：

（8）a.我们有一个明亮的教室。b.??我们有一个昏暗的教室。c.我们的教室很昏暗。

（9）a.他有一排整齐的牙齿。b.??他有一排杂乱的牙齿。c.他的牙齿很杂乱。

（10）a.他有一个富有的父亲。b.??他有一个贫穷的父亲。c.他的父亲很贫穷。

（11）a.我们有一个和睦的社区。b.??我们有一个混乱的社区 c.我们的社区很混乱。

例（8）—（11）有一个共同点，领有对象是领主在常态下默认拥有的对象。例如，说（8）句的"我们"一般是师生，他们拥有教室是常态。再如人都有牙齿等器官，都有父亲等亲人，都生活在一定的社区（广义，包括村落等）中。这些都是默认被拥有的对象。单纯说"我们有教室、他有父亲"等，都是信息量很低的，除非在一些特殊的语境下。在默认拥有的领有句中，定语的作用比较重要，是新信息之主要所在。

由（8）—（11）a 和 b 的对比可以看出，同样的句式，同样的领有主语和被领有宾语，因为用了褒贬不同的定语，而出现非常不同的自然度和合格度。a 列褒义定语句都完美自然。而 b 列贬义定语句都很难成立。即使勉强可说，也给人一种欧化文体的强烈感觉（第四节将分析英语容许这类定语），而不是地道的汉语。这些句子不顺，不是源于定语和宾语核心名词不搭配，因为这些定语形容词只要改做谓语来陈述那些名词就很自然了，如 c 列各句（a 句也都能转换为 c 式句，如"我们的教室很明亮"，不赘）。当然此时已发生句式转换，c 句已不再是领有动词句。为了让形容词充当谓语，原领有宾语的核心改做主语的核心，而领主则改做主语的领属定语。a、b 之对比清楚地显示，b 句受排斥是因为由贬义形容词做了领有宾语（领有对象）的定语。"有"字领有句宾语的强烈褒义倾向通过定语的条件限制得到了清晰的体现。

下面我们再看看非默认领有的领有对象的情况。

（12）a. 他有一辆漂亮的轿车。b.? 他有一辆破旧的轿车。c. 他的轿车很破旧。

（13）a. 他有一套很大的房子。b.? 他有一套很小的房子。c. 他的房子很小。

（14）a. 他有一个温柔的女朋友。b.? 他有一个泼辣的女朋友。c. 他的女朋友很泼辣。

并不是每个人都有轿车、有房子、有女朋友，因此，撇开定语，这类领有句的"有+宾语核心名词"本身就有较大信息量：他有轿车、他有房子、他有女朋友。这一组中定语的重要性比（8）—（11）一组小，句子对定语的语义倾向制约仍然存在，但似比上一组减弱一些，所以我们标单问号。相对于贬义定语的 b 组例句，表达为主谓结构的 c 组例句完美自然。

以上讨论的都是带"的"的组合性定语。假如是不带"的"的黏合式定语，则几乎不再有语义倾向的制约。如：

（15）张伟有一个穷爸爸。

（16）李军有一间破房子。

（17）我有一块旧手表。

这是因为，黏合式定语是一种称谓性定语（陆丙甫1988），它与核心名词一起构成一个紧密的称谓性类名（参看张敏1998：§5.2.2，§5.2.3），被当作一个单一概念。在句法上，"黏合式定语+名词"具有复合词的性质，因此定语不被凸显，其语义倾向不受领有句的制约。既然"有+单词"可以允许负面领有关系，则带贬义黏合式定语的宾语也可以进入这一句式。这是（15）—（17）的表现不同于（8b）乃至（12b）的原因。当然，在自然度上，还是符合领有句语义倾向的褒义黏合式定语胜于偏离该倾向的负面黏合式定语。

总体上，领有句对领有宾语的褒义定语没有任何限制；对于贬义定语，合格度按照下列定语类型递减：

（18）黏合式定语句＞"组合式定语+非默认领有对象"＞"组合式定语+默认领有对象"

以上结论均基于语感测试。这些结论在语篇分布中可以得到强有力的证明。我们将符合语义倾向和不符合语义倾向的一些成对例句放到 Google 中去搜索（2010年1月12日），得到如下结果如（19）—（22）所示。句子后的数字表示严格含有该字段的网页数。这些网页数不是输入句子后 Google 显示的数字，而是逐一查实后的实际网页数（显著少于 Google 直接显示的数字）。

（19）a. 有一套很大的房子 145　　a'. 房子很大 684

　　　b. 有一套很小的房子 4　　　b'. 房子很小 628

（20）a. 有一个明亮的教室 32　　a'. 教室很明亮 209

　　　b. 有一个昏暗的教室 0　　　b'. 教室很昏暗 57

（21）a. 有一个能干的儿子 40　　a'. 儿子能干 756
　　　 b. 有一个聪明的儿子 348　 b'. 儿子聪明 1000
　　　 c. 有一个没用的儿子 2　　 c'. 儿子没用 717
　　　 d. 有一个没出息的儿子 9　 d'. 儿子没出息 622
（22）a. 有一个富有的爸爸 22　　a'. 爸爸很富有 77
　　　 b. 有一个富有的父亲 716　 b'. 父亲很富有 150
　　　 c. 有一个贫穷的爸爸 4　　 c'. 爸爸很贫穷 628
　　　 d. 有一个贫穷的父亲 3　　 d'. 父亲很贫穷 16

以上数字对比非常鲜明。在"有"字领有句中领有对象的定语位置上，正面定语和负面定语数字悬殊，正面远超负面；而在谓语位置上，两类词的数字很接近，有时甚至负面超过正面。例如，例（19）中"很大的房子"和"很小的房子"之比是 145∶4，相差 36 倍，"房子很大"和"房子很小"之比是 684∶628，大致持平。例（22）中"富有的爸爸"和"贫穷的爸爸"之比为 22∶4，褒贬相差近 6 倍，而"爸爸很富有"和"爸爸很贫穷"是 77∶628，褒贬之比反而是 1∶8。其他各组均符合这种大势。总体上，负面定语的网页数都不到 5，（20b）甚至是 0，（21d）算最多，也只有 9。据此，可以认为领有句的负面组合式定语，在汉语中近乎不合格状态，个别的实例可以视为例外。

由于"聪明"的反义词是单音节的"笨"，所以（21）组我们统计了相近语义场的四个词"聪明、能干、没用、没出息"。结果也类似。"爸爸"和"父亲"分别带口语和书面语色彩，我们都做了统计，所以（22）组也是四对例句，结果显示领有对象定语的褒义倾向在口语和书面语两种风格中同样存在。

我们注意到，组合式贬义定语不是完全没有机会用于"有"字领有句。假如领有宾语本身是负面领有对象，则容许出现组合式贬义定语，不过在这种情况下褒义定语也能出现。可见无论什么情况，只有对贬义定语的限制，没有对褒义定语的限制，比较：

（23）a. 他有一些可怕的陋习。b. 他有一些好玩的陋习。
（24）a. 他有一个凶恶的仇人。b. 他有一个漂亮的仇人。

这一情况形成如下的四分表：

	正面领有宾语	负面领有宾语
褒义定语	合格（他有一个能干的儿子）	合格（他有一个漂亮的仇人）
贬义定语	难合格（??他有一个贫穷的爸爸）	合格（他有一个凶恶的仇人）

为什么"有"字领有句在负面宾语的情况下容许贬义定语，我们将在第四节讨论并解释。

三、"有"字领有句的表多倾向

"有"字自古就有表多的倾向，有些训诂家直接以"多""富"释"有"。表多倾向在前引"有学问"（＝学问深＝学问多）之类光杆宾语结构上已有体现，但在领有宾语带定语时表现得更加明显，几乎成为刚性句法制约。

所谓表多，是指主观大量，即说话人认为数量超出通常水准。最直接地表示主观大量的定语词语就是"很多""许多""大量""无数"等谓词或区别词。"多"字本身不能直接做名词的定语，它在定语位置的单用只见于"多＋量词结构"中。量词前是数词的位置，这个"多"属于不定数词而非形容词。例如不能说"多船""多房子""多狗"，而要说"多条船""多间房间""多只狗"①。"多人"可说是因为"人"有量词功能，可以直接受数词修饰或像量词一样重叠，如"三人""五人""人人有责"。所以下面我们就只讨论非数词性的表多定语。

用实际数词限定名词是一种客观表述，无所谓主观量的大小。至于"一"，更不是表少定语，因为"一"（指非重读的）在现代汉语中已有冠词化倾向，吕叔湘（1944/1984）已将"一个"分析为不定冠词，方

---

① 在苏州话等北部吴语中，形容词"多"和不定数词"多"还出现了读音分化。形容词念 [ₒtou]、[ₒtu] 一类高元音（人多、钞票多），而数词"多"念低元音 [ₒta]，是"多"的白读层（多个人、多部车子）。

梅（2002）也采此说并做了进一步论证。这种"一"，与表多表少无关，如第二节中的多个表好定语中的"一"，都与多少无关。

为了与"多"比较，还得先说说"多"的反义词"少"。现代汉语中"少"与"多"的语法功能都与普通形容词不同，这两者彼此也不一致。"少"的谓词性更强，既不能直接做定语，也不能用在量词前，"少条船、少间房子"是动宾而非偏正。此外，即使加上"很"，"很少"也比"很多"难做定语，尤其是宾语位置的定语。"很多N"在主语和宾语位置都比较自由，"很多的N"也一样自由，而"很少"很难直接做宾位的定语，如例（25）。加了"的"可以说，但不如"很多的"自然，如例（26），不过这里的限制不全是句法性的，因为动词前加了"只"类限制副词就可以在宾语位置用"很少的N"，如例（27），可见"很少的N"本身是合语法的。假如"很少的"后面还有不定数量词，接受度也较高，如例（28）。

（25）*我看见了很少顾客。

（26）我看见了很少的顾客。

（27）我只看见了很少的顾客。

（28）我看见了很少的几个顾客。

在主语位置，原来似乎只有"很少人"能出现，我们查了北大现代汉语网上语料库，"很少人"有189例，都在小句主语或话题位置，大多是1990年以后的语料，更早的很少。其他名词，如"很少"和"学生、顾客、市民、工人、农民"的直接组合，在该语料库中都不见一例。近年在网上有一些此类组合出现，应当是后起的，并且尚未取得很正规的风格地位，可能与粤语的影响有关，所以在北大语料库中未见。这类例子多见于网上的非正式文体或广东的媒体。如：

（29）一个给计算机系学生面试的算法题目，很少学生能在2min里解答。（个人博客）

（30）清远人过清明回乡下祭祖扫墓的居多，很少市民会选择此时报团出游。（《南方日报》2010.3.23）

较正规的说法，仍然是在"很少"后加个"有"，"很少"便是状语而非定语，如：

（31）在德国，很少有学生用字典。(《武汉晨报》新闻)

（32）现在很少有市民购买大樱桃回家自己食用。(山东媒体新闻)

像（29）、(30)那样的"很少"作为定语是可疑的，这儿加不进"的"（宾语位置可以用"很少的"做定语），却可以加进"有"，而且更早时这个"有"很难省去。考虑到"少"本身能带宾语（如"少了一个人"），还有"路上（很）少车"这类"（很）少N"做谓语的情况（网例很多），（29）、（30）这种"少"更像及物动词，或者像主语前的"就、仅仅"（就他来了、仅仅三个人搬不了这个）一样的限制状语，里面含有隐性的"有"，很难分析为定语。再看下例：

（33）a. 很少的钱办成了很大的事。b. 很少的钱，就买很少的东西。

（33）表明"很少的N"做主语可以是合格的句法组合，但是只能用于主宾语之间有数量比例关系的句子，如（33）"很少的钱"或与"很大的事"构成对比，或与"很少的东西"构成数量和谐关系，（33b）在宾语位置也同时带"很少的"做定语。

根据以上情况，我们可以拿宾语位置上的"很多的"和"很少的"来对比，以观察"有"字领有句的表多倾向，因为"很多的"和"很少的"都确定可以做定语表示主观量。

先看默认领有的宾语：

（34）a. 王大爷有很多的牙齿。b.*王大爷有很少的牙齿。c. 王大爷的牙齿很少。

（35）a. 他家有很多的亲戚。b.*他家有很少的亲戚。c. 他家的亲戚很少。

"很多的"和"很少的"在这些定语的位置上对比非常鲜明。"很多的"做定语，句子非常自然；"很少的"做定语，基本不合格。而"很少"放到谓语位置，就可以说，如各例c句。

再看非默认领有宾语。如：

（36）a. 他有很多的存款。b.*他有很少的存款。c. 他的存款很少。

（37）a. 他家有很多的房子。b.*他家有很少的房子。c. 他家的房子很少。

这些都是有益的领有关系，其表现情况与默认领有宾语接近，用"很少"做定语基本不成立。

再看对领有主体不利的即负面的领有关系。这种领有宾语在带表多定语的情况下仍然成立，而在表少定语的情况下就很难成立，如：

（38）a. 公司有很多的债务。b.*公司有很少的债务。c. 公司的债务很少。

（39）a. 你有不少的缺点。b.*你有很少的缺点。c. 你的缺点很少。

从以上情况可见，"有"字领有句对表少定语的排斥比对负面定语的排斥更明显。不管是默认领有的定语，还是非默认领有的定语或负面领有对象的定语，只要表少，都受到"有"字领有句的强烈排斥，而后两类"有"字领有句对负面定语的排斥弱于第一类领有句。

以上观察得到语篇方面的有力证实。在我们的 Google 搜索中，"有很少的牙齿""有很少的亲戚""有很少的存款""有很少的债务"的搜索结果都是零，"有很少的房子"和"有很少的缺点"各只有 2 例和 1 例，都是网络随意留言而不是正规文章，基本是病句。如：

（40）如果正常来说，流到房子这一块的价值应该是这样的：有很多的房子，很便宜的价格，老百姓都人有所居；但是相反的情况却是：有很少的房子，钻石的价格，老百姓都买不起。

（41）到了阿里首府，有很少的房子和军分区。

（42）童话中的王子大都是人们遐想出来的有很少的缺点（原无标点）

（40）"有很少的房子"是为了跟前面"有很多的房子"对比，但是仍然很不通顺。后两例都可以视为病句。因此，可以断定"有"字领有句是排斥表主观少量的定语的。

从表好和表多的互动，更能看出数量限制比褒贬限制更加刚性。好和多的共现，肯定最符合该句式的语义倾向，如（43）；而差和少的结合肯定是被排斥的，如（44）：

（43）他有很多（的）珍贵的珠宝。

(44)*他有很少的丑陋的习惯。

关键要看好与少、差与多这种正负两种属性的交叉同现，如：

(45)*他有很少的珍贵的珠宝。

(46) 他有很多的丑陋的习惯。

可见，正负交叉同现时，决定合格度的是数量范畴而不是褒贬范畴。(45)因为表少而不合格，正面领有和褒义定语也救不活它；(46)因为表多而合格，表多定语压倒了贬义定语。

表多的要求是"有"字领有句固有的基本属性。表好的要求是第二位的。古人最早强调的是"有"的超乎寻常以及多和富，都属于"多"的语义因子，而超乎寻常不一定是"好"，例如被视为不祥的日月"有食"。"表好"的要求一是源于拥有事物的常态是对主体有益，二是源于人类语言的表好倾向。这一属性被凝固成"有"字领有句的一种潜在属性，主要在带组合性定语而且没有主观量定语时显现出来。假如遇到表主观量的定语，则合格与否由主观量的大小决定。也就是说，表好倾向是以服从更基本的表多要求为前提的。

四、"有"字领有句语义倾向的信息结构解释

汉语"有"和英语 have（含 has、had）的基本词义是相同的，其语义本性也应当是相同的，作为领有行为，应当都有好和多的语义倾向。但是，英语对定语语义倾向的限制不像汉语那么明显。就汉语中表现最明显的对"很少"做定语的排斥来看，英语有强烈表示主观小量的词，即 few、little，与不那么强调其少的 a few、a little 相对，这两组词都可以自由地用来限定各种 have 句的宾语，如：

(47) He has a few friends.（对比：他有一些朋友）

(48) He has few friends.（对比：*他有极少的朋友～他的朋友极少～他几乎没有朋友）

(49) I have a little money.（对比：我有少量的钱）

（50）I have little money.（对比：*我有极少的钱～我的钱极少～我几乎没有钱）

英语 have 领有句用贬义宾语也没有明显限制，如"He has a poor father"（他有一个贫穷的父亲），"She has ugly teeth"（??她有丑陋的牙齿～她的牙齿很丑陋）。带表少表差定语的英语领有句在网络文本中都有大量的例子，不像汉语的类似句子那样罕见。

那么，汉语为什么对主观小量和贬义定语如此排斥？原来这与汉语的焦点结构有关。

尾焦点，即以句子的末尾作为自然焦点的位置，是很多 SVO 语言的特点。①这一特点在汉语中表现得尤其明显（张伯江、方梅 1996：73；刘丹青、徐烈炯 1998）。对于动宾句来说，宾语是句尾；宾语带定语时，自然焦点的范域略有弹性，可以是宾语核心，也可以是包括定语在内的宾语，这两者都含有句尾部分。但自然焦点绝不可以单取定语而排斥宾语核心，这是汉语尾焦点强势的一大特征，除非将定语重读变成对比焦点。如：

（51）他买了一辆破旧的轿车。

在没有特殊重音的情况下，此句的自然焦点可以是"轿车""破旧的轿车"，但不会是"破旧的"。只有给"破旧"带上特殊的重音才能使它成为对比焦点。

假如需要作为焦点凸显的成分不是宾语或不是宾语的核心，则汉语会调动其他语序手段以尽量让真正的自然焦点位于句末，而让宾语改做其他成分。这里谈的仍然是自然焦点，不考虑"是"或"是……的"准

---

① Downing（1995）指出布拉格学派很早就提出主位-述位语序规则，即交际动力弱的成分（已知信息）前置于交际动力强的成分（新信息）。他们的语言基础主要是俄语、捷克语这类语序较灵活的 SVO 语言。英语作为 SVO 语言也有人提出旧成分先行原则。Downing 还介绍了对新信息居后原则的心理现实性解释，指出这类语言具有将述位性最强的成分放在句末的优点，这也是最容易记忆的位置。这就是尾焦点现象。但是，"主位-述位"语序规则或尾焦点规则并不是人类语言的唯一原则。有些语言反而有述位先行，即最重要新信息置于句首的规则，如许多自由语序的印第安语言（Givón 1988），而 SOV 和 VSO 语言的自然焦点结构也比较复杂多样，不像 SVO 那样呈现出比较一致的尾焦点倾向（参看 Herring & Paolillo 1995 和 Payne 1995）。因此，尾焦点主要是一种 SVO 语言的特征，而在汉语中表现得特别突出。

分裂句一类对比焦点结构。

假如自然焦点是谓语动词、结果补语、宾语的定语，汉语及物句会优先采用受事状语化（"把"字处置式）或话题化策略，话题化包括受事话题句、分裂式话题句（参看刘丹青 2001）及动词拷贝句（拷贝句的前段也有话题性，见 Tsao 1986 和 Liu 2004）。如：

（52）a. 小张撕破了那本书。（焦点"那本书"或"书"）
　　　b. 小张把那本书撕破了。（焦点"撕破了"，尤其是"破"）
　　　c. 那本书小张撕破了。（焦点"撕破了"，尤其是"破"）
（53）a. 小张吃腻了宫保鸡丁。（焦点"宫保鸡丁"）
　　　b. 小张吃宫保鸡丁吃腻了。（焦点"腻了"）
（54）a. 他买了一辆破旧的轿车。（焦点"轿车"或"破旧的轿车"）
　　　b. 轿车他买了一辆破旧的。（焦点"破旧的"）
　　　c. 他买轿车买了一辆破旧的轿车。（焦点"破旧的轿车"）
　　　d. 他买轿车买了一辆破旧的。（焦点"破旧的"）

（54b）是分裂式话题结构，只聚焦"破旧的"。（54c）是动词拷贝句，让焦点域向定语延伸，由定语和宾语核心一起充当焦点，（54c）和普通动宾句（54a）的差别在于：由于宾语核心已在拷贝结构的话题部分出现，因此它在整个焦点域中的信息强度就会小于定语，因此这一句更可能表达为省去宾语核心的（54d），只聚焦"破旧的"。

假如及物结构的焦点是宾语的定语，汉语会尽量将该定语改放在谓语位置从而使之成为自然焦点。如（"<"表示合格度或自然度不如）：

（55）a.（大家都吃了香瓜，）我吃了一个很甜的香瓜。< b. 我吃的香瓜很甜。
（56）a. 他住了一个很暖和的房间。< b. 他住的房间很暖和。

例（55）括号内的语境决定了宾语核心"香瓜"是已知信息而非焦点，"很甜"才是该句的焦点，因此更合理的处理是改造成（55b），让"很甜"做谓语。人无论在家还是外出，默认是要住一个房间的，因此（56a）句的焦点不是"房间"而是"暖和"，因此不如表达为（56b）。

在英语中，定语是重要的焦点位置，像 few、little 这样的主观小量词，通常就是句子的焦点，它们都可以自由地充当定语，如（57）。用形容词做定语也很自然。如在（55）那样的语境中，英语就可以让形容词定语充当焦点，如（58）：

（57）I saw few old friends.（对比：*我见到了很少的老朋友～我见到的老朋友很少）

（58）(All the people ate melons,) and I ate a very sweet melon/one.（例（55a）的直译）

下面是一个更复杂的英语实例，取自一本心理语言学专著：

（59）Both of these languages have a rather small set of number words. Munduriku has words only up to the number 5, while Piraha has only words for 1, 2 and many (more than 2).

例（59）的3句都强调这些语言数词极少，而不是强调拥有数词，但第1句表少词语位于定语位置，很难直译，要将表少词语改做谓语，或像第2、3小句那样添加"只/only"才自然：

（60）a. ??这两种语言都有一个很小的数词集合。Munduriku语最多只到5，Piraha语只有三个词：1、2、多（多于2）。

b. 这两种语言的数词集合都很小。/这两种语言都只有一个很小的数词集合。

再看汉语。像一般的及物句一样，汉语"有"字领有句也以领有宾语或领有宾语的核心为自然焦点。句子的核心意义是"有……N"。假如N带有组合式定语，那么定语是附带的信息，其信息强度或凸显度不能超过宾语核心。如"他有一辆漂亮的轿车"，"有轿车"是表达的重点，"轿车"是焦点，而"漂亮的"是附带的信息。也可以以宾语"漂亮的轿车"整体为自然焦点，但不能只以"漂亮的"为自然焦点。

不过，"有"字作为弱及物性动词在某些方面与普通的及物动词不同。很多及物句遇到宾语不是焦点时，可以用上述状语化或话题化策略将受事搬离句末的位置，而"有"字句不能采用处置句、分裂式话题句或拷贝句，因此，即使焦点在默认领有宾语的定语上，也只能让领有对象留在宾语位置，如：

（61）a. 他有一个富裕的父亲。

　　　b.*他有父亲有一个富裕的。（比较：他买轿车买了一辆破旧的）

　　　c.*父亲他有一个富裕的。（比较：轿车他买了一辆破旧的）

因此，面对句法上别无选择的情况，"有"字句只能用尾焦点延伸到定语的办法让信息量大的定语也涵盖在焦点域内，这就是（61a）的情况。

扩大尾焦点范围是将定语和核心名词整合成一个句内板块，打包成为焦点，而绝不是允许定语单独作为自然焦点、把居尾的宾语核心排除在焦点之外。这就对定语的语义提出了一个特殊的要求——其语义倾向必须与宾语核心保持一致，否则无法整合成一个板块。

我们知道，"有"的本性——原型解读——含有好和多的意义，"有+N"的常规理解是对主体有益的数量多的领有，N被理解为好而多的事物。因此，只有不违背好和多的属性的定语，才能与这一结构中的N在语义上一致，整合成一个板块，共同充当尾焦点。中性的定语，因为不算违背好和多，也可以接受。而贬义定语、主观少量定语，由于与表好表多的本性完全相反，难以与"有"字领有句的整体语义一致，无法跟宾语核心整合成一个焦点板块，会形成一个独立的焦点，因而受到排斥。

这是总体的状况。下面我们再来思考一下前文描写中所察觉的一个现象，即不同的领有句对违背领有句本性的不同定语呈现出不同的排斥程度。

领有句对贬义定语的接纳度表现出如前面（18）所示的等级序列（排斥度则反向排列）：

（18）黏合式定语句 > "组合式定语 + 非默认领有对象" > "组合式定语 + 默认领有对象"

显然，这与定语的突出程度有关。对贬义定语的接纳度与定语的信息强度（或称突出度）呈反比，亦即对贬义定语的排斥度与信息强度呈正比。黏合式定语已和核心名词融为一个复合式类名，定语自身的独立性很低，信息强度也因而最低。默认的宾语核心是可推断的信息，信息强度低，其组合式定语的信息强度最高。非默认宾语所带的组合式定语的信息强度强于黏合式宾语,但是宾语本身的信息强度较高,因此其组合定语的信息强度就介于黏着定语和默认宾语前的定语这两者之间。定语的信息强度越大,越不能偏离核心的语义倾向,否则无法与宾语核心组成一个信息块共做自然焦点,而会作为独立焦点盖过宾语核心的信息地位,与汉语的尾焦点规则相冲突。这是"有"字领有句排斥贬义组合式定语的根本原因。

同样道理,由于"有+N"的原型解读是"多",量化定语必须是表主观大量的才能与宾语核心的语义倾向一致,而"很少的"作为表主观小量的组合定语与宾语核心不一致,无法与领有宾语核心共组一个信息块充当自然焦点,而会在信息结构上盖过核心的信息地位,与汉语的尾焦点规则相冲突,因而受到排斥。此外,"很少"根本不能充当黏合式定语,也就没有机会像贬义黏合定语一样与宾语核心合为一个复合词。

从以上分析可见,比起英语来,汉语的句末是一个对信息结构更加敏感的自然焦点位置,置于句末已成为汉语语法手段库藏中一个专化的(自然)焦点化手段。

以上是组合式褒贬定语和主观量定语单独出现时的情况。当两类定语同现时,由于表多是比表好更强、更基本的制约,因此两者之间犹如优选论(Optimality Theory)所描述那样形成限制条件的级差,量化条件制约压倒褒贬条件制约。当两者都符合领有句条件(表好表多)时,句子成立。当量化定语和褒贬定语有一方违背制约条件时,则由强的一方——量化定语决定句子的合格性,弱的一方——褒贬定语限制不再有效。"主观大量+贬义定语",句子照样成立。"主观小量+褒义定语"句子就不成立,因为对主观量限制的违背是致命(fatal)违背。而对褒贬限制的违背只有在主观量定语缺席时才可能成为致命违背。

五、消除语义倾向的条件

汉语中存在一些消除"有"字领有句语义倾向的句法、语义条件。

初步观察到的条件有下面两项,这些条件进一步证明信息结构对"有"字领有句语义倾向的重要作用。

(一)"有"前有表示限止的焦点算子副词"只、仅"等,该算子允准表少、表坏的定语作为语义焦点出现,句子非常自然,如:

(62)他仅有很少的存款。

(63)小王只有一辆很破的二手车。

"只"类词是语义焦点敏感算子(徐烈炯2006),是焦点的一种形式特征。带标记的焦点会覆盖不带标记的自然焦点。刘丹青、徐烈炯(1998)指出,当靠形式特征标记的对比焦点出现时,自然焦点就不再有焦点作用,被对比焦点所覆盖。同样,靠算子允准的语义焦点也能覆盖句中的自然焦点,于是自然焦点所导致的句法制约也就不再有效。

(二)表条件、理由等的背景性偏句,允许"有"字句表少、表坏:

(64)假如他有很少的资本,他就愿意自己创业。

(65)他有这么坏的同事,工作不可能顺心。

背景句整体在复句结构中属于陪衬性的非突出信息,因此其内部的自然焦点结构被弱化,不再能造成相关的句法制约。

六、小结

"有"字的基本功能是充当领有句的谓语核心,表达主语对宾语的领有关系。上古汉语"有"字强烈倾向于表达超出常规(不应有而有)的领有,从而形成表多的内在语义倾向。

领有关系在典型状况下是对领有主体有益的关系,加上人类语言的表好倾向,因而"有"字句具有内在的表好倾向。由于语言表达内容的多样性,领有动词也能用来表达负面的领有关系,这主要发生在宾语为单个名词或带黏合定语时,如"有重病、有债务、有坏习惯"。

汉语领有动词句的表多表好倾向特别强烈,形成了某种程度的句法制约,主要表现在对组合性贬义定语和主观少量定语的强烈排斥上,其中主观量制约强于褒贬制约。

　　对贬义定语的排斥程度因类而异。最排斥组合性定语和默认领有宾语的组合。其次是排斥组合性定语和非默认领有宾语的组合。对黏合性定语的排斥最小。对领有对象的贬义属性或主观少量属性倾向于以谓语描写。

　　汉语"有"字领有句对主观小量定语和贬义定语的排斥是两个因素共同作用的结果。一是汉语"有"字本身的表好表多倾向，二是汉语句子自然焦点居末（尾焦点）的刚性要求。汉语的自然焦点只能位于句末，可以由宾语核心扩展到定语，而排斥不包括核心、单由定语充当的自然焦点。"有"字领有句要求定语在语义倾向上与宾语核心一致，从而共同组成一个尾焦点板块。具有较大独立性（带"的"）和信息量的定语容易成为自然焦点的一部分，假如此时违背表好表多倾向，就与宾语的语义倾向相违背，定语会成为不包括核心的独立焦点，从而违背尾焦点原则。定语独立性和信息量越大，越不容许违背宾语核心的语义倾向。

参考文献

方　梅　2002　指示词"这"和"那"在北京话中的语法化，《中国语文》第 4 期。
刘丹青　2001　论元分裂式话题结构初探，《面向二十一世纪语言问题再认识——庆祝张斌先生从教五十周年暨八十华诞》，范开泰、齐沪扬主编，上海：上海教育出版社。
刘丹青、徐烈炯　1998　背景、焦点、话题及汉语"连"字句，《中国语文》第 5 期。
陆丙甫　1988　定语的外延性、内涵性和称谓性及其顺序，《语法研究和探索》（四），北京：商务印书馆。
吕叔湘　1944/1984　个字的应用范围，附论单位词前一字的脱落，《汉语语法论文集》（增订本），北京：商务印书馆。
吕叔湘（主编）　1980　《现代汉语八百词》，北京：商务印书馆。
马清华　1986　现代汉语的委婉否定格式，《中国语文》第 6 期。
徐烈炯　2006　语义焦点，《东方语言学》创刊号，上海：上海教育出版社。
袁毓林、李　湘、曹　宏、王　健　2009　"有"字句的情景语义分析，《世界汉语教学》第 3 期。
张伯江、方　梅　1996　《汉语功能语法研究》，南昌：江西教育出版社。
张　敏　1998　《认知语言学与汉语名词短语》，北京：中国社会科学出版社。

朱德熙　1980　《现代汉语语法研究》，北京：商务印书馆。
宗福邦、陈世铙、萧海波（主编）　2003　《故训汇纂》，北京：商务印书馆。
Downing, P. 1995. Word order in discourse: By ways of introduction. In P. Downing, & M. Noonan (Eds.), *Word Order in Discourse*. Amsterdam: Benjamins.
Givón, T. 1988. The pragmatics of word-order: Predictability, importance and attention. In M. Hammond, E. Moravicsik, & J. Wirth (Eds.), *Studies in Syntactic Typology*. Amsterdam: Benjamins.
Herring, S., & Paolillo, J. 1995. Focus position in SOV languages. In P. Downing, & M. Noonan (Eds.), *Word Order in Discourse*. Amsterdam: Benjamins.
Liu, D. Q. 2004. Identical topics: A more characteristic property of topic prominent languages. *Journal of Chinese Linguistics*, 32(1), 20-64.
Payne, D. 1995. Verb initial languages and information order. In P. Downing, & M. Noonan (Eds.), *Word Order in Discourse*. Amsterdam: Benjamins.
Tsao, F-F. 1987. On the so-called "verb-copying" construction in Chinese. *Journal of Chinese Language Teacher's Association*, 22(2), 13-43.

（原载《中国语文》，2011年第2期）

汉语特色的量化词库*：
多/少二分与全/有/无三分

零、引言：量化表达的两种策略

在形式语法和形式语义学关于汉语量化成分的研究传统中，全量词语和存在量词语是首要的分野。如蒋严、潘海华（1998/2005：31）所谈的量化成分，都属于这两大类："一阶逻辑有两个量词：全称量词（universal quantifier）和存在量词（existential quantifier）"（本文将他们所说的量词称为"量化词"，以区别于汉语语法所讲的"量词"（classifier / measure word），引文则照录原文）。而所谓非标准量化词，也可以按其功能划归这两类。另外，我们认为 no、nothing 之类全量成分的否定可以分立一类。全量否定词相当于否定算子作用于 any 一类量化词的产物，如 I have nothing=I do not have anything，其中 no=not+any。这种结合已词汇化为在英语这类语言中的词库成员，故能单立。而且，any 这类词的量化属性比较复杂，难以简单地归为全量或

---

* 谨以此文恭贺木村英树教授六十寿辰。本研究获中国社会科学院重点项目"语言库藏类型学"资助。其多版初稿先后在首都师大、浙江师大、浙江大学、香港理工大学、南开大学、河北师大、上海外国语大学（首届上海地区汉外两界语言学高层论坛）等处宣讲，获众多专家和听众参与讨论和赐教，徐烈炯、屈承熹、蒋严、石定栩、邓思颖、金立鑫、胡建华、潘海华、汪维辉、方一新、王云路、史金生、李宝伦等先生均有所教益，在此一并致谢！尚存问题均由笔者负责。

存在量。^①因此不但 no、nothing 之类已经成词的单位可以处理为全量否定词，而且与之等价的组合 not+any 也可以做同样处理，归为全量否定。这样，我们把含有全量（全）、存在（有）和全量否定（无）这三类量化词语的量化系统简称为"全/有/无"三分法。在英语这类语言中，量化词及含量化成分的代名词基本上都可以归入这三类，是典型的三分法系统。如：

（1）全：all、every、each（、any）……

（2）有：some、several、a、many、a few、few……

（3）无：no、nobody、none、nothing

人类语言中可能较普遍地拥有这三大类量化成分，至少可以用语言单位表示出来。但是，语言单位不等于词项，只有词项才体现了高度的概念化。比较汉语：

（4）全：全部、所有、一切、每（个）、个个（、任何）

（5）有：一些、某些、有些、有的、很多、大量、少数

（6）无：没有人、没有东西、没有任何、（随便）什么都不/没有……（莫，古汉语）

我们看到，现代汉语词库中表全量和存在量都有一些固有词项，但是表示全量否定的词项却不见于词汇库藏。关于括号中的"任何"，下面有进一步讨论。

上古汉语有一个"莫"，是表全量否定的代词。"莫之知"就表示 Nobody knows him/her/it. 不过这个代词只限于用在主语位置，不能用

---

① 语言学文献将 any 分出两个。一个表否定极性（可轻读），一个表自由选择（不可轻读）。前者用于否定句及带有"怀疑""难得"等否定义词语的句子中，如上所举；后者用于可能、道义等特定的情态环境中，如"Anybody can do this"和"You may pick any flower"。在条件句中，两种 any 都能出现，并形成歧义，体现了两者的区别。如："If anybody can move this stone, I will be amazed"。作为否定极性的 any，该句表示只要有任何一个人能搬动这块石头，说话人都会吃惊。作为自由选择的 any，该句表示如果任何人都可以搬动这块石头，说话人就会吃惊。学者们通过一些测试认为否定极性 any 更多具备存在量化的特点，而自由选择 any 更符合全称量化的特征，但是在一些地道的否定词辖域中否定极性 any 仍然有一些全量词的特点。参见 Levy（2008）。我们认为在否定辖域内，any 是作为全量的代表被否定的，换言之，即使 any 不是典型的全量成分，any 的否定也是全量的否定，"不吃任何（any）鱼"就是"所有（all）的鱼都不吃"。因此我们把全量否定 no 等看作否定算子作用于全量成分的结果。

于宾语。I know nobody/nothing 无法译成"吾知莫"或"吾莫知"。在现代汉语及其诸方言中，已不存在"莫"或其他类似的全量否定词。"手莫伸"中的"莫"是祈使否定词，不是否定代词。现代汉语要表达全量否定，只能依靠临时组合的短语或句式，如 I eat nothing in the morning 就要说成"我早上什么都不吃"，这已经是一种句式。因此，可以说，汉语没有在词库中形成三分量化系统。

三分法的量化系统，可能比较适合于精确的逻辑运算。但是自然语言中要表达的东西并不都是精确的，对此，三分法语言采用的策略是"精确词语的模糊用法"。他们在语言中大量使用这类量化词，如英语日常交际中常可听到下面这样的话，其实推敲起来并不符合该词的真值条件：

（7）Everyone knew Gilda Besse. 每个人都认识 Gilda Besse。（美国电影 Head in Clouds）

（8）The wise man knows he knows nothing, the fool thinks he knows all. 智者知道自己一无所知，愚者以为自己无所不知。（英国谚语）

正如 Zamparelli（2000：52）所说，"全量成分的理解总是必须参照语境中显著的范围"。例如"所有学生都走了"，是指语境中某个显著的确定范围内的学生，如课堂或班级里的学生，而非全世界的学生。而（7）、（8）之类句子并没有显著而确切的参照范围，也不可能按字面的真值条件理解为无范围限制的全量，因为常识告诉我们，很难有哪个人真的为全人类所认识，也不可能有谁真的认为自己对世间事情全然不懂或洞知一切。这里只能理解为模糊而略带夸张的表达。在英语中，三分量化系统是显赫范畴，将精确的全量词语扩展到一些客观存在的模糊语义域是很常规的表达，其夸张语气似乎没有相应的汉语全量词那么显著。

人类语言也存在另一种情况，就是精确的量化词语并不发达，"正则"（canonical）三分系统的各个成分并不都很显赫，反倒是满足另一些交际需求的非正则量化概念得到了词汇化或某种方式的凸显。这些概念用三分法眼光来看有点模糊，但它们却构成了这类语言的显赫范畴，是人们经常使用的概念，可能比某些"正则"三分量化词还常用。这是以模糊词语精确地表达模糊语义的策略，可称"模糊词语的精确用法"，与"精确词语的模糊用法"相对。

本文将以一些汉语特色量化词的分析指出，汉语是一种与三分法量化系统主导的类型有所不同的语言，体现了三分系统所不能覆盖的人类语言量化词语的多样性。汉语一方面三分法的词汇化并不完整，正则三分量化词的使用也不如英语常见，另一方面还存在一些与三分法不同的表多表少的量化词。这里的"多""少"不同于语词意义上的"多""少"。语词"多""少"都属于存在量，即有而不全。本文所说的非三分系统中的多，是一种主观大量词，我们称为"甚多词"，覆盖了从多量存在到全部的量域（多→全）；少，是一种主观小量词，我们称为"甚少词"，覆盖了从少量存在到零存在的量域（少→无）。甚多词和甚少词都跨越了三分系统最看重的全量和存在量的大界。这也是至今语义学界关注不够的量化词类型。甚多和甚少的主观性决定其界线具有模糊性，不像"全/有/无"内部边界那么分明，它们的使用体现了"模糊词语的精确用法"策略。两种策略体现在量化系统显赫范畴的语际差异上。

一、与否定有关的全量词语的低词汇化

现代汉语的三分法量化词语没有形成完整的词汇库藏。得到词汇化的只有全量和存在量。否定全量的词语没有得到词汇化，要靠动词和名词组成短语或句子才能表达。此外，在全量词语中，与否定关系密切的全量任指词（对应于any的量化词）也不发达。

自从上古汉语主语位置的全量否定词"莫"从中古以降反映口语的语料中消失之后，现代汉语及其各大方言就不再有相当于no及nobody、nothing的全量否定词。全量否定都要用分解式表示法，即否定存在动词"没有"带宾语，如"他没有笔"。假如需要由否定全量成分充当主语，则用"没有"引出兼语句，如"没有人相信你的话"。汉语缺少全量否定代词或限定词而需要用动词来表达全量否定概念，与汉语作为一种动词型语言的类型特点是一致的（刘丹青2010）。实际上肯

定性全量也可以换用动词性结构，如"是人都会同情他"。①

英语 any 是非现实（irrealis，包括否定辖域内）语境中具有全称量化作用的任指代词。在用动词表达全量否定时，英语照例要用限定词 any 与否定动词相配，如"I don't have any pen"。

现代汉语普通话用"任何"一词来对译 any。然而，与 any 作为一个英语高频基本词不同，"任何"是汉语中很晚近的词，是西语汉译所诱发的欧化语法的产物，不是汉语固有的基本词。在汪维辉教授所建的从上古后期到近代（从西汉王褒《僮约》到清代《红楼梦》节选）17 种历代文献的 57 万字语料库中（我们还补查了《红楼梦》全书），以及更晚的《老残游记》等小说中，都没有出现一个"任何"的用例。甚至成书于 1910—1920 年间的北京话教材《京语会话》（约 95 000 字）中仍无"任何"的踪影，在 1915 年版的当时最大的汉语综合语文词典《辞源》中，未收"任何"一词。而且，在"任何"出现之前，汉语也没有与 any 或"任何"作用相当的词语。换言之，汉语中原本没有任指全量词语。"我没有任何责任""他没见任何朋友"这类当代常用表达，都带有西方语言影响下的欧化语法的痕迹。② 在传统汉语中，这类否定句或使用汉语式的量化限定词（见第二节），或用最小量的"一+量词"，或完全不使用限定词。后两种情况如：

(9) a. 你这上头倒没有一点儿工夫。(《红楼梦》第 81 回)

b. 安老爷又是个古板的人，在他跟前没有一毫的趋奉。(《儿女英雄传》第 2 回)

(10) a. 老爷是有了银子就保住官儿了，没有银子，保不住官，还

---

① 在被认为所有实词均属谓词的一些北美印第安语言中，例如 Straits Salish 语中，论元都以动词附加成分的身份出现，名词化成分即使出现也只能做边缘出位成分，不带限定词（determiner）。这些语言连全量、存在量也只能靠作用于谓语的副词性成分来表达（汉语的"都"也是副词性全量成分），完全没有限制名词的量化成分（参看 Jelinek 1995）。汉语虽然是动词型语言，但是名词仍然存在，只是不如动词活跃，所以一方面有些量化操作缺乏名词限定词来表达，另一方面仍然拥有一批名词限定词做量化词语。

② 本文初稿在一些地方报告后，笔者看见张定（2010）对"任何"的来源做了更加详细扎实的考察，结论与本文一致，他明确认为"任何"是 20 世纪初在西方语言影响下用汉语语素构成的仿译词。

有不是。(《儿女英雄传》第 3 回)

b. 我又没有收税的亲戚，作官的朋友，有什么法子可想的？(《红楼梦》第 6 回)

即使在"任何"已经扎根于汉语后的一段时间里，"任何"作为有外来语义背景的代词，仍然带有正式书面语体色彩，例如在老舍的长篇小说《骆驼祥子》中使用了数十例"任何"，但是全部出现在叙述语言中，没有一例出现在对话中。到了几十年后的王朔小说，"任何"才比较自然地出现在对话中，但所占比例仍小，如他的长篇小说《我是你爸爸》共有 24 例"任何"，只有 4 例用在对话中。

在地道的汉语方言口语交际中，"任何"更少出现，即使出现，也是来自普通话词语的借用。例如，在苏州吴语中，要用动词性短语"随便啥……"放在"侪（都）+谓语动词"前表达 any 之义，如"随便啥人弗许进去""随便啥物事侪弗吃"(随便什么东西都不吃 = 不吃任何东西)。这么复杂的结构，难以像简短的名词限定词 any 那样灵活常用。实际上普通话的"任何"就构词来源来说也是动宾结构的，字面义恰恰就是"随便什么"。

由此可见，在汉语的三分法量化词语中，否定全量及相关词语并不发达。这不但是因为相关词语的词汇化程度低，而且因为汉语还存在着与之竞争的非正则量化词。

二、否定谓词后的"什么"：跨越"少-无"界线的"甚少"量化词

在汉语表示拥有、存在和及物行为的否定句中，常在宾语位置出现非疑问用法的"什么"(＝口语"啥")，如"他没有什么亲戚""他没吃什么"。这个"什么"在动词后，无论是自成代词宾语还是作为宾语名词的限定词，都具有量化功能，但它跟三分系统中的任何量化词都不对应，也与前置于否定性谓语并与"都/也"相配的"什么"不同（没

吃什么≠什么都没吃）。其他疑问代词在否定谓语后也有同类作用，本文以"什么"作为代表。

前置于否定性谓语的"什么"意义较确定，就是被否定的全量，如"他什么都没吃"就相当于"He didn't eat anything"或"He ate nothing"。不过，这一全量义有"都/也"的语义贡献，是否定谓语、全量算子"都""什么"和受事前置的特殊语序合力造就的构式语义。

动词后的"什么"处于句法上无标记的普通动宾结构，不需要"都/也"类副词，"什么"或"什么+宾语核心"充当正常的宾语，其量化意义集中在"什么"上。但这个"什么"的语义解读从前述量化三分法角度看却更难确定。这种解读的不确定性，显著地反映在汉语的英译作品中。这些译作以三分量化系统去解读这种非三分系统的量化词，使同一个否定句的"什么"有语义性质很不一致的译法。

下面我们先分析一些近现代汉语否定句带"什么"的实例，然后再考察一下它们在翻译成英文时的表现。

当中国人说"这个菜没放什么盐"时，是指盐放得很少，而不是完全没放盐，后一种意思要说"什么盐/一点儿盐都没放"。下面几个网络语言实例清楚显示了这一点：

（11）我家现在吃东西都没放什么盐的，酱油更是还没用过呢（。）①
（12）我月子里的汤基本没放什么盐，味精一点都不放（。）

例（11）、（12）各含两个分句，都是关于做菜放调料的否定句，但前后分句结构及语义均有别。后分句明示完全不放该作料（酱油、味精），而前分句用"没放什么盐"句式，只表示放得很少。也只有这样解读才符合中国烹饪常识。假如"盐"也是全量否定，会优先采用更整齐的同类句式甚或合并成一句，如"盐、味精一点都不放"。（11）后分句用了"更"字，表明"盐"分句程度不如"酱油"分句，没到完全不放的程度。在存在句方面，当人们说"他的盒饭里没什么菜"时，也是说菜很少而不是没有菜，否则会说"他的盒饭里什么菜/

---

① 例句来自网络论坛，括号中标点为引者所补。例（12）（15）情况同此。

一点儿菜都没有"。

那么，是否意味着否定性谓语支配"什么"时的量化功能就是"少"而不是"无"呢？如果这样，那么否定句中的"什么"就是表示表少存在量的。事实并非如此。语言中同时存在后置"什么"否定句的真值条件是全量否定的情况。如表态性的"我没什么意见"通常就表示没有任何意见，常被用来做简短表态并结束话轮，因为没有意见要说了。再如：

（13）有个男孩去相亲见了女孩以后没什么意见，可是女孩对男孩有意见，女孩她爸妈逼着女孩同意，你们说那个女孩会对那个男孩好吗？（网络论坛）

此例用"可是"凸显了双方在相亲后的态度差异，是有和无的对比，即男孩没有任何意见（=满意），而女孩有意见（=不满意）。假如男孩是有意见而意见少，就无法与后一句"有意见"构成对比。网络语料所见的"没什么意见"的实例，绝大多数都表示"没有任何意见"。

在汉人语感中，并不感觉"否定谓语+什么"是歧义句，其语法意义并无不同，解读时有时倾向表少存在量、有时倾向全量否定，是由语境因素作用于该组合而形成的。构式本身只表示一种固定的语义，就是一种主观性的"甚少"量化义域。这种义域覆盖从少到无（零）的语义范围，跨越了三分法中存在量和全量否定的界线。可以图示如下：

（14）否定谓语+什么：甚少=少[①]——0

以上由语境获得的全量否定义和表少存在义，是基于三分法视角分析的结果，而不是一种真实存在的歧义。当语境因素不足以做此区分时，"否定谓语+什么"句就表示本文所说的"甚少"义域，站在三分法角度看似模糊，放在汉语量化系统中则是很明确的表达。如：

（15）我孩子最近吃饭很头疼，<u>没吃什么零食</u>（，）吃饭根本就不吃，玩得挺开心的，也没见有什么异常，怎么办，急死了我（。）

对划线分句而言，孩子无论是没吃任何零食，还是只吃了很少的

---

① 式中"少"的含义，与数学上的少于半数无关，而是一种主观认定的少量。

零食，都符合此处的真值条件。假如要强调完全没吃，要说"什么/一点儿零食都没吃"。假如要强调吃了但吃得很少，可以说"零食吃得很少"。现在使用该句式，恰恰说明说话人无意严格区分到底完全没吃还是只吃了很少一点，他只是强调其孩子吃零食没达到会导致吃饭少的程度。

这样的量化义域对汉语母语人来说是很自然的非歧义句。但是，在量化三分法的语言中，不存在类似的"甚多""甚少"表达手段，假如要将含这种表达的句子译成英语等三分法语言，难免将其纳入三分系统，从而导致量化歧义的假象。且看中文作品的英译文例子。

我们穷尽考察了曹禺四幕剧本《日出》英译文（Barnes 译 1960/1978）的全部非前置"什么"否定句 23 例，并与中文原文做比较。23 例译文中保留否定量化句的有 14 句，其余 9 句用非否定量化句意译或干脆跳过未译，如以"That's all right"译"这不算什么"之类。14 个量化否定句的统计结果如下：

全量否定（no 类、not...any 类、not at all）：10 例

相当于全量否定（没有什么用：is just useless）：1 例

对大量或高程度的否定＝表少存在量：3 例

用全量否定句来译的，虽然在真值条件上多半也符合原著语境中的解读，但其强调程度显然超过原著，如：

（16）陈白露：……走进来点！怕什么呀！

   Come right in. What are you afraid of ?

  方达生：（冷冷地）不怕什么！

   I'm not afraid of anything.

（17）潘月亭：你还要谈什么？

   What more is there to talk about?

  李石清：不谈什么，三等货来看看头等货现在怎么样了。

   Nothing! Just a third-rater coming to see how the first-rater's getting along now.

从汉语的语感看，例（16）I'm not afraid of anything 更适合用来翻

译"我什么也不怕",而不是"我不怕什么"。例(17)nothing 更适合用来翻译"什么也不谈"而不是"不谈什么"。用全量否定式翻译"什么"后置的否定句,无法体现与"什么"前置否定句的显著差别。

另有三例不用全量否定来翻译"否定谓语+什么",而通过否定大量来表达小量。这些句子多另带表示数量大程度高的定语,句子是连数量带程度一起否定的,表示该属性程度不高,如(上下文译文从简):

(18)李石清:(表示殷勤)经理,平常做存货没什么大危险,再没办法,我们收现,买回来就得了。
In the ordinary way, Mr. Pan, there's not so much risk attached to stocking up with bonds.

(19)李石清:(走到潘的面前,低声)经理,其实这件事没有什么大不了的关系。公债要是落一毛两毛的,也没有什么大损失。
In actual fact, sir, it wouldn't be such a terrible blow. You wouldn't lose all that amount even if prices drop a couple of cents.

例(18)、(19)否定了"多",表达了"非多"即"很少"的含义,至于是否少到"无"(零),则是模糊的,结合语境也并不明确,其用意只在强调"甚少"。

为什么"否定谓语+什么"在英文中更多被译为全量否定?请看下式:
(20)全-|-多-||-少-|-无(零)

此式大致兼容了三分系统和二分系统的各个语义点(两个系统无法真正兼容,见第四节)。横线从左往右代表数量递减方向。单竖线代表三分法的两处分界线。双竖线代表"甚多""甚少"二分系统的分界线。双竖线两侧的"多"和"少"同为三分法中的存在量。"什么"后置否定句否定了左边"全、多"两项,凸显了右边"少、无"两项,即强调方向是向右的,"无"则是右向的极点,是最能体现该强调方向的点。因此,相对来说以三分法中的全量否定这个点来翻译,较接近这种组合的原义。但是,接近不等于等同,该构式的固有语义仍然是双竖线右边跨越存在量和全量否定界线的整段横轴,而不是只表示全量否定的右向极点。

更能体现后置"什么"否定句义域与三分法不相吻合之处的是《红楼梦》的英译。我们用了杨宪益、Gladys Yang 译本，Hawkes 译本和"我有闲"读书网站的未注译者的译本三种译文进行对照。"什么"后置否定句的不同译文有时就体现了表少（存在量）和表无（全量否定）的差别，反映了原文对这一界线的跨越。兹举二例（仅译带下划线的部分）：

（21）a. 原文：雨村因问："近日都中可有新闻没有？"子兴道："倒没有什么新闻，倒是老先生你贵同宗家，出了一件小小的异事。"（《红楼梦》第 2 回）

b. 杨译："Nothing much," replied Tzu-hsing. "But something rather curious has happened in the house of one of your noble kinsmen."

c. Hawkes："I can't think of anything particularly deserving of mention," said Zi-xing. "Except, perhaps, for a very small but very unusual event that took place in your own clan there."

d. 网站："There's nothing new whatever," answered Tzu-hsing. "There is one thing however: in the family of one of your worthy kinsmen, of the same name as yourself, a trifling, but yet remarkable, occurrence has taken place."

（22）a. 贾珍方过来坐下，问尤氏道："今日他来，有什么说的事情么？"尤氏答道："倒没说什么。一进来的时候，脸上倒象有些着了恼的气色似的，及说了半天话，又提起媳妇这病，他倒渐渐的气色平定了。你又叫让他吃饭，他听见媳妇这么病，也不好意思只管坐着，又说了几句闲话儿就去了，倒没求什么事。（《红楼梦》第 10 回）

b. 杨译："She didn't seem to have any," replied his wife.

c. Hawkes："Oh," said You-shi, "nothing in particular".

d. 网站："She said nothing much," replied Mrs. Yu.

汉语特色的量化词库：多/少二分与全/有/无三分　　325

　　这两组例子有一个共同点：假如对"什么"否定句取全量否定解读，与后文的内容明显矛盾。例（21）冷子兴答话"倒没有什么新闻"，后面紧跟着就说了一件新闻，因此很难解读为没有任何新闻。例（22）尤氏说"倒没说什么"，后面紧接着叙述该人物在这个场合几次说话的情况，因此也很难理解为没有说任何东西。

　　对于这样两个量化属性基本相同的例子，诸家翻译的取舍颇富戏剧性。杨译对（21a）用 nothing much（没有很多）以否定 much 的大量而表达存在少量；对（22a）则用全量否定句（not...have any），不过用 seem（看起来）降低了否定的力度。网站则倒过来，（21d）用全量否定句 nothing new whatever（new 不算添加的限制词，因为"新闻"本身含有"新"义）。（22d）则用 nothing much，即杨译（21b）所用的手段，表存在少量。而 Hawkes 则两句都添加修饰语。（21c）要点为 not...anything particularly deserving of mention，凭空添加了一个长修饰语，使 not...any 不再否定一切新闻，以程度限定表主观小量。（22c）也添加了 in particular 的限定，使之表示存在少量而不是全量否定。

　　以上用例的杨译文和网站译文在两例中互相调换立场的现象，说明"否定谓语+什么"本身确实横跨存在少量和全量否定两域之大界，无法纳入语义结构很不同的三分法量化系统。这种组合的使用者不在乎这一大界，而视甚多与甚少为大界。由于翻译的目标语言是三分法语言，只能借助语境因素将它硬性纳入重在区分全量和存在量的三分系统，结果是随着译者理解的不同而出现不同甚至相互颠倒的译法。

　　下面简单看一下其他疑问代词。它们在否定谓语后也有表甚少的现象，例如"我昨天没见到谁"，也是模糊地表达从只见到极少的（相关的）人到完全没见到（相关的）人。再如做状语的"怎么"。"他晚饭没怎么吃"可以表示从吃得很少到完全没吃这一语义域。春节电视晚会小品《爱笑的女孩》中由蔡明扮演的相亲姑娘说过一句台词"我没怎么结过婚"，引来对方父亲"听着别扭"的评价。这句在网络中颇受追捧的奇语，玄妙之处在于它不等于"我没结过婚"，而有"没结过婚"到

"结过婚但次数很少"的模糊解释,自然会产生在相亲场合"听着别扭"的幽默效果。

反观肯定陈述句,我们发现疑问代词在宾语位置分别有全量和存在量两种解读。如"你吃点什么吧"中,"什么"是存在量。"有什么吃什么"中前一个"什么"是任指全量词,后一个"什么"是全量词所约束的变量(variable)。肯定句宾语位置"什么"的量化义两重性,可能是"什么"在否定句宾语位置出现全量和存在量模糊的成因之一。

三、跨越"多-全"界线的主观大量量化词："各、大家、广大"

上文讨论了后置于否定谓语的量化词"什么"跨越"少-无"界线的"甚少"主观小量义。与这样的"甚少"表达法相对,汉语中还有跨越"全-多"界线的"甚多"主观大量量化词,同样跨越了全量和存在量之界。已发现的例子有"各""大家"和"广大"。

下面先看"各"的量化功能。

(23)各位代表,现在开会。(全量)

(24)请各系部尽快通知各个班级补考学生做好补考准备。(全量)(网络资料)

(25)在其中一家超市的牛奶货架上,摆放着各种酸奶。(存在量)(网络资料)

(26)范范打算到各个城市宣传的同时享受美食。(存在量)(网络新闻)

(27)汶川地震灾情深深牵动着全国人民的心。各地派出医疗应急救援队,奔赴抗震抢险第一线。(存在量)(网络新闻)

《现代汉语八百词》(吕叔湘主编 1980:194—196)"各"字条只解释了其全量意义。这适合于(23)、(24)的"各"。(23)是面向全体代表的称呼,不能遗漏一个。(24)通知的是校内所有系部、所有班级,它们都可以用"所有、全体、每个"等全量词语来释义及替换，也可以用 every、all 来翻译。但（25）—（27）在语境中只指很多，是存在大量，得不到全部或每个的解读，无法用 every、all 来翻译，而用 many 或 various 来翻译更为确切。（25）中一个超市不可能摆放所有品种的酸奶。（26）中一个歌手不可能到所有城市去宣传。（27）派出医疗队的也只可能是很多地方，不可能是全国所有地方。（25）—（27）也没有提供缩小全量取值范围的成分，所以也无法获得缩小范围的全量解读。由此可见，"各"字表示"甚多"量化域，本身并不限于表全量或表存在多量，其可能的全量解读或存在多量解读都是按三分法从语境中推导出来的，不是"各"的固有语义。参照（14）对"什么"的分析，我们可以将"各"的语义域表示如下：

（28）各：甚多 = 多——全

我们也检视了《红楼梦》前引诸家英译文对"各"字的翻译，同样发现了全量和存在量的参差。如第3回"两边穿山游廊厢房，挂着各色鹦鹉、画眉等鸟雀"一句中的"各色鹦鹉、画眉等鸟雀"短语，杨氏夫妇和 Hawkes 都译为存在量，分别为："a variety of different-coloured parrots, cockatoos, white-eyes, and other birds"和"brilliantly coloured parrots, thrushes and other birds"，网站则译为品种意义上的全量：parrots of every colour, thrushes, and birds of every description。第12回"代儒也着了忙，各处请医疗治，皆不见效"一句中的"各处请医疗治"，Hawkes 和网站都译为全量，分别为：medical advice from every quarter（分配性全量，distributive）和 invited doctors from all parts to attend to him（集体性全量，collective），杨译则用了类似存在量的表达：rushed to and fro in search of new physicians。这从旁证明这类"各"是跨越全量和存在量的"甚多"量。总体上，"各"获得全量翻译的机会多一些，因为全量是代表"甚多"强调方向的极点，这与后置"什么"否定句更易获得全量否定解是同样的道理（参看第二节）。

"大家"（口语用"大伙儿""大家伙儿"）表示一定语域内从多数到全体的人群，与"各"一样有"甚多"量化功能。

当然,"大家"在句法上和语义上都与"各"有所区别。句法上,"大家"是代名词(pronoun),常常单独充当论元或同位语,如"大家先回去吧""我们大家都同意"。"各"则是限定词(determiner),专用来限定名词或量词,如"各单位、各位代表"。语义上,"大家"专指人,凸显集体,在作为全量解读时,属于统括词或称集体性(collective)全量,与"全体、所有"同类;"各"可以限定人、物、时空,尤其是种类(各种、各式、各色),凸显个体,在解读为全量时倾向于逐指,即分配性(distributive)全量,与"每"近似。比较:

(29)大家吃了一条鱼。(共吃 1 条鱼)

(30)≠各人吃了一条鱼。(n 人共吃 n 条鱼)

但是,当语境导向并非全量解读时,两者的语义趋同,都表示很多而非全部。如:

(31)最近可以帮大家修改简历。(网上帖题)

(32)最近可以帮各位修改简历。

(31)是网上帖子的标题,这里的"大家"是面向众多网友的称呼。但是,网络作为开放空间有数量庞大的网友,以帖主个人之力,不可能帮"所有人""每个人"修改简历,宜理解为可以帮网友中的很多人修改简历,在这个意义上,汉语可以用"各位"替换"大家",意义不变,即(32)。"大家"可以表示不涉及全部的多数,还可以从复句看出:

(33)中午时分,车间里大家(/*所有工人)都在休息,有三个工人在检修机器。

"大家"本来既可以指全体,也可以指多数人,所以与后面的"有三个工人在检修机器"不矛盾,较自然。而换用"所有人",就与下文并不休息的"三个工人"矛盾,难以自然组合,只有把"三个工人"理解为"所有人"的例外并带上适当标记才勉强可说,例如在后一分句前加上"除了"。这进一步表明"大家"和"各人"都可以表示从多到全量的义域。

最后看"广大"。"广大"在句法上与"各"相似,是量化限定词,而不是代名词,总是用来限定名词的数量。在语义上,"广大"是由空间义引申出量化义的,它要求被限制名词(限于褒义对象:*广大罪犯)不仅是多数或全部,而且绝对数量要大。"各"和"大家"都可以指小范围内的全部或多数,而"广大"一定是涉及很大数量(如数百人以上)的人群。几十人的群体很难称为"广大"。如:

(34)广大业主有权选聘称心如意的物业公司为广大业主服务。(网络语料)

(35)《致广大市民的一封信》

　　市民朋友们:市"两会"期间,广大市民纷纷通过"捎句话儿给市长"、"有话想对市长说"等栏目给我们留言。(温州市市长致市民信)

例(34)两个"广大"都倾向于全量的解读——只要是业主,都有权参与选聘物业公司,而选出的公司也必须为全体业主服务,而不可能只为部分业主服务。例(35)中,前一"广大"指全量,因为市长致市民之信必然面向全体市民,不容遗漏;后一个"广大"只能表"多"不可能表"全",因为常识告诉我们留言者只是部分市民,甚至更可能是小部分市民,不可能有全量。这两种解读都是从社会文化背景中推出的,词语本身只表示"由多到全"的义域。由"广大"与同样的名词(市民)组合而成的短语在同一小段会话中多次出现并有跨越全量和存在量的解读,这表明说话人并不感到它有什么歧义。

四、结语

现代汉语中大致存在着两个量化词系统。

一个系统是形式语义学所熟悉的全量(全)—存在量(有)—全量否定(无)三分系统。这个系统与英语的相应系统相比不太发达,有些词语并不常用,还缺少全量否定词(古汉语有一个功能不完整的全量否定代词"莫"),需要用特定的句式来表示。汉语曾经缺少帮助表达"无"的任指全量词,现代以来在中西语言接触中出现任指全量词"任何",带有书面色彩,口语中不常用。口语中有时用极小数词"一"来帮助表达全量否定(没有一分钱)。

另一个系统是本文提出的"甚多-甚少"二分系统。甚多量化由"各、大家、广大"等词构成,撇开其中的句法语义差异,它们在表示"由多至全"语义域的功能上是一致的。甚少量化由后置于否定谓语的"什么、谁、怎么、哪儿"等疑问代词表达,涵盖由少到无的语义域。

两个系统可以图示如下:

(36)三分系统:

全　　├─(多)─**有**─(少)─┤　　**无**[①]

所有、每、一切、全部|一些、有的、有些、很多|一/什么……都没有、没有……任何

(37)二分系统:

(全)─**甚多**─(多)|　　(少)─**甚少**─(无)

各、大家、广大　|　没有/不……什么/谁/怎么/哪儿

(36)、(37)的黑体字代表了显赫的量化值,横线代表了其语义域,竖线代表了范畴的界线。三分系统中的"全"和"无"因此只有语义点,以竖线相隔,没有语义域,不占有横线。括号中的字代表该语义域包含的语义要素,但不构成单独的范畴。图示下方的文字代表表达该范畴的词语,也以竖线相隔。从理论上说,三分系统是穷尽性的切分,任何量化情况都可以纳入其中。二分法不是严格的穷尽性切分,因为不多不少的情况就无法放入。甚多甚少似乎只占据量化横轴的两头。但是,因为甚多和甚少表达的是主观模糊量化,并不存在数学上可以确定的界线,所以我们没有划出中间的空白地带。

[①] 三分系统中的存在量有多个语义各异的汉语词,如"一个、一些、多、少"等,它们之所以统归为"存在"量化义,是因为这些不同的词语在语义解读和句法表现上有一些区别于全量的重要共同点,正如不同的全量词(集体/分配/任指全量等)语义有别而仍有重要的共性。据蒋严、潘海华(1998/2005:139),在形式语义分析时,"连接存在量化式谓词的是合取连词,连接全称量化式的是条件连词。"三毛买了所有的书"的逻辑式为 $\forall x (Shu'(x) \to Mai'(sanmao', x))$,文字表述为"对每一个 x 来说,如果 x 是书,那么三毛买 x"。"三毛买了一本书"的逻辑式为 $\exists x (Shu'(x) \& Mai'(sanmao', x))$,文字表述为"存在着至少一个 x,使得 x 为书且三毛买 x"。我们用"一些、很多、很少"代替"一",只需要微调一下存在量逻辑式即可代入,仍然使用合取连词,但绝对不能代入使用条件连词的全量逻辑式。因此,全量和存在量的对立仍是汉语的客观存在。

从（36）、（37）可以看出，这两个系统有不同的切分标准和界线位置，显赫范畴完全不同，因此难以整合在同一个系统中。例如，在三分系统中，"多"和"少"都是"有"（存在量），而在二分系统中，"甚多"涵盖了"全"，已经溢出"多"所属的存在量，"甚少"涵盖了"无"，也溢出了"少"所属的存在量，所以"甚多"和"甚少"无法划到三分法的图线中去。正是这种不兼容性，使得汉语用二分法表达的内容在译成只有三分法的语言时出现跨越全量和存在量界线的歧异。

以数学标准看，三分系统以数学上重要的界线（如0和1）为界，相对比较精确。以总数为100的集合为例，暂不计小数，则100个个体或其集合为"全"，1—99间的个体或其集合为"有"，0为"无"。不存在模棱两可之处。二分系统相对模糊，因为跨越了0和1、99%和100%这些重要数学界线，而且何为多、何为少，无法从数学上判定，需要根据社会文化背景和说话人自己的感觉来判定，"主观裁量"空间很大。但是，模糊性是人类思维和认知的固有属性之一，主观性则是人类语言的固有属性之一，表达模糊范畴和主观感受都是人类语言的重要功能。二分法在主观表达和模糊表达方面有其独特的功能，这是它在汉语中能够牢固存在的原因。如第一节所分析的，以精确量化词语表达本身模糊的概念，属于"精确词语的模糊使用"策略，和"模糊词语的精确使用"策略同为人类语言的可选交际策略。

目前的形式语义学，通常将量化词语非此即彼地分为全量和存在量两个基本类，加上全量否定，形成三分法量化系统。本文的研究表明，汉语的"甚多-甚少"二分法量化系统无法纳入三分法系统，两个系统有不同的显赫范畴。形式语义学对二分法的研究基本上是空白。而汉语学界对相关词语的研究，则缺少普通语义学的观照，尚未注意到其背后的理论价值。本文是将库藏类型学和显赫范畴观念（刘丹青2011，2012）应用于量化词语的一个尝试，一方面希望能够引起更多学者对汉语量化词语的类型特色的关注，另一方面也期待库藏类型学框架能够在更多句法语义的研究领域发挥积极作用。

参考文献

蒋　严、潘海华　1998/2005　《形式语义学引论》，北京：中国社会科学出版社。

刘丹青　2010　汉语是一种动词型语言——试说动词型语言和名词型语言的类型差异，《世界汉语教学》第 1 期。

刘丹青　2011　语言库藏类型学构想，《当代语言学》第 4 期。

刘丹青　2012　汉语的若干显赫范畴：语言库藏类型学视角，《世界汉语教学》第 3 期。

吕叔湘（主编）　1980　《现代汉语八百词》，北京：商务印书馆。

张　定　2010　汉语多功能语法形式的语义图视角，中国社会科学院研究生院博士学位论文。

Jelinek, E. 1995. Quantification in Straits Salish. In E. Back, E. Jelinek, A. Krazter, & B. Partee (Eds.), *Quantification in Natural Languages.* Netherlands: Springer.

Levy, A. 2008. *Towards a unified approach to semantics of 'any'* (Unpublished doctoral dissertation). Bar-Ilan University, Isreal.

Zamparelli, R. 2000. *Layers in the determiner phrase* (Unpublished doctoral dissertation). University of Rochester, Rochester.

语料来源

曹禺《日出》英译文：*Sunrise.* Translated by A. C. Barnes. Foreign Language Press. lst edition 1960, 2nd edition 1978.

曹雪芹、高鹗《红楼梦》英译文：

1. *The Story of the Stone.* Translated by David Hawkes. Penguin Books, 1973.

2. *A Dream of the Red Mansions.* Translated by Yang Hsien-yi（杨宪益）and Gladys Yang. Foreign Language Press, 1978.

3. *The Dream of the Red Chamber.* "我有闲"读书网站（www.woyouxian.com）登载，未注译者。

（原载《木村英树教授还历记念　中国语文法论丛》，
（日本）白帝社，2013 年）

汉语否定词形态句法类型的方言比较*

零、小引：作为否定算子的否定词

本文讨论的否定词（negatives），是指用来构成否定性命题的算子（operator），既包括单纯的否定算子（如"不"），也包括语义上结合了其他成分（如"别""甭""嫑"）甚至动词本身（如"无"="不+有"）的否定算子。类型学研究的 negatives，还包括黏着的否定语素，如日语的否定后缀ない(a) nai（tobu 飞 > tobanai 不飞）。[①]

否定词的形态句法类型（morpho-syntactic types）是指否定词在形态（包括构词）和句法（特别是语序）方面的类型特征。本文通过跨方言的角度观察汉语在否定词方面的一些共同类型特点和方言类型差异，探讨其背后的人类语言机制。

一、形态类型：否定词系统的词形分合和范畴整合

从逻辑上说，任何语言只需要一个否定词就能表达任何否定的意

---

* 本文初稿是笔者在日本中国语学会第54回全国大会"汉语中的否定范畴"专题会的大会报告。承蒙京都大学文学部洼行则教授、日本中国语学会的邀请和京都大学的资助，我得以参加此会，获得很多教益。另蒙沈力教授辛苦担任演讲时的日语同声翻译，并对初稿提供有益意见。本项研究也得到中国社科院重点课题"汉语方言语法类型比较与方言语法语料库"的资助，博士生唐正大提供关中方言调查材料。会后，此文又在南开大学、河北师范大学、中国社会科学院语言研究所和上海师范大学做过报告，得到不少宝贵意见。此次修改吸收了各次讲演中听到的一些意见。谨向以上先生、机构及提出意见的同行一并致谢。尚存的问题均由笔者本人负责。

① negatives 译为否定算子相当精确，可以包括否定词和否定语素，只是技术味太重些。

义。事实上，一种语言（方言）中往往有不止一个否定词，形成一个否定词系统。否定词在词形方面的异同和语义分配方式，构成了语言的一种词汇–形态类型特征。

1.1 普通否定与有无否定：汉语的普遍特征及同中之异

汉语从古到今在否定词项方面的一大特征是表示拥有兼存在的动词有专用的否定词项，而不用普通的加"不"规则来类推。例如，"美、来、饮、在、是、有"的否定按规则应是"不美、不来、不饮、不在、不是、不有"，前面各个组合都正确，唯独"不有"的意思不这样表达，而要说"无"（古）或"没（有）"（今）。总体上这一特征自古而然，至今犹然，南北皆然。但也发现了一些例外，特别是"没"并吞"不"的情况（详后）。

古代汉语和现代个别方言有"不有"或看似"不有"的说法。如《左传·昭公十六年》有"不有是事，其能终乎？"，张敏（2002）指出这类都是假设句，相当于北京话"他不有个女儿吗"一类说法，不是真正的"不有"。此外，我们在乌鲁木齐回民汉语方言语料中发现了"还有不有饭？"（刘俐李 1989：217），这是用于正反问句的一部分，从书中看不出能否出现在其他场合，但陈述句看来仍是使用"没"的："有两个人穷的啊，没吃的"（刘俐李 1989：244）。[①]

在"不～无/没"互补的共性下，各方言也存在一大差异：普通否定与有无否定是否同源。据此，可以分出下面两大类型。

北中型（包括官话、吴语、湘语、赣语等）：普通否定和有无否定的声母对立，分别为 p（或吴语的 f）[②] 和 m（或其他鼻音变体）。这是由上古汉语一脉相承的格局。

[①] 有同行告知云南贵州有些汉语方言（包括少数民族说的汉语）有"不有"的说法，但尚未找到确切材料。和乌鲁木齐一样，这些也是少数民族语言通行地区，不排除是语言频繁接触的结果。

[②] 根据潘悟云（2002），吴语写作"弗、勿"等的 f-/v- 类否定词，其实都是"不"，来自"不"的《广韵》"方久切"及其后来的促化形式。所以我们将吴语也归入"北中型"。

华南型（闽、粤、客等）：普通否定和有无否定当为同源词，都含有声母 m（或其他鼻音变体），如广州话普通否定"唔"[m¹¹]，有无否定"冇"[mou³⁵]。有无否定词多来自普通否定与"有"的合音，有些现在还存在合音的迹象（参看张敏 2002 及所引文献和覃远雄 2003）。对这一情况，桥本万太郎（1978/1985：§3.2）从语言地理学方面做了解释——北方同阿尔泰的塞音类型，华南同藏缅、壮侗的 m 类型。而张敏（2002）则从动态（历时）类型学方面提出了值得重视的新颖解释——存在否定词向普通否定词用法引申是人类语言常见而且可以循环发生的机制，华南 m 型普通否定词是 m 型存在否定词多次引申的产物。

北中型里的某些南方方言也以某种形式透露其普通否定词可能曾经是 m 型的，至少有华南型的层次或底层。如温州虽然用 f 类普通否定词，但在复合词中有形容词"毛"[mə]（坏，不好），是"唔好"[m xə]的合音。① 宁波话表示祈使否定是"唔毛 [fim²² mɔ³⁵]"（钱乃荣 1991：996）或"冒"[mɔ⁵³/mɔ²¹³]（李荣主编 2002 作"莫"，其实与"莫"的读音 [mɔʔ²²] 韵、调有异，而且整个吴语区不见用"莫"表祈使否定的方言，本文仍作"冒"）。

1.2 否定词词形的类型差异

1.2.1 已然否定的词形类型。已然否定主要有这几种情况：用古代沿用的"未"（张敏 2002 归入 m 类否定词），见于华南；用存在否定词"没/无/冇"类（官话、赣语、湘语、中部南部吴语、华南地区多数方言）；用 m 类普通否定"唔"加"曾"类构成的"唔曾"类及其合音（散见于个别粤方言、客家方言和闽方言）；用 p/f 类普通否定"不/弗/勿"等加"曾"类构成的"不曾"类及其合音（主要见于北部吴语、徽语，后者见平田昌司主编 1998：274），但北部吴语中的"弗曾"类

---

① 温州话该义的"毛"条收入李荣主编《现代汉语方言大词典》（2002）及其温州方言分卷本（游汝杰、杨乾明编），其注释是："①缺点多的；使人不满意的（与"好"相对）……②品质恶劣的；起颠为作用的……③使变坏……"，未提合音问题。合音的解释是潘悟云先生提供的。

开始被"没"类取代，如在上海、无锡等地。

1.2.2 根据预设而分出的主客观两类已然否定。一般是"没/无"类和"未"类并存的方言：如广州粤语、福州闽语都有已然否定"冇/无"（客观否定）、"未"（主观否定）之别。广州话"佢冇去"客观叙说没有发生"他去"这一事件，而"佢未去"则是说话人主观预期他要去，而实际没有去。假如在事件结束前这么说，则可表示"他尚未去"（但可能将要去）。华南以外方言多无此分别，有时用加副词"还"来表示"尚未 V"的主观否定（他还没去）。

1.2.3 可能式否定词的异同：一般两者都用"不"类否定词，但福州话可能式却用"𣍐"（如"讲𣍐完、买𣍐起"，参见陈泽平 1998：177），"𣍐"是"未解"（不会）的合音（陈泽平 1998：175）。其他方言是用特定句法构式来表示可能情态，而福州则在否定词中就包含情态成分"解"。

1.2.4 祈使式否定的词形类型：多用普通否定加助动词表示，如"不要"、"不用"、"唔使"（广州话）、"怀通"（福州话）等。但由于合音而出现新的词形，如"别""甭""甮"等。广州话的"咪"（[mɐi¹³]，别：你咪去）也像是合音，但后字待考。

祈使否定词有时来源特殊或合音过程更加复杂，导致一些更特殊的词形。

吴语中有些方言存在一些可能由"休要"合音或"弗消"脱落"弗"形成的祈使否定词，如同里（农村）、屯村等吴江北部方言的"𠛂"[ziɒ²⁴]，七都等吴江南部方言的"孝"[ɕiɒ⁴²³]（笔者调查）、双林话中的"啸"[ɕiɒ⁵³]、黄岩话的"消"[ɕiɒ⁴⁴]（钱乃荣 1992：996）。"休"是近代汉语中由停止义动词虚化来的祈使否定词，"消"是"需要"的合音。

云和吴语的 [ŋɑo⁵⁵~ŋɑ⁵³] 是"否定词+乐"[fu⁵³ ŋɑo²²³]（曹志耘等（2000：420）记作"否要"）的合音，其中否定词声母韵母都不见合音字，只有声调有所体现，所以看不出否定词的痕迹，成为新的否定语素（"弗消"变"消"也促成新的否定语素）。吴语中这个新否定词可以进一步失去声母读"奥",如崇明方言"奥去"(别去)(吴江话否定词"奥"只用于儿语)。

"莫"从中古起有祈使否定的用法(太田辰夫1958/2003：280),北京话今不存,南方有不少方言以此为基本的祈使否定词,主要集中在华中地区,包括湘语(普遍)、部分西南官话(如武汉)、湘语周边的过渡方言(如归西南官话的吉首话,李启群2002：293；归赣语的安仁话,陈满华1995：161,244)、黄孝片江淮官话("鄂东方言",陈淑梅2001：62,但读阳去)。此外也见于梅县(林立芳1997：145—147)、连城(项梦冰1997：226)等地的客家话及部分闽方言(如福州话,陈泽平1998：179)。宁波吴语表示祈使否定的"冒"[mɔ^{53}/mɔ^{213}]也有著作写作"莫"(李荣主编2002"莫"条；林璋等2002：50),但是否为"莫"尚有疑问(见上文)。用全量否定代词"莫"表示禁止与英语全量否定词no加动名词(no+Ving)如no smoking(不准吸烟)表禁止可能有共同的语义机制,是一种回溯推理。常规是假如不准吸烟,那么就不会有人吸烟。回溯推理便是,没有人吸烟,所以应当不准吸烟。于是用存在否定来表示祈使否定。

1.2.5 其他词性的否定词。"莫"在发展出祈使用法的同时丢失了其否定代词的作用,这是汉语在否定词系统方面的一个显著演变。"莫"作为全量否定代词,虽然不是直接否定谓词,但却具有构成否定性命题的算子功能。如"(余掖杀国子,)莫余敢止"(《左传·僖公二十五年》),即"没有人敢于制止我",逻辑上等同于"所有人都不敢制止我"。而且从代词宾语"余"的前置语序看,"莫"虽然是名词性的,但这种句子仍遵循否定句式的语序规则,可见"莫"是否定词系统的一个成员,意义上相当于英语中的no系代词(nobody、none、nothing)。代词性"莫"的消退非常彻底,在各大现代方言中都了无踪迹,也没见出现替代词。各方言基本上都是用"没有人""没什么东西"这类动宾短语来表示"莫"的否定意义的。在这点上,古汉语与英语属于同一类型,而中古近代以后的汉语及各方言属于另外一种类型了。

英语和古代汉语还有介词性的否定词，即"without"（I couldn't do it without his help）和"微"（微管仲，吾其被发左衽矣！——《论语·宪问》），现代类似的意思也要用动词来表示（假如没有管仲，……），现代汉语各方言也没见到这类否定介词，但现代汉语发展出了否定连词，如"以免"。

1.3 否定词词形分合的几点分析

1.3.1 从以上可知，除了难以溯源的固有否定词，否定词的形成机制主要有语法化和词汇化两大类。

语法化就是从带有否定含义的谓词等较实在的词性发展为较虚的否定词性。上文提到的近代汉语"休"的祈使否定用法是能找到确切实词源头的否定词。此外，来自实词的否定词还有某些方言动词前的"懒"，见于连城客家话（项梦冰 1997：222）和黄孝片江淮官话（陈淑梅 2001：62），来自"懒得"所含的否定义。[①]"休""懒"的否定词用法，否定动词"无/冇"和"没（有）"在不同方言中形成的副词用法，这些都经历了语法化过程。语法化的发展趋势是：词项适用范围和搭配面不断扩大，语义限制减弱，因而否定词项会减少。根据张敏（2002）所引的 Croft 的研究和张敏自己的研究，最常见的语法化发生在存在否定动词向普通否定词引申的过程中。张文所举的玉林方言"冇"就是一个突出的例子。玉林话"冇"来自存在否定动词，跟广州话的"冇"一样是"无有"的合音，但经过语法化"冇"已经变成一个全能的普通否定词，同时丢失了否定动词用法，表示"没有 NP"要说"冇有 NP"。我们发现还有比玉林"冇"更加全能的方言否定词，它既有玉林

[①] "懒"的否定词用法如：连城客家话："我懒去"（我不去）、"尔合我相痛˚狭˚——懒/我懒"（你给我帮忙好吗？——不/我不）；黄孝片江淮官话："我懒去得"（我不想去），"这个话我懒对你说得"（这个话我不想对你说）。意义上还多带主观意愿义，未彻底虚化到"不"的程度。广州话"阔佬懒理"中的"懒"大概处在向否定词语法化的起点，还没有连城客家话和黄孝方言"懒"那种广泛的搭配能力。

话"冇"的各种用法，同时仍然保留了有无否定动词的用法，如湖南嘉禾土话的"没"[mə^{22}]（卢小群2002）[①]。根据卢书的语料，"没"有如下多种功能（数字指卢书页码）：

存在否定动词：□[tɕʰie^{24}]里还有饭没啦？……洒过看者[·tɕie]，没咯[·kə]者。（151：锅里还有饭没有？……我去看了，没有了。）到去三日没米煮。（158：去了三天没米煮饭了。）

已然行为客观否定（=粤语"冇"）：打开眼睛又没觑到□[ia^{51}]$_{什么}$。（171）

已然行为主观否定（=粤语"未"）：□[lau^{35}]$_{他}$还没食完吗？还没啦。（150）

经历行为否定：东边□[pie^{11}]没□[tai^{11}]过人。（153：东屋没有住过人。）

现在状况否定：□[sən^{22}]记勒没记勒。（149：你还记得不记得。）烟呀好，茶呀好，洒都没喜欢。（148：烟也好，酒也好，我都不喜欢。）

系词否定：没是□[kən^{35}]□[tɕia^{33}]，是□[kaŋ^{51}]□[tɕia^{33}]。（126：不是这里，是那里。）

能愿助动词否定：洒应该没应该来？（144：我应该不应该来？）

形容词否定：来听一下□[kə^{33}]朵花香没香。（128：来闻一下这朵花香不香。）

差比句否定：洒没咯[·kə]□[sən^{22}]壮。（142：我没有你胖。）

祈使否定：你就没要告诉隔□[sən^{33}]人者[·tɕie]。（169：你就不要告诉其他人了。）

可能补语否定：□[kaŋ^{35}]是生各[·kə]，食没勒。（154：那是生的，吃不得。）

[①] 卢著在嘉禾土话语料中用了"没"和"不"两种写法，分别对应两大类用法，但读音却都是完全相同的[mə^{22}]。承卢博士惠告，原稿都作"没"，"不"是出版社编辑的不当改动，应当统一作"没"。

否定词的词汇化主要是指否定词与其他语素的熔合（fusion）造成新的否定词项，这些经过熔合的词就成为新的否定词形或否定语素。词汇化会导致否定词词项繁复，如北京话"没、不、别、甭"，福州话"唔、伓、赡、未、莫"，苏州话"唔拨、勿、獮、覅"，广州话"唔、冇、未、咪"等。一种特殊的词汇化是"否定词＋要/消"组合脱落否定词，剩下"要/消"成为新的否定词（见§1.2.4）。

语法化和词汇化是影响否定词系统的两大相竞（competing）机制。从语义上看，语法化是泛化（generalization），词汇化是专化（specialization）。两者背后各有功能动因。语法化的动因是类推和聚合经济性——使用尽可能少的否定词，在不同的否定结构中使用同样的否定词，以便减少习得和记忆规则的负担。词汇化的动因是高频简化和组合经济性——高频词信息量会降低，高频组合中两个要素的紧密度和预期性都会增强，信息量相应降低，这些都会促使有关组合发生熔合，减少发音的用力和时长，符合组合的经济性。

语言、方言总是处在这两种相竞力量的某个中间位置，否定词的词形数量不会无限膨胀，也不一定能长期维持一个否定词单骑走天下的局面。在历时演变中会维持一种归一与歧异的动态平衡。例如上举北京话、福州话、苏州话、广州话的否定词系统，总数都是四五个。

1.3.2 否定词与其他词的合音导致新的否定词中含有其他的范畴义，如情态、言语行为功能（语气）、时、体等，使否定词不是挂单的词项，而形成一个系统。这种情况在语言中是很常见的。标准英语中谓语的否定词似乎只有一个 not，但熔合孕育新否定词形的过程已露端倪，如 don't、can't 等形式中已经难以自然地分离出一个否定词或否定语素（can't 的 t 基本不发音，而前面的 a 的音色与肯定式 can 中的 a 有异，据史皓元先生（R. Simmons）惠告，can 和 can't 基本上只靠元音分辨）。而在英语某些方言中，深度的熔合（整个否定词音段成分消失、只带来前面音节的改变）已经导致整整一批否定词新词形的出现。如斯塔福德郡西南部方言：didn't > [dɛːɪ], isn't > [ɛːɪ], doesn't/don't > [doʊ], wasn't > [wɔː], shall not > [ʃaːl], aren't > [æː], will not > [woʊ]（参看Kortmann 1999/2004）。

1.3.3 否定词系统还存在另一对矛盾因素的互动和平衡，即弱化与强化。否定词因其出现频率高而容易弱化，于是出现合音等熔合现象，造成音节缩减，如上所举。另一方面，否定词因其提供的信息重要，而时常被加上其他语素进行强化，造成音节增加。法语pas就是一个增强否定功能的状语，最后因语义感染自身变成了否定词。古代汉语"无"即"有"的否定，但又产生出"无有、未有"等双音形式，其中"无有"没有增加任何新的语义，就是一次强化。从读音上看，写作"没"的汉语否定词在很多方言中很可能是"无有"或"无得"的合音（详见覃远雄2003），合音又是一种弱化。假如再说成"没有"或"没得"，则又是一次强化，仔细分析其内部要素则是"无有有/无有得/无得得/无得有"之类。又如"未"已是对已然性的否定，但古代汉语中又有"未尝、未曾"等复合强化形式，粤客方言也有"未曾"的说法。再如"休"本是"不要"之义，"休V"足以表示祈使否定，但后代又有说"休要"的，太田辰夫（1958/2003：280）认为这是由"不要"类推出的"误用"。不过，强化叠加和强化弱化交替在语法化过程中是十分常见的（参阅刘丹青2001），"休要"这类叠床架屋并不奇特，说不上是"误用"。强化和弱化的反复交替可能是方言否定词词形歧异的重要原因之一。

否定词在强化弱化过程中还常伴随语流音变，这会导致词形的进一步复杂，加剧方言间甚至相邻方言间在否定词形上的分歧。如江浙沪交界处的北部吴语中有无否定词就有"呒拨"[m̩ pəʔ]（无锡、苏州，也作"呒不"）、"嗯得"[n̩ təʔ]（昆山）、"呒没"[m̩ məʔ]（上海、嘉兴）等形式，从某些写法看，似乎还是两个否定词的连用，其实来源都是"无得"，读音和写法的歧异是语流音变的产物。苏州、无锡的"呒"是反映微母字"无"早期鼻声母的白读（文读为[vu]），在昆山受后字"得"的逆同化而变成同部位鼻音"嗯"[n̩]。在苏州、上海，则"得"字的读音由于受[m]的不同程度的顺同化而形成双唇声母的[məʔ]或[pəʔ]。苏州的"呒拨"、上海的"呒没"在早期文献中都有作"无得"的①,"无得"就是语流音变前的词形。"吪不、吪没"等写法容易让人认为其中含有否定语素"不/没",其实都是"得"的音变形式(邻近的江淮官话也普遍用"没得",实际可能是"无得得")。绍兴话"嗯有"[ņ jəɯ]则是用"有"强化"无"[m̩],"无"的双唇鼻音再受"有"的舌面半元音[j]的同化而趋近成为舌尖鼻音"嗯",就是古代汉语的"无有"。

二、句法类型:否定词的语序和辖域问题

2.1 否定词的前置(后向否定)与后置(前向否定)

否定词本身的语序问题,就是否定词作为否定算子(negative operator)与其辖域(scope)的位置关系。

虽然否定词在语义上是作用于表达命题的整个小句的,但在句法上却通常只作用于谓语部分,即 VP。Givón(1984:325—326)以话语分析证明有定主语绝大部分不在否定词的辖域内。类型学调查也显示否定词是与 VP 而不是与包含主语的小句整体关系更紧密。根据 Dryer(1988)对否定词语序的语种库统计,SVO 语言中否定词(Neg)的语序分布依次为:

SNegVO:47 种语言,13 个语系(其中 12 个语系中该句式占多数)

SVONeg:13 种语言,4 个语系(其中 1 个语系该句式占多数)

NegSVO:4 种语言,3 个语系

SVNegO:3 种语言,1 个语系

显然,占绝对优势的是第一种语序类型,否定词以 VP 而非整个小句为辖域,S 通常不在其辖域之内。再看 SOV 语言:

---

① 如苏州:[清]《文武香球》"行豆才无得末,那揆讨饭吓——行头都没有的话,怎么要饭呢?"(引自石汝杰 1996:49)。上海:《方言圣人行实摘录·圣类思公撒格》(1913)"想得出个苦工<u>无得</u>一样勿做到。"

SOVNeg：64 种语言，18 个语系

SONegV：39 种语言，15 个语系

NegSOV：8 种语言，5 个语系

SNegOV：6 种语言，3 个语系

在占优势的第一种语系类型中，否定词辖 VP 和辖整个小句的语序是一致的，位居第一是两种力量的合力。位居第二的语序，否定词显然只能辖动词不能辖主语。而只能理解为辖整个小句的 NegSOV 位居第三，数量上明显处于劣势。这也显示否定词的常规是以不包括主语的 VP 为辖域。

再从 VO 内部看，否定词的绝对优势是直接与动词组合，在 SVO 语言中占绝对优势的第一种类型和在 SOV 语言中占绝对优势的第一、二种类型中，否定词都直接跟动词组合。动词（尤其是带有定式谓语屈折成分的动词）是小句结构的核心，更是谓语 VP 的核心，否定词加在谓语的核心上，以否定核心来否定全句是非常合理的，是语言中一种擒贼擒王的策略。此外，否定词通常较短小，独立性相对较弱，最好有一个依附对象，自己充当其附缀（clitic），而作为命题算子的否定词依附在命题的核心动词上当然比依附在动词所投射的论元或修饰成分上更加合理。否定词强烈的附缀化倾向甚至可以用违背否定词辖域作为代价（见下）。

由此可见，在语序类型学中，考察否定词的语序，主要是考察否定词相对于谓语核心的位置。根据这一参项，否定词的位置有前置和后置两种。

下面的俄语句子体现了否定词前置（即后向否定）的情况：

Он *не* знает Русского языка.

他　不　懂　　俄语

'他不懂俄语。'

下面的德语句子体现了否定词后置（即前向否定）的情况：

Er fährt *nicht* Auto.

他　驾驶　不　　汽车

'他不驾驶汽车。'

在不少语言中，前置和后置两种语序并存，可能各有其适用范围。在现代英语中，谓语的否定词不能加在实义动词上，而必须加在原有或添加的助动词上，相对于助动词，这些否定词都是后置的。如 She cannot work（她不能工作），not 加在 can（原有）之后，前向否定；John doesn't love her（约翰不爱她），n't 加在 does（添加）之后，前向否定。从实义动词角度看，否定词似乎也是后向否定，但在带助动词的句子中时，和一致关系等屈折成分都加在助动词上，是谓语的核心，实义动词只是不定式。所以，这些否定词都应分析为后置的。不过，在非主句谓语的层面，否定词又是可以后向否定，即前置的。如 I prefer not to go（我倾向于不去），not 后向否定 to go，是前置型的。两种否定方向的并存突出表现在助动词上。据 Palmer（1974：137），may not V、will not V、mustn't V 中的否定要素都是后向否定实义动词 V 的，而 can't、needn't 中的否定成分都是前向否定 can 或 need 的。

从已有材料看，汉语从古到今、从南到北，不管在什么层次上，否定词向来是前置性的，即只用来后向否定。如：

先秦汉语：人<u>不堪</u>其忧，回也<u>不改</u>其乐。（《论语·雍也》）
广州粤语：佢<u>唔中意</u>食生果。（他不喜欢吃水果。）
宁波吴语：尔酒<u>冒吃</u>。（你别喝酒。）

这些情况体现了汉语语序固定且稳定的一面。

有两种情况的否定方向看起来不那么直接，需要提出来讨论一下。

2.2 "V 得/不 R" 可能式中的否定方向问题

普通话表示可能义常用"V 得/不 R"可能式（R 代表结果成分），而且这对格式中否定式远比肯定式常用（刘月华 1980）。从"看清～看得清～看不清"的格式对应看，"看得清""看不清"是动结式"看清"的可能式，由 VR 式"看清"中间插入"得/不"构成，"得"和"不"形成肯定否定相对的标记，相对于"看清"来说否定词"不"似乎是中加成分，其作用域似乎非前非后，而是其两边的成分。事实上，"得"和"不"句法上并不是对称的。"得"是加在 V 上的，其层次是"V 得 / R"。"V 得"在汉语中本来就能单独构成可能式，如"和尚动得，我动不得？"（鲁迅《阿Q正传》），而"得 R"则不成立，不能说"得清"。"不"是加在 R 上的，"看不清"的层次是"V/ 不 R"，"不 R"是合格的语法组合，如"不清"。联系汉语史来看这一点更加明显。可能式的肯定式和否定式非出一源，前者比后者形成时间要晚，句法表现也不一样（参阅太田辰夫 1958/1987：§16.6.3），突出表现在其当初带宾语的不同格式上：

　　肯定式　　　　　　　　　否定式
　　V 得 OR（看得他清）　　 *V 不 OR（*看不他清）
　　*VO 得 R（*看他得清）　　VO 不 R（看他不清）

以上结构差异清楚地显示"得"的后置性和"不"的前置性。现在普通话的"V 得 RO"和"V 不 RO"的表面对称是两种可能式因为意对应而发生格式类化的结果。此外，南方方言中倒确有"VO 得 R/V 不 OR"。但吴福祥（2003）通过比较研究指出，有"VO 得 R/V 不 OR"的方言必有"V 得 OR/VO 不 R"，而有"V 得 OR/VO 不 R"的方言则不一定有"VO 得 R/V 不 OR"。"VO 得 R/V 不 OR"配对是一种晚于"V 得 OR/VO 不 R"配对的层次，是方言类推将两种格式的表层差异拉平的产物。因此，在"V 不 R"式中，否定"不"仍是前置性的，与其在汉语中的一贯表现完全一致。

　　上面的分析，特别是"得"和"不"在可能式中的不对称，在某些方言事实中得到更清楚的显示。在山东、河南的一些官话和晋语方言中，可能式的肯定式和否定式本身在不带宾语时就是不对称的，如下：

　　肯定式　　　　　　　　　　否定式
　　VR 了　　　　　　　　　　V 不 R
　　（聊城：考上喽|德州：干完溜）　（聊城：考不上|德州：干不完）

上面肯定可能式中的"了"有各种读音变体，故又写作"喽、唠、溜、哩"等，但这些读音都等同于各自方言中体标记"了₁"的读音（据钱曾怡主编 2001：284—285）。在这些方言中，我们看到的是"VR 了"与"V 不 R"的极性对立，去掉核心动词就是"R 了"与"不 R"的对立，"不"是加在 R 上的否定词，与结构助词"得"无关。"不"的前置性更加显著。

2.3　是非疑问句末否定词的否定方向问题

"不"在一些方言中有一种是非疑问标记即疑问语气词的用法，相当于普通话的"吗"——实际上就是重走从否定词"无"到疑问语气词"吗"的重新分析之路。山东方言中这样的现象较常见，如（引自钱曾怡主编 2001：298）：

聊城：你愿意去不？｜你想开喽不？
东平：吃饭啵？｜脸红啵？（"啵"系这种"不"的一种写法）
枣庄：学习不？｜吃饭不？

与本文有关的问题是，这里的"不"是前置的算子还是后置的算子。

从语言类型学的角度看，正反问句并不是一种独立的问句类型，在共时平面，它是用选择问句的形式表现是非问句的功能，在历时平面，它是选择问句向是非问句转化的过渡环节，"不"在这个过程中由否定算子向疑问算子转化。有些方言用"啵"一类同音字来记录这种"不"，说明在该方言的语言心理中它已重新分析为疑问语气词了。另一些方言则还处在更接近否定词的阶段，作为"不 VP"的省略形式，所以在 VP 和"不 VP"之间还要加连接性虚词，如寿光"这个人是老师呃不"、淄川"看电影啊不"（加连接虚词的正反问句在西北方言中也多见）。在转化之前，"不"作为否定算子是前置性的，"不"是"不 VP"的省略形式；在转化之后，"不"作为疑问算子是后置性的，是作用于前面的肯定命题句的。在转化过程中，存在双重分析阶段。即使在这个阶段，它作为否定算子仍是前置的。因此，疑问算子一律前置的汉语通则在这种情况下依然有效。

2.4 否定词在多项状语中的语序和辖域

除了否定词和谓语核心的语序关系外，汉语否定词还有一个至今被很多研究忽略的语序问题：否定词在多项状语中的位置问题。

汉语否定词和程度副词自古以来一直遵守语序和辖域一致的通则——离核心越远的修饰或限制成分其辖域越大。如"很不高兴"，"很"在前取广域，修饰整个"不高兴"，而否定副词"不"在后取窄域，只修饰"高兴"。假如要让否定词"不"取广域，必须让"不"位于程度副词之前，说成"他不很高兴"。汉语的各大方言基本上都遵守这一通则。但是我们发现，在这一点上也出现了一些显著的例外。

王森（2001）描写了西北陕甘回民的后代中亚东干人所说的东干话不同于普通话的诸多语序特点，其中不少就与否定词有关。据初步了解，这些语序特点也基本存在于关中、甘肃等东干族出发地的中原、兰银官话方言中。唐正大新近的调查（个人交流）证实，关中方言中存在这类语序特点（下文"〈关中〉"即唐调查的关中方言的同类例句）。

根据王文介绍，东干话否定副词"不、没、嫑"除了出现在能愿动词前及在个别情况下出现在介词短语前之外，一般总是紧靠谓语中心语前面，其他词语充当的状语都在否定词前，跟普通话相反。他将此类情况总结为5种，这里略作转述：

A. 表示轻度否定时，用"程度副词＋否定副词"的语序，意义上相当于普通话"否定副词＋程度副词"，如"甚不高"表示不太高，"很很地不热"表示"不太热"。〈关中〉："这个电影甚不好（不很好）""张三今儿胃口不好，甚没吃（没吃多少）"。

B. 范围副词"光/都＋否定词"表达相当于普通话"否定词＋光/都"的意思，如"光嫑瞧哩"（不要只是看）、"都也不是好的"（也不都是好的）。

C. 表示处所、方向、对象、协同、方式等，多种介词短语都要放在否定副词前。如"把肉没打上"（没买到肉）、"在园子呢不睡"（不在园子里睡）、"她给男人没给钱"（她没给她丈夫钱）。〈关中〉："我到西安没去""张三把猪没杀""张三给他妈不吃好的"。

D. 副词"白、可_(再)、又_(又)、胡",形容词"多",代词"这么家、那么家"都要放在否定词前。如"白不养一个穷汉"(不白养一个穷人);"他那么家说呢,可那么家不干"(他那样说,却不那样干)。〈关中〉:"我再不吃咧"(我不再吃了)。

E. 依此递加的多个状语也要放在否定词前,如"把儿子再鏊吓下哩"(别再把儿子也吓着了)、"为啥把这个事情给我早些儿不说勒"(为什么不早点儿给我把这个事情提出来呀)。〈关中〉:"张三叫李四也没占下啥便宜"(张三也没让李四占什么便宜)。

在以上情况中,否定词基本上都处于广域(wide scope),但却出现在受它支配的句法成分的后面。特别是辖域明显小于否定词的那些成分,如A类中的程度副词、B类中的全量限定副词、C类中的"把"引导的受事论元、"给"引导的与事(接受者)论元等,在普通话和其他方言中都是严格按辖域-语序对应的通则出现在否定词之后的。东干话及关中方言等的这些特殊语序,直接有悖于汉语语序与辖域完美对应的通则,需要做出解释。

刘俐李(1989:214—215)曾简要提及乌鲁木齐回民汉语方言中的类似现象:

老师的话他好好儿不听 | 把功课不做完 | 给你没买 | 我的丫头也给你不给,也给你不给官做

刘俐李推测,这些语序现象可能都是受了维吾尔语的影响,因为维吾尔语都用动词上加否定式词尾来构成否定式。如:

U yahxi ixliməydu
他 好好   干-否定-第 III 人称

在否定词直接加在动词上的情况下,"好好"一类状语只能是位于否定成分之前了。刘俐李的推测可能有些道理,但也遇到一些困难。

从外部条件看,类似的语序现象在西北地区(包括陕西、甘肃、宁夏和新疆)的汉语方言中广泛存在,其中的关中方言等未必有直接与维吾尔语大量接触的机会,不像是受维吾尔语的影响。

从语言内部结构看，此说也有几个困难。其一，维吾尔语否定后缀在动词后，前面的其他状语还是能直接与动词相接的，结构与西北诸方言中的否定词特殊语序并不相同，难以看出直接影响。其二，东干话和它的源头方言关中方言等的特殊语序并不限于否定结构。有些特殊语序和否定词的特殊语序应当是同类的，但并不涉及否定式。如，肯定句多个状语的语序倾向是："单音节词紧靠在谓语中心语前；介词短语或其他多音节词语在单音节词前；介词短语在其他多音节词语前面；几个单音节词连用时，形容词在副词或能愿动词前"（王森 2001）。王文例子甚丰，这里略引数例，括号后是引者补出的普通话的相关语序：

给他要找奶子呢。（要给他找奶呢。）

他拿捶头也打呢，拿脚也踢呢。（他又拿拳头打，又拿脚踢。）

车太难走，我们打车上就跳下来，……（……我们就从车上跳下来，……）

我把哈人一定拘死。（我一定把坏人勒死。）

我们还多要盖工厂呢。（我们还要多盖工厂呢。）

娃们乱都喊的呢。（孩子们都乱喊着呢。）

否定词的特殊语序，也被王森归为上述"总的倾向"下的具体表现之一。

从王森对特殊语序现象的概括可以看出，这些特殊语序，一是与音节数有关——单音节或相对更短的形式紧靠动词，二是与词类属性有关——副词或能愿动词紧靠动词。这些倾向于紧靠动词的状语（上述东干话例中加粗的词）在维吾尔语或其他阿尔泰语言中并非都用动词形态来表示，例如表示全量的"都"、表示类似的"也"都难以在阿尔泰语言中找到相应的动词形态。

我们发现，上面所说的包括否定式在内的种种语序现象，都可以用一条"核心吸附"的总规则来解释。就是说，在东干话及汉语西北诸方言中，谓语的核心会将状语或情态（modality）成分中独立性弱的成分吸附过来，使之紧挨在谓语核心之前。所谓独立性弱，就是短小轻弱。所以，核心主要吸附的对象是单音节成分。在没有单音节成分的情况下，双音节成分也可能被吸附，如上文例句中的副词"一定"。介词短语是这些状语中最长最复杂的,因而也就不会发生吸附现象。当存在几个单音节成分时,虚化程度高、读音更弱的成分优先被吸附。形容词意义比能愿词(属情态成分)和副词实在,读音也会比能愿词和副词强,因此同现时能愿词和副词优先被吸附。否定词由于出现频率高,在语流中常常弱读,因而是最容易被吸附的对象。

  正是西北方言的这条核心吸附规则,打乱了汉语辖域与语序高度一致的常规,造成了语序与辖域的错位。不过,这种核心吸附现象,也不完全是这些方言的独特规则。有一系列的常见机制可以作为这一核心吸附的支撑。最明显的是附缀化(cliticization),就是一些词(多为功能词)部分失去其独立性成为依附在实词上的附缀(clitic)。熟悉的例子如英语 I'm 中的 m(< am),He's finished it 中的 s(< has)等,都属于附缀。附缀化的对象都是出现频率高、意义淡化、语音弱化的单位。附缀化有些不发生语序的变化,像上面的英语例子;有些则同时伴随语序变化,改变与核心的位置关系和距离关系。在语法化理论中,附缀化常常是独立的词重新分析为词缀的第一步,形态复杂语言的很多词缀可能就是由最初的附缀一步步发展来的,Trask(1996/2000:118)从法语口语正在发生的伴随语序变化的附缀化等现象推测,巴斯克语、蒙古语中的动词形态很复杂,可能就是由独立的词经过附缀阶段而发展来的。比较下面法语中的三个句子(见 Trask 1996/2000:118),其中第 3 句是当代口语句子:

Jean　　donnera　　le　　　livre　　à　　　Marie.
人名　　将给　　　(定冠)　书　　　给　　　人名
'Jean 将送这本书给 Marie。'
Il　　te　　　le　　　donnera.
他(主)　你(宾)　它(宾)　将给
'他将把它送给你。'
Jean,　il　　te　　　le　　　donnera,　le　　　livre.
人名　他(主)　你(宾)　它(宾)　将给　　(定冠)　书
'Jean,将把它送给你,这本书。'

在第 1 句中，主宾语都是实义名词，分别在给予动词之前和之后，体现 SVO 语序。在第 2 句中，主语、直接宾语和间接宾语都是非重读人称代词（法语另有重读代词在语用需要时用），在法语中都表现为附缀，而附缀性代词都要用在动词前，语序变成了 SOV。在体现当代口语的第 3 句中，主语和直接宾语本有实义名词出现，但口语中还是使用了与实义名词同指的非重读代词，这种附缀代词已没有独立论元的句法地位，语序也不同于实义名词，它们正在成为加在动词上的与主宾语保持一致关系的词缀。

东干话"特殊语序"中后置的否定词或其他状语和情态成分在几个方面都符合上面这些附缀化的特点：出现频率高，语音简短而弱化，意义淡化，紧贴实词，改变语序以紧靠核心实词。因此，我们相信东干话及相近方言中的状语类的特殊语序是一种类似于附缀化的现象，可称为准附缀化。附缀化本身是人类语言中常见的与共时历时都相关的句法现象，在汉语中也不少见。只是其他方言中的附缀化或准附化仍受辖域（包括否定词辖域）规则的制约，其优先地位在辖域规则之下，而东干话的准附缀化已可以突破辖域规则的约束，从而打破了辖域与语序的一致关系。

回过头来看，刘俐李的推测也非全无道理。自古以来西北地区是阿尔泰语言与汉语频繁密切接触的地区。阿尔泰语言也确实将很多由汉语副词、助动词表达的内容用动词上的形态成分来表达，包括否定、属于"式"范畴的可能和愿望、属于时范畴的过去现在将来等（参看力提甫·托乎提主编 2002：45—46）。特别值得注意的是，力提甫书指出，阿尔泰语系突厥语族的一个发展趋势是"表示动词的各种语法意义的语法形式不断增多，越来越丰富"，而从历时角度看，这些形式在成为动词的形态之前首先会被动词吸附成为紧靠动词的附缀形式。考虑到这些情况，再对照汉语，从古到今、从南到北它一直严守辖域与语序一致的规则，唯独在西北地区出现很多因核心吸附而突破这一规则的语序现象。因此，不排除东干话等西北方言的特殊语序与阿尔泰语言的可能联系。只是这种可能的联系还需要通过细致扎实的语言比较和历时分析才能真正确定。

三、句法类型：否定词的独立成句问题

否定词独立成句的能力在汉语否定词类型研究中尚未引起足够重视，近来有些著述曾有所关注。詹伯慧主编（2002：81）在介绍广州话"唔"时说"相当于'不'，但是'唔'一般不能单用"。拙文（刘丹青 2002）注意到吴语缺少相当于"不"的单说型普通否定词，上海话新派的"唔没"则开启了否定词独立成句的新用法。这里将结合更广阔的类型背景来探讨这一参项上的南北差异。

这个问题要从单说的"不"和否定副词"不"的关系说起。看下面的例子：

甲：你去吗？／你去不去？

乙：不，我不去。

对于答句中的第一个"不"，可以有两种分析法：第一，看作"我不去"的省略形式，"不"仍是否定副词（古汉语"不"，英语 not）；第二，"不"是独立的否定叹词（英语 no）或否定代句词（古汉语主要用"否"），是对整个命题的否定。在上例中，两种分析都成立；在另一些情况下，只能分析为独立的否定叹词或代句词，如："小张也去了。——不，他没去。"这里的"不"无法补充成"他不去"。

现代汉语的两个"不"同形，是本来只做否定副词的"不"蚕食了"否"的领地，发展出代句词的用法。这种取代的前提是否定副词"不"可以省略谓词单用，产生上述两可分析中的第一种分析，然后经过上例这样的双重分析后再重新分析为代句词。而一些南方方言没有相当于"否"或 no 的否定词，首先是因为普通否定副词"勿""唔"等不能脱离所否定的谓词单用，因而也无法由此发展出否定代句词。而普通否定副词不能单用的现象至少在吴语中有着更加广泛的类型学基础。

以苏州话和老派上海话为代表的北部吴语没有能单独成句的普通否定词。如下面的北京话和苏州话的比较：

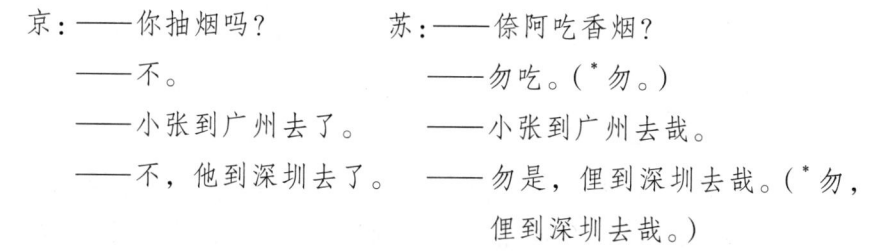

汉语否定词形态句法类型的方言比较 353

京：——你抽烟吗？　　　　苏：——倷阿吃香烟？
　　——不。　　　　　　　　——勿吃。(*勿。)
　　——小张到广州去了。　　——小张到广州去哉。
　　——不，他到深圳去了。　——勿是，俚到深圳去哉。(*勿，
　　　　　　　　　　　　　　　俚到深圳去哉。)

由上例可以看到，对于否定性的应答，苏州话不能使用单独的普通否定词。有两种策略可以使用。假如有合适的谓词，否定词会和谓词一起出现，如"勿吃"。假如没有合适的谓词，则启用判断动词，如"勿是"。"覅、朆"等熔合了其他语素的合音字和"呒拨"（没有）等存在否定动词及更加复杂的否定习语（如"来勿及"）则可以独立成句。

在苏州话中，不能单独成句的情况远非否定词所独有。其他一些在北京话中可以单独成句的副词、能愿助动词和谓词，在苏州话中也不能单独成句或回答问题。包括系词"是"，其否定形式可以单独成句，如上举"勿是"，但肯定形式就不能单独成句，必须加上本义为"的"的语气词"个"。其他不能单独成句的词往往也要靠"个"或其他语气词如"啘"[uə]来成句（下面用括号上加星号表示删除"个"就不合格），如：

京：——他儿子聪明吗？　　苏：——俚哚儿子阿聪明？
　　——聪明。　　　　　　　——聪明*(个)。
　　——他会不会说英语？　　——俚阿会得讲英语？
　　——会。　　　　　　　　——会得*(个)。
　　——我可以见见他吗？　　——我阿可以见见俚？
　　——可以。　　　　　　　——可以*(个)。
　　——他今天回家吗？　　　——俚今朝阿转？
　　——可能/也许。　　　　——作兴*(个)。
　　——你介绍我认识他吧！　——倷介绍我认得俚吧！
　　——好。　　　　　　　　——好*(个)。
　　——他是不是大学生？　　——俚阿是大学生？
　　——是。　　　　　　　　——是*(个)。

反过来，假如以上北京话独词答语都带上"的"，多半也会不太自然。这一对比说明，吴语的谓词和情态性副词是语义上更加赤裸（naked）的词项，需要加上成句所需的语气、情态成分如"个"来帮助成句。①也因为这种类型上的需求，吴语的"个"语法化为比"的"更虚、更具有句法强制性的句子完形标记。有趣的是，一些有情态语气作用的成分可以帮助其他词语成句，自己却不能成句，还需要其他情态语气成分帮助。如"勿"和"是"，两者可以帮助对方成句，也可以帮助其他词语成句，上述苏州话答句假如用"勿"否定，都可以不需要"个"而成句，如"勿聪明、勿好"等。但是"勿"和"是"自身却不能成句，必须说成"勿是、勿㬿[uə]、是个、是㬿"等才能成句。

北部吴语普通否定副词没有独立成句能力，也就没有了重新分析为否定代句词的句法环境，这是由吴语谓词副词整体上成句功能弱的类型特点造成的。与此相关，当代新上海话正在形成用有无否定动词"呒没"充当命题否定代句词的局面，代替原来的"勿是"等短语（详刘丹青 2002：§4.2）。这一新发展在功能上也许受到普通话否定代句词"不"的影响，但词项上却选择了相当于"没有"的存在否定词"呒没"而不是更加对应的"勿"，这是因为"呒没"动词性强，在上海话中本来可以独立成句，现在只是从存在否定引申到其他的命题否定。此外，这一变化也符合人类语言的常见机制。英语用于命题否定的 no 虽然不是动词，但在语义上仍具备存在否定词的作用，如 I have no choice/nobody/nothing，这些词句中的 no 在上海话中都要用"呒没"来翻译。

---

① 北京话单独成句的否定词、形容词、副词也不是完全不需要助句要素。在上海师大演讲时，有听讲者提醒笔者，单独成句的这些词需要语调上的加强和重读，假如带上其他成分，则不必这么念。确实如此。如："你明天去吗？——不。/不去。""他长得怎么样？——帅。/很帅。"两种回答中，单说"不""帅"必须重读并带上较强的降调，而"不去""很帅"中的"不""帅"可以说得弱得多。因此可以说，北京话可以单用韵律手段帮助这些词语成句，而吴语还要有虚词等其他词汇句法手段才行。此外，比起英语会话中的 no 来，北京口语中"不"单独成句要少得多，张伯江先生提示我这一点。笔者对王朔小说对话部分的初步考察也初步证明了这一点，而且有些作品如《顽主》单独成句只有连用的"不不"（8 例），没有"不"，在《过把瘾就死》中则是"不不"（3 例）、"不不不"（1 例）和"不"（2 例）并存。总体上在这些包含大量口语对话的中篇小说中单独成句的"不"的用例即使算上连用的"不不"等也非常有限。

闽南话也用"无"构成独词否定句，如李如龙（2001）所举："汝明旦若卜出差？——无，我唔去。"（你明天出差？——不，我不去了。）由存在否定词发展成否定叹词/否定代句词，这是上海话、闽南话和英语共有的语法化道路。

参考文献

曹志耘、秋谷裕幸、太田斋、赵日新　2000　《吴语处衢方言研究》，东京：株式会社好文出版。
陈满华　1995　《安仁方言》，北京：北京语言学院出版社。
陈淑梅　2001　《鄂东方言语法研究》，南京：江苏教育出版社。
陈泽平　1998　《福州方言研》，福州：福建人民出版社。
李启群　2002　《吉首方言研究》，北京：民族出版社。
李　荣（主编）　2002　《现代汉语方言大词典》，南京：江苏教育出版社。（温州分卷本作者游汝杰、杨乾明；宁波分卷本作者汤珍珠、陈忠敏、吴新贤）
李如龙　2001　闽南方言的否定词和否定式，"中国东南部方言比较研究"第 8 次国际研讨会，上海。
力提甫·托乎提（主编）　2002　《阿尔泰语言学导论》，太原：山西教育出版社。
林立芳　1997　《梅县方言语法论稿》，北京：中华工商联合出版社。
林　璋、佐佐木勲人、徐萍飞　2002　《東南方言比較文法研究——寧波語・福州語・厦門語の分析》，东京：株式会社好文出版。
刘丹青　2001　语法化中的更新、强化与叠加，《语言研究》第 2 期。
刘丹青　2002　上海方言否定词与否定式的文本统计分析，《语言学论丛》第二十六辑，北京：商务印书馆。
刘俐李　1989　《回民乌鲁木齐语言志》，乌鲁木齐：新疆大学出版社。
刘月华　1980　可能补语用法的研究，《中国语文》第 4 期。
卢小群　2002　《嘉禾土话研究》，长沙：中南大学出版社。
潘悟云　2002　汉语否定词考源——兼论虚词考本字的基本方法，《中国语文》第 4 期。
平田昌司（主编）　1998　《徽州方言研究》，东京：株式会社好文出版。
钱乃荣　1992　《当代吴语研究》，上海：上海教育出版社。
钱曾怡（主编）　2001　《山东方言研究》，济南：齐鲁书社。
桥本万太郎　1978/1985　《语言地理类型学》，余志鸿译，北京：北京大学出版社。
覃远雄　2003　汉语方言否定词的读音，《方言》第 2 期。
石汝杰　1996　《吴语读本》，东京：株式会社好文出版。
太田辰夫　1958/2003　《中国语历史文法》（修订本），蒋绍愚、徐昌华译，北京：

北京大学出版社。

王　森　2001　东干话的语序,《中国语文》第 3 期。

吴福祥　2003　南方方言能性述补结构"V 得 / 不 C"带宾语的语序类型,《方言》第 3 期。

项梦冰　1997　《连城客家话语法研究》,北京:语文出版社。

詹伯慧(主编)　2002　《广东粤方言概要》,广州:暨南大学出版社。

张　敏　2002　上古、中古汉语及现代南方方言里的"存在-否定演化圈", In A.Yue (Ed.), *Proceedings of International Symposium on the Historical Aspect of the Chinese Language: Commemorating the Centennial Birthday of the Late Professor Li Fang-Kuei* (Vol II). Seattle: University of Washington.

Dryer, M. 1988. Universals of negative position. In M. Hammond, E. Moravicsik, & J. Wirth (Eds.), *Studies in Syntactic Typology*. Amsterdam: John Benjamins Publishing Company.

Givón, T. 1984. *Syntax: A Functional-Typological Introduction* (Vol. I). Amsterdam/Philadelphia: John Benjamins Publishing Company.

Kortmann, B. 1999/2004. Typology and Dialectology. In *Proceedings of the 16th International Congress of Linguists* (CD Rom). Amsterdam: Elsevier Science. (中译版《类型学与方言学》,刘海燕译,刘丹青校注,载《方言》2004 年第 2 期)

Palmer, F. R. 1965/1974. *The English Verb*. London: Longman. (1st Edtion titled as *A Linguistic Study of the English Verb*)

Trask, P. L. 1996/2000. *Historical Linguistics*. Beijing: Foreign Language Teaching and Research Press. (First published by Edward Arnold (Publishers) Ltd. 1996)

(原载(日本)《中国语学》,2005 年第 252 号)

三种补语　三种否定

现代汉语中，动词带简单形式的形容词补语，表现为三种情况：

1. 让他走吧，他已经说<u>清楚</u>了。
2. 大家听了他俩的话，都觉得小王<u>说得清楚</u>。
3. 还是去问他，他<u>说得清楚</u>的。

三种补语，表义作用各有不同。第一种，我们叫它"结果补语"，着重表示动词所代表的动作已经产生了某种结果。第二种，我们叫它"状态补语"，着重表示动作进行时所呈现的某种状态。第三种，我们叫它"可能补语"，说明动作有没有可能实现某种情况。

初学汉语语法，可能会感到这三种补语不容易区别。1、2两种区别只在有没有"得"字，"说清楚"在表义上似乎跟"说得清楚"没多少差别。2、3两种形式上完全相同，好像更难区分了。

其实，这三种补语表义作用不同，语法特点也有区别，最明显的是，这三种补语各有自己的否定形式，形成判然不同的三对肯定和否定结构。

第1种，结果补语，否定词只能加在动词之前，所否定的是整个述补短语，表示某种结果不存在。否定词可以用"不"，也可以用"没有"（或"没"），如："你<u>不</u>说清楚，我们不让你走""不能让他走，他<u>没有</u>说清楚"。

第2种，状态补语，否定词要加在"得"字后形容词前，表示动作没有呈现某种状态。否定词用"不"，一般不能用"没有（没）"。如："大家都觉得小王说得<u>不</u>清楚，叫他再说一遍"。不能说"没说得清楚"或"<u>不</u>说得清楚"。

第3种，可能补语，否定时，要去掉"得"，换上"不"，表示某事不可能实现，也不能用"没有（没）"。如："不用去问他，他说不清楚"。也不能说成"不说得清楚"。要是"得"不去掉，如"他说得不清楚"，就是第2类了，不再表示可能。

以上三点，可以总结为以下公式：

结果补语：说清楚——不（没有、没）说清楚。

状态补语：说得清楚——说得不清楚。

可能补语：说得清楚——说不清楚。

不同的否定式，是和不同的表义作用及结构特点有关的。所以，借助否定式这把钥匙，我们还可以进一步来体会三种补语的不同之处。

否定结果补语时，必须否定整个述补短语，不能把动词和形容词补语分开。这说明，结果补语跟动词结合得最紧密，几乎形成一个复合动词，所以，有人干脆认为这种补语是动词的一种"体"——结果体。我们注意到，能做结果补语的形容词是有限的，大部分是单音节词，如"吃<u>饱</u>、挖<u>深</u>、削<u>尖</u>、放<u>大</u>、来<u>晚</u>"。双音节词只有"（说）<u>清楚</u>、（讲）<u>明白</u>、（扫）<u>干净</u>、（摆）<u>整齐</u>"这几个能做结果补语。这说明这种述补短语结合得紧密。有些补语的确已在这种结构中凝固成一个不能单用的语素了，如"听<u>见</u>、扩<u>大</u>、缩<u>小</u>、充<u>满</u>"。

状态补语可以单独受否定副词否定，这说明状态补语独立性较强，跟动词结合得不紧。实际上，状态补语不但能受否定副词修饰，自身还可以带程度状语和补语，如"说得<u>很</u>清楚""说得清楚<u>极</u>了""说得清楚<u>得很</u>"，这是结果补语所不允许的，不能说"说很清楚"等。另一方面，不能充当结果补语的许多成分，包括不少双音节形容词和重叠式形容词，却能做状态补语，如"打得<u>顽强</u>、回答得<u>灵活</u>、穿得<u>厚厚的</u>、排得<u>整整齐齐的</u>"。这也是状态补语独立性较强的表现。

可能补语有特定的否定式，因为这是一种专门用来表示可能的格式，不同于其他补语。有些可能补语没有什么实义，纯粹是为了表示可能而用在这种格式中，不能离开这种格式而存在，如"吃得了（liǎo）""管不着（zháo）""做不来""还不起"，都不能说成"吃了

（liǎo）、管着（zháo）、做来、还起"，说明这种特定格式的重要性超过了做补语的词本身，所以，不能改用其他否定式。另外，可能补语跟动词的结合也比较紧密，不能再带状态补语。所以，"说得清楚"虽然有状态和可能两种作用，"说得很清楚""说得清楚极了"却只可能是状态补语，绝不会是可能补语。

（原载《语文月刊》，1983年第9期）

原生重叠和次生重叠[*]：
重叠式历时来源的多样性

零、引言：重叠的共时性质和历时来源

重叠是一种从共时平面界定的语言手段，主要用作形态手段或构词手段；重叠式是重叠手段作用的产物。刘丹青（1986）比较诸家说法，对重叠取如下认识：

（1）把重叠看作一种抽象的语言手段，这种手段和具体语言单位的结合便会产生一个新的形式——重叠式。

刘丹青（1988）参考朱德熙（1982）对重叠式象声词的分析和Svantessen（1983）对克木语重叠式的分析，在20多种方言和语种分析的基础上提出包含10种分类角度的重叠式分析模式。这些共时视角的分析模式都默认重叠式是按照（1）所界定的方式构成的。

重叠式和其他一些貌似相近的形式共存于语言中，须加甄别。需要排除的近似形式有：

1.并列结构等句法单位。如"官官相护"中的"官官"不是"官"的重叠式，而表示"官与官"，属于并列结构。"上上大吉"中的"上上"表示"上之上"，是偏正结构而非重叠式，区别于"中上、下上、上中、上下"等。只要两个相同成分之间存在句法关系，它就不是重叠式。重叠本

---

[*] 本文写作获中国社科院重点课题"语言库藏类型学"资助。初稿曾在第五届汉语方言语法国际学术研讨会（上海大学，2010年11月）和湖南大学文学院报告，获与会者讨论指教。一并感谢。尚存错谬均归笔者。

质上是形态手段而非句法手段，内部排斥句法关系，如马庆株（2000）所说，"重叠是同一语言单位的连接出现，但又不形成基本句法结构"。

2. 话语单位的重复。它们或是交际及信号传递过程中的强化手段，或是修辞上的反复，如"走、走、走，别在这儿待着——好、好、好，我走，我走"。这一对话中重复出现的词"走""好"或短语形式"我走"，都属于话语中的"重复"。《国歌》中"冒着敌人的炮火，前进！前进！前进！进！"则可归属修辞上的"反复"。"重复"和"反复"可以统称"反复"。

不过，以上的区别是理论上的理想状况。实际的情况比这复杂。Gil（2005）在研究印度尼西亚 Riau 语的相关现象时，发现话语反复（repetition）和重叠（reduplication）是一个连续统。Gil 用 6 条标准（兼顾形态、句法和韵律）来区分重叠和反复。据此，有些现象分别属于典型的反复和典型的重叠，但也有一些现象程度不同地兼有反复的属性和重叠的属性。这是从共时平面说的。而假如从历时层面考察，则可以发现，某些重叠式就是从貌似重叠的其他手段演化而来的，从而进入形态库藏，包括刚才分析的应当与真正的重叠式相区分的手段。换句话说，重叠式有原生重叠和次生重叠（primary and secondary reduplications）两大类，这一区分是以往研究所忽略的地方。刘丹青（2009a）在分析语法化现象时曾简要提及重叠来源的多样性，但未及展开，本文就此作一专论，着重探讨非重叠式转化而来的次生重叠及其形成机制。这一研究，可以帮助我们更加全面、清醒地面对不同语言和方言中丰富多样的重叠形式，同时也有助于厘清重叠式在表义功能方面的一些困惑。

一、原生重叠：形态性重叠和语音重叠

原生重叠，通俗地说，就是天生的重叠，其重叠形式就是按（1）的方式构成的。具体地说，存在一个语言单位，作为重叠的基式，由重叠作为一个抽象的语法手段作用于该基式，从而得到一个新的单位——

重叠式。由于重叠式内部的两个成分之间没有句法关系,因此这种手段只能视为形态手段,所以原生重叠通常是天生的形态现象,是语言的形态库藏中的固有手段。

例如,"个""爸""好"是汉语的一个个词或语素,可以作为重叠的基式,重叠手段作用于它们,便得到"个个""爸爸""好好"等重叠式。这是最简单的重叠。如果加上各种"花色"的重叠手段,配以重叠以外的一些手段,如插入词缀或并列手段等,可以生成许许多多的重叠式类型,详见刘丹青(1988)。如上海话"走法走法""慢慢叫",北京话"慢慢儿",广州话"面黑黑"等。不管其生成过程和最终形式是简是繁,它们都至少含有一次重叠操作,这一重叠操作历史上也非来自其他语法手段。所以,它们只有今生,没有前世,生来就是重叠式。这类重叠在本文中无须细说。

有一类特殊现象即"叠音"需要简要说明。其看似重叠的单位往下分析就只有小于语素的语音单位,即重叠的基式不是音义俱全的词或语素。如刘丹青(1988)"语音重叠"类所举的北京话例子:"饽饽、蛐蛐儿、蝈蝈儿",这些词的重叠基式分别是"饽、蛐、蝈",它们在北京话中都小于语素,只是音节。对于叠音的性质,可以从两方面来认识。

一方面,叠音单位再往下分就只是音节,不是音义结合体,理论上无法作为一个重叠的基式。没有基式,就无法进行重叠操作。从这个意义上说,叠音不是真正的重叠。

另一方面,叠音由两个相同的音节组成,这不是一种偶然的巧合。先秦汉语的单纯词中,除了单音节词和联绵词,其他的双音词很少。联绵词主要就是叠音、双声(即变韵的叠音)、叠韵(即变声的叠音)。如今文《尚书》中就有的"穆穆""师师""兢兢""孜孜"等叠音词(引自钱宗武 2004:10)。这说明当时汉语中就存在着将一个音节重叠一下或者重叠声母和韵母之一(即变形重叠)从而使之变成语素和单纯词的机制。虽然我们无法确切知道这种语音操作的作用,但从现实的例子看,叠音确实有特定的表义作用。例如"蝈蝈儿""蛐蛐儿"的重叠分别模拟这两种昆虫的反复鸣叫,与拟声词的重叠是同类的。

据此，我们可以把叠音定义为通过语音层面的音节重叠构成单纯词或语素的操作，以音节为基式，属于语音造词或造语素的操作手段，因此可以看作一种形态前的原生重叠。

此外，在古代文献语言中出现的叠音词，跟作为形态重叠的词或语素重叠之界限比较难划分。一些曾被认为是叠音词的成分，事实上却是单音状态形容词的重叠形式，因为其基式有不重叠的实例。比较"<u>皇皇</u>后帝～有<u>皇</u>大帝""雨雪<u>霏霏</u>～雨雪其<u>霏</u>""商邑<u>翼翼</u>～如跂斯<u>翼</u>""夭之<u>沃沃</u>～其叶<u>沃</u>若"（均引自石锓 2010：39—40）。孙景涛（2008）把先秦汉语多数叠音词、双声词和叠韵词放在"重叠构词法"的范畴下研究，不失为一种合理的做法。

本文的重点是次生重叠，因此叠音问题下文不再讨论。

二、句法结构蜕化而来的次生重叠

次生重叠式的源头不是由（1）所述的操作构成的形式，但是在历史演化中发生了重新分析，被后代人当作一种重叠形式，并被整合进语言的重叠系统中。这是本文重点关注的对象。

本节先讨论次生重叠的重要类型之一，即由句法结构蜕化而来的重叠。这种重叠式的两个同形成分，本来形成一种句法关系。既然有句法关系，就没有重叠关系。可是，随着语言演化，句法关系变得模糊甚至消失，已难以为母语人所感知，此时就可能被母语人重新分析为重叠式。本文将着重探讨在什么条件下句法结构会蜕化为重叠式，判定其演化的标准何在，其演化的机制是什么。本节重点讨论源头为动量结构和并列结构的次生重叠式。

2.1 由动量结构到动词重叠

刘丹青（2009a）简要提及，汉语表示短时少量的动词重叠是由动量补语结构（动词+同形的动量补语，以下简称"动量式"）重新分析而来。这里将详细分析这一过程和机制。

范方莲（1964）以丰富的历史语料证明，现代汉语语法书中普遍认定的"动词重叠"，本来是动词加动量补语的"V一V"式，早先还有成套的"V两V""V几V"甚至"V三V"等。范文认为所谓动词重叠有很多句法和语义表现都与动量式相同相近，据此认定，这种形式至今仍是一种句法组合而非重叠形态。至于"V一V"的来源，梅祖麟（2010）认为是"V+动量词"（打一槌）和"一"+V式（一见、一凑）两种结构共同作用的产物。但后者不能解释范文所举的"看两看"这类例子，所以"V+普通动量词"应是"V一V"的主要源头。

范文有力地证明了动词重叠来源于动量式这种句法结构。但要否定这些形式今天的重叠性质，却很难行得通。所以，虽然范文早已发表，学者却越来越一致地将动词VV式等看作重叠式而不是动量式。近半个世纪来发表的主要相关著述都以"动词重叠"来命名这种现象，如王还（1963），刘月华（1983），王希杰、华玉明（1991），朱景松（1998），李珊（2003），杨平（2003）等。

范文的定性，并非毫无道理。动词重叠式确实遗传了其前身动量式的一些句法语义属性，有时距作为典型形态的重叠还有一定距离。例如，体助词"了"还能插在"VV"之间形成"V了V"（看了看），而理论上"了"作为后附助词不应插入作为一个形态整体的"VV"之中。"V一V"（看一看）和动量式"V一下"（看一下）语义相近，并都能再插入"了"（看了一看、看了一下）。但是，范文的局限是没有充分注意到动词重叠式语法属性的非同质性和历时演变，没有注意到动词重叠的用法中既有靠拢动量式的一头，也有远离动量式的一头，她过于依赖来源一端的属性来确定其共时的属性，无法解释另一端的那些已不能看作动量式的用例。

下面我们对动词重叠式及其与动量式亲疏不等的各种属性做一些分析。

先看动词重叠式最能显示动量式属性的用法。在动词重叠式中间不但能插入"一",还能插入"两"和"几",如范文所举的"打两打""打几打"。这确实更接近动量式而不是动词重叠。不过,这些插入不定数词的用法已明显处在衰落中,今天已基本消失,而常见的是真正的动量式,如"打两下""踢几下"等。更重要的是,今天重叠式所能插入的只有表示不定模糊量的"两"和"几",既不能加表示确切数量的数词,也不能加表确数的"两"和表疑问的"几",而真正的动量结构可以加任何数词,不存在上述限制。比较(2)的 a 和 b:

(2) a. 打三下 | 拍了四记 | 跳了五下 | 踢了五脚 | 去两回 | 唱几次?

b. *打三打 | *拍了四拍 | *跳了五跳 | *踢了五踢 | *去两去 | *唱几唱?

这说明,即使在加数词时,动词重叠式也已经在句法、语义两方面偏离动量式,经过尚能带"一"和不定量词的阶段,向至多只能带"一"、表示模糊少量的专用形态发展。

再来看"V一V"。这几乎是今天 VV 式中唯一能插入数词的形式。与此相关的动量式是"V一C"(C 代表量词 classifier,这里指动量词)。"V一C"带宾语有两式:"VO一C"(拍他一下)和"V一CO"(拍一下老王)。前者适合人称代词 O,后者适合实义名词 O。而"V一V"带宾语曾经有"VO一V"式,但据范方莲(1964)考察,在《红楼梦》之后的文献中就不见了,"V一VO"则延续至今。按照现代汉语的规则,人称代词宾语应在动词和动量补语之间,但是对"V一V"来说,却只有"拍一拍他",而不能说"拍他一拍",不再遵守动量式的语序规则。在这个进一步偏离动量式的变化中,"V一V"的整体性变强,解析性变弱,朝重叠形态性质又迈进了一大步,可以视为动量式和重叠式双重分析的过渡阶段,其中"一"的意义变得模糊,既可以分析为动量词前的数词,也可以分析为重叠式内部的中缀。

再来比较"V一V"和"VV"。根据范文,在早期文献中"V一V"比"VV"多,后来 VV 用例大大超过"V一V",双音节动词的"V一V"(?商量一商量)更是少见。"V一V"还多少保持了动量式的外形,

而"VV"已经在形式上摆脱了动量式的范畴,因为普通话并不允许动量补语省略"一"。两者形成如下鲜明对比:

(3) VV(打打): V—V(打一打)~*VC(*打记): V—C(打一记)

既然动量式"VC"不成立,"VV"就无法分析为"VC",也无法分析为其他句法关系。两个直接成分间不存在句法关系,就只能存在词内关系,否则其整体无法成为一个单位。而 V 和 V 正好同形,所以"VV"内部关系就彻底转化为重叠关系,完成了重新分析。"VV"在使用中超过"V—V",也说明这一组合形式在现代汉语中形态性增强,进一步疏离句法性。

语法化、词汇化等过程中常常出现词间界限的消失,是重新分析的重要助推力。例如:

(4) 格鲁吉亚 Svan 语:

 a. ačad   sga

  (他/她)去   在/往里边

 b. sgačad

  (他/她)进去 (Harris & Campbell 1995:94)

在(4a)中,sga 作为方位副词后置于动词谓语 ačad,在(4b)中,sga 前置于动词并与动词 ačad 融合为一词,词界消失。从动量式到动词重叠的过程,也是一种词界的消失,因为两个 V 之间由词间句法关系转化为词内形态关系。以往的句法演变论著还没有注意到词界消失的结果还可以是重叠。汉语动词重叠可以为词界消失的重新分析增加一种类型。

比起某些方言来,普通话"VV"式还没有达到重叠形态最彻底的阶段。在苏州话动词重叠式中,能看到"VV"式由动量句法结构到典型重叠式形态的更完整的过程(刘丹青 1986)。

苏州话"V—V"比普通话更常用,甚至双音动词用"V—V"式也更自然,只要动词是方言中的常用非离合动词就可以这么用,如:

(5) 商量一商量|打扮一打扮|检查一检查

苏州话原来没有相当于普通话"一下"的泛义动量词(近年有借入

"一下"的苗头），普通话中"V一下"动量补语式，在苏州话中常用"V一V"来表示。不定数词插入"VV"式也比普通话自然，这显示苏州话此类形式保留了较多动量式的属性。如：

（6）a. 拿俚<u>推两推</u>。（把他推两下。）
　　　b. 蹲勒桥浪向<u>跳仔几跳</u>。（在桥上跳了几下。）
　　　c. <u>算仔几算</u>原归算弗清爽。（算了几次仍然算不清楚。）

另一方面，普通话动词重叠式的功能，在苏州话中不但齐全，还更加常用。普通话"VV"式有动词类别的限制（刘月华1983）。达成情状类动词不能重叠，如"*杀杀、*来来、*到到"。而这些动词在苏州话中都能取重叠式，如：

（7）a. 帮我<u>杀杀</u>只鸡。（帮我杀了这只鸡。）
　　　b. 第一趟陌生，<u>来来</u>就熟哉。（第一趟陌生，来几次就熟了。）
　　　c. 埃点路，<u>到到</u>快煞个。（这点路，到达很快的。）

非自主动词（有些亦属达成类动词）在普通话中不能重叠，在苏州话中却能重叠，如：

（8）a. 雨<u>落落</u>就弗落哉。（雨下一会儿就不下了。）
　　　b. 电灯<u>亮亮</u>隐脱唧。（电灯亮了一会儿灭了。）

苏州话"VV"式不但能用于更多的动词，而且有更多的句法分布和句类功能。这也是"VV"适用于更多动词的部分原因。苏州话"VV"式可以受单音状语修饰（红烧烧、毛估估），可用于动结式（烧烧熟、挂挂高点）、动介式（放放勒房间里）等普通话"VV"式不能出现的结构（详见刘丹青1986）。句类方面，普通话动词"VV"式最常用于祈使愿望类谓语，但是此时"VV"仍然有短时间延续的基本含义；而苏州话动词"VV"式用于祈使愿望类谓语时，几乎成为委婉祈使语气的标记，已不必有短时延续的这类客观语义，所以可以如（7）那样用于瞬间达成类动词。而主观化的轻指义在某些动词上还引申出限止义，如"说说个"（只是说说而已）、"做做个"（只是做秀而已）。更进一步，"VV"式还常用于伴随性、背景性的行为，表示主要事件的时间背景或条件、原因等。这类谓语对动词的自主与否毫无限制。如（8）

就属此类用法。它们都难以译为普通话的"VV"式。有些背景性行为还可以分析为话题甚至主语，如（7b）和（7c）中的重叠式。这些用法离动量式的语义也更加遥远。

总体上，苏州话"VV"式在动量式到重叠式的演化链上呈现出更长的跨度，比起普通话VV式，既有更接近动量式的用法，也有更加远离动量义的语义和功能。

最值得注意的是，尽管苏州话"V—V"比普通话还常见，但苏州话"VV"式的特有功能，如（7b）、（7c）、（8）诸例及（8）后段落中的多数用例，全都不能说成"V—V"，也不能插入体助词等任何成分，只能表现为重叠式。这表明它们的语义和功能已经与动量式完全脱钩，完成了动量句法结构向重叠形态的转化，是句法结构重新分析为重叠式的最有力实例。

2.2 由并列结构到重叠式

以肯定形式和否定形式直接组合表示是非疑问，即正反问句，基本上是汉语特有的疑问手段（参看吴福祥2008）。这一结构的起点是并列结构。"去不去"就是"去"和"不去"的并列。这种结构借助违背会话准则（去还是不去，没说清楚）的语用推理获得作为会话含意的疑问义（参看刘丹青2008），其疑问义不是结构本身明示的，因此这是一种典型的构式。随着构式化的深化，其整体性越来越强，内部句法关系愈益模糊，因而允许成分脱落，并列属性越来越弱，最后在某些方言和语言中因否定词脱落而彻底转化为重叠式，作为是非疑问句的一种，由并列型句法疑问句重新分析为重叠型形态疑问句，从句法库藏转移到了形态库藏。

作为句法结构的正反问因不用连词而比用连词的并列短语更加紧密，如上举"去不去"例，再如"看电影不看电影"。如果这种并列结构中含有相同成分（如本例中的"电影"），则常常因经济性原则而被删除一个。假如删除前一个，则会形成"看不看电影"句式，可称为

"紧密式正反问"；假如删除后一个，则会形成"看电影不（看）"句式，可称为"松散式正反问"。两种策略在现代方言中各有例证（参看朱德熙 1991）。

在松散式（看电影不（看））中，由于肯定部分和否定部分不相连，因此难以朝重叠方向演变，可能的变化是将第二个谓语也删除，留下否定词朝疑问语气词方向发展，即重走近代由"无"到"吗"之路。如山东等处方言的"你去不"，"不"已经有语气词化倾向，有的方言直接写成别的词形，如山东东平话的"啵"："吃饭啵"（钱曾怡主编 2001：298）。

在紧密式中（看不看电影），肯定和否定两部分紧邻，而且除了中间的否定词，并列的两部分是同形的，这就为它们转化为重叠预留了句法条件。

在下一个阶段，并列的一方可以以小于词的形式出现，即双音谓词 AB 的正反问形式不取"AB 不 AB"，而取"A 不 AB"。南方使用正反问的方言，多采用这种形式，如：

（9）〈广州〉舒唔舒服？（而不是"舒服唔舒服"）| 中唔中意？

普通话和北方方言也越来越接受这种形式（也许被南味普通话助长），如：

（10）沙发舒不舒服？| 你们商没商量？| 小明喜不喜欢她？

这个阶段的正反问，已经偏离了并列结构，因为肯定部分的单音节 A（"舒""商"等）都不是词，而只是后面双音词 AB 的一个语素，而并列短语乃至任何短语都不允许由词和非词语素组合而成。这表明，该式的肯定部分应当已经分析为词内组成部分而不是句法结构的一部分，整个正反问谓语已不再是句法层面的并列结构。既然正反问已不是句法结构，其中又含有同形的成分，那么，这个阶段的正反问，已不妨分析为重叠式，即肯定部分和否定部分共同组成以否定词为词嵌的重叠式，这正是部分学者已经提出的主张（黄正德 1988；徐杰 2001：§7.4）。

"A 不 AB"式在普通话中是正反问由并列句法结构到重叠形态过

程中所能达到的最高点。不过，该构式尚有一定的理据性和语义透明度（简称理据透明度），否定词还难以看成完全虚化的词嵌（中缀），其谓语部分仍然遗留了一点儿句法属性，还不是地道的重叠式。

某些方言和民族语言在正反问向重叠式的进程中走得更远。

如刘丹青（2008）所引，多种汉语方言和藏缅语言的正反问可以删除否定词，只剩下肯定形式的重复出现。这种疑问式的结构更加缺乏理据透明度，在共时平面只能看到重叠手段在表示疑问。具体分析，不同的方言和语言又有不同的解析度和构式化程度。

有些方言的正反问句带不带否定词都成立，不带更常见些，如绍兴吴语、连城客家话。这类方言的说话人自然会觉得不带否定词的形式源自否定词省略，因为带否定词的疑问句更有理据透明度。另一些方言和语言已经没有含否定词的正反问，只有谓词重复出现的疑问句，如江西于都客语和藏缅语中的彝语等。这些方言、语言的说话人在母语知识中已没有正反齐全的疑问句，只有在接触普通话等正反齐全的正反问时，才可能意识到重叠问与正反问的关系，但这已超出母语语言知识范围。下面分别以绍兴话和于都话为例：

（11）〈绍兴〉诺去去你去不去？｜饭热热㖏米饭热了没有？｜伊肯肯话他肯不肯说？｜伊晓晓得他知不知道？｜眼镜戴得看字灵灵清戴眼镜看字清不清楚？

（12）〈于都〉吃吃饭吃不吃饭？｜喜喜欢我喜欢不喜欢我？｜你打打算去你打算不打算去？

从以上例子看，绍兴话和于都话的情况相同，都是单音节谓词直接重叠，双音节谓词在构成谓词重叠疑问句时只重叠谓词的前字（其理据参看刘丹青2008）。两地的区别在于，绍兴至少在慢说时可以让否定词现身，如"诺去勿去？""伊晓（得）勿晓得？"，而于都话只采用上述简化式，不能加进否定词了。

有些方言的情况介于以上两者之间。据李文浩（2009），江苏淮阴方言没有"V不V"式正反问，相应的意义用"VV"式表示，如"走走？"（走不走？）、"你帮帮忙啊？"（你帮不帮忙？）、"是是？"（是不是？）。不过淮阴话仍然有"V没V"式正反问，"没"不能删除，只有动词"有"的正反问可以问"有有?"(有没有?)。从黄伯荣主编(1996:695,引自刘村汉手稿)看,湖北随州方言则是单音动词用重叠问,形容词和双音动词用正反问。

在以上问句类型中,否定词可以现身的方言,残存了一些正反问的句法性。而否定词已经不能露面的方言,句法性丧失得更加明显,重叠式的属性更加明确。

从语音方面看,有的方言、语言在否定词隐去的同时,会发生不同于普通连读变调的变调,其中有的可以清楚地确定为被省去的否定词的痕迹。另一些语言不发生变调,形式上彻底成为重叠式。

连城客家话的重叠式疑问句单音词用"AA"式,如"甜甜"(甜不甜),双音词用"AAB"式,如"相相信"(相信不相信)。两式中前一个A一律变调为35调,而35正是连城客话否定词"唔"[ŋ³⁵]的调值,可见A的变调是否定词调值融入的结果(项梦冰1997)。这种方言的母语人在使用该疑问句式时,容易感知到重叠问是正反问省略否定词的产物。

绍兴话像其他北部吴语一样是连读变调丰富的方言。它的重叠问也有连读变调,其中双音词"AAB"式的变调与表示"短暂"或"尝试"的动词"AAB"式变调不同,而单音词"AA"的变调与动词"AA"变调有同有异(细节参看王福堂2003)。这些重叠问的变调调值不像连城话那样直接取否定词的调值,但也不同于普通动词重叠式的连读变调,这种独特的变调模式超出了由韵律环境决定的常规变调模式,所以多少能提醒母语人变调模式与否定词的联系。

于都话重叠问的前字也发生变调,即"前V总是读入声[ʔ⁵]短调"(谢留文1998),例如"吃⁵吃饭、喜⁵喜欢、标⁵标致"等。这个变调还伴随着加进喉塞音的促化,但这个喉塞入声调并不是否定词的调。于都方言否定词"唔"读非入声的[ŋ⁴⁴]。这种特殊的变调也许能使母语人意识到这不是一般的重叠,但已经无法借此建立与否定词的联系。

淮阴方言重叠问句"否定词直接省略或者说脱落了,否定词前后的音节在读音上未受影响"(李文浩2009)。这类问句在形式上已经是百分百的重叠，与否定词了无瓜葛。随州方言重叠问也没有任何特殊变调变音。

将正反问的存在情况和变调变音的情况结合起来，有如下情况：

1）可还原为正反问，重叠前字变为否定词的声调：连城客家话。

2）可还原为正反问，重叠前字有特殊变调，但与否定词不同：绍兴吴语。

3）没有正反问，重叠前字有特殊变调，但与否定词不同：于都客家话。

4）重叠问不可还原为正反问，但有其他情况下的正反问，无变音变调：淮阴话、随州话。

1）、2）两类，重叠问与正反问还有较明显的联系，尤其是1）类，重叠式前字与否定词有声调的同一性。这代表了重叠问的较早阶段。2）类情况更靠近重叠一些，与否定词没有显性联系，其变调至多只能透露出与否定词的隐性联系。3）、4）两类，都已是地道的重叠式，与正反问失去了联系。3）类方言没有正反问，即使变调也无法联系到正反问。4）类重叠问不能还原到正反问，也没有变调，与分工不同的正反问建立不起联系。

正反问句本身已是句法并列到形态重叠的过渡阶段，再经过上述1）、2）阶段音节脱落带来的质变，到了3）、4）阶段，已完成了向重叠形态的蜕化（重新分析）。

三、由话语反复发展而来的次生重叠

3.1 在口语交际和书面语表达中，都大量存在语言单位的重复现象。口语中的重复，本质上是信号传输过程中的一种强化手段，有多种常见的功能，如：为有效传送信息，确保对方听到，抗噪音干扰，避免信息丢失；为增加信息强度，给听者留下更强的印象；为填补话语空档，增加思索和生成下一个话语单位的时间。反复在书面语中被视为一种修辞手段，也有多种功能，如象似性地描写行为动作的反复或延长，强调等，如：

（13）a. 牛：<u>老陈，老陈</u>！你等等。（王朔等《编辑部的故事》）

b. 他走到门口，又开两手，像轰小鸡一样轰走孩子，"<u>看啥，看啥</u>？没见过你们爹跟你们妈结婚？回去问问你们爹跟你们妈去，<u>走、走、走</u>！……"（张贤亮《灵与肉》）

c. "阿阿，<u>好好，莫哭莫哭</u>，我的好孩子。"他弯下腰去抱她。（鲁迅《幸福的家庭》）

（14）a. 他<u>哭着，哭着</u>，约有半点钟，这才突然停了下来。（鲁迅《孤独》）

b. 耳朵中有什么挣扎着，<u>久之，久之</u>，终于挣扎出来了，隐约像是长嗥，像一匹受伤的狼，当深夜在旷野中嗥叫，惨伤里夹杂着愤怒和悲哀。（鲁迅《孤独》）

c. 她就像迸射出的一团火，飞也似的向他扑。她<u>越跑越近，越跑越近，越跑越近</u>……（张贤亮《灵与肉》）

（13）各例都描写口语交际中的重复，重复的话语涉及多个词类和短语、小句种类。（13a）中是名词称呼语的重复。（13b）中两处分别是反问句和祈使句的重复，（13c）中貌似重叠的形式都可以用逗号隔开，分别是叹词、形容词和动词短语。这些都是说话人用来强化信息的重复。（14）各例都是作者叙述语言，属于书面语中的反复手段，涉及动词、形容词和动词短语，这几例反复都与行为的反复或时间的延长有关。以下重复和反复一般统称反复。

反复有一些可以测定的区别于重叠的句法标准（Gil 2005 提出了包含更多层面的 6 条测试标准，有兴趣可以参看），这里强调与本文讨论有关的几条：

1）话语反复没有次数的限制，而重叠有固定的重叠次数。（13b）的"走"，（14c）的"越跑越近"，都至少重复了三次（共说三遍），省略号显示还多于三遍。重叠都有固定的重叠次数，一般是重叠一次，有些方言有更复杂的重叠式，如三叠式（如徐州话的"远远远"）、四叠式（如南京话"看看看看睡着咾"），但仍然是固定的重叠形式，不能增减。

2）话语反复的成分之间可以有不受时长限制的停顿，可以用逗号、破折号或省略号隔开，重叠式一般不允许中间有显著的停顿，某些形态度略低的重叠式允许慢读时偶有短暂的停顿，也绝不能延长，至多只能用逗号隔开，如"一张，一张，数了一遍"。

3）话语重复的成分不改变基式（重复前的形式）的句法功能，而重叠作为形态变化，可能带来句法功能的改变（这是 Gil 2005 没有提到的）。

3.2　不过，话语中的反复形式有可能发展为重叠式，即由语法库藏外的语用现象进入语法库藏内的形态库藏。李英哲（2000）认为，"在汉语历史发展上，重叠应该是从重复发展演变而来的"。他举的重复例子如"工作好难，好难"和"好，好，你说得很好"。他举的重叠例有"你好好儿说啊"。他就此认为"重叠是重复转变的结果"。他也分析了古代汉语"旦旦而伐之""行行重行行"等重复现象，认为由古代"旦旦"的重复到今天"天天"的重叠，由古代"行行"的重复到今天"出去走走啊"的重叠，都是"经过后代重新分析的结果"。

由重复经重新分析发展为重叠，作为一种特称判断，是合理且富有启发性的。但是，作为全称判断则不算准确，因为不是所有重叠都是从重复来的。上文指出的原生的重叠和由句法结构发展来的重叠都不是由话语重复发展来的。李英哲在文中只举出了重复和重叠两头，而没有分析其间的具体演变过程和机制，因此有些个案不太可靠。他将古代的"行行重行行"分析为重复可能是对的，但是将今天的"走走"追溯到"行行"的古代源头却是缺乏根据的，范方莲（1964）已显示现代汉语动词"VV"式来自动量句法结构，因而不是动词重复。石毓（2010：103—125）也显示现代汉语"好好儿"这类重叠式并不来自话语中的重复。

3.3　本文根据刘丹青（2009b）研究，分析一种更明显的来自话语反复的重叠式。

对于交际中实际出现的反复性话语，叙述者可以用引语的方式直接复制，如：

（15）a. 他也随着叫起了"<u>大哥，大哥</u>"。
　　　　b. 他连连地喊个不停："<u>饶命，饶命，饶命！</u>"

引语的作用与拟声词相近，说话人只是复制所听到的话或声音。如果听到的是重复的话语，就如实复制重复的形式，（15）引号中的成分，就是被引者的反复话语，与（13）同类。更进一步，汉语中可以把引用的反复性话语像拟声词一样用作状语，如：

（16）a. 王金龙也不客气，<u>大哥大哥</u>地随着他叫了起来。（佰川《一个鬼子都不留》，第七章，校场对决（4），江苏文艺出版社）
　　　　b. 起初，那女人还笑着说，好玩儿好玩儿，后来就连连地喊疼，<u>饶命饶命</u>地喊个不停。（映岚《童年里的童话》，《骏马》2004年第4期）

（16）两例表达的都是对反复性话语的引用，看似仅仅是引用成分调换了一下位置，其实，这一用法带来了语法上的根本性转化，两者的性质截然不同：

1）例（15）中的重复成分间可以有时长不限的停顿；（16）不允许这样的停顿。

2）例（15）中的引用成分可以没有限制地多次反复，如（15b）就说了三次"饶命"，还可以更多。（16）中的相应成分只能重叠一次，如（16b）不能说"饶命饶命饶命地喊"。

3）例（15）中的反复成分可以回归挂单，只说一遍，表示被引话语只出现一次。如（15a）光说一遍"大哥"也成立；（16）的反复成分句法上不能挂单，"大哥地叫"句法上不成立。这意味着这一操作改变了基式的句法功能。

4）例（15）中的反复成分作为引语如实再现引用的话语，反复的遍数就是实际话语出现的遍数，所以宜用引号括出。（16）中相关成分只出现了两遍，但这是一种象似性的描写而不是复制，这两遍代表的是话语不定数量的反复（多指超过两遍），因此不必用引号。

对比前面提到的反复和重叠的差异，可以看出，（15）和（16）的差异，正是话语反复和重叠形态的差异。作为被复制、再现的话语重复、停顿、增加、减少都不受限制,而重叠是一种固定的形态,不能随意停、增、减,必须完全按照该形态的规约来操作。句法功能的改变也表明了(16)中的两例,性质上已是作为形态的重叠。

另一方面,我们又可以看出,(16)这种重叠,正是从作为引语的反复话语发展来的。两种形式都以形式的复现表示被引话语的复现,或多或少具有引语属性,都以"说、叫、喊"之类言语动词为句法核心。是通过引述宾语的功能扩展即状语化而完成了由反复到重叠的转化。言语动词的宾语是一个开放的句法位置,可以放置小到词大到篇章的成分,而状语是个容量很有限的位置,重叠形式的拟声词是很适合这个位置的成分,而被引述的反复性话语形式上很像重叠式,就非常适合放在状语位置,从而完成上述转化。

引语反复发展为拟声化重叠式之后,又通过功能扩展发展出一系列超越引述功能的用法,这些用法摆脱了言语类动词的制约,离话语反复愈加疏远,因而其重叠的性质得到进一步强化,使拟声化重叠成为汉语里适合各大词类的一种重要语法手段,详见刘丹青(2009b)。这里只略引几例:

(17)<u>嫁人嫁人</u>,嫁给谁成?(Windows"共享空间"博客标题)

(18)什么"扫黄","<u>扫黄扫黄越扫越黄</u>,<u>打非打非越打越非</u>"。(新浪读书网站《扫黄打非风云录》第一部分第二章,机关宿舍楼(3))

(19)我说<u>要面子要面子</u>,等别人要检查了才做其实最没面子。(百度"保护动物吧"帖子)

(20)<u>干部干部</u>,是干出来的,不是跑出来、说出来的。(《云南日报》2008年2月29日)

(21)<u>聪明聪明</u>,耳聪目明也。(中国成长网2006年8月30日)

四、次生重叠的语义后果

重叠式来源的不同会造成一定的语义后果。以往由于没有注意到重叠式来源的多样性,因而在总结重叠手段的语义共性时会遇到困惑。现在我们有条件来解答一些困惑。

次生重叠作为一种形态手段所表达的语法意义，来源于其前身的语义功能，从而不同于原生重叠通常表达的语义。

通过大量跨语言语料的比较，张敏（2001）总结道，"重叠式……在不同的语言中所表达的意义都是惊人地相似"。从张敏的总结及我们的材料看，总体上，重叠表示与量有关的概念，包括遍指（集合性全量、分布性全量）、复数、反复（次数多量）、持续（时量大）、程度、强调（主观增量）等。张敏将重叠式的表义共性归因于象似性，具体地说，重叠本身是同一语言单位的复现，而它所表达的各种语义都可以归结为"同质概念元素在一定认知域的复现"，即用形式的复现表达事物行为性质的复现，是典型的象似性表达。这一模型用来解释周遍（全量）、反复、复数等增量性的复现非常契合，但用来解释汉语动词重叠的短时、少量等减量性语义，总是有点扦格不通，因为重叠是一个作为基式的语言单位的增加，以能指的增量表达所指的减量，不符合理想的象似性模型。重叠表疑问，也在以上解释中找不到位置。

其实，通过范方莲（1964）的考证，我们已经知道，汉语动词重叠的语法语义，不是动量式发展到重叠式阶段以后才有的，而是在"VV"的前身——动量性的"V一V"阶段就有的。"V一V"的动作行为减量义，显然是从"一"这个最小正整数而来的，这是非常显豁的理据。也就是说，动词重叠"VV"式的基本语法意义与重叠手段没有直接关系。

同样，源自并列句法结构、经正反问蜕化而来的重叠问句，也跟重叠的普遍象似性没有联系，其语义继承了前身正反问构式的表义功能，即使重叠问可以完全没有否定词的痕迹。

由此可见，将次生重叠与原生重叠分开，我们能更好地用象似性来解释重叠式的表义功能。重叠式表义功能的跨语言象似性，主要是由原生重叠式体现的。次生重叠式，可能继承其结构前身的表义功能，而与重叠的普遍性表义功能无关。当然，不排除某结构在重新分析为重叠式后，其今后的语义演化会受其形式的象似性影响而趋近原生重叠的语义。

另一方面，有些次生重叠可以体现重叠的普遍象似性，如来自话语反复的重叠，就可以与某些原生重叠一样象似性地表示所指现象或行为的反复。如"大哥大哥地喊"，就表示话语的重复、增量。Gil（2005）认为反复可以表象似性语义，也可以只带来语用强化；重叠可以表象似性语义，也可以表非象似性语义。这是比较合理的认识。

参考文献

范方莲　1964　试论所谓"动词重叠"，《中国语文》第 3 期。
黄伯荣（主编）　1996　《汉语方言语法资料汇编》，青岛：青岛出版社。
黄正德　1988　汉语正反问句的模组语法，《中国语文》第 4 期。
李　珊　2003　《动词重叠式研究》，北京：语文出版社。
李文浩　2009　江苏淮阴方言的重叠式反复问句，《中国语文》第 2 期。
李英哲　2000　从语义新视野看汉语的一些重叠现象，《汉语学报》第 1 期。
刘丹青　1986　苏州方言重叠式研究，《语言研究》第 1 期。
刘丹青　1988　汉藏语系重叠形式的分析模式，《语言研究》第 1 期。
刘丹青　2008　谓词重叠疑问句的语言共性及其解释，《语言学论丛》第三十八辑，北京：商务印书馆。
刘丹青　2009a　语法化理论与汉语方言语法研究，《方言》第 1 期。
刘丹青　2009b　实词的拟声化重叠及其相关构式，《中国语文》第 1 期。
刘月华　1983　动词重叠的表达功能及可重叠动词的范围，《中国语文》第 1 期。
马庆株　2000　关于重叠的若干问题：重叠（含叠用）、层次与隐喻，《汉语学报》第 1 期。
梅祖麟　2010　近代汉语"打一 V"的形成过程与产生年代，《历史语言学研究》第三辑，北京：商务印书馆。
钱曾怡（主编）　2001　《山东方言研究》，济南：齐鲁书社。
钱宗武　2004　《今文尚书语法研究》，北京：商务印书馆。
石　锓　2010　《汉语形容词重叠形式的历史发展》，北京：商务印书馆。
孙景涛　2008　《古汉语重叠构词法研究》，上海：上海教育出版社。
王福堂　2003　绍兴方言中的两种述语重叠式及其语义解释，《吴语研究》，上海：上海教育出版社。
王　还　1963　动词重叠，《中国语文》第 1 期。
王希杰、华玉明　1991　论双音节动词的重叠性及其语用制约性，《中国语文》第 6 期。
吴福祥　2008　南方语言正反问句的来源，《民族语文》第 1 期。
项梦冰　1997　《连城客家方言语法研究》，北京：语文出版社。

谢留文　1998　《于都方言词典》，南京：江苏教育出版社。
徐　杰　2001　《普遍语法范畴原则与汉语语法现象》，北京：北京大学出版社。
杨　平　2003　动词重叠式的基本意义，《语言教学与研究》第 5 期。
张　敏　2001　汉语方言重叠式语义模式的研究，香港《中国语文研究》第 1 期。
朱德熙　1982　潮阳话和北京话重叠式象声词的构造，《方言》第 3 期。
朱德熙　1991　"V-neg-VO"与"VO-neg-V"两种反复问句在汉语方言里的分布，《中国语文》第 5 期。
朱景松　1998　动词重叠式的语法意义，《中国语文》第 5 期。
Gil, D. 2005. From repetition to reduplication in Riau Indonesian. In B. Hurch (Ed.), *Studies on Reduplication*. Brelin: Mouton de Gruyter.
Harris, A., & Campbell, L. 1995. *Historical Syntax in Cross-Linguistic Perspective*. Cambridge: Cambridge University Press.
Svantessen, J.-O. 1983. *Kammu Phonology and Morphology*. Lund: Cwk Gleerup.

（原载《方言》，2012 年第 1 期）

Ideophonic Reduplication of Content Words in Mandarin Chinese: A Category Shift and Its Typological Background[*]

1. Reduplication in Chinese: From familiar types to a "new" one

Reduplication as an important grammatical device in Chinese, and in lots of Asian languages as well, has been the focus of much study on Chinese grammar. Yet the reduplicative phenomena in Chinese that will be under examination in the present paper remain absent in the literature. Compared with those well-known reduplicative categories, this "new" type exhibits fundamental peculiarities. In short, these reduplicated forms have much in common with reduplicated

---

[*] This paper is a revised and expanded English version of a Chinese paper titled '*Shici-de nishenghua chongdie jiqi xiangguan goushi*' (Ideophonic reduplication of content words and the related constructions) and published in *Zhongguo Yuwen* (*Studies of Chinese Language*), 2009, No. 2. This study is a partial work of the project 'Linguistic Inventory Typology' sponsored by the Chinese Academy of Social Sciences. The author thanks the two anonymous reviewers for their constructive suggestions for the revision. Thanks also go to Dr. Tang Zhengda, Dr. Chen Yujie and the then doctoral candidate Wang Fang for providing suggestions and help for the writing and revision of the paper. The author is fully responsible for any possible problems remaining in this version.

ideophone[1] and what works here is virtually the ideophonic reduplication of content words.

In this section, I shall first make a brief review on reduplication in Mandarin Chinese and related dialects and languages as described in the literature, and then turn to the "new type".

Lu & Yu (1954) take reduplication as a key criterion for distinguishing among major parts of speech in Chinese, because reduplication plays active roles on the morphology of nouns, verbs and adjectives, with the reduplicated forms varying among the major parts of speech. Chao (1968) and Li & Thompson (1980), the two influential descriptive books on Chinese grammar published in English, together with many other similar books published in Chinese before or after, spend much space in describing the reduplication of words including nouns, verbs, adjectives as well as adverbs, classifiers, ideophones. In some dialects, even interrogative pronouns and locative postpositions can be reduplicated. Liu (1986) offers a detailed description and analysis on reduplicative forms in the Suzhou Wu dialect, which shows an even more active use of reduplication than in Mandarin. Liu (1988), based on a sample of 25 Sino-Tibetan languages (also including Kam-Tai and Miao-Yao languages) and Chinese dialects, proposes an analytic model with 10 parameters for classifying various reduplicative forms. Zhang (2001) offers a unified semantic account for various reduplicated forms by a

---

[1] The term 'ideophone' can be viewed as a cover term for onomatopoeias and other words of sound symbolism that describe vivid impression of certain sensations other than sounds. Onomatopoeias in Chinese can be also employed to describe sensations apart from sounds per se, or to serve as a part of a vivid adjective. For instance, *téngténg* can imitate the sound of quick and strong paces, and describe the quick rise of vast visible atmosphere such as steam or smoke. In addition, it occurs as a part of the vivid adjective *rè-téngténg* (hot+*téngténg*: hot with much steam). These facts indicate that there is no clear-cut boundary between ideophones for sounds (onomatopoeias) and ideophones for other sensations in Chinese. Therefore, in this paper, the term 'ideophone' will be employed, with the 'onomatopoeia' as its prototypical meaning.

cognitive and typological approach. Following is a brief illustration of the prosperity of reduplication in Chinese with examples mainly from Mandarin Chinese.

Reduplication on nouns in Mandarin basically works at the level of derivation (word formation). Many monosyllabic kinship terms and a few other nouns have reduplicated forms AA with the second syllable (the reduplicant[①]) in the neutral tone, e. g.: *bà* > *bàba* (father), *mā* > *māma* (mother), *gē* > *gēge* (elder brother), *jiě* > *jiějie* (elder sister), *dì* > *dìdi* (younger brother), *mèi* > *mèimei* (younger sister), *shū* > *shūshu* (father's younger brother), *jiù* > *jiùjiu* (mother's brother), *xīng* > *xīngxing* (star), *mó* > *mómo* (steamed bread). They are all conventionalized reduplicative forms, so we have *gū* > *gūgu*, both of which refer to father's sister, but *yí* (mother's sister) does not have the variant *yíyi*. While in some dialects in western China and Wu dialects in eastern China, many common nouns have reduplicated forms which convey diminutive or affectionate meaning, such as, *bāo* (bag) > *bāobao* (small bag) in Sichuan Mandarin.

A very small group of monosyllabic nouns have the reduplicated form AA, with the second syllable in its citation tone, conveying universal quantification meaning. This pattern in fact follows the reduplicative pattern of classifiers (see below). For instance: *rén* (person) > *rénrén* (everybody), *cūn* (village) > *cūncūn* (every village), *xiāng* (township) > *xiāngxiāng* (every township).

There are only monosyllabic and disyllabic verbs in Chinese in terms of prosody, and those larger than disyllable are all syntactically

---

① In a reduplicating process A > AA, A is termed as the *base*, AA as a *reduplicated form*. Theoretically, one A of AA is the base and the other is its copy, which can be termed as a *reduplicant*. In the case of fully copying like A > AA, it is hard to specify which A is the base and which A the reduplicant. In the case of reduplication with some part changed, like A > AA' (e. g. dāng > dānglāng) or A > 'AA (e. g. dāng > dīngdāng), we can easily say that A is the base and A'or 'A is a reduplicant. The usage of *base* and *reduplicant* as terms is the same as in Keane (2005).

phrases. Most of the common verbs can be reduplicated into forms AA, ABAB or AAB, which denote a limited repetition or short duration of the action, and often occur in irrealis contexts like imperative, optative or jussive sentences. The second syllable (reduplicant) in AA is in a weak tone, of which the intensity is between a full tone and a neutral tone. For instance: *zǒu* (walk) > *zǒuzou* (have a walk), *pāi* (pat) > *pāipai* (pat for several times), *sànxīn* (relax one's mind. Lit. loose heart) > *sànsànxīn* (do something to relax one's mind), *shāngliang* (discuss for a solution) > *shāngliang shāngliang* (have a discussion for a solution).

Many common adjectives have reduplicative forms AA-*de* (for monosyllabic stems) and AABB-*de* (for disyllabic stems). The process of reduplication leaves a crucial taxonomy for adjectives in Chinese: property adjectives (stems A or AB) versus stative adjectives, or vivid forms (reduplicated forms AA, AABB and some adjectives with vivid morphemes, which are usually in the forms of Axx or Axyz). The two categories have differentiated syntactic behavior, as initially described in Zhu's seminal paper (1956). For instance: (很) 红 (*hěn*) *hóng* ((very) red) > (*很) 红红的 (*hěn*) *hónghóng-de* (appearing red vividly), 漂亮 *piàoliang* (pretty) > 漂漂亮亮的 *piàopiao liāngliāng-de* (looking quite pretty). Adjectives with a reduplicated vivid morpheme can be exemplified by 红彤彤的 *hóngtōngtōng-de* (quite red vividly).

Numeral classifiers can be reduplicated into AA and become universal quantifiers, e. g. : 个 *gè* (general classifier) > 个个 *gègè* (every, everyone), 张 *zhāng* (classifier for paper sheet, bed, table etc.) > 张张 *zhāngzhāng* (every sheet, bed, table...), 次 *cì* (time) > 次次 *cìcì* (*every time*). One thing related to our main theme is worth mentioning here. The syntactic behavior of reduplicated classifiers is different from their bases. A classifier is a bound form in Mandarin and must be at least combined with a numeral or a demonstrative to function as an argument or determiner. In contrast, a reduplicated classifier is a free form, which can independently function as an argument or determiner. Compare:

(1) a *(一) 本 (书) 很 厚~   b. 本本   (书) 很 厚
    *(yī) běn (shū) hěn hòu   běnběn (shū) hěn hòu
    (one) LCS (book) very thick CLS-REDU (book) very thick
    'A book is very thick'   'Every book is very thick'

In (1a), the noun 书 *shū* (book) is optional while the numeral 一 *yī* (one) must occur. When 书 *shū* (book) is absent in (1b), the reduplicated form 本本 *běnběn* solely serves as the subject of the sentence.

Finally, let us take a look at the reduplication of ideophones, which is of most relevance to the theme of this paper. Ideophones in Mandarin and other dialects display complicated patterns of reduplication (see Zhu 1982; Wang 2007). For our main concerns, only a few features are listed below. 1) Monosyllabic ideophones can be viewed as basic roots of ideophones in Chinese, and most complicated forms of ideophones can be traced to monosyllabic forms as their bases. 2) The syntactic distribution of monosyllabic ideophones is strictly limited. Apart from the isolated position, the only syntactic position it can occupy is slot A in the frame 'A *de yī shēng*', referring to 'a sound of A'. 3) Monosyllabic ideophones can greatly expand their distribution by reduplication. For instance, *dāng* (a sound of striking metal) can only occur in '*dāng de yī shēng*' (a sound of *dāng*), but its various reduplicated forms have many syntactic functions such as a modifier of NP, a preverbal or postverbal adverbial of VP, the predicate, and an argument of a verb. The reduplicated forms of *dāng* include A-A *dāngdāng*, 'A-A (*dīngdāng*. 'A stands for a preceding reduplicant of A with the final replaced), A-A' (*dānglāng*. A' stands for a following reduplicant with the initial replaced), 'A-A-'A-A (*dīngdāng dīngdāng*), A-A'A-A' (*dānglāng dānglāng*), 'A-'A'-A-A (*dīnglīng dānglāng*. 'A' stands for a syllable, which is the reduplicant of 'A with the initial replaced as well as the reduplicant of A' with the final replaced). In conclusion, most ideophones occur as one or another type of reduplicative forms in text.

The phenomena described above are only main types of reduplication in Mandarin Chinese. There are also a few minor types of reduplication documented in the literature. However, there are still some reduplicated forms that have not yet gain attention from linguists, such as the examples (2-7) below:

(2) 李甜甜　　嘴里　　　大哥大哥地　　　　叫着。
　　Lǐ Tiántián zuǐ-lǐ　**dàgē-dàgē**-de　　　jiào-zhe①
　　Li Tiantian mouth-in　big-brother-REDU-ADV　call-PROG②
　　'Li Tiantian called (him) "big brother" repeatedly.'

(3) 那　女人　　饶命饶命地　　　　喊个　　　不停。
　　nà nǚren　**ráomìng-ráomìng**-de　　hǎn-ge　　bùtíng
　　that woman spare-life-REDU-ADV　shout-PTC　not stop
　　'That woman kept shouting "Please spare my life".'

(4) 吃药吃药,　　　　吃不完的　　　　药!
　　chīyào-chīyào　chī-bù-wán-de　　yào
　　take-medicine-REDU　take-NEG-finish-MODI　medicine
　　'Always hearing "take medicine", (I) just have to take medicine endlessly!'

---

① Examples (2) - (7) and many other examples below were collected from Chinese media including the internet. The exact source of each cited example will be listed in the appendix. Examples without indicating the source are coined by the author of the paper.

② Abbreviations used in this paper: ADV: adverbial marker / adverbial particle; CL: classifier; MODI: modifier marker / modifier particle; PTC: other particle; PERF: perfective aspect marker; PROG : progressive aspect marker; QUE: question particle (for polarity question) ; REDU: reduplication as an operator; NEG: negative; 1.2.3 SG/PL: first, second or third person in the singular or plural number.

(5) 要面子要面子， 等 别人 要 检查了 才
yàomiànzi-yàomiànzi děng biérén yào jiǎnchá-le cái
keen-on-face-saving-REDU wait others want check-PTC till
做 其实 最 没 面子。
zuò qíshí zuì méi miànzi
then do in-fact most lose-face

'You are always keen on face-keeping, but actually the biggest loss of face is to do things "(to save face) just for the very purpose of an impending examination".'

(6) 干部干部， 是 干出来的， 不是 跑出来、
gànbù-gànbù shì gàn-chūlai-de bù shì pǎo-chūlai
cadre-REDU be work-come_out-PTC, not_be run-come_out
说出来的。
shuō-chūlai-de
speak-come_out-PTC

'So-called "cadres" means that to get such positions one has to work (hard) instead of "catering to his superiors or giving glamorous speeches".'

(7) 聪明聪明， 耳 聪 目 明 也。
cōngmíng-cōngmíng ěr cōng mù míng yě
clever-REDU ear keen eye sharp PTC

'So-called "clever" means that the ears are keen and the eyes sharp.'

With a glance at these data, one can make the following observations.

1) The words serving as bases for the reduplication can be nominal, verbal or adjectival.

2) The bases are mostly disyllabic, and will become stable quadrisyllabic units after reduplication. Nevertheless, trisyllabic bases, which usually are VO phrases instead of single words, are also allowed to occur, as shown in (4).

3) The reduplicated forms can function as subject/topic, predicate, adverbial or adnominal modifier. In short, this type of reduplication applies to a wide range of word classes and syntactic functions. Different parts of speech are neutralized in this usage in that once reduplicated they can no longer display any structural difference among them. For instance, the bases *dàgē* (big brother) and *ráomìng* (to spare life) in (2) and (3) are a noun and a compound verb respectively. After the reduplication, the two words occur in exactly the same slot, i. e. as an adverbial to the predicative speech verb, and have the same semantic function, i. e. they are used to quote a repeated short utterance. In fact a member of any part of speech, apart from nouns and verbs, will have the same syntactic and semantic functions through reduplication. This feature makes reduplication of this type different from other well-known types in the Chinese linguistic literature (c.f., for instance, the works cited previously). Each type of those well-known reduplicated forms usually applies only to one part of speech. For example, as mentioned earlier, the reduplicative patterns of AA, AAB and ABAB with the second A as a weak syllable, denoting short duration or few repetitions, only apply to verbs; whereas the vivid forms appearing as AB-*de* or AABB-*de* apply to adjectives, and the reduplication denoting universal quantification occurring as AA, with the second syllable keeping its citation tone, applies to none but classifiers and very few nouns.

4) The formation of the reduplication in question is different from that of the well-known reduplications. When the verb is an ionized disyllabic VO compound, the type of reduplication signaling short duration or few repetition gets realized in the form of VVO, with the second V in a weak tone, while for the reduplication in question the form of VOVO is taken, c.f., *sàn-san-xīn* (relax-relax-mind) vs. *sànxīn-sànxīn* (relax-mind-relax-mind) respectively. When the adjective is

disyllabic, the vivid reduplication is in the form of AABB-*de* with a special tone pattern, while the reduplication in question is in the form of ABAB with their citation tones, e. g., *piàopiao-liāngliāng-de* (quite pretty vividly) vs. *piàoliang piàoliang*.

5) The reduplicated forms usually cannot be replaced by their bases, otherwise the sentences will be ungrammatical or have their meanings changed. For instance:

(2') *李甜甜　　嘴里　　大哥地　　　　　叫着。
　　　Lǐ Tiántián　zuǐ-lǐ　**dàgē**-de　　jiào-zhe
　　　Li Tiantian　mouth-in　big-brother-ADV　call-PROG
　　　Intended meaning: 'Li Tiantian called (him) "big brother".'

(6') 干部，是　干出来的，　　　　不是　跑出来、
　　 gànbù　shì　gàn-chūlai-de　　bù shì　pǎo-chūlai
　　 cardre　be　work-come_out-PTC　not_be　run-come_out
说出来的。
shuō-chūlai-de
speak-come_out-PTC
'Cadres got such positions due to their hardworking instead of catering to their superiors or giving glamorous speeches.'

Based on the above preliminary observations, we can speculate upon the question of why these reduplicated forms fail to attract linguists' attention so far. Scholars might probably have conceived of these forms as just resulting from repeating something in speech, namely a casual, pragmatic or rhetorical means, rather than grammatical and meaningful reduplication. In the light of Gil's (2005) six criteria for the distinction between pragmatic repetition and grammatical reduplication, this type of reduplication really have some features that are closer to repetition in nature, such as a looser prosodic structure than other types familiar in the literature. For example, when appearing in the form of ABAB (AB is a disyllabic word), the reduplicated form in question can either be of one or two intonation groups, optionally allowing a pause between the two ABs, i. e., uttered as 'ABAB' or 'AB, AB', while in the classic verb reduplication such a pause is prohibited. We will return to this issue later in this paper to show that generally the phenomenon as exemplified in (2-7) is a special type of reduplication rather than a mere pragmatic repetition.

In the following sections of the paper, I will examine this type of reduplication in terms of morphology, syntax and semantics, with particular reference to the relation between the form and the function of this device. I will show that the reduplication in these examples serves as a means for ideophonicization, i. e., a means for transforming content words, e. g., nouns, verbs and adjectives, into temporary ideophonic words, from which diverse functions can be further derived.

2. Ideophonic reduplication as a device to highlight signifiant instead of signifié

The reduplicated forms in examples (2)-(7), though with the semantic roles varying slightly, can all be attributed to one operation, termed here as 'ideophonicization', which means turning content words (nouns, verbs and adjectives etc.) into temporary ideophones. Ideophonicized content words are similar in form with inherent ideophones[1] in that ideophones usually occur in a certain form of reduplication in Chinese, as noted in the last section. Furthermore,

---

[1] An inherent ideophone is a word existing in the lexicon as an ideophone, of which the only or main meaning is the imitation of a natural sound. An ideophonicized word is a word that exists in the lexicon as a content word like a noun, verb or adjective, but can temporarily serve as an ideophone-like word through reduplication.

reduplicated content words and ideophones share crucial semantic properties. In this section, a comparison between inherent ideophones and temporarily ideophonicized words will be conducted to show their commonality. Before that, I will take into account interjections, which can serve as a good reference point for the comparison.

An interjection is a syntactically isolated word a speaker utters to express his intuitive feeling. In some cases the phonological formation of interjections violates regular phonological rules in the language in question. For instance the Chinese interjections *hm*, *hng*, *hn* (all written as '哼' in Chinese character) are all illegal sound combinations for ordinary Chinese words. Such violations barely happen in ideophones. Syntactically, the only function of an interjection is to serve as a single-word clause, in no combination with other words, whereas ideophones can function as various syntactic constituents in Chinese, such as adverbials, adnominal modifier, single-word clause and so forth. Therefore, interjections and ideophones belong to separate parts of speech. However, interjections can also function as ideophones in Chinese, in particular when reduplicated. In such cases, speakers do not express their own intuitive feelings by means of the interjection, but imitate or describe other people's utterances of these interjections. This is the process I term as 'ideophonicization', with interjections serving as temporary ideophones. For instance, *aya* is an interjection in Mandarin Chinese, semantically similar to English '*oh*', but in (8) below, the reduplicated *aya* functions as an ideophonic adverbial with the adverbial marker *de*, though we have to translate it as object in English:

(8) 他　　啊呀啊呀地　　　　感叹着
　　　tā　　***āyā'āyā**-de*　　　 gǎntàn-zhe
　　　3SG　'aya'-REDU-ADV　 sigh-PROG
　　'He was sighing "aya... aya".'

Interestingly, when a phonologically irregular interjection functions as ideophone, its form usually undergoes a slight alteration into a phonologically regular form. For example, when the interjection 哼 *hm, hn* or *hn* occurs in an ideophonicized position, it tends to be pronounced as *hēng*, a regular Mandarin syllable, instead of the irregular *hm, hn* and *hng*, as in (9) :

(9) 他　　　不停地　　　　发着　　　　　"哼哼"的　　　　　　声音。
　　 tā　　　bùtíng-de　　　fā-zhe　　　**'hēnghēng'**-de　　　shēngyīn
　　 3SG　 continuously　 utter-PROG　'heng'-REDU-MODI　sound
'He kept uttering the moans of "hng... hng".'

The differences in pronunciation between interjections and ideophones indicate that an interjection can have two usages: as interjections and as temporary ideophones. The interjection usage might violate regular phonological rules while the ideophonic usage basically observes them, thus can be referred to as the ideophonicization of interjections.

Now we can go back to the ideophonicization of content words. This process is similar to the ideophonicization of interjection both in formation and in semantics and syntax. The only difference between them is that a content word has a more concrete lexical meaning. The absence of lexical meanings may make ideophonicized interjections seemingly closer to 'meaningless' ideophones than to ideophonicized content words, but with a more careful examination of their functions, one will find that ideophonicized interjections are actually closer to ideophonicized content words, because both groups are the result of ideophonicization while inherent ideophones occur with their own status. Compare the following examples:

(10) 李甜甜　　　嘴里　　　大哥大哥地　　　　　　　叫着。(=(2))
　　 Lǐ Tiántián　 zuǐ-lǐ　　**dàgē-dàgē**-de　　　　 jiào-zhe
　　 Li Tiantian　 mouth-in　big-brother-REDU-ADV　call-PROG
'Li Tiantian called (him) "big brother" repeatedly.'

(11) 李甜甜　　　嘴里　　　啊呀啊呀地　　　叫着。
　　　Lǐ Tiántián　zuǐ-lǐ　　āyā'āyā-de　　　jiào-zhe
　　　Li Tiantian　mouth-in　'aya'-REDU-ADV　call- PROG
　　　'Li Tiantian shouted "aya" repeatedly.'

(12) 李甜甜　　　嘴里　　　哇啦哇啦地　　　叫着。
　　　Lǐ Tiántián　zuǐ-lǐ　　wālāwālā-de　　jiào-zhe
　　　Li Tiantian　mouth-in　loudly-REDU-ADV　call-PROG
　　　'Li Tiantian shouted aloud repeatedly.'

Several properties are observed to be shared by the sentences in (10-12).

1) Each of the sentences contains an adverbial which is the reduplicated form from a base word. If the adverbial slot is occupied only by its base, the sentence will turn ungrammatical.

2) The reduplicated adverbial iconically describes or highlights the sound uttered by the referent of the subject. This is characteristic of ideophones, distinctive from other content words which denote or highlight their lexical meanings (the content, or, *signifié*) instead of their sounds (the form, or, *signifiant*).

3) The reduplicated form is of the constructional value of repetition, namely iteration of the uttered sounds.

These properties clearly show that the reduplicated forms of content words and interjections in these positions basically play the same role as inherent ideophones. In the meantime, some points are also found as to distinguish among the three groups of words in some way.

1) Both ideophonicized content words and ideophonicized interjections fully copy somebody's words heard by the present speaker, while inherent ideophones only roughly imitate heard sounds by means of reduplication-based word-formation patterns.

2) Content words and interjections can be ideophonicized by reduplication only when they signal the sounds of human speech while

inherent ideophones can signal a wide range of sounds in such syntactic positions, independent of any speeches.

These points prove that ideophonicized content words and interjections are closer to each other than to inherent interjections.

As has been noted, there are some monosyllabic ideophones in Chinese, which are often the bases for reduplication, but only reduplicated forms are typical members of Chinese ideophones because only the latter are free forms that can occur in various syntactic positions, while the former cannot be adverbial or other functions unless they turn disyllabic or are put in a special frame (see Sec.1, and Yao 2004, § 4.1.3, Wang 2007, 7.1.1). Interjections and ordinary content words are not ideophones in nature and thus cannot occur in slots where ideophones usually occur. To function temporarily as ideophones, they must be reduplicated as to be similar to typical ideophones in word formation. Since such an operation is applicable to interjections and content words in general under the grammatical rules of a specific language, it should be a grammatical process of ideophonicization rather than a mere rhetoric means.

The operation of ideophonicization is a more thorough category shift than ordinary word class shifts. The effect of this operation is to turn any member of non-ideophones into a temporary ideophone. In this process of reduplication, only the form (signifiant), in particular the *sound* of a word is salient, while the semantics (signifié) of the word, including its original categorical meaning, is depressed. Since the lexical meaning of an ideophonicized word is no longer salient here, a speaker can use it purely as an ideophone without even knowing what it means. For instance:

(13) 我 听见 那个 外国人 "维特维特"(wait) 地 叫喊着。
wǒ tīngjiàn nèi-ge wàiguórén ***wait-wait***-de jiàohǎn-zhe
I hear that-CL foreigner wait-REDU-ADV shout-PROG
'I heard that foreigner shouting "wait" repeatedly. '

(14) 那位　日本　游客　"哈伊哈伊"（haihai）地　直　　　点头。
　　　nèi-wèi Rìběn yóukè **hai-hai**-de　　　　　　zhí　　　diǎntóu
　　　that-C1 Japan tourist hai (Jap: yes)-REDU-ADV continuously nod
　　　'That Japanese tourist kept nodding while repeatedly saying "hai" (yes).'

Sentences as (13) can be uttered by a speaker who neither speaks English nor knows what 'wait' means. Similarly, in the case of (14), the speaker does not have to speak Japanese or know the meaning of *hai*. In such cases, speakers just repeat the sound of the words they have heard regardless of the original lexical and categorical meaning of the words.

While the semantic role an ideophone plays is an iconic description of a natural sound including a human phonetic sound by the means of its phonetic form, the role of ideophonicized words is the complete recovery of a linguistic segment from a speech, including its sound, by the means of its word form, with its original meaning depressed. Ideophonicized content words can also occur in other positions in which an ideophone can occur. For instance:

(15) 全场　　　响起　　　"结婚、结婚"的　　　叫喊声。
　　　quánchǎng xiǎngqǐ **jiéhūn-jiéhūn**-de　　　jiàohǎnshēng.
　　　whole-hall be_heard marry-REDU-MODI　　shouting
　　　'There were voices of "Marry! Marry!" clamored repeatedly throughout the hall.'

(16) 别　老　大姐大姐的，　　　　　要　叫　就　叫　姐。
　　　bié　lǎo **dàjiě-dàjiě**-de　　　　yào jiào jiù jiào jiě
　　　Don't always big_elder_sister-REDU-PTC, if call then call elder_sister
　　　'Don't always call her big elder sister. When addressing, you just call her elder sister.'

(17) "快走快走,"　他　不停地　　　　严厉　　　命令着。
　　　kuàizǒu kuàizǒu tā bùtíng-de　　　yánlì　　　mìnglìng-zhe
　　　fast_walk-REDU he continuously-ADV severely order-PROG
　　　'"Speed up", he severely gave orders repeatedly.'

In (15), the ideophonicized word functions as an attribute with the modifier marker *de*. In (16), the ideophonicized NP occurs as the predicate in a negative imperative sentence, just like an inherent ideophone, which can occur in such a slot, too, though the NP itself will be rejected in such slot. The reduplicated forms *kuàizŏu kuàizŏu* (walk fast) in (17) can be viewed as an ordinary cited speech governed by the verb *mìnglìng* (to order) indeed. It the meantime, it can also be analyzed as an ideophonicized element. There is a fine distinction between the two interpretations.

As a cited constituent, it faithfully copies the original speech, which means that 'he' said *kuàizŏu* twice. As a reduplicated, ideophonicized element, it means that the speech of *kuàizŏu* has been repeated many times, more than twice, because the reduplication of this kind denotes the repetition of a speech segment, like the reduplicated ideophone, which denotes the repetition of a sound.

Let us compare (16) with (15). In fact the reduplicated element in the attributive position such as the one in (15) can also be ambiguous as in (16). It is the practical situation related to (15) that can filter the strict citation reading because in such a pop song concert, there must be much more times of repetitions of shouting than just two.

Bases which undergo ideophonicization can be nouns, verbs, adjectives and other content words, but their categorical properties are neutralized through ideophonicization, and the decategorization, so to speak, leads to many shared features at several levels, as indicated below:

I. Formal features

i) They are structurally and prosodically looser than other morphological reduplications of nouns, verbs and adjectives. The ideophonic reduplication of disyllabic words is always in the form of ABAB rather than AABB. ABAB is a sort of external reduplication in that the operation takes place outside the word AB. By contrast, AABB is an internal reduplication in that the operation works inside the word AB. The latter applies to some content words, like 漂亮 *piàoliang* (AB: pretty) > *piàopiaoliāngliāng-de* (AABB: quite pretty vividly). More importantly, the ideophonically reduplicated form ABAB optionally allows a pause after the first AB, forming the pattern AB, AB, e. g., *dàgē, dàgē* (big brother, big brother). Such a pause is also allowed in the ABAB-type of reduplicated inherent ideophones, e. g., *dīngdāng, dīngdāng*.

ii) The typical output of ideophonicization is a quadrisyllabic unity, with a disyllabic word as its base, e. g., *dàgē-dàgē* (big brother) in (2), and *ráomìng-ráomìng* (spare-life) in (3). Nevertheless, more or less than four syllables for an ideophonicized form are still allowed. For instance: *shuǐ-shuǐ-de jiào* (water, water-ADV shout).

iii) Ideophonicized forms have a role similar to citation, thus sometimes they are highlighted with the citation marks in written language. As citation, their original categorical features are no longer salient and a word of any class can undergo this process. On the other hand, they are not typical citation, see their semantic features below, so in most cases they go without citation marks.

Ⅱ. Semantic features

iv) Like inherent ideophones, ideophonicized words iconically denote repetition of sounds by the means of reduplication. Reduplication which usually denotes the incretion of an object or an event, such as plurality and iteration, is a common iconic means in human languages (c.f., Zhang 2001). For instance, in Straits Salish, an Amerind language, reduplication can denote either plurality or iteration, sometimes ambiguously between the two[①]. It should be noted that iconic

---

① The Salish examples below are cited from Jelinek (1995):
    32) a. słeniy'= ∅ (She is a woman.) ~słen-łeniy'= ∅ (They are women.)
      b. sə słeniy' (the (one who is a) woman) ~sə słen-łeniy' (the (ones who are) women)
    33) a. ŋəq-ŋ= ∅ (He is diving.) ~ŋəq-ŋəq-ŋ= ∅ (He is diving repeatedly.)
      b. cə ŋəq-ŋ (the (one who) dives) ~cə ŋəq-ŋəq-ŋ (the (one who) dives repeatedly, or the (ones who) dive)

representation is not equal to strict citation. Citation means a full copy of a segment of speech. For example, '*zǒu, zǒu*' as a citation means that somebody has uttered the word *zǒu* (walk) twice. Reduplicated content words, however, usually signal many times of repetition of a word, not just twice. Thus this is an iconic denotation rather than a strict citation. For instance, *dàgē-dàgē* in (2) above means many occurrences of the calling of *dàgē* (big brother), which can be not successive. As a strict citation, *dàgē-dàgē* only means two successive occurrences of *dàgē*.

v) While in a typical citation, it is the referent (namely the content, or, *signifié* in Saussure's (1916/1980) term) of the cited form that counts, an ideophonic reduplication highlights its *signifiant*, namely its sound or word formation. That is why a speaker can use it even if he does not understand its 'meaning'. In such cases, the speaker just articulates what he has heard (i. e. sounds) rather than what he understands (i. e. words). Actually the reduplicated word often maintains its lexical meaning to an extent, but this meaning is not salient or is depressed.

vi) As differences among word classes are neutralized through ideophonicization and only the *signifiant* of words is salient, the content word under ideophonic reduplication no longer carries categorical meanings linked to the external world, such as referentiality, quantification, tense, aspect, modality, degree, etc.Even if the reduplicated word takes markers for such categories, they are only elements within the base and cannot play their regular roles, for instance:

(18) 他　　"这位大哥这位大哥"地　　　　叫着。
　　　tā　　***zhè-wèi-dàgē-zhè-wèi-dàgē***-de　　jiào-zhe
　　　3SG　this-CL-big-brother-REDU-ADV　　call-PROG
　　　'He shouted "this big brother" repeatedly.'

(19) 他   光   知道   "坏了坏了"地   咕哝着。
    tā   guāng zhīdào *huài-le-huài-le*-de   gūnong-zhe
    3SG only know   bad-PERF-REDU-ADV   murmur-PROG
    'He did no more than just murmuring "too bad" repeatedly.'

In (18), the determiner *zhè-wèi* (this one, respectfully) does not convey its original definite meaning, nor does it refer to any individual; it just serves to indicate that the cited speech contains the phrase *zhè-wèi*. The same analysis is applicable to the aspectual particle *le* in (19), which originally helps indicate the newsworthiness of an event or proposition.

Ideophonicized reduplication of content words is not restricted to the usage for mere citation. In the following sections, we will examine some other constructions, in which the reduplicated content words play roles, which can be traced back into its citation usage.

3. From cited topic to regular topic: Reduplicated topic + comment

The ideophonicized content word as a citation can occur in the slots of adverbials, attributes or the topic, as the foregoing examples show. When it serves as an adverbial or modifier, it will be followed by *de*, the attributive marker (的) or adverbial marker (地). When not followed by the modifier/adverbial marker, the ideophonicized content word may serve as a topic, governed by a speech verb, such as *mìnglìng* (to order) in (17) mentioned above, recited here as (20):

(20) "快走快走",   他   不停地   严厉   命令着。
    kuàizǒu kuàizǒu tā   bùtíng-de   yánlì   mìnglìng-zhe
    fast_walk-REDU   3SG continuously-ADV   severely corder-PROG
    '"Speed up", he severely gave orders repeatedly.'

Since there is a speech verb (*mìnglìng*, to order) in (19), which can govern the topic *kuàizǒu kuàizǒu* (walk fast), the topic can naturally be interpreted as a citation. We term it as cited topic.

If the predicative verb is not a speech verb and cannot govern the topic, then the topic in the reduplicated form will be a non-gap topic, thus reduplication serves as a sort of topic marking device. Semantically, such a topic can still denote a cited word, which usually comes from a participant present in speech situation. The rest of the sentence is a literal 'comment' about the topic. For instance:

(21) 没钱没钱，   你   还   有   完   没   完?
    méi-qián méi-qián   nǐ   hái   yǒu   wán   méi   wán
    not_have-money-RED   2SG   still have end not_have end
    ' (I heard you said) "no money" so many times! Will you put an end to this? '

(22) "大哥大哥",   这么   亲热   呀?
    dàgē dàgē   zhème qīnrè   ya
    big_brother-REDU   so   intimate PTC
    'I heard you calling him big brother again and again. That's so intimate, isn't it? '

There are no speech verbs that can govern the citations in (21) and (22), thus the reduplicated topics will be interpreted as repeated words heard by the speaker. Obviously, this construction is a further development of the construction with a speech verb governing the citation, such as (20). The only difference between these two constructions lies in the presence or absence of a speech verb. When the speech verb is replaced by other kinds of verbs or adjectives, the topic is syntactically changed from a governed argument topic into a non-gap topic, though the topic in the latter construction remains a citation in nature. This is a crucial change, by which the direct syntactic connection between the topic and predicative verb no longer exists and the topic becomes a so-called Chinese style (non-gap) topic (Chafe 1976), which can barely be attested in languages without topic prominence.

The cited topic can be generalized further, so as to introduce something mentioned in other situations or a general social context, rather than something already mentioned in the speech venue. The topic of this kind can be termed as an introduced topic, which goes rather far away from the nature of citation, and behaves more like a regular topic. The comment following the introduced topic usually indicates the speaker's opinion on the topic. Example (23) is the title of a blog article, the topic of which, *jiàrén* ((for the female) to get married), has not yet appeared before this title. But there is a social context in which many intellectual women have difficulties in finding a suitable husband, so this is actually a heated social topic in China:

(23) 嫁人嫁人， 嫁给 谁 成？
jiàrén jiàrén jià-gěi shuí chéng
(women) marry-RED marry-give who successful
'Talking about marrying, whom can we successfully marry?'

It should be noted that the reduplicated cited topic or introduced topic tends to refer to something unwelcome in the context, and to be often followed by a comment with the speaker's explicit or implicit negative attitude, as in (20)-(23). Take (23) as an example, getting married itself is by no means a bad thing, but when finding a right man to marry turns difficult, as the succeeding rhetoric question hints, it can really be an unwelcome topic. If the reduplicated topic occurs in a positive context, the sentence can hardly be acceptable. For instance:

(24) ?? 嫁人嫁人， 真的 很 幸福 哎！
jiàrén jiàrén zhēnde hěn xìngfú āi
(women) marry-RED really very happy PTC
'Talking about marrying, it is really a happy thing!'

It seems that the unwelcome meaning of this construction results from the conversational fact that repeating a word many times in speech is something boring or even annoying. This construction meaning can account for another function the reduplicated topics have, as shown in the next section.

In the cited topic construction, the relative importance between *signifiant* and *signifié* of the topic can be slightly different from that in the pure ideophonic usage exemplified in (2) and (3). If the cited topic is governed by the speech verb as in (20), it still highlights the *signifiant* of the topic and depresses the *signifié*. If no speech verb governs the cited topic, the nature of citation keeps its *signifiant* salient, and the remaining part of the sentence is a comment made about the content of the citation, as in (21) - (23). In such cases, both *signifiant* and *signifié* of the topic contribute to the interpretation of the sentence.

4. From topic-comment structure to concession: Cited concessive clause + main clause

Based on the unwelcome construction meaning with the reduplicated citation topic, the reduplicated topic can further serve as a concessive clause, followed by a semantically contrary clause to it. As mentioned above, ideophonic reduplication can apply to any class of content words. When the reduplicated word is a verb, or a short verbal phrase, it can be reinterpreted as a clause in Chinese, and the comment can serve as another clause. Since a cited topic is usually followed by a comment with negative attitudes, it is often semantically contrary to the cited topic, and thus can be reanalyzed into a main clause, making the preceding clause a concessive one. Example (5) is such a case. In this construction, the topics more or less maintain the nature of citation, either as a topic cited directly from the current context as in (25) and (26), or as a frequently-mentioned topic in a broad social context, as in (5) and (27):

(25) 吃饭吃饭,　　　　米　　还　没　淘　　呢!
　　 chīfàn chīfàn　 mǐ　 hái méi táo　 ne
　　 eat_rice-REDU　 raw_rice yet not wash PTC
　　 'Although you eagerly talked about taking meal, the raw rice hasn't been washed yet!'

(26) "大哥大哥",　　　　他　值得　你　这么　尊重　　吗?
　　 dàgē dàgē　 tā zhíde nǐ zhème zūnzhòng ma
　　 big_brother-REDU he worth you so respect QUE
　　 'You called him big brother once and again, but is he worth your respect so much?'

(27) 扫黄扫黄,　　　　　　　　越　　扫　　越　　黄?
　　 sǎohuáng sǎohuáng　 yuè sǎo yuè huáng
　　 sweep_yellow (eroticisim) more sweep more yellow
　　 'With eroticism-sweeping often emphasized, the more sweeping, the more eroticism?'

In the construction with an original reduplicated topic as a concessive clause, the ideophonic nature of the reduplicated form is weaker than in the constructions discussed in previous sections while their semantic role is stronger, because the concessive relation is based on the semantic meaning of the two clauses. The *signifié* (semantic meaning) of the concessive must be salient enough to contrast with the meaning of its following clause. That is the reason why we view this construction as another usage of reduplicated forms and a further extension of ideophonicized content words.

Since a noun can be interpreted as a sort of a reduced clause, we can see that sometimes nouns can also occur in this usage. For instance:

(28) 朋友朋友，   你 危难 时 没有   一 个 来 帮忙。
    péngyou péngyou nǐ wēinàn shí méiyǒu yī gè lái bāngmáng
    friend-REDU   you danger time when not_have one_CL come help
    'Although people often talk about friends, nobody comes to help you when you're in danger.'

5. From cited topics to entry terms under gloss: Entry term + (pseudo-) paraphrase

A reduplicated content word can occur at the beginning of a sentence as something like a dictionary entry term or new word to be paraphrased, with the rest of the sentence the paraphrase or definition. This usage is obviously derived from the citation function discussed previously, because an entry term appears in the text not as a regular word with a real-life referent (*signifié*), but as a cited element without referent in the external world. The function of reduplication here is largely the same as that of the phrase *suǒwèi* (so-called), thus the operation of reduplication in this pattern can be replaced with the modifier *suǒwèi* (AA ≈ *suǒwèi* A). The gloss in such construction is typically made on the basis of its pronunciation or word formation, in other words, it draws the listeners' attention to the pronunciation and word formation. The paraphrase is often a rhetorical one, or, a pseudo-paraphrase, and not necessarily a serious philological interpretation. Pronunciation and word formation are two main aspects of the *signifiant* of a word. That is why we can trace this usage to its ideophonicization function. For instance, the paraphrase for *gànbu* (cadre) in (29), cited as part of (6) in Sec.1, is rhetorically made on the basis of its pronunciation:

(29) 干部干部，　是　干出来的。
　　 gànbù-gànbù　shì　gàn-chūlai de (=part of (6))
　　 cardre-REDU　be　work-come_out-PTC
　　 'So-called "cadres" means that to get such positions one has to work (hard).'

The word *gànbù* (cadre) begins with the syllable *gàn*, whose pronunciation and writing form (Chinese character 干) happen to be the same as those of the verb *gàn* (to do, to work). The speaker makes use of this verb to offer a punning interpretation of the noun. In such cases, the entry word, such as *gànbù* (cadre) in (29), is not a difficult term that a paraphrase is sincerely in need. Rather, it is typically a plain word understandable for everybody, but its pronunciation or word formation can be wittily used to express the speaker's personal opinion and humor. In fact, there is no semantic connection between the syllable *gàn(bù)* and the verb *gàn*. (G)*ànbù* is originally a loan word from a Japanese *Kanji* word (Japanese word written in Chinese characters), while the verb *gàn* is a common verb emerging in Mandarin quite late. Therefore (29) is just a sentence of pseudo-paraphrase uttered to achieve a witty and humorous effect.

Following are some examples with paraphrases based on word formation:

(30) 桂林桂林，　　　桂树　　　成　林。
　　 Guìlín-Guìlín　　 *guìshù*　　 *chéng*　*lín*
　　 Guilin (city-name)-REDU　sweet-scented_tree　become　woods
　　 'Guilin is named so because sweet-scented trees form woods here.'

(31) 聪明聪明，　　　耳　聪　目　明　也。
　　 cōngmíng cōngmíng　ěr　cōng　mù　míng　yě
　　 clever-REDU　　　ear　keen　eye　bright　PTC
　　 'So-called "clever" means that the ears are keen and eyes are sharp.'

In (30), *Guìlín* is a city name, which contains two morphemes denoting sweet-scented tree or flower and woods respectively, while the clause '*guìshù chéng lín*' (sweet-scented trees form woods here) explains the reason of naming the city based on the components of the city name. In other words, the predicate paraphrases the entry term by analyzing the word formation. In (31), *cōngmíng* (wise, smart, clever) also contains two morphemes (=two words in old Chinese) : *cōng* (keen (for ears)) and *míng* (bright). Clearly the paraphrasing part of the sentence is based on these two morphemes, though in the present-day Chinese, the word *cōngmíng* is of much wider connotation.

Most examples of the term-paraphrase construction collected for this study are those based on the *signifiant* of the entry terms. Yet, to paraphrase a reduplicated word on mere semantic basis is also acceptable, if the paraphrase is not semantically opposed to the entry term, as (32) below, though in real text such examples are remarkably fewer than those of *signifiant*-based paraphrase.

(32) 改革，改革，　就　是　利益　再　分配。
　　gǎigé gǎigé 　jiù　shì　lìyì　　zài　fēnpèi
　　reform-REDU　just　be　interest　re　distribution
　　'So-called "reform" is but interest redistribution.'

If the paraphrase is obviously opposite or irrelevant to the literal meaning of the entry term, the sentence can barely be accepted. Compare the (33) below with (30) above:

(33) *桂林桂林，　　　　　松树　　　稀少。
　　Guìlín-Guìlín　　　　　sōngshù　　xīshǎo
　　Guilin (city-name)-REDU　pine_trees　rare
　　'So-called "Guilin" is lacking in pine trees.'

The examples above also illustrate an interesting fact that the term-(pseudo-)paraphrase pattern with reduplicated entry words prefers to employ words in literary style, though this construction basically appears in colloquial Chinese. For instance, the modifier marker *zhī* (之) is a classic Chinese word, which is applicable only to literary style today. Its equivalent in the plain style is *de* (的). The sentence final particle *yě* (也) used in (31) is an old word occurring in a fossilized pattern of nominal predicate without copula. The preference of classic elements in this construction is similar to the style of Chinese dictionaries and academic works, which are full of entry terms with paraphrase written in classic style. Chinese speakers using this pattern tend to build an academic style with classic words to liken the construction with genuine term-paraphrase text, and to strengthen the witty and humorous effect in the cases of pseudo-paraphrase. In this pattern, reduplication plays a key role, because it draws listeners' attention to the *signifiant* (pronunciation or word formation) of the word instead of its *signifié*.

6. Ideophonicization: Reduplication or repetition?

So far in this paper, we have taken it for granted that ideophonicization by the means of copying (doubling) a word is a kind of reduplication, which is a well-applied grammatical device. However, in verbal communication, copying a linguistic unit does not always mean reduplication. The operation of copying also takes place at other levels. A fundamental boundary lies between pragmatic or rhetorical repetition on one side and grammatical reduplication on the other, but this boundary is not clear-cut. Intermediate states exist in a continuum with gray area from repetition to reduplication (see Gil 2005). In Sec.2, we have found out at least one property of ideophonicization that seems closer to the nature of repetition rather than reduplication. Thus, to verify the nature of grammatical reduplication for the phenomena in question, Further argumentation is needed.

Mainly working with linguistic data of Riau Indonesian, Gil (2005) works out a set of six criteria for diagnostics between repetition and reduplication. This set and Gil's application of the criteria in Riau Indonesian can serve as a framework for us to judge the nature of phenomena discussed in this paper, though, as will be demonstrated below, Gil's criteria are subject to improvement in some respects.

Here is his table of criteria in Table 1 (Gil 2005):

Table 1: Griteria for distinguishing repetition and reduplication

Criteria	Repetition	Reduplication
1. unit of output	greater than word	equal to or smaller than word
2. communicative reinforcement	present or absent	absent
3. interpretation	iconic or absent	arbitrary or iconic
4. intonational domain of output	within one or more intonation groups	within one intonation group
5. contiguity of copies	contiguous or disjoint	contiguous
6. number of copies	two or more	usually two

Now we apply these criteria one by one to the Mandarin data discussed above.

Criterion 1, unit of output, cannot work well in Chinese. Whether an output of copying is equal to or greater than a word in Chinese is a question to be answered but not an existent argument to be used for diagnostics. An answer itself for this question relies on multi-criteria diagnosis, including some criteria listed in Table 1, such as criterion 4. So we will leave this point aside for the moment.

Criterion 2, communicative reinforcement, is a pragmatic effect. A problem arising here is whether iteration is a semantic meaning or a communicative reinforcement or both. To describe a state of iteration will easily bring about a feeling of communicative reinforcement, though iteration is at the semantic level while communicative reinforcement the pragmatic level. As described above, most usages of ideophonicized words convey the meaning of the iteration of speech, but the degree of involvement with iteration varies. Let us check them pattern by pattern.

The usage of prototypical ideophonicization, as exemplified by (2), (3) and some other examples discussed in Sec.2, conveys the most salient meaning of iteration, describing the repetition of a speech segment with the nature of citation, naturally leading to an effect of communicative reinforcement.

In the usage of topic pattern, as discussed in Sec.3, when the predicate is a speech verb, the meaning of iteration and the citation of doubled words remains, as well as the effect of communicative reinforcement. When the predicate is not a speech verb, the citation nature of the topic is not prominent, and the more salient function of doubling a word is to topicalize it, thus the effect of communicative reinforcement in this case is weaker.

In the concessive pattern, as discussed in Sec.4, the concessive relation between the two clauses is salient, and the doubled form mainly serves as a concessive clause with little communicative reinforcement.

In the term-(pseudo-)paraphrase pattern, discussed in Sec.5, the doubled form serves as an entry term and has no explicit meaning of iteration and communicative reinforcement.

To sum up for Criterion 2, communicative reinforcement is only present as an accompanying effect of iteration in some usages of ideophonicization of doubled forms and is absent in other usages. What doubled forms encode includes iteration, citation, topicalization, concession and term-paraphrase relation. They are all semantic categories rather than pragmatic or communicative forces. So, according to criterion 2, ideophonicization by the means of doubling a word should be viewed as grammatical reduplication instead of pragmatic repetition.

Criterion 3 concerns semantic interpretation of ideophonicized, copied forms. According to this criterion, repetition can convey iconic meaning or just have pragmatic force without semantic meaning, while reduplication always conveys semantic meaning, either iconic or arbitrary. As is just pointed out, every usage of ideophonicized forms conveys some meaning special for the pattern, such as iteration, citation, topicalization, concession and entry-paraphrase relation. Among these, only iteration is iconic, denoted by reduplicated forms, while none of other meanings is iconic, though they are in direct or indirect connection with iterative meaning. On the other hand, the essential semantic basis shared by these meanings is not iteration, but the highlighting of signifiant over signifié. Thus, with Criterion 3, the process of copying for ideophonicization doubtlessly belongs to reduplication rather than pragmatic repetition.

Criterion 4 is about prosodic properties. According to this criterion, the output of repetition could be in the domain of one or more intonation units while the output of reduplication must be within one intonation unit. In our attested data, most examples have the copied ideophonicized element within one intonation unit without internal pause, yet a pause after the first part of the copied element is permitted at least in some patterns, and such case can be really attested in a couple of examples, as in (15) and (32). In such cases, they are in two intonation units, and obviously are structurally and prosodically looser than other morphological reduplications of nouns, verbs and adjectives, as claimed in Sec.2. That feature makes them apparently close to repetition. However, this prosodic factor is not so decisive as to group these facts with repetition. The potential pause in these cases can be attributed to a property inherited from ideophones rather than from the nature of repetition.

Contemporary Chinese is known for its strong dissyllabic tendency (Lü 1963), which renders most words in the dissyllabic form. With such a prosodic situation, even an inherent ideophone with four syllables allows a short pause optionally inserted between the first and second halves, even if one or each half is not a word at all. For instance, with the inherent ideophone *pilipala*, imitating sounds of gun shootings, clapping, heavy rain, falling objects, etc., one can pronounces it either successively as *pilipala*, within the domain of one intonation unit, or with a short pause as *pili pala*, falling into two intonation units. In the latter case, the two intonation units do sound like a phrase containing two typical Chinese words. In fact, however, *pili* is not a Chinese ideophone, but a result of reduplication with *pala* as the base, which is in turn the result of reduplication with the monosyllabic ideophone *pa* as the base, see Zhu's (1982) analysis. This fact reveals that an element of two intonation units, with a pause inserted, still can be one reduplicated word, and does not have to be two words or the pragmatic repetition of a word. When a disyllabic content word is ideophonicized by the means of doubling, it will behave like an ideophone with four syllables. An internal pause is a natural phenomenon for an ideophonicized word as it is for an inherent reduplicated ideophone. Such a pause does not change its nature as one word or a reduplicated form of a word.

Criteria 5 and 6 deal with contiguity and the number of copies. All the copied forms in question are contiguous and the number of copies is basically limited to two, except for the monosyllabic word, which may occasionally have more than two copies and some optional pauses between the copies in the ideophonic usage with citation function, for instance:

(34) 他 水, 水, 水地 叫着。
    tā shuǐ shuǐ shuǐ-de jiào-zhe
    3SG water water water-ADV shout-PROG
    'He repeatedly shouted: water, water, water... '

But in other usages such as the concessive pattern and term-paraphrase pattern, more than two copies are ill-formed. Even in examples like (34), one cannot identify the phenomenon as repetition, because the repetition is syntactically obligatory here. If there is only one occurrence of the cited word such as *shuǐ* (water) in (34), the sentence will turn ungrammatical.

Up to now, we have checked the features of the copied forms in question under each of the 6 criteria suggested by Gil (2005) to judge their nature. Except 1, which is not valid in Chinese, most criteria (2, 3, 5, and largely 6) direct to the nature of reduplication for these forms. Only according to Criterion 4, do the copied forms in some patterns seem to be similar in nature with repetition, but it turns out to have been inherited from the nature of reduplicated ideophones rather than from repetition. Criterion 6 allows a repetition analysis for strictly-limited cases and leaves most cases characteristic of reduplication without doubt. Thus the conclusion seems to be that these copied forms are generally produced by the process of grammatical reduplication rather than pragmatic repetition, but their internal prosodic structure is looser than that of other typical reduplicated forms, and in limited cases they display some features of repetition.

On the other hand, it may be noted that Gil's (2005) set of criteria is lacking in a very important and decisive criterion: the syntactic function. While repetition never makes any syntactic difference between the base and output, reduplication often makes the output syntactically deviate from its base in Chinese (c.f. Sec.1). For instance, reduplication turns property adjectives into state adjectives (i. e. vivid forms) with different syntactic distribution (Zhu 1956). The reduplicated classifier can solely function as an argument, adverbial or attribute without the co-occurrence of a numeral or demonstrative, while a classifier as a base is a bound form thus cannot function in such a way. As elaborated in the foregoing sections, ideophonicization by the means of doubling makes a fundamental shift of various word classes into ideophones in terms of syntax and semantics. In almost all the examples with ideophonicized content words in the paper, the reduplicated forms cannot be replaced with their bases, proving that reduplication is syntactically obligatory here. These reduplicated forms have constituted a new syntactic category, sharply different from their bases, with their original categorical features neutralized through the process of doubling. Pragmatic repetition cannot lead to such consequences. Therefore, syntactic function should be the most important criterion for distinguishing repetition and reduplication. That makes it more certain that doubling or copying for ideophonicization is grammatical reduplication instead of pragmatic repetition.

7. Conclusion and beyond: Typological background underlying ideophonic reduplication

Content words of any kind in Chinese can be ideophonicized by means of reduplication. Ideophonicization is a grammatical operation as well as an in-depth decategorization or category shift. The operation deprives various content words of their original categorical features and assigns roles of ideophones to them. The main semantic effect of ideophonicization is to highlight the signifiant of a word, including its pronunciation and word formation, and to depress its signifié, including its original lexical and categorical meanings. Ideophonicization can be largely viewed as an inflectional device with infinite productivity. It is by no means a derivational device and has no impact on lexicon.

A reduplicated, ideophonicized content word can occur in various syntactic slots suitable to inherent ideophones, with semantic function similar to that of an ideophone. In addition, such elements also play a central role in forming some constructions with special construction meanings. These constructions inherit important properties from their ideophonic nature such as sound imitation, iteration, citation, signifiant highlighting and signifié depressing. On the other hand, each construction with ideophonicized elements also has developed its own construction meaning through interaction between the words and construction, resulting in semantic diversity among the constructions. Accordingly, the ideophonic nature of reduplicated words is maintained with various degrees in different constructions. For example, in the concessive pattern, the property of iteration is present, and is the semantic basis for the unwelcome meaning, while the properties of citation and sound imitation are weak. By contrast, in the entry-paraphrase pattern, the property of citation, which is closely related to signifiant highlighting and signifié depressing, is pretty salient, while the iteration meaning almost no longer exists.

Ideophonicized reduplication and the related constructions mainly exist in casual spoken text and internet language, and can rarely be seen in formal written register. It is true that speakers sometimes like to use classic words in the entry-paraphrase pattern, but this is in accordance with the apparent entry-paraphrase pattern. As the pattern is essentially a rhetorical expression based on personal ideas rather than a serious gloss for difficult terms, the context suitable for it is still a casual, oral communication.

Reduplication is a grammatical operation, often denoting iconic categorical meanings related to repetition or increment, such as act repetition, increasing, plurality and collectivity (cf., Zhang 2001; Rubino 2005). Reduplication for ideophonicization exhibits the general nature of reduplication quite well. It denotes repetition of a speech segment, which falls in the typical semantic domain of reduplication. On the other hand, there are remarkable distinctions between ideophonicization in question and other types of morphological reduplication recorded in literature. In many cases, reduplication does lead to word class shift, whereas the reduplication for ideophonicization is an in-depth category shift that turns words of any word classes into temporary ideophones. Second, reduplication denoting repetition usually signals the repetition of an action or event denoted by a verb, namely the repetition of *signifié*, whereas the reduplication for ideophonicization signals the repetition of that word, namely the repetition of *signifiant*. Therefore, ideophonicization is truly a special type of reduplication that has been barely reported in previous literature.

This paper will end up with a brief discussion on some typological features of Chinese that may have fostered this operation of category shift.

1) Chinese is a reduplication-prominent language in terms of grammatical means. As shown in Sec.1, there are rich types of reduplication in Chinese in term of both forms and functions, which respectively apply to nouns, verbs, adjective, adverbs, classifiers, ideophones, interjections, and in some dialects even to Wh-words and locative postpositions. Reduplication is much more common and prominent than affixation in Chinese morphology (for some details, see Liu 1988). It is against such typological background that reduplication has developed the ideophonicization function, turning content words into

temporary ideophones. On the basis of these ideophonicized forms, several constructions with special construction meanings have been developed.

2) Chinese is a topic-prominent language (Li & Thompson 1976; Xu & Liu 1998). That typological characteristic plays a key role in the formation of some constructions with ideophonicized words. Non-gap topic is allowed only in topic-prominent languages (c.f., Chafe 1976; Xu & Langendoen 1985). That accounts for why ideophonicized words can free themselves from the government of speech verbs, functioning as non-gap topics, as exemplified with (21-23) in Sec.3.

3) In Chinese, the distinction between words, phrases and clauses is far from being clear-cut, due to the absence of finite/nonfinite distinction and the syntactic freedom for argument deletion. Thus, when an ideophonicized word serving as topic is originally a verb or adjective, under suitable semantic conditions, the topic can be reanalyzed as a clause with some arguments deleted, accordingly the comment can be reanalyzed as another clause. Such mechanism leads to the formation of the concession construction with ideophonicized words through reanalysis, as described in Sec.4.

In conclusion, the existence of reduplicative ideophonicization and the emergence of the related constructions are not an isolated phenomenon. It has its deep roots in the typological environment of the Chinese language.

References

Chafe, W. 1976. Givenness, contrastiveness, definiteness, subjects, topics and point of view. In C. N. Li (Ed.), *Subject and Topic*. New York: Academic Press.

Chao, Y-R. 1968. *A Grammar of Spoken Chinese*. Berkeley: University of California Press.

Division of Dictionary Compiling, Institute of Linguistics, & Chinese Academy of Social Sciences 2005. *Xiandai Hanyu Cidian (Contemporary Chinese Dictionary)* (5th Edition). Beijing: The Commercial Press.

Gil, D. 2005. From repetition to reduplication in Riau Indonesian. In B. Hurch (Ed.), *Studies on Reduplication*. The Hague: Morton de Gruyter.

Jelinek, E. 1995. Quantification in Straits Salish. In E. Bach, E. Jelinek, A. Krazter, & B. Partee (Eds.), *Quantification in Natural Languages*. Dordrecht: Cluwer.

Keane, E. 2005. Phrasal reduplication and dual description. In B. Hurch (Ed.), *Studies on Reduplication*. The Hague: Morton de Gruyter.

Li, C. N., & Thompson, S. 1976. Subject and topic: A new typology. In C. N. Li (Ed.), *Subject and Topic*. New York: Academic Press.

Li, C. N., & Thompson, S. 1980. *Mandarin Chinese: A Functional Reference Grammar*. Berkeley: University of California Press.

Liu, D. Q. 1986. *Suzhou fanyan chongdieshi yanjiu* (A study on the reduplication of the Suzhou dialect). *Yuyan Yanjiu (Language Research)*, 1, 7-28.

Liu, D. Q. 1988. *Han-Zang yuxi chongdie xingshi de fenxi moshi* (A model for analyzing reduplicated forms in Sino-Tibetan languages). *Yuyan Yanjiu (Studies in Language and Linguistics)*, 1, 167-175.

Liu, D. Q. 2004. Identical topics: A more characteristic property of topic prominent languages. *Journal of Chinese Linguistics*, 32 (1), 20-64.

Lu, Z. D., & Yu, M. 1954. *Xiandai Hanyu Yufa (A Grammar of Modern Chinese)*. Beijing: Qunzhong Shudian (The Mass Bookshop).

Lü, S. X. 1963. *Xiandai Hanyu dan-shuang yinjie wenti chutan* (On the issue of monosyllabicity and disyllabicity in Modern Chinese). *Zhongguo Yuwen (Journal of Chinese Linguistics)*, 1, 11-23.

Rubino, C. 2005. Reduplication. In M. Haspelmath, M. S. Dryer, D. Gil, & B. Comrie (Eds.), *The World Atlas of Linguistic Structures*. Oxford: Oxford University Press.

Saussure, F. de. 1916/1980. *Course in General Linguistics* (Chinese Edition), translated by Gao M. K. Beijing: The Commercial Press.

Wang, X. J. 2007. *Hanyu fangyan nishengci diaocha yu yanjiu* (An investigation and research of ideophones in Chinese dialects). Doctoral dissertation, Chinese Academy of Social Sciences.

Xu, L. J., & Langendoen, D. T. 1985. Topic structures in Chinese. *Language*, 61, 1-27.

Xu, L. J., & Liu, D. Q. 1998. *Huati de Jiegou yu Gongneng (The Structure and Functions of Topics)*. Shanghai: Shanghai Education Press.

Yao, J. Q. 2004. *Han-Ri Nishengci Bijiao Yanjiu* (A comparative study between ideophones in Chinese and Japanese). Master thesis, Shanghai Normal University.

Zhang, M. 2001 *Hanyu fangyan chongdieshi yuyi moshi-de yanjiu* (Studies in semantic models of reduplicated forms in Chinese dialects). In *Zhongguo Yuyan*

Yanjiu (*Studies in Chinese Linguistics*). Shanghai: Shanghai Education Press.

Zhu, D. X. 1956. *Xiandai hanyu xingrongci yanjiu* (Studies in adjectives in modern Chinese). *Yuyan yanjiu* (*Linguistic Research*), 1.

Zhu, D. X. 1982. *Chaoyang-hua he Beijing-hua chongdie xiangshengci de gouzao* (Formation of reduplicated ideophones in the dialects of Chaoyang and Beijing). *Fangyan* (*Dialect*), 3, 174-180.

Appendix: The sources of the quoted examples used in this paper (excluding the examples coined by the author)

Ex. 2: An Li: *shijian de miankong* (*The Face of Time*), Section 14. Beijing: Writers' Press, 2010.（安黎《时间的面孔》第14章，作家出版社，2010年。）

Ex. 3: Yi Lan: *Tongnian li de tonghua*) (Fairy tales in the childhood). *Junma* (*Coursen*), 2004, (4).（昳岚《童年里的童话》,《骏马》, 2004年第4期。）

Ex. 4: Title of the blog written by *Beibei zhi jia*, from *Wenxue Boke Wang* (Literature Blog Network), http: //blog. readnovel. com, 07/22/2007.（文学博客网文章标题，北北之家，2007年7月22日。）

Ex. 5: Post from the Baidu Animal Protection Forum.（百度"保护动物吧"帖子）

Ex. 6: *Yunnan Ribao* (*Yunnan Daily*), 02/29/2008.（《云南日报》, 2008年2月29日）

Ex. 7: *Zhongguo Chengzhang Wang* (Chinese Growing Network), http: //bbs. sino78. com, 08/30/2006.（中国成长网，2006年8月30日。）

Ex. 15: "*Liang Yongqi bei pengyou tibao yi jiehun liang nian*" (That Liang Yongqi has been married for two years was leaked out by her friend). *Xing Dongli Zaixian* (*Stars Online*), 11/10/2005.（星动力在线网站新闻，《梁咏琪被朋友踢爆已结婚两年》, 2005年11月10日。）

Ex. 16: Post from *Maopu Luntan* (Mop Forum), 03/17/2006.（猫扑论坛帖子，2006年3月17日。）

Ex. 23: Title of a blog from *Windows Live Spaces*.（Windows"共享空间"博客标题）

Ex. 27: Title of an internet blog, http: //wud8. blog. hexun. com/11096716_d. html.（网络博客标题）

Ex. 29: *Yunnan Ribao* (*Yunnan Daily*), 02/29/2008.（《云南日报》,2008年2月29日）

Ex. 30: Title of a post from the Baidu Osmanthus Forum.（百度"桂花吧"帖名）

Ex. 31: *Zhongguo Chengzhang Wang* (Chinese Growing Network), http: //bbs. sino78. com, 08/30/2006.（中国成长网，2006年8月30日。）

Ex. 32: Adapted from the Message Board of Stock Forum, *Dongfang Caifu Wang* (East Money Network), http: //guba. eastmonev. com.（东方财富网，"股吧"留言。）

（原载 *Cahiers De Linguistique Asie Orientale*，2012年第1期）

语义优先还是语用优先

——汉语语法学体系建设断想

零、引言：从三个平面学说谈起

三个平面的观念来源于西方现代符号学和语言学理论，经国内一些学者的发展，正在形成汉语语法学的新模式，它对汉语语法研究的直接影响超过了结构主义以后任何西方语法流派的影响，使汉语语法学进入了一个新时期和新高度。关于三个平面之间的关系，已出现了许多种解释模型。然而有一个重要事实似乎没有引起重视。三个平面学说能在国内如此盛行，并非因为汉语语法中三个平面的区分特别明显，而恰恰是特别模糊，三者如相缠的三根老藤，难分难解，甚至如三团黄泥捏成的泥人，你中有我，我中有你。句法、语义、语用三分本始于西方，但西方的语法学模式并没有以此为核心，因为印欧语言的语法存在着三者相对清晰的界限，句法虽受语义语用的一定制约，但仍有较大的独立性。如 Him I've met 一句，him 在句法上是宾语，语用上是话题。汉语"他我已经见过了"一句，"他"是话题无疑，是主语还是宾语就不大好确定。在俄语中，句法分析和语用分析可以分得很清，"无论是主要成分还是次要成分都可能用作主题或述题。一个句子成分不管用作主题还是述题，其句法作用不变"（王福祥 1981：39）。这样的论断在汉语中是很难做出的。根本原因是汉语的句法独立性太弱，难以建立独立于语义、语用且相对自主的句法体系。具体地说，第一，汉语句法的显性形式标志较少，而且使用中缺少强制性，许多范畴不得不借助于语义语用来建立；第二，汉语语法中仅有的形式手段即语序虚词，往往既表句法又表语用或语义，顾此难免失彼，如语序做话题-述题标记时就无法再表示主语-宾语的对立。

　　三个平面学说第一次启示我们：现有的汉语语法体系其实已"混入"了语义语用的内容，却套用了西方单一句法平面的范畴系统，因此使许多问题难以说清。这是一个伟大的贡献。但是这一学说也可能在汉语事实面前走入"事与愿违"的境地：其初衷是区分语法中的三个平面，最终结果却是不得不建立三个平面紧密交融的语法体系。这一结果并非坏事。这将是引入语义学语用学观念而自觉建立的交融体系，比起以前用一个平面盲目混杂三个平面的体系是了不起的进步。

　　肯定了汉语语法必须注重句法-语义关系和句法-语用关系的前提后，还得考虑如何确定这两对关系的位置。近年来较受到重视的是句法-语义关系，这一重要的理论依据使许多人认为汉语是意合型语言，这可称为语义优先观。而笔者认为语用在汉语中的作用更为重要、更为根本，汉语语法是语用优先于语法，句法-语用关系应该摆在首要位置（此外，汉语中的语音平面也颇重要，详刘丹青1993等）。这是从语言事实方面出发产生的一点初步想法。另外，从方法论上看，语用优先的体系也可能比语义优先的体系更具有解释力和应用性。本文便是这两方面的几点不成体系的断想，斗胆提出来供大家讨论批评。

一、话题优先是汉语语法语用优先的全息映现

　　李讷和汤普森的著名语法类型学模型把世界上的语言分成4类：注重主语型、注重话题型、主语和话题都注重型、主语和话题都不注重型。汉语被划入注重话题型。这一观点已得到一些学者不同程度的支持，但它对汉语语法学的启发不仅于此。首先，主语是个句法概念而话题是个语用概念。在注重主语的语言中，主语比话题更能满足句子结构完整性的需要，而且主谓间常有一致性形态。在注重话题的语言中，话

题比主语更能满足结构需要，话题也常有外部标记（如句首之位、停顿或语气词等），而主谓间不存在一致性标记。这表明，至少在句子基本结构方面，汉语有语用优先于句法的倾向。

除此而外，李讷和汤普森所谈的主语和话题还有一点重要区别。主语和谓语之间必须有选择关系，主语必须是谓核（谓语核心）的一个论元（argument）；而话题必须是有定或已知的成分，但与谓核不必有选择关系，不一定是谓核的论元。从汉语实际看，话题跟谓核的关系可以很松散宽泛，远到毫无选择关系（如"这样的做法大家肯定意见很大"）近到完全同一（如"走就走"）。这一远一近都不符合论元的性质，但都符合话题（有定或已知）的特性。由于词语的选择关系是一种语义关系，因此主语实际上还带语义成分性质，是句法-语义概念，而话题则是语用概念。话题优先于主语意味着语用不仅优先于句法，而且优先于语义。

根据全息理论，事物的某个部分的结构与特性，往往映现该事物整体的结构与特性。语言具有全息性，例如汉语语法中构词法、短语、单句、复句具有类似的组合方式和组合关系。因此，汉语在主语-话题问题上的语用优先，也应当是整个汉语语法语用优先的全息映现。下面几点断想，试图说明这一演绎性的推论能找到更具体的汉语事实的支持。

二、汉语的语法形式手段疏于句法、语义而精于语用

较传统的理论认为语法学主要研究语法形式和语法意义的关系。三个平面学说启示我们所谓"语法意义"可以分出不同的平面。我们认为，不同语言的语法形式在侧重哪个平面的意义方面是有差别的。先来探讨一下语法意义的平面区分问题。关于狭义语义（语义平面）和语用意义，可以借用刘大为（执笔，1993）一文的论述和术语做这样一个区分：狭义语义就是有关外部世界知识信息的"认知意义"，语用意义则是有关语言使用者之间传递信息相互沟通的"传通意义"。

根据许多人的理解（如刘大为执笔 1993，杨成凯 1994），句法和

语义语用的关系大致就是形式和意义的关系——句法用其形式表达认知意义或传通意义。情况似乎不这么简单。语言的句法结构都远少于需要表达的认知方面和传通方面的意义关系，因此句法结构的关系意义只能是一种高度抽象的模式化意义。例如句法上的主谓关系和动宾关系都可以分出至少十余种认知关系意义（语义格）；而同一种句法关系内的不同认知义或传通义，又可用多种句法关系来表示，如"睡沙发、沙发睡人、在沙发上睡、睡在沙发上"，其中"睡"和"沙发"在结构上分属动宾、主谓、状中、动补四类，而认知义都是行为和处所的关系。对于结构义未体现的认知义和传通义，语言交际有两种方法来处理：第一，由语言使用者凭知识背景等非语言条件来识别或领悟；第二，用更具体的语法手段来表明同一结构意义内的不同认知义或传通义。

这样，语法中事实上存在着三种意义，相应地有三类语法形式手段：（1）在认知义或传通义基础上抽象而来的高度模式化的结构关系，用句法形式手段表示；（2）较为具体的认知意义，用语义形式手段表达；（3）较为具体的传通意义，用语用形式手段表达。

在这一认识基础上再来看人类语言的总体状况和汉语的特点，就不难得出汉语疏于句法、语义而精于语用的结论。

人类语言的句法形式手段主要有：（1）格形态（区分主谓、动宾、定中、状中等）；（2）一致关系（表明主谓、定中等）；（3）时形态（表明主谓关系、短语间的主从关系等）；（4）语序；（5）结构性虚词（介词、连词、结构助词等）；（6）词类的外部标记（帮助区分句法成分）。汉语基本不具备以上（1）、（2）、（3）、（6）各种手段。（4）、（5）两种是汉语的主要句法手段，而这两种手段在汉语中也同时是语用手段，顾语用而失句法的情况并不少见。而且语序、虚词在使用中都相当灵活自由，缺少强制性（朱德熙 1985：2—4），而强制性是句法形式的常见特征。例如俄语形态发达，但该用介词的地方还是必须用；而汉语介词可用可不用的情况很多。由此可见，汉语语法的特点不但疏于形态，而且疏于句法。

人类语言的语义形式手段主要有：（1）格形态（表明成分间的语义格关系）；（2）态（voice）形态（施受关系）；（3）体（aspect）形态；

(4)不同的介词（语义格关系）；(5)级（degree）形态。汉语没有以上(1)、(2)、(5)种手段；有(3)、(4)两种，但使用中强制性不大。可见汉语表达语义关系的手段也不丰富精密。

人类语言的语用手段主要有：(1)语序（表达话题化、尾焦点等）；(2)省略（有连接、照应作用）；(3)指代成分（有连接、照应等作用）；(4)焦点重音；(5)句调；(6)语用虚词（表明交际功能、言外之意等）；(7)式（mood）形态。汉语具备以上(7)以外的所有手段。汉语语序是最常用的语用手段，并且常以牺牲语序的句法作为代价，前述话题优先即是表现之一。再如"来客人了"，宁可缺少主语也要让无定新信息"客人"（施事）居动词之后。汉语比一般语言更常省略。汉语的语用虚词极其发达。有句法虚词移作语用标记的，如"是……的"；更有庞大的专用语用虚词家族，特别是构成汉语特点之一的句末、句中语气词。句末语气词的语用功能十分发达，无须多说；至于句中语气词，方梅（1994）认为主要是主位述位的界限而不是主语谓语的界限，换言之语用功能大于句法功能。

从语法形式手段看，汉语的确可称为语用优先语言。

三、状补对立突出体现了语用优先的心理现实性

大家公认汉语有主谓、动宾、联合、偏正和补充五种基本结构关系。其中前四种的区别在人类语言中普遍存在，唯独偏正中的状谓和补充的区别在许多语言中难以找到对应，成为汉语语法的突出特点。从构成要素和句法关系看，汉语中状语和补语的关系颇似英语中前置状语和后置状语的关系，状语和补语也的确都是以谓词为中心的从属成分。但是，在英语及许多类似语言中，凡谓词的从属成分都不分位置前后，同归状语；而在汉语中却要分为状补两类，而且现在基本上没人建议把补语归为后置状语。这是为什么？语序对立不是理由，因为英语也是很注重语序的语言。语义差别也不是原因，因为只有很少的成分有做状语和

做补语的语义（认知意义）对立，如"到操场跑"和"跑到操场"。

汉语中状语和补语的根本对立是语用对立。人们注意到，补语比状语有更大的强调作用。从语用学角度看，状语是谓核的附属信息，而补语通常是句子的焦点所在，前状后补是汉语尾焦点发达的表现之一。试比较：

（1）a. 经济缓慢地增长。　　　　b. 经济增长得缓慢。
（2）a. 他很忙。　　　　　　　　b. 他忙得很。
（3）a. 他在芜湖一直住了三十年。　b. 他三十年来一直住在芜湖。

例（1）a句"缓慢"做状语，仍然肯定经济在"增长"，语气仍偏积极；b句"缓慢"做补语，强调的是"缓慢"，语气基本上是消极的。例（2）a句和b句认知意义相同，但b句程度副词做补语，因而对程度的强调更明显。例（3）a句和b句的认知意义也相同，但a句强调时间长（三十年），b句强调处所未变（在芜湖）。

尽管状语和补语在句法方面性质一致，仅在语用方面存在对立，但汉语使用者却对状补对立十分敏感，无法把语用差异明显的成分认作一类，这显示汉语语法心理对语用特别注重。语法学家"无意之中"把这两种语用成分的区别处理为句法成分的区别，从三个平面区分的角度看并不合理，但对于句法受到语用强大制约的汉语来说却又完全可以理解，这正反映了语用优先具有充分的心理现实性。

四、形态的语用制约强于语义制约，反映形态中的语用优先事实

汉语中存在少量形态现象，它们大多跟语用关系密切，可对形态的研究却常以语义范畴和句法功能为主导，因而显得缺乏解释力。下面仅举两例。

关于动词重叠的语义范畴，有影响的解释是短时、少量、轻微、尝试等，都属认知意义。刘月华（1983）较多注意语用因素。她首先把动词重叠分为已然未然两类用法。已然用法多见于叙述语句，描写作用大于叙事作用，以动作描写表情、心理、态度。未然用法多见于对话，大

都是祈使愿意或致使性句子的期望动作,起缓和语气的作用。她的描写有几点值得注意:(1)已然未然关乎行为与说话时的时间,与语用范畴有关。(2)见于已然用法的动词限于少数能产生描写性的体态语动作动词,描写与叙事之分主要是语用范畴而非语义范畴。(3)多数可重叠动词只能在未然用法上重叠,而且有祈使、意愿、期望这一类语用条件,缓和语气更是语用功能。由此可见,决定动词重叠式使用的条件主要是语用因素,其表达作用也属于语用功能范畴。"短时、少量"之类语义无法解释为什么大多数动词的重叠式都不能用在普通叙事句中。动词重叠的语用功能明显优先于语义功能。

量词重叠的语用优先也很明显。量词重叠的认知语义是周遍,周遍义也可由"每(一)、所有"来表示,重叠式的使用并没有语义强制性。量词重叠式更明显的特点是只能用在谓核前,这与周遍义无关,因为"每(一)"等周遍词可用在谓核后。比较:

(4)a.每一瓶酒他都尝了。~ b.他尝了每一瓶酒。

(5)a.瓶瓶酒他都尝了。~ b.*他尝了瓶瓶酒。

量词的强制性前置难以从句法找到解释,因为前置的句法位置并无句法功能限制。如"人人都去、瓶瓶酒都尝、瓶瓶酒他都尝、他样样都好、样样他都要、他回回迟到"各句中的重叠式分别处于主语、定语、状语等无一相同的句法地位。这种强制性在语用上却可以得到解释。量词重叠式有话题性这一语用特征,它规定了量词重叠只能用在话题或次级话题的位置——因此只能在谓核前,而不管是什么句法地位。可见,量词重叠的语用特征比语义特征和句法特征更明显。

五、"汉语意合为主""汉语特别简略"等提法忽视了语用的重要性

"汉语意合为主"是目前较流行的看法。它的合理之处是注意到了汉语句法独立性弱的特点,促使人们去努力发现语法组合中的语义选

择规则。但这一观点认为汉语中意义搭配的单位便能较为自由地组合成句，这却带有片面性。

一方面，语义搭配，甚至再加上句法规则，远不足以构成汉语合格句的充分条件。像"鸟飞""一个警察离去""我买了三件衣服，它们都被乡镇企业生产出来"这样的组合，语义和句法上都无可挑剔，但绝不能构成合格的句子。王艾录（1991）《义句和音句》所举的看着能懂而绝不能说的"义句"，许多都属于这一类语用病句。外国人造的汉语病句，大都符合"意合"条件，毛病常出在语用方面。对汉语来说，许多语用问题不是好不好的修辞问题，而是通不通的语法问题。

另一方面，语义上不合适的句子却可以在一定的语用条件下成为合格的句子。如：

（6）这个学生今年想考陆老师。（报考陆老师的研究生）

（7）到底老啦，这么一小段路就骑了一身汗。

（8）这姑娘长得鼻子是鼻子，眼睛是眼睛。

例（6）、（7）中"学生……考……老师""路……骑……汗"都是语义上不能搭配的，但句子都能成立。例（8）是同义反复，从逻辑语义看是毫无意义的（meaningless），但在汉语中却表达了特定的语用意义。

"汉语意合为主"的观点对以上两方面的现象都难以解释，就因为它严重忽视了汉语"语用优先"而不是"语义优先"的重要特点。

与"意合为主"观相关的"汉语特别简略"的观点，揭示了汉语较少使用形式标记、省略隐含较常见的实际情况。然而，它忽略了汉语表达有时候特别繁复的现象。例如，在形式标记方面，用一个关联词足以表明的语义关系，汉语却常常用成对甚至成三的关联词语来表示，如"连……也""又……又""要么……要么""不但……而且""虽然……但是""只要……就""只有……才""不但……而且……还""虽然……但是……却""假如……那么……就"。句法上取繁舍简的情况也不鲜见。下列 a 句明显比 b 句繁复，却更具有汉语味儿：

(9) a. 他们你看看我，我看看你。
　　b. 他们互相看看。
(10) a. 你自己喜欢哪所学校，就报考哪所学校。
　　 b. 你可以报考自己喜欢的学校。
(11) a. 不管张三来李四来都劝不住他。
　　 b. 不管谁来都劝不住他。

所谓简略和繁复，都是对中间态句子的偏离。中间态就是指句法上合格平稳、语义上自足允当，而对它的偏离，则多出于语用需要，并受语用条件的制约。比如同一复句用一个、两个还是三个关联词来表示，认知意义并无明显差别，区别主要是强调的程度，而强调的正是一种语用（传通）功能。汉语简略和繁复都比较多，正是语用优先的一个重要体现。

六、"语用优先"观的方法论意义

面对以上种种语用优先的汉语事实，应当考虑建立一种与之相应的语法学体系，即语用优先的体系。这种体系并不排斥句法在语法中的核心地位，只是针对汉语中句法独立性弱的现实而充分重视语用对语法系统的作用。

语用优先观也不否认语义平面在语法研究中的积极作用。事实上，近年来的语义研究已经大大深化了对汉语语法的认识。语义研究的用武之地，首先是短语层级，因为制约短语组合的关键因素是语义范畴和语义关系，不会有"路骑汗"这类短语（参看上文）。其次是有所欧化的科技、政论、法律等文体的句子，他们倒的确是以意合为主、形合为辅的。语义研究的最大优势是细度，机器处理所需的逐类逐词的语义特征信息将主要靠语义平面的研究来提供。

然而，细度是语义平面的长处，也是它的短处。它所提供的详尽精细的句法语义规则有很大的微观价值，却对汉语的宏观语法体系建设爱莫能助，事实上多数细则难以进入供人使用的语法体系著作及教学语法。本文的副题已经显示，语用优先主要是针对汉语宏观体系建设而提出的。语法学体系首先关注的是句子的格局、句子基本结构的分析方法和生成句子的条件。汉语的形式手段较少，难以在较纯粹的句法基础上建立语法宏观体系。语义平面则主要作用于短语层级，在语用优先的汉语中句子格局受语用的制约特别大。钱乃荣主编（1990：234）列有一张主宾语的语义类型表，达16类，都同时适合于主语和宾语，可见靠语义关系来区分主宾语是完全无望的。在宏观体系的层次，语用优先可能是汉语语法学方法论的必然选择。

句法是一切人类语言的语法核心。在此前提下，可以看到，不同的语法理论和方法对语法的诸平面有不同的侧重方式，而这些侧重跟所立足语言的语法特点有一定关系。例如，植根于希腊语、拉丁语的西方传统语法是形态优先的，主要植根于英语的美国描写语法、兰姆层次语法及某些阶段的转换语法是句法优先的，主要植根于英语、法语的格语法、蒙太古语法、从属关系语法是语义优先的。看起来这些语法派别都难以系统而有效地移植于汉语。西方的功能主义较接近于语用优先，可能更值得汉语语法学借鉴参考。

"语用优先"观的语用，不应是一个垃圾桶——把修辞、知识背景、文化等都装入其中。语用主要指语法的传通功能（区别于认知功能）及表达传通意义的语法手段，应该是可以控制并可以做有限描写的规则性因素，并且是涉及句子通不通而不是好不好的因素。语用优先的方法，不是要强调语用的独立性，而是要在宏观方面（句子、话语）加强句法-语用关系的研究，确定制约句子构造的语用因素，尤其是现在还所知甚少的汉语成句条件；在微观方面（短语、形态）加强句法-语用关系和语义-语用关系的研究，确定制约词语组合和形态使用的语用因素。

这样的一种语用优先方法论，也许会帮助我们在人类语言共性的基础上建立一个更符合汉语实际的汉语语法学体系。

参考文献

方　梅　1994　北京话句中语气词的功能研究，《中国语文》第2期。
刘大为（执笔）　1993　功能解释的语法论纲（初稿），《现代语言学》第26期。

刘丹青　1993　汉语形态的节律制约——汉语语法的"语音平面"丛论之一,《南京师大学报》(社会科学版)第 1 期。
刘月华　1983　动词重叠的表达功能及可重叠动词的范围,《中国语文》第 1 期。
钱乃荣(主编)　1990　《现代汉语》,北京:高等教育出版社。
王艾录　1991　义句和音句,《汉语学习》第 4 期。
王福祥　1981　《俄语话语结构分析》,北京:外语教学与研究出版社。
杨成凯　1994　中国语言学理论四十年管窥,《现代语言学·理论建设的新思考》,余志鸿主编,北京:语文出版社。
朱德熙　1985　《语法答问》,北京:商务印书馆。

(原载《语文研究》,1995 年第 2 期)

汉语语法单位分级理论的再探讨

——杨成凯《关于汉语语法单位的反思》补议

一、引言

杨成凯先生《关于汉语语法单位的反思——汉语语法特点散论之三》(1994),是一篇富有理论力度之作,对现有的汉语语法单位分级系统存在的问题做了深入的剖析,至少给我的启发甚多。尤其是杨文指出的以下几个现象,非常值得注意:第一,杨文提出了语法单位的形式和功能的矛盾问题,例如形式为词而功能为短语或句子,或形式为短语或句子而功能为词等。第二,杨文提出了语法规则的"输入单位"这个重要概念:词(而绝不是语素)才是真正的输入单位,所以语法上只能以词为基本单位。第三,杨文指出了现有的四级语法单位理论的逻辑矛盾——四级单位中,词可以由它的下级单位(语素)构成,而短语不能由它的下级单位(词)构成;短语中可以包含小短语,词中却不能包含小词,句子中也不能包含小句子。这些问题的存在的确影响了语法单位分级理论的科学性和操作性,但杨文没有给出自己的分级系统。本文就想在杨文的基础上做点补充,并尝试对现有的四级或五级语法单位系统做点增补和修正,向杨先生和读者请教。

杨文谈的第一点,触及了语法单位分级理论的实质。现在所说的四级或五级之"级",其实同时涉及了形式和功能两种"级",分级理论的内在矛盾,正是由两者的矛盾引起的。不过,杨文在指出矛盾的同时,并没有明确提出语法单位分级的形式标准和功能标准分别是什么,而我们觉得这是解决矛盾的关键所在。

关于第二点，杨文提到，语法上以语素为基本单位是一种过时理论的影响。近年来，有些学者更进一步，不仅强调语素（或称字）在汉语语法中的地位，而且认为"词"的概念在汉语中不很必要，可见强调词的重要性并非多余。笔者几年前也曾在讨论汉语词典立目单位时分析过不给词以明确地位会带来的种种弊端（见刘丹青 1987），而杨文提出的输入单位概念可说是重新强调词这级单位的最有力的理由，而输入输出的概念则为我们寻找语法单位的功能分级提供了一个基础。

关于第三点，我们认为问题的实质不是杨文所说的逻辑矛盾，而是现有分级系统的漏洞。填补这些漏洞，正可以作为解决分级系统矛盾的起点。

二、分级系统的"漏网之鱼"和语法单位的两大系列

在现有的四级单位中，短语的确是个与众不同的角色。它不能像其他单位一样由下级单位直接构成，其他单位则不能像短语一样包含更小的同级单位。这个矛盾的真正成因，是四级单位之网漏掉了一些该捕之鱼。它们是跟短语有同类性质的语法单位级别，而跟语素、词、句子这些级别有很不相同的性质。补上这些漏网之鱼后，短语便不再是与众不同的角色，而形式和功能的矛盾也可望循此解决。

首先，是语素和词之间的"语素组合"——周殿龙（1992）称之为"素组"，暂且也这么叫一下。素组是语素和词之间的中间站，正像短语是词和句子的中间站。有的词不是由语素直接组合而成的，而是由素组组合而成的。例如，"向日葵"是由"向日"这个素组和"葵"这个语素组合而成的，而不是由"向、日、葵"三个语素在同一层次一次性组成的。"灰黄霉素"是由"灰黄"和"霉素"两个素组组成的。以上"向日、灰黄、霉素"都是既非语素也不成词的素组。汉语以双音词占主导地位，因此能分析为素组的成分或许不是很多，但的确存在搭配能

力很强的素组，如"主义"和"积极分子"中的"分子"。

其次，是"分句组合"（暂无合适简称）。这级单位更为常见，它是分句和多重复句之间的中间站。多重复句不是由分句直接组合而成的，而是由分句组合成分句组合再组成复句的，所以凡多重复句都存在分句组合。例如，"你不去，他也不去；你去了，他才肯去"，其中的"你不去，他也不去"既不是分句，也不是复句，而是分句组合。这个复句的后一半"你去了，他才肯去"当然也是个分句组合。

补上了漏网之鱼后，我们又可以回到杨文提出的第一个问题，也就是我们所说的关键问题——形式和功能的矛盾问题。

在各级语法单位中，实际上存在两个单位系列。一个系列是功能单位系列，词是句法的输入单位，是在功能上低一级的单位；句子是句法的输出单位，是在功能上高一级的单位。语素在句法上没有地位，但在构词法上，它是输入单位，而词是输出单位，语素比词低一级。假如把构词法和句法放到语法这个大系统中来，用"→"表示在功能上高一级，就形成了"语素→词→句子"这三级功能单位。另一个系列是形式单位，或称组合单位。它是两级功能单位之间的中间站，形式上由数个低级单位组合而成，但仍未具备高级单位的功能，素组、短语、分句组合便是形式单位系列的成员。

功能单位和形式单位存在成套的重要区别。区分出两个系列后，功能和形式的矛盾问题基本上就不存在了。

在功能单位系列中，各级单位之间没有形式上的规定性。语素可由一个至数个音节构成，词可以由一个至数个语素构成，句子可以由一个至许多个词构成。词和语素没有形式上的界限，语素具备词的功能时（充当句法输入单位时）便自然取得词的资格。符号"→"也就暗示单个下级单位可以直接升级为上级单位，句子和词、甚至句子和语素，都没有形式上的界限，词（包括由语素直接升级来的词）具备句子的功能时（充当句法输出单位时）便自然获得句子的资格。另一方面，当高级功能单位由多个低级功能单位组合而成时，它在形式上又大于低级单位，"→"也允许以组合的方式升级。这正反映了功能单位没有形式上的规定性。复句的情况稍为复杂，下文将再做讨论。

在形式单位系列中，形式特征明显，必定大于低级单位，但没有自主的功能规定性，它的功能一般由组成它的功能单位决定。素组在形式上必定大于语素，它的功能则等于语素。有的素组是不成词的，如"向日葵"中的"向日"，其功能跟"蒲葵"中的不成词语素"蒲"相同；有的素组在另一些场合可能成词，如"日光灯"中的"日光"，其功能又跟"电灯"中的成词语素"电"相同。短语在形式上必定大于词，它的功能则等同于用来组成句子的词。分句组合在形式上必定大于分句，在功能上等同于分句，用来组合成复句。

功能单位有功能规定性，因而不能同级包含。语素不能包含语素。词不能包含词，在所谓大词包含小词的情况下小词已经不是真正的词了，因为它不是句法的输入单位。句子不能包含句子，分句不是独立的句子，不能作为完整的交际输出单位。形式单位都可以自相包含，因为形式单位就是组合单位，而组合具有层次性和扩展性。素组可以包含较小的素组，如"反法西斯主义者"就是多层素组相包含构成的词。短语可以包含较小的短语，分句组合可以包含较小的分句组合，无须说明。

功能单位可以直接"升级"为高一级功能单位，也可以组合成高一级单位。形式单位之间不能直接升级。每级形式单位都是某级功能单位的组合，两级形式单位中间必定隔着一级功能单位，素组和短语之间有词，短语和分句组合之间有分句。

为了构建新的语法单位分级系统，还有两种在现有系统中有单位无级别的单位需要讨论。首先是分句。上文已经把分句看作功能单位，而不是组合单位，这里说一下理由。分句像单句一样，既可以由它的下级功能单位（词）直接构成或组合而成，也可以在两级功能单位（词和分句、分句和复句）之间插入组合单位（短语、分句组合），分句不能包含小分句，这些都跟功能单位一致，而跟形式单位不同。分句不是句法的终端输出单位，而是一种半成品式的输出单位，词或短语构成或组成分句时，它们已由输入单位转化为输出单位，功能上已经升级，可见分句是功能单位无疑。其次是复句。复句是句法的两种终端输出单位之一

（另一种是单句），复句和它的下级功能单位（分句）之间可以有形式单位即分句组合，而且复句中不能包含小复句，这些决定了复句是功能单位。但是，其他功能单位（词、分句、单句）都可以由下级功能单位直接构成，而复句不能由分句直接构成，必须有至少两个分句才能构成一个复句，这使得分句到复句的升级有别于其他功能单位之间的升级，这是比较特殊的。

在构建体系之前，顺便讨论一下杨文没有提及的句群，因为现在不少论著已在四级单位中加入句群扩展成五级单位。句群的性质比较明显。它在功能上跟复句没有本质差别，而在形式上有规定性，必定大于句子，至少由两个句子组合而成，句群内可以包含小句群，这些都是形式单位的特点，而与功能单位不同。可见句群是一种形式单位亦即组合单位。

三、语法单位分级新系统的试拟

至此，我们已讨论过所有跟分级有关的语法单位，它们是：语素、素组、词、短语、句子（单句）、分句、分句组合、复句、句群。在此基础上可以尝试构建一个新的语法单位分级系统。我们首先用符号列出单位的系列，然后通过解释符号来进一步分析各级语法单位间的关系。由于单句和复句情况不同，因此我们分两个系列来列。

系列1.单句单位：

　　语素　→　词　→　单句
　　　＜素组＜　＜短语＜　＜句群

系列2.复句单位：

　　语素　→　词　→　分句　→　复句
　　　＜素组＜　＜短语＜　＜分句组合＜　＜句群

以上共使用了两种符号，一个分行手段。箭头"→"是功能升级标记，小于号"＜"是形式升级标记或称组合标记，分行是单位分类标记，每个系列上行是功能单位，下行是形式单位。

功能升级就是从输入到输出，功能升级标记"→"有如下作用：1.表示单纯升级：输入单个的左边单位可以直接输出右边单位。在构词法中，输入一个（成词）语素可输出一个词；在句法中，输入一个词可输出一个单句或分句。2.表示组合升级：输入数个左边单位也能输出一个右边单位，这是更常见的情形，分句到复句之间只能是组合升级。输入数个语素构成一个词，输入数个词构成一个单句（在系列1中）或分句（在系列2中），输入数个分句输出一个复句。3.表示功能单位：凡是在箭头两端的单位都是功能单位。

形式升级就是组合，组合标记"<"有如下作用：1.表示形式升级即组合：至少两个左边单位才能组合为一个右边单位，左边单位的尺寸（size）总是小于右边单位，所以用小于号表示。至少两个语素才能组成一个语素组合，至少两个语素组合（或一个语素组合加一个语素）才能组成一个词，至少两个词才能组成一个短语，至少两个短语（或一个短语加一个词）才能组成一个单句或分句，至少两个句子（单句和/或复句）才能组成一个句群。2.表示形式单位，凡是只能以小于号与其他单位发生关系的都是形式单位。顺便说一句，形式单位的名称除"短语"外都含"组、群"字样，短语的老名称"词组"似乎更加反映它跟其他形式单位的一致性。

分行是功能单位和形式单位的分类标记，但单位分类通过箭头和小于号也能显示，分行的作用主要有下面两点：1.上行功能单位是必经单位，是在由左向右的升级过程中必须通过的单位；下行组合单位是可选单位，升级时可以通过，也可以被跳过。所以，上行中箭头右边的单位必然包含同一行中左边的各级单位，但不一定包含下一行的左边单位。例如，语素"光"可以跟"日"组合成素组"日光"再和"灯"组成复合词"日光灯"，这是通过素组这个下行单位的；也可以直接升级为单纯词"光"或跟"日"组成复合词"日光"，这便跳过了素组这一下行单位。同理，单句或分句必定含有词，但不一定含有短语；复句内必定含有分句和词，但不一定含有分句组合和短语。2.上行单位不能同级输出，不能自相包含；下行单位可以同级输出，自相包含。上行中，输入语素不能再输出语素，亦即语素内不能包含更小的语素，同理，词内无更小的词，单句内无更小的单句，分句内无更小的分句，复句内无更小的复句。下行中，输入几个短语不一定输出单句或分句，而仍可以输出一个更大的短语，这是同级输出，更大的短语中自然包含着较小的短语，同理，大的素组可包含小的素组，大的分句组合可包含小的分句组合，大的句群可包含小的句群。因此下行单位都可以改写成扩展式，如：

词　　　→　　　单句
＜短语＜短语……＜

由于所有形式单位都有这一特性，因此可以规定凡是下行单位都蕴涵着可能的同级输出，无须在系列中专门加入表示扩展部分的内容。

以上表示法所体现的各级语法单位之间的关系，基本上符合目前国内语法学界的语法观念，但有一点跟通行的看法不同。在20世纪80年代以来流行的短语本位思想影响下，许多论著及教材认为超过一个词的单句或分句都是由短语带上语调（及语气词）构成的，亦即短语可以直接在功能上升级为单句或分句，非独词句必定包含短语。而上面的表示法却显示，短语到单句或分句只有小于号，不用箭头表示，亦即必须是组合关系，不能直接升级。下面解释一下这样处理的理由。

从分级系统本身看，短语跟素组、分句组合一样都是介于两级功能单位之间的组合单位。按照通行看法，句子"你来"是由两个词先组成主谓短语"你来"再构成句子。照此类推，复合词"日光"是由两个语素先组成"日光"这个素组再构成的，简单复句"你去，我也去"是由两个分句先组成"你去，我也去"这个分句组合再构成的。这种理解人为地增加了解释层次，将问题复杂化，而对语法分析没有增加益处。以前，由于分级系统遗漏了素组、分句组合等组合单位，部分掩盖了短语本位的解释的缺陷，加上这些组合单位后，这种解释的缺陷就十分明显了。

从操作实践看，短语本位的解释常使非独词句的分析陷入互相矛盾的两种说法中。如单句"你来"，既说是"你"和"来"两个词组合而成的,又说是由"你来"这个短语带上语调构成的。这等于说,这个句子的低一级单位既是词又是短语。再如单句"他的技术很好",既说是由"他的技术"和"很好"两个短语组成的,又说是由一个主谓短语构成的。它的下级单位到底是哪个,也没说清。两类说法可见于同一本语法书里,同一位教师口中。这是明显的自乱其例,自相矛盾。而且,这一矛盾将同样出现在其他单位之间,使矛盾显得更突出。

最重要的是,从语言事实看,短语本位的解释无法应对汉语的大量实际情况,尤其是短语和句子的重大差别。有很多单句,特别是结构松散、语序多变、含有省略,或加了插入成分的单句,很难看作由短语加语调构成的。如"你去也好,不去也好,说实话,跟我们,就是说,老张和我,没多大关系"这个单句,大概没人会说是由一个短语构成的。吕叔湘先生《汉语语法分析问题》(1984)的"句子格式的变化"一节所举,多半属于这一类。问题在于,我们根本无法在可看作短语和不宜看作短语的句子间划出一条哪怕极粗疏的界线。

因此,我们的看法是,所有的句子,都不是由短语直接加语调构成的。独词句是由一个词升级而来的;只有一个句法层次的句子是由词和词之间组合而成的,如"你来";超过一个层次的句子是由短语和短语或词和短语组合而成的,如"他的技术很好"是由"他的技术"和"很好"两个短语组成的,"他很好"是由"他"和"很好"组成的。所以,短语到单句或分句,只有组合这一种关系。其他组合单位到高一级功能单位也只有组合一种关系。这便是我们用小于号表示的形式升级关系。

四、两种分级系统的比较

下面我们将本文尝试建立的新的语法单位分级系统跟现在的四级或五级单位系统做点比较,说明它的特点及其改进之处。

(一)解释的全面性。新系统增加了素组、分句组合,同时将分句、复句也纳入分级系统,使所有各级语法单位都在分级系统中占据了明确的位置，对语法单位的解释更加全面。而现有的分级系统缺少素组和分句组合两种单位，同时对分句和复句在分级系统中的地位也未加确定。

（二）逻辑的合理性。这是新系统最大的特点和最重要的改进。它将语法单位分成有成套差别且毫不交叉的两大系列，即功能单位系列和形式（组合）单位系列，同时赋予"级"以明确的两种含义，功能升级是输入到输出的关系，形式升级仅仅是组合关系。功能升级号既是语法单位间功能升级关系的标记，也是功能单位本身的明确标记；形式升级号既是语法组合的标记，也是形式单位的明确标记。现有的四级或五级系统分不出功能单位和形式单位，对"级"的解释也是含混的，它有时将功能升级关系和形式升级混在一起。这导致了杨文所说的功能和形式的矛盾。新的系统消除了这种含混，排除了杨文所说的功能与形式的矛盾，取得了逻辑上的高度合理性。

在逻辑上，新的系统仍然存在一点不整齐之处，这就是跟复句有关的单位。复句作为功能单位不能由它的下级功能单位分句直接升级，这与其他功能单位不同。但这是语法现象本身的复杂性及目前的语法理论本身的认识水平造成的，现有的分级系统对此更无法解释，所以它干脆不提复句。

（三）解释的一致性。现有的分级系统由于不区分功能单位和形式单位，对有些单位间的关系做出两可的解释，如上面举的"你来"等，给分析造成混乱。新的系统使所有单位之间的关系都是单一的，避免了两可的分析。

（四）系统的简洁性。新的系统比现有系统多了一些语法单位，因此在简洁性上显得不如现有系统，但现有系统是以牺牲全面性和逻辑合理性为代价来取得简洁性的，因此量的简洁实际上也导致了某种质的复杂，如单位之间的关系常有两可的情况。新的系统在单位之间只存在单一的关系，取得了质的简洁。另外，新的系统在实际操作时应分成几段。单句句法只需考虑词、短语、单句这几级。语素、语素组合只在构词法中涉及，分句、分句组合、复句只在复句分析中考虑。这样就不存在简洁性方面的问题了。

现有的四级单位未顾及素组、分句组合这两种组合单位，唯独留下短语这一种组合单位。这是有原因的。句法规则，尤其是汉语的句法规则主要体现在短语的结构中，因此短语自然成了语法分析的主要对象，不可能被忽略。结构主义以来的语法学一向重视单句而不太重视复句，因此与复句有关的单位在分级系统中便未受重视。这不是简洁而是缺憾。汉语的词多数是双音节词，素组现象远不如短语常见，况且只出现在构词法层面，因此素组不容易引起注意。但是需要指出，汉语中三音节以上的词毕竟在不断增加，素组在构词法分析中已经是一个不呼也欲出的存在，若略去素组，那学生问我们"日光灯"中的"日光"是不是一个单位，是个什么单位时，我们该如何作答？

（五）对汉语特点的反映。新的系统可能比现有系统更充分地反映了汉语语法的实际情况和特点。比如，汉语形态不太丰富，语法结构主要依靠单位间的组合，新的系统分出了成套的组合单位，确定它们是组合的产物，从而强调了组合在汉语语法中的重要性。另一方面，新的系统也显示，短语毕竟只是一级组合单位而不是一级功能单位，过分强调短语甚至上升到短语本位，就忽略了短语和句子在汉语中的显著差别，忽略了语用对汉语句法尤其对句子构造的重要制约作用（参看刘丹青1995）。再如，素组现象表明，不但语素不都能成词，而且有些语素组合也不能成为句法的输入单位，语素本位或字本位语法是难以成立的。印欧语复句中的从属分句和单句的状语无别，而汉语的分句在结构中跟单句更接近，但绝不能看作单句的成分。因此新的系统确定分句也是一级功能单位，称为半成品式的单位，这也体现了汉语的特点。

当然，本文的探讨及所拟的分级新系统，主要在理论和逻辑层面进行，放到复杂的汉语事实面前，也许仍有不理想之处或新的漏洞，因此衷心希望得到专家和读者的批评指教。

参考文献

刘丹青　1987　当代汉语词典的词与非词问题，《辞书研究》第 5 期。
刘丹青　1995　语义优先还是语用优先——汉语语法学体系建设断想，《语文研究》第 2 期。

吕叔湘　1984　汉语语法分析问题，《汉语语法论文集》（增订本），北京：商务印书馆。
杨成凯　1994　关于汉语语法单位的反思——汉语语法特点散论之三，《汉语学习》第 6 期。
周殿龙　1992　素组与合成词结构分析，第三届现代汉语语法研讨会论文，南京。

（原载《汉语学习》，1995 年第 2 期）

当功能遇到认知[*]：
两种概念系统的貌合神离

一、引言：功能语法和认知语法的基本分野

在当代语言学的文献（包括中文的汉语研究文献）中，有一些与功能认知有关的术语频繁出现，例如"凸显"（prominent, salient），"背景"（background, ground），但其确切的含义并不一致，有时概念貌似相同而实际所指迥异甚至相反。

我们发现，这些分歧的根本原因是功能语法和认知语法在学术范式和方法论上的深刻差异，而这些概念的使用者（包括以往某些拙作）往往对此习焉不察。梳理辨析这些貌合神离的概念，不但能帮助我们准确地理解文献的学术含义，避免误解和错用，而且可以从功能学派和认知学派一些难以调和的概念冲突中察觉当代语言学家必须面对的一些根本性的理论问题。

讨论这个主题，还得从形式和功能的根本对立谈起。

当代语言学最大的学派分野是形式和功能。与形式派相对的功能学派，是广义的功能学派。广义的功能学派中，包含了认知学派。有时，

---

[*] 本文为中国社会科学院重点课题"语言库藏类型学"和创新工程项目"汉语口语跨方言调查与理论分析"的部分成果。承同事方梅教授通读初稿多所教正，唐正大、王芳、高再兰、白鸽博士和博士生盛益民同学等提出有益意见。曾先后在第四届两岸三地现代汉语句法语义研讨会（香港理工大学，2013年12月）和第二届语言中的显著性和局部性国际学术研讨会（北京语言大学，2013年12月）上宣读，获陆俭明、石定栩、蔡维天、潘海华、蒋严、胡建华诸教授指正。匿名审稿专家也提出了非常有益的修改意见。谨向以上各位深致谢意。尚存问题均由笔者负责。

广义的功能学派也称功能-认知（或认知-功能）学派。

在广义功能学派内部，与认知学派相对的是狭义的功能学派。

以生成语言学为代表的形式学派和（广义）功能学派在语言观上存在根本对立。形式学派相信人的语言能力是先天存在的，是独立于其他心智能力的，因此句法是自主的，语言学家应该对语言系统本身进行研究。广义功能学派相信，人的语言能力与人的一般智力是一致的，是人类的一般智力在语言活动上的体现。句法不是独立存在的，不是自主的，而是人运用一般智力在交际和认知活动中逐渐形成的，句法规则反映了交际规则和认知规则，语言学家应该结合人的交际活动和认知活动来研究语言。

本文的关注点不是形式和功能的对立，而是狭义功能学派和认知学派的对立。虽然功能学派和认知学派都建立了成体系的理论，意在提供对语言机制包括言语单位的生成产出和理解各个环节的系统性解释，两者在共同的语言观下也有不少交叉的领域和共同的认识。但是，在实际的理论体系和研究实践中，两者关注的重点还是有很大的不同。上一段中讲到的"交际"和"认知"，大致就是这两个学派的根本差别所在。

结构主义时期的布拉格学派可以视为功能学派的一个主要先驱，它的显著特点就是对交际活动和能力的关注，注重语篇在语法研究中的重要性。而以美国西海岸功能学者 T. Givón、S. Thompson 等为代表的功能学派，传承发展了重视交际功能、话语篇章的语法研究范式，可以视为与形式语法显著对立的功能语法的代表，也是本文所取的狭义功能语法的代表。其方法上的最大特点是反对仅凭内省语感构建句法规则，相信句法规则是交际-语篇规则凝固化的产物，因而注重从真实语篇的组织规律中发现语法规律，重视语篇的种类（或语体，实际交际行为的种类）对语法的影响。其他功能学派，如欧洲 A. Martinet、S. Dik 等各自建立的功能语法理论，Halliday 创立的"系统功能语法"（Systemic Functional Grammar）等，都在不同程度上有重视交际行为和真实语篇的倾向。

认知语法以 R. Langacker、G. Lakoff、L. Talmy 等人的理论为代表，

也包括在认知语法框架下形成的构式语法等学说。其特点是以人的认知能力和认知规律为背景来探讨语法的内部结构和由来。与语言有关的人的认知能力涉及学习、记忆、注意、理解、激活等与语言的编码和解码有关的能力。

也有一些学说与功能和认知分别关注的两种侧面都有关系，例如在构式语法中发展起来的基于用法（usage-based）的构式语法（如 Bybee 2006）。构式语法的理论框架主要孕育于认知语法，而基于用法的构式观又与功能语法注重语篇的理念非常一致。

人的交际活动离不开认知能力的介入。例如，话语的编码过程，就涉及从大脑中提取需要的词语和句法规则的认知功能，而很多体现认知能力的言语行为，也要在实际交际或语篇中才能展示出来。但是，由于关注的角度不同，狭义的功能语法和认知还是在研究范式和思路上呈现出一系列非常显著的区别，并导致对一些共享或相近概念的解读失之毫厘，差以千里。本文试根据我们的一点理解对此做些简略的对比和概括。下文提到的功能语法，主要就指注重语篇分析的狭义功能语法。

二、功能语法和认知语法的主要差异

2.1 动态和静态

功能语法关注言语交际的实际进程，是一种动态的（dynamic）、在线（on-line）的视角；认知语法更关注各级语言单位在大脑中的存在状况，包括记忆、储存、激活度等状况，是一种偏于静态的视角。

功能语法眼中的句子，是在话语推进中出现的语言单位，不管是独白体语篇还是对话体语篇，句子及其组成方式总是与语篇的推进状况密切相关，因此句子只有放在语篇的推进过程中去考察才能看出其句法构成并理解其意义。句法规则被功能语法视为语篇构造方式凝固下来的产物，例如下举 Thompson（1998）的分析，所以有"今日之句法为昨日之话语模式"的口号（Givón 1979：209）。在语篇推进过程中呈现出来的语调单位、话轮、话题-述题/主位-述位、焦点、回指、前指、已知信息、新信息、信息量、交际对象间的互动等现象和机制，成为语法分析的重要环节（参看方梅 2005 及所引文献）。这些现象都是即时存在、在线改变的动态物。例如，上一句的新信息，到下一句中就成为已知信息。而这一句的焦点，也可能到下一句中成为话题。布拉格学派所注重的"交际动能"（communication dynamics，又译为"交际动态"）这个概念本身，就典型地反映了功能学派对交际的动态的重视。

相对来说，认知语法更重视语句的静态认知背景，关注一些恒久存在于头脑中的现象和机制。譬如，被认为在语法构造、语句解读和语法演变中作用很大的隐喻、转喻（Lakoff & Johnson 1980），都基于相关意象在头脑中恒久性的认知地位，如人们一般都是用头脑中具体可及的概念域作为源域（source domain，传统称喻体），来喻指头脑中抽象的较难理解的目标域（target domain，传统称本体）（Taylor 2002：491）。更广义地说，认知语法关注词句所代表的概念、命题在头脑中的可及度，而可及度取决于在头脑中的恒久性的存在状况或等级地位。这些本质上是静态的现象。

2.2 过程和机制

这是动态和静态对立的重要具体体现之一。功能语法重视实际呈现出来的交际过程。认知语法必然更重视言语现象背后的机制——语言单位进出大脑（解码和编码）的机制。

言语交际是一种动态过程。功能语法认为句法是交际规则在语言系统中固定下来的产物，与交际过程，尤其是听说者的呼应和互动有密切的关系。因此，功能语法必然十分重视交际过程本身，以从中发现孕育句法规则的根本原因。例如，Thompson（1998）认为否定句和疑问句形态-句法手段的普遍性差异就与否定句和疑问句不同的交际互动方式有关：否定是说话人单方面的行为，而疑问则是要求对方回答的互动行为。

2.3 表层和深层

功能语法重视言语交际行为的过程,过程首先就体现在交际时呈现出来的语言单位的表层状况中;认知语法重视语言产生和理解的机制,机制不会自动呈现,必须由学者去做深层的开掘。例如,功能学者 Du Bois(1987)以 Sacapultec 玛雅语的实际话语语料的统计和信息流分析来解释作格语言的形成。该语言实际口语中多数句子只有一个名词性论元,通常是不及物动词句的唯一论元(S)或及物动词的受事论元(P)。句子的唯一论元不需要标记,因而两者合成通格;及物动词的施事(A)一般只以动词上的互参标记来表示,在因信息流需要而出现为名词性论元时作为更有标记的成分而加上标记,从而形成作格。离开了对表层语料的统计分析,就无法得出这样的解释。

认知语言学所倚重的解释工具,例如基本概念层次(Ungerer & Schmid 1996:60—73),理想认知模型(ICM, Lakoff 1987:68—74; Taylor 2002:202—203),及前述隐喻、转喻等,都诉诸人的内在认知能力和认知模型的分析,不必像功能语法那样直接诉诸实际语篇的分析。

2.4 组合和聚合

言语交际只能在线性语流中呈现,功能语法必然重视线性序列中各单位的组合规律。语言单位的隐现、排序、停顿长短,位置变化(左右出位)等组合现象成为关注的重点。

认知语法关注语言单位及其观念对应物在头脑中的存在状况,而这些单位在头脑中不是以线性方式存在的,每个单位都存在于跟其他单位的多维关系中(神经语言学应当能证明其与神经元、神经网络和神经脉冲等的关联),这种关系就是索绪尔所讲的聚合关系或称联想关系。这些单位在头脑中的凸显等级,相互关联、编码与解码机制等成为认知语法的重要关注点。

2.5 语篇和内省

功能语法重视交际过程及其规律，就必须关注真实语篇的实际状况，因此功能语法依靠真实语篇特别是无准备（unprepared）语体作为主要研究材料，这种语体对自然真实的交际过程的反映最为直接。例如上引 Thompson（1998）关于否定标记和疑问标记的分析，尤其是 Thompson（1988）关于形容词跨语言差异动因的分析，都基于真实话语语料的分析。上引 Du Bois（1987）也属于这类研究。

认知语法重视头脑中的内在机制，无法靠直接观察出现的语料获得规律，主要依靠内省测试来判断语句的优劣，从而探求语句构造与解读的规律，构建语法理论的框架。在依赖内省测试这点上，认知语法与功能语法有较大差异，反而与形式语法有共同点。认知语法与形式语法的区别主要在于，前者对语句合格度的考量不严格区分句法和语义，而后者努力区分合格度的原因是句法的还是语义、语用的，集中寻求其中独立于语义、语用的句法规则。认知语法已开始借用口误这类特殊的外显语料或眼动仪之类实验仪器来探求语言行为背后的大脑"黑箱"机制，以弥补纯内省判断的不足。

认知语法的句法研究也有重视实际话语的一面，尤其表现在近期的"基于用法的模型"（usage-based model）中（参看 Croft & Crose 2004：Chap. 11；Evans & Green 2006：Chap. 4）。这类取向与功能语法有一定程度的合流。但是，认知语法的用法研究，主要集中在构式语法等对语法单位作为"形式-意义配对"（form-meaning pairings）的注重上，强调不同层面的构式都是在具体使用中形成、发展、巩固、演变的，话语环境和使用频率在此过程中起关键的作用。换言之，认知语法对实际话语的研究重在关注话语中的构式，而不像功能语法那样关注话语本身和话语构造规律包括信息结构等。而构式或任何"形式-意义配对"，说到底仍是某种程度的抽象的产物，跟活的话语还是不同的对象。也因此，认知语法基于用法的取向没有影响本文探讨的相关概念在两个学派中的根本性分歧。

2.6 实证和假设

由于功能语法的理论建树植根于真实语料，因此其研究较符合经验科学的实证性。另一方面，由于语篇内的语言单位及其句法表现多少受制于语料的内容，统计结果较容易因语篇而异，因此有些研究结论可能会遇到可重复性偏低的情况。

认知语法要探讨现象背后的隐性机制，就难免要借助假设、验证的反复操练。而一旦经过测试论证，可能对同类的语料有一定的可重复性。不过，早期的认知分析很少采用语篇统计等客观手段，也不容易提出证伪条件，因而其科学的精确预测性也难有充分保证。

下面我们根据以上归纳的总体框架，探讨功能语法和认知语法在具体观念上的差异，特别是在"凸显"等核心概念上的貌合神离。

三、"凸显"及其相关概念："图形-背景"和"焦点"等

"凸显"（prominent，有时也用 salient、highlighted）及其相关词语，是功能-认知语法中经常用到的概念。"凸显"一词在功能-认知语法理论中比在形式语法理论中更加凸显，可能因为凸显与量有关，而形式语法更注重定性分析、句法分析。

但是功能语法与认知语法在认识、使用这些概念时，有着不同的甚至是对立的含义。

认知语法认为主语比宾语凸显，宾语比定语凸显。宋文辉（2012 手稿）引述类型学家 Dixon 观点并加以阐发的下列段落很好地说明了这一点，Dixon 说的就是认知语法的凸显：

> Dixon（1994）提出，存在句法上的宾格和作格语言之分。其确定标准是，看哪个成分最为凸显，从而构成句法上起控制作用的支点（pivot）。宾格语言主语（S/A）是支点；而作格语言则不

同，通格成分是支点（S/O）。支点的作用很多，其中最为突出的就是对后续成分的指称的控制。在这方面，汉语和英语一致，都是 S/A 做支点，即共指 NP 必须在每一个后续小句的 S/A 功能上。

据此，显然，主语比宾语凸显，是句法上的支点（pivot 又译为"中枢"或"主导"），并控制后续成分的指称。汉语句法上基本上是主宾格语言，主语作为支点更加凸显。沈家煊（1999：197）谈道：

  汉语用"主语"和"宾语"分别翻译英语语法的 subject 和 object，名称上已经体现了两个句法成分之间有主有从的不对称关系。

显然，沈先生认为主语为"主"的一方，宾语为"从"一方。这与认为主语是更加凸显的成分，是句法上的"支点"（中枢、主导）是一致的。

Keenan & Comrie（1977）通过跨语言比较得出了"名词短语可及性等级序列"。所谓可及性，在该研究中的依据就是关系化时被优先提取。显然，只有在头脑中凸显的成分才更容易被提取，可及性和认知上的凸显性实际是一致的。其等级为：

主语 > 直接宾语 > 间接宾语 > 旁格成分 > 领属定语 > 比较基准

越在左边的成分，越容易被提取，也即越凸显。显然主语比宾语凸显，以此类推。

支点、可及性，这些概念，都反映了相关成分在认知上的凸显性，这种凸显性可以得到很多类型学事实的支持。除了 Keenan & Comrie（1977）的关系化测试外，格标记的使用状况也体现了主语的最高凸显度。Greenberg（1963）的共性 38 指出"在有格的系统的情况下，唯一用零形式语素表示的是意义上包含了不及物动词主语的格"。具体地说，就是"非作格系统中的主格和作格系统中表示不及物动词的主语和及物动词的宾语的通格"。也就说，最无标记的格必须含有主语-施事，但可以不含有宾语-受事，这一范围正好是上引 Dixon 所说的有支点作用的成分。越是凸显的格，越不靠标记来表明其句法地位。直接宾语在有些格语言中还属于可以有条件地（通常是无定或生命度低）不带标记的论元。如土耳其语、波斯语等的宾格标记只用于有定宾语，无定宾语不需要带宾格标记;印地语宾格标记主要用于指人宾语,指人而无定的直接宾语偶尔不带标记,而无生命宾语从不带标记(Comrie 1989:129—139)。间接宾语则在格语言里一般都要带标记,不管是主宾格语言还是通作格语言;其他旁格成分更是需要带标记(包括前置或后置介词),它们也正是关系化时更难提取的成分。[1]

那么,功能语法又是如何来看待凸显问题的呢?注重语篇的功能语法,主要从成分的信息地位来界定凸显度。

布拉格学派的功能语法观以交际动能的视角来看待句内各成分的信息地位,句子成分有主位(theme)和述位(rheme)之分。主位是"对推进信递过程贡献最小的那个部分(即信递动力作用最小);换言之,主位除表达已经传递的意义外几乎不(或完全不)表达新的意义。相反,述位所起的作用信递作用最大……述位表达除已经传递的信息外最大部分的新增意义。"(克里斯特尔 1997/2002:305,359)主位到述位一般遵循从左到右的语序,两种成分之外又一些过渡词语。后来也有学者将句子的信息量总结为"线性增量原则",即越往后,信息量越大(参看方梅 2005 及所引文献)。主位和述位的划分与其他学者说的"话题-述题"有很大的重叠,常规状态下也与主语和谓语对应(整句焦点结构、主语重读成焦点、宾语前置话题化、主语后置右出位等情况除外)。正如捷克语言学家 Krupa(1982)所指出的,主语与话题一致,展示了最低程度的交际动能,所以占据句首之位;话题之后,动词短语与述题一致,包含了动词和宾语。Krupa 并引述 Sgall 等的分析指出,动词的交际动能居中,强于主语,弱于宾语。因此,在这一点上,SVO 语言是最符合交际动力学的。[2] 宾语在 SVO 语言中位于句末,常被称为自

---

[1] 即使是像日语这样连主语也需要格标记的语言,不同题元的凸显度差异仍有表现。主语、直接宾语的格标记 -ga 和 -o 在带话题标记 -wa 做话题时不再出现,而 -ni 做间接宾格标记带 -wa 时也可不出现,做处所格标记时则必须保留。也就是说,做话题时,主语和宾语无需格标记就能确定其句法地位,是更凸显的成分。

[2] 当然,Krupa 认为交际动能因素是影响语序类型的主要因素之一,语言中还存在影响语序的其他因素,如 SOV 在另一些因素上就胜过 SVO。有趣的是,Krupa 把交际动能因素称为认知因素,可见对"认知"的认知有很大弹性,本文与"认知"区别的"功能"也被他归入了"认知"。

然焦点（常规焦点），特别是汉语句子总是最右边的成分有自然焦点的性质（张伯江、方梅 1996：118—120；刘丹青 1995，2011；刘丹青、徐列炯 1998），这是很符合这一原理的。Lambrecht（1994：Chap. 4）的信息结构理论将一个句子中属于当前兴趣和关切所在的已经确立（预设）的成分归入话题，提供新信息的部分则是焦点。在通常情况下，主语是预设信息，属于话题，而宾语更容易作为新信息在焦点的范围内。

从信息新旧和信息量的角度说，一个句子中总是属于新信息、带有更多信息量的成分是要传递的主要内容，否则交际就不能推进，也变得没有意义。新信息中，焦点的信息量最大，这是说话人最希望听话人关注的。因此，焦点自然成为功能上凸显的成分，有时"凸显"的名词形式 prominence 就被用作 focus 的同义词。如维基百科"焦点"条就说：

　　Lexicogrammatical structures that code prominence, or focus, of some information over other information has a particularly significant history dating back to the 19th century.

　　标注某种信息胜过其他信息的凸显性或曰焦点的词汇语法结构有一段可追溯到 19 世纪的特别重要的（研究）历史。（下划线均为引者所加）

标注焦点的操作手段常被称为 highlight，highlight 就是动词义的"凸显"。结合布拉格学派的观点和语法化理论来看，宾语普遍比主语居后的语序共性（Greenberg 1963）其实就是焦点在后的倾向常规化（凝固）的产物。SVO 语言通常是信息焦点居末而 SOV 常是焦点在紧靠动词之前的位置，这似乎也证明了宾语与焦点的常规匹配关系。

至此，我们可以将句子成分的认知凸显观和功能凸显观放在一起比较一下（＞表示强于）：

认知语法：主语凸显＞宾语凸显（＞旁格……）

功能语法：宾语凸显＞（谓语动词凸显＞）主语凸显

由此可见，就主语和宾语来说，两种凸显观的分析结果基本是相反的，其分析的理据是完全对立的。因此，在一般文献中，如果单纯谈论凸显，而不指明是认知的凸显观还是功能的凸显观，不但意义不明，而且还可能是误导的。读者不知道此处"凸显"代表什么,甚至可能理解得和作者完全相反。假如我们试图将两者糅合在一起,那么会出现这样奇怪的结论:"(认知上的)凸显度与信息强度和焦点性成反比。一个成分信息强度越低,越凸显(主语)。一个成分信息强度和焦点性越高,就越不凸显(宾语)。"或:"越凸显的成分(主语),信息强度越低;越不凸显的成分(宾语),信息强度和焦点性越高。"这是足以让人困惑的结论。

  在认知语法中,与凸显直接相关的术语还有借自视觉感知的"图形(凸体、目标物、主体)-背景(参照物)"(figure-ground)的划分或近义的"射体-路标"(trajector-landmark)的划分(参看 Taylor 2002:206)。简单地说,在一个句子所表达的命题中,相对凸显的名词语就是图形或射体,就像一张画纸上画着图形的部分或一个空间事件中存在或运动的主体,而另一部分则是衬托图形的背景或空间事件中用来观察主体存在或运动状况的路标。虽然这里的"背景"用的是 ground(场地)这个词,但是对它的解释仍然是 background(Taylor 2002:10)。反之,对 figure 的解释也可以是 focus of attention(注意焦点)和 foreground(前景),见 Holme(2009:142)。Taylor(2002:206)也明确地说,射体是一个更加凸显(more prominent)的实体,是首要注意焦点(primary focus of attention),而路标是次级注意焦点(secondary focus of attention)。从具体分析看,在一般的句子中,主语被认定为图形或射体。如:

  (1)a. The farmer shot the rabbit.~b. The rabbit was shot by the farmer.

Taylor(2002:11)指出在心理意象上,a 句关注农夫做了什么,以农夫为图形;b 句关注兔子怎么了,以兔子为图形。而路标位于句子后部也是正常的现象。潘秋平(2009)以射体-路标概念分析上古汉语的"于"字短语,认为动词后的"于(於)"不管引出的是处所、终点、源点还是比较基准、被动句施事,都是认知语法中的引出路标的标记,如:

  (2)公居於长府。(《左传·昭公二十五年》)

（3）由也升堂矣，未入於室也。(《论语·先进》)

（4）虎兕出於柙。(《论语·季氏》)

（5）丁未，献楚俘于王。(《左传·僖公二十八年》)

（6）方寸之木可使高於岑楼。(《孟子·告子》)

（7）不以师败於人也。(《谷梁传·庄公二十八年》)

显然，这种以主语为首要凸显成分，以句末成分为背景（路标）的认知视角，与功能语法认为各个成分的信息重要性越往后越增加、到句末最为凸显的观念是格格不入的。

认知语法认为图形-背景的处理是受说话的识解（construal）控制的，同样的客观关系可以用不同的主观视角来识解，实现为不同的句子结构，如例（1）中 a、b 两句的主动被动对立。但是，有些图形-背景关系是语义决定的，也与一定句式对应，但未必受语序影响。例如，参考刘宁生（1994，1995）分析的空间关系，我们知道，在体积差距显著的大小两个事物间叙述空间关系，只能以大物为背景，以小物为图形。如（例子经笔者改编）：

（8）a. 银行前面有一辆自行车。

　　　b. 一辆自行车在银行的前面。

　　　c. 这辆自行车在银行的前面。

（9）a. ？自行车后面有一个银行。～？银行在自行车的后面。

（8）中的两种句式，不管"银行"和"自行车"在句首还是句末，按认知语法的分析，"银行"都是背景，"自行车"都是图形。其中（8a）这样的"有"字句被刘宁生（1995）认定为由参照物到目的物的句型，（8b）这样的"在"字句则是从目的物到参照物的句型。例（9）将"银行"和"自行车"的认知关系进行了倒置，"银行"做图形，"自行车"做背景，句子就很不自然了。由此可见，认知关系中的凸显-背景关系，对语序不很敏感，而对语义关系敏感。而对功能语法来说，语序是极其敏感的参项。在（8a）中，"银行"在句首，一般是已知信息，是主位，交际动能很弱；"自行车"在句末，是新信息和自然焦点，是交际动能最强的凸显成分。至于（8b），从信息结构理论看，更可能是

Lambrecht(1994：124，138)所说的事件报道句(event-reporting)，亦即整句焦点结构(sentence-focus structure)，全句都是焦点(述位)，而(8c)则肯定以"这辆自行车"为主位，"银行的前面"是交际动能最强的自然焦点。

总体上，Langacker等认知语法学者认定图形和句法成分存在着统一的投射关系：主语最凸显，用来表征图形；宾语其次，用来表征背景，而动词谓语则是用来联系主语和宾语之间的图形-背景关系的(Ungerer & Schmid 1996：172)

实际上，功能语法也有貌似figure-ground的术语对，即foreground-background(前景-背景)，但是双方含义交汇甚少。方梅(2005)对前景-背景观念有较好的介绍。总的说来，功能语法的前景-背景更关注事件的叙述部分而不是名词语，前景信息"是构成事件主线"的信息，背景信息是"围绕事件的主干进行铺排、衬托和评价，传递非连续的信息(事件的场景，相关因素等)"。在语序方面，方梅(2005)指出"小句层面上，连动结构内部，背景在前，前景在后"，这种从背景到前景的语序视角与认知语法从主语图形到句末宾语做背景的语序视角是判然有别的。

问题的复杂性在于，功能语法的"背景化"，有时又是与认知语法的背景观比较一致的。例如，方梅(2008)认为描写性关系从句是一种由背景化触发的句法结构，即由原来作为前景的独立小句变成作为背景的定语，比较："你<u>还在读书</u>"和"<u>还在读书</u>的你偷偷喜欢上班里一个女孩子"。而认知语法通常也认为定语相对于核心是背景，如the picture above the sofa(沙发上方的画儿)由画儿做图形，沙发做背景；the sofa below the picture(画儿底下的沙发)则由沙发做图形，画儿做背景(Taylor 2002：205)。

正如Taylor(2002：11)所言，认知语法把figure-ground和各种凸显现象都归为认知识解(construal)的结果。这种凸显性表现在很多方面。例如，沈家煊(2000)对汉语"偷""抢"和英语steal、rob的对比分析，就是对典型的成分"凸显"(沈文用"凸现")现象的认知语法分析思路。偷抢事件都涉及施事、受害人和转移的财物这三个要素。沈文通过分析显示，虽然汉语和英语相关词语的句法功能不完全相同，但共同点是在施事主语之外，"偷"和steal凸现财物，财物名词更容易成为直接宾语，而受害人可以不被凸现；"抢"和rob则凸现受害人，财物可以被抑制。这种识解，有很强的认知基础，因为偷窃行为的主要损失是财物，因而更容易成为人们的关注点，而对于抢劫行为，人们更关注的是对受害人的伤害，因此受害人更容易被凸现。这里说的凸现与否，跟信息结构理论和语篇功能语法所说的"凸显"，不能混为一谈。

"凸显"现象，本来都指心理感知上的显著性，为什么静态的认知视角和动态的语篇视角各自分析结果会有如此大的区别甚至对立？这是超学派的一般语言学理论应当解答的问题，而目前还很少看到讨论，因为不同学派倾向于只关注各自理论体系内的问题。

假如认为两种理论有分工互补的关系，那么，理论上比较诡谲的问题是：句子前部的主语通常是认知语法认定的凸显部分或称注意焦点，正常句子的后部是功能语法默认的凸显部分甚至是信息焦点所在。那么，是否一个句子里基本全是凸显的部分和焦点？还有什么是不凸显的呢？动词谓语在认知语法中是起联系作用的，似可认为不凸显，但布拉格学派认为动词谓语在交际动能上比主语要凸显些，而没有宾语状语时谓语动词本身就可以是凸显的成分，所以仍然不是非凸显成分。凸显本来就是一个相对概念，相对于不凸显的部分而言。假如句内成分都是凸显成分，那凸显还有什么意义呢？

在汉语研究实践中，凸显观的模糊会对一系列具体问题的研究产生影响，也可能是诸多困惑难题的源头之一。最明显的是，很多涉及特定句法结构特别是特定句法操作的研究都会提到"强调"或"重要"，它们都可以视为"凸显"的近义词，也有很多文献直接称"凸显"，但很少说明是依据认知语法还是功能语法。如果不在这一分野的前提下讨论，可能一个句法结构中哪个是强调的、重要的、凸显的，哪个是未强调的、不重要的、不凸显的，就缺乏讨论基础，难觅共识且使概念没有意义。具体涉及的汉语现象和问题如：

1."把"字处置式到底强调哪个成分？时常看到为了强调宾语而用"把"字将宾语提到动词之前的说法，又有说用处置式是为了突出动作的结果，所以一定不能用光杆动词。如：

（10）他打伤了自己的同事。~ 他把自己的同事打伤了。

此例处置式到底强调了哪个成分？是认知意义上的凸显还是功能意义上的凸显？

2. 受事话题化是为了强调什么？我们也不难看到针对处置式的那两种说法。例如：

（11）小张喝完了那瓶酒。~ 那瓶酒，小张喝完了。

3. 动结式中哪个成分是更"重要"的？如"打伤、喝完、追累、骂哭、来早了"等。这个问题又进一步影响到动结式一类动补结构句法核心的判定问题。有人认为语义上动词更重要，是核心；有人认为补语更重要，是核心。也有人认为语义重要和句法核心不是一回事。

4. 现代汉语"连"字句中，如"他连自己的同事都不认识了"，"连"后的成分是不是句子中最强调的成分？它到底是话题还是焦点？抑或兼而有之？

这些问题，都应当尽量在区分功能凸显与认知凸显的基础上进行反思和探讨。

四、句法等级，焦点重音与两种凸显观的对立

认知语法对句法成分认知地位的确定大致与该成分的句法地位等级成正比，跟该成分的句法深度（或内嵌程度）成反比。即一个成分所处层次越大，越凸显；越是内嵌，越不凸显。就名词短语来说，前引 Keenan & Comrie（1977）以跨语言比较揭示了其可及性等级序列：

主语 > 直接宾语 > 间接宾语 > 旁格 > 领属语 > 比较基准

这一序列既反映了名词短语在不同句法位置的凸显程度，也与这些位置的句法等级相一致，Croft（2003：146）就直接将这一类序列

称为语法关系等级。传统上把以上成分从左到右的操作变化称为降格（degrading），例如：英语施事主语到被动句中用 by 引出变成旁格，英语施事主语在名词化后变成现在分词的领属语（His coming pleased me），土耳其语受致使动词支配的及物从句的原主语要变成间接宾语，双及物从句的原主语要变成旁格（Comrie 1989：175—176），等等，这些句法操作，都被视为降格。

功能语法所认定的凸显、焦点成分大致与该成分的句法地位成反比，一个成分越是从属、内嵌，越能得到凸显。主语在大层次，宾语在小层次，主语往往是背景信息，宾语更有交际动能和新的信息量，更容易成为信息焦点。在论元位置，做定语的又比做核心名词的更加凸显。例如，徐杰、李英哲（1993）认为定语比中心词更容易成为焦点。

如此说来，似乎认知语法认定的凸显成分比功能语法认定的凸显成分更能得到句法表征。从句法等级上看，确实如此。但是，从语音的重读模式来看，却是功能语法所认定的各种凸显成分才能得到常规重音的表征。

Chomsky & Halle（1968，转引自徐烈炯 2005）指出英语句子必须有核心重音，在没有上下文的情况下，核心重音一般落在句末。这意味着对于不及物句而言，重音落在谓语动词上或其后置状语上，对于及物句而言，重音落在宾语上或宾语的定语、状语上。这也基本符合 SVO 语言自然焦点的位置，可以认为核心重音基本与自然焦点的位置一致。Cinque（1993，转引自徐烈炯 2005）进一步考虑到各种语言的情况，把核心重音的位置界定为"树形图递归方向嵌套最深的位置"。英语是右分枝结构，核心重音在句子最右端的一个词。德语、荷兰语有左分枝结构，宾语位于动词的左侧，所以句中出现动词前的宾语时，重音会在动词前的宾语上（这些语言也有动词后的宾语，此时核心重音仍在句末宾语上）。

语句核心重音的安排，基本上符合句子中交际动能或信息流的常规，也符合功能语法的信息增量原则，与常规焦点的位置基本一致，因此不妨称为常规重音。王洪君（2008：274）指出 Cinque"这一原则的根据，我认为是句子的无标记的新信息落在句子的宾语上，而新信息要承担重音"。另据 Kim（1988）对众多语序固定的 SOV 语言的考察，大多数这类语言都遵循信息焦点紧靠动词之前的位置，只有少数情况下受其他规则的影响而有所偏离。紧靠动词前的位置对于 SOV 语言来说通常与宾语位置一致。因此，无论是 SVO 语言还是 SOV 语言，假如不考虑宾语内部结构，核心重音、常规焦点（或信息焦点）和宾语三者的位置是一致的，这一方面与布拉格学派的交际动力学一致，而宾语位置又符合形式语法所界定的"递归方向嵌套最深的位置"，这里体现了功能语法和形式语法的交会。

重音是公认的凸显手段，在一个句子中，带重音的成分总是焦点或处在焦点所在的短语中，自然是被凸显的成分。有些文献直接用 prominence（凸显）代表重音，加上前面引用的 prominence 与 focus（焦点）的同义用法，"凸显、焦点、重音"成了功能语法中的一组同义词。如 Zubizarreta & Vergnaud（2000，转引自端木三 2007）的主重音指派规则就表述为 "Assign main prominence to the first selectional dependent"，端木三将 prominence 直接翻译成"重音"："主重音落在最低的被选辅助成分上"（下划线为引者所加）。而无标记状态下，主语总是不带重音的，也即不被凸显的。

至此，可以小结如下：

认知语法的凸显：与句法等级基本一致，等级越高越凸显。但与重音模式基本相悖。

功能语法的凸显：与焦点重音模式基本一致，越优先得到重音越凸显，但与句法等级基本相悖。

尤其是"句法上嵌套最深的位置"这一界定，把信息焦点与认知所讲的凸显更明显地对立了起来。认知语法中，层次越高的成分越凸显，嵌套越深的成分越不凸显，而对信息结构而言，嵌套越深，越容易成为焦点，得到重读。

这种反比关系，也在一些重音学说中得到部分印证。除上引 Zubizarreta & Vergnaud（2000）的主重音指派规则外，端木三也曾提出重音指派的"辅重原则",即一个结构中总是由辅助性成分(即从属成分)获得重音(或成为更长的词形),核心成分则没有重音。他认为这个理论可以包含 Selkirk 的句法深度原则,因为核心是词,辅助成分(即从属成分)是可以扩展的短语,总比核心更具有句法深度。[①] 后来端木三(2007)将该原则发展为"信息-重音原则",表述为"信息量大的词要比其他词读得重"。而"辅重原则"则被视为可以从"信息-重音原则"推导出来,因为辅助成分通常具有更大的信息量。尽管辅重原则存在一些反例,但是总体上句法结构中的从属成分更常重读,而嵌套更深的成分也总是辅助成分。这也与徐杰、李英哲(1993)认为修饰成分比中心成分和中心语更容易成为焦点的观点是一致的。

不过,重音模式与句法成分的等级也不完全是反比的。我们已经注意到以下复杂情况:

1)主语如果处在整句焦点句中,或主语本身充当信息焦点(如回答主语位置的疑问代词问句),则主语也会带重音,如:

(12)A:出啥事了! B:老张的车坏了。(整句焦点句的主语)

(13)A:谁来帮助我一下? B:我来帮助你吧。(主语"我"是焦点)

这时,认知语法的凸显成分也是带重音的凸显信息。这些重读的主语如译成日语都要带主格标记 ga 而非话题标记 wa。再如,非限制性关系小句比起相应的独立小句来其地位已降格为定语,但在功能语法中也看成背景信息(见前)。但这些不改变认知语法的凸显观与功能语法的凸显观总体上的对立态势。

2)Selkirk 在英语名词性复合词重音规则的研究中发现,复合名词前的定语是核心的论元时,要重读定语,定语是非论元时,要重读核心名词(参看王洪君 2008:274—275;周韧 2011:51—54),如

[①] 不过其具体分析显示两者是不同的。端木三认为主语也是辅助成分,也可以获得相对于谓语动词的重音。但是,在整个句子的结构中,主语是处于最外层,主语本身不可能有句法深度。另外其列举的 Mary saw a rabbit 中的 Mary 也带重音,只发生在整句焦点的情况下,而这不是主谓结构的常规情况。

CHICKEN thief（偷鸡贼）~ kitchen TABLE（厨房桌子）。CHICKEN（鸡）是 thief（贼）的论元（贼偷鸡），要重读；kitchen（厨房）是 TABLE（桌子）的处所，不是论元，不重读，重音要放在 TABLE 上。据周韧（2011）分析，汉语复合词的论元定语都要重读，非论元则表现不一。尽管不像英语那么整齐，但至少论元仍比非论元更确定要重读。在句法上，论元是等级更高的成分。在上引名词性短语可及性等级序列中，主语之后是直接宾语，然后依次是间接宾语、旁格成分等，论元相当于直接宾语，非论元相当于旁格成分。在这里，是句法等级高的论元比句法等级低的非论元更容易获得重音。这是与其他重音规则表现有别的。

3）有些独立小句可以关系化后成为非限制性关系从句，即转化为句法地位更低的定语，但并没有因此提升其信息地位，反而在功能语法中被分析为背景化信息（方梅 2004），这是功能语法与认知语法的处理一致的地方。

总体上，这一格局留下了一个重大的语法理论问题：为什么句法地位的等级与常规焦点重音的等级基本是相反的？

我们知道，对比焦点的重音（所谓逻辑重音）与句子原有的凸显等级不符是完全可以理解的。这种重音，就是为了打破句子的常规理解，聚焦于句子的一个特定的部分，从而达到凸显对比焦点的作用。而常规焦点重音是句子在无标记、无特定上下文限制的情况下所带的重音，反映的是句子的默认语义，因此，常规焦点模式与句法等级模式的对立就是需要解释的了。这似乎是不同的语言学学派各忙各事而没有共同正视的问题。

五、讨论与分析

5.1　两种凸显观矛盾的原因

上文第二节提到了功能语法和认知语法在基本观念和研究思路方面的一系列区别。这些区别是造成两种凸显观差别的根本原因。

如前文所说，功能语法是一种动态视角，关注话语推进过程的信息结构。交际动能是推进话语的主要动力。没有新信息，就没有话语的必要。新信息中的重要信息，即焦点，是说者最想让听者关注的信息，交际动能最强，自然成为动态句子的凸显成分。

认知语法是一种静态的视角，体现说话人在话语前就存于心中的交际意图。交际意图的核心是让听话人关心说话人所关心的同样的对象，让听话人的注意力围绕这些对象，也就是多少具有话题价值的要素，而话语的展开，都是为了让听话人通过一系列新信息认同说话人对话题性要素的认识。因此，存在于说话人心目中的被特别关注的话题性要素由于其认知重要性而被视为凸显成分，是句子所围绕的中心。这便是静态的句法结构上的凸显成分。

从另一个角度说，功能凸显和认知凸显分别侧重在听者和说者。

功能语法更侧重听者视角，最重要的是关注哪些对听话人来说是新的信息——没有新信息的话语会被听话人认为是无意义的、浪费时间的。

认知语法更侧重说话人的视角，最重要的是关注哪些是稳固存在于自己头脑中要让听话人也关注的要素，至于围绕这些要素所展开的话语，往往是根据需要临时添加的，目的是引导对方采纳说话人对这些要素的印象和理解。

功能和认知的又一大区别是二分和多分。

功能的凸显是聚焦，聚焦的结果就是确定一处为焦点，其余为非焦点，因而它是二分的。功能语法提出"单一新信息原则"，即每个语调单位容纳一个新信息，而一个语调单位大体上等于一个小句（参看方梅2004），新信息以外的成分就是非凸显成分。焦点成分的添加或焦点标记标注对象的变化，会改变凸显信息的位置，例如用重音或加标记手段标注的对比焦点，会覆盖原来仅靠语序体现的自然焦点，使之不再有焦点的功能（刘丹青、徐烈炯1998），所以一般不会增加新的焦点。

认知的凸显反映头脑中不同要素的重要性程度，它们可能据此被投射到不同的句法位置，所以一个句子中可能有多个成分处在不同的凸显度上，有最凸显的、较凸显的、稍不凸显的、最不凸显的，等等，因而自然是多分的。成分的添加可能导致凸显度等级数量的增加。在凸显度多分法的基础上，才可能产生可及性等级序列。

功能凸显的二分性和认知凸显的多分性，使得两者在理论上可以避免完全的对立。

功能的凸显主要体现在在线展开的话语中，要让听者及时了解说话人的强调点，说话人会随时根据句子的信息结构自然地赋予焦点成分以合适的重音。假如句子没有特别强调的重音，那么句法化为宾语或同等语序位置的成分就会作为默认的自然焦点而被赋予常规重音。通常情况下，一个句子也只有一个重音，正好符合单个焦点或单项新信息的功能原则。

认知的凸显主要存在于头脑中，因此不必在重读上体现出来。而且多分的凸显度，也使得重音模式难以准确表征，因为句内重音的等级有限，很难区分出如此多的凸显等级。

由此看来，功能语法和认知语法各自有很不相同的凸显观，根本上是因为两种语法观的理论出发点和关注重点各不相同，所谓凸显的实际所指也非常不同，交集很少。因此，为了避免误解，最好尽量将两者的术语分开，即功能的凸显和认知的凸显各用一套术语。功能的凸显，可以多用"聚焦""焦点"一类概念。认知的凸显，其实可以具体化为话题性和可及性，两者多数情况下是叠合的。

5.2 图形-背景：并不恰当的认知语言学比喻

经过以上分析，我们再来反思一些概念的合理性。认知语法借用平面艺术的概念提出"图形（凸体）-背景"的概念，认为句子中的某些成分犹如平面艺术中的图形（或译为凸体），句子的其他部分或某一部分则如背景，用来凸显图形的部分。

这一对比喻概念非常形象、鲜明，成为认知语言学的基本概念，Langacker 则更喜欢用"射体-路标"（trajector-landmark）的概念对，射体基本等于"图形"，"路标"则等于"背景"（Ungerer & Schmid

1996：172—173）。下面主要针对"图形-背景"进行分析，基本适用于"射体-路标"概念。

　　前文的分析指出，这一比喻所说的背景，完全可能是句子的自然焦点所在，也就是功能凸显的地方。这一事实，就对这一比喻构成了直接的挑战。我们认为认知可以有跟功能不同的凸显观，两者凸显的成分不必等同。这意味着，认知不凸显的成分可以是功能凸显的成分，功能不凸显的成分可以是认知凸显的成分。但是，认知的凸显观，不宜把功能凸显的成分说成仅仅是为了衬托图形的背景。假如一张图画一只乌鸦，画面内其余部分留白，那留白之处可以说是背景。这一背景仅为凸显图形而存在，其本身的形状和颜色都不重要。在不妨碍凸显图形的前提下，背景部分也可以换成其他颜色如红色或蓝色，还可以换上条纹甚至真正的树枝，整个画面的基本内容相同，都识别为一只乌鸦。但是对于很多被认知语法认定的"图形-背景"句或"射体-路标"句来说，背景和路标根本不是无关紧要、可以更换的东西。例如：

（14）自行车停在房间里。

（15）自行车停在窗户外。

（16）自行车停在半路上。

　　按认知语法的分析，这些句子的图形都是"自行车"，后面的空间位置是句子的背景，而不同空间位置的交替，就可以认定为背景的替换。

　　可是，这些句子是意思大致差不多的吗？其背景部分的替换不影响图形的表达吗？

　　绝不。我们知道，按功能语法分析，这些句子中的句末处所成分是句子的新信息和自然焦点所在。假如第一句说成"房间里停着自行车"，那焦点的成分就是"自行车"了。句末的焦点，提供了句子的主要新信息，以上每个小句都传递了完全不同的新信息，句子的真值条件和表达功能是非常不同的。

　　更加根本的问题是，从以上分析可见，认知的句内成分凸显性不是二分的，而是多分的，是有不同等级的，这就使得认知凸显度可以不与功能凸显度完全对立。而图形-背景学说强化了认知凸显的二分性，与认知凸显性的多分法有理论系统内的内在冲突。这种二分观，也会加剧认知凸显和功能凸显的对立，造成"认知凸显＝功能不凸显的背景信息"及"功能凸显＝认知不凸显的背景成分"。从跨学派的一般语言学角度看，这也是不可取的。

从以上分析看，我们认为至少就认知语法目前认定的图形与背景二分的实际所指来看，这一比喻或类比也许可以用来解释小部分句子的某些属性，未必具有普遍性用途。

六、小结

功能语法和认知语法虽然都被认为是广义的功能语法，共同与形式语法相对立。但是，实际上以布拉格学派和美国西海岸功能学派为代表的狭义功能语法与认知语法存在着研究对象、理念和方法方面的深刻差异，导致他们即使使用同样或类似的术语，实际所指也非常不同，甚至尖锐对立，突出表现在对"凸显"观念及其相关概念的解读上。

大体上，功能语法和认知语法存在着一系列研究倾向上的对立：是注重话语的动态还是注重句子的静态，是关注话语的交际过程还是关注句子的形成机制，是注重句子表层呈现出的单位还是关注头脑深层存在的现象，是注重组合关系还是注重聚合关系，是注重实际语篇还是注重内省测试，是注重经验实证还是注重假设求证。

这种对立导致了凸显观的重要差别。总体上，认知的凸显与句法关系等级大体一致，与名词短语可及性等级序列基本成正比，即主语＞直接宾语＞间接宾语＞旁格＞领属语＞比较基准。而功能语法的凸显度，主要由交际动能和信息量决定，一般是内嵌越深越凸显、越是从属成分越凸显、越往右边越凸显。功能语法的凸显度能得到常规重音的表征，而与句法关系等级大致成反比。

认知语法的图形-背景学说或射体-路标学说与功能语法的前景-背景学说也有对立的地方，但在另一些具体问题上，也有部分的重叠，例如认为主句谓语是前景,关系从句是背景。

　　功能凸显和认知凸显的区别是由两者的研究取向造成的,两者的交会处很少,对立处很多。虽然近期的认知语法也比较重视实际话语的分析,有动态的取向,但是正如2.5节所分析的,认知的动态观主要关注的还是话语中的构式,而不是话语和话语规则本身,因此相关概念的尖锐区别于功能语法的解读并没有改变。为了避免语言学文献解读上的困惑,最好使用两套不同的术语而不是赋予同样的术语非常不同甚至对立的含意。例如功能凸显称为"聚焦""焦点"等,而认知凸显称为"话题性""可及性"等,话题性和可及性基本上是交叠的。总体上,功能的凸显在句子中是二分的,句法成分大致分为凸显和非凸显两类;认知的凸显是多分的,有不同凸显度的多种成分。但是,figure-ground 学说强化了认知凸显的二分性,而且常常将功能凸显的成分认定为背景,与图像识别上真正的背景相距甚远,使认知凸显和功能凸显的矛盾更加尖锐。因此,这不宜作为普遍性的分析工具用于各种句子类型的分析。

参考文献

端木三　2007　重音、信息与语言的分类,《语言科学》第5期。
方　梅　2004　汉语口语后置关系从句研究,《庆祝〈中国语文〉创刊50周年学术论文集》,北京:商务印书馆。
方　梅　2005　篇章语法与汉语篇章语法研究,《中国社会科学》第5期。
方　梅　2008　由背景化触发的两种句法结构——主语零形回指和描写性关系从句,《中国语文》第4期。
克里斯特尔(Crystal, D.) 1997/2000 《现代语言学词典》,沈家煊译,北京:商务印书馆。
刘丹青　1995　语义优先还是语用优先——汉语语法学体系建设断想,《语文研究》第2期。
刘丹青　2011　"有"字领有句的语义倾向和信息结构,《中国语文》第2期。
刘丹青、徐烈炯　1998　焦点与背景、话题及汉语"连"字句,《中国语文》第4期。
刘宁生　1994　汉语怎样表达物体的空间关系,《中国语文》第3期。
刘宁生　1995　汉语偏正结构的认知基础及其在语序类型学上的意义,《中国语文》第2期。
潘秋平　2009　从认知语法看上古汉语的"於",《汉语史学报》第八辑,上海:上海教育出版社。

沈家煊　1999　《不对称和标记论》，南昌：江西教育出版社。
沈家煊　2000　说"偷"和"抢"，《中国语文》第 4 期。
宋文辉　2012　汉语动结式的功能与认知研究，项目报告手稿。
王洪君　2008　《汉语非线性音系学》（增订版），北京：北京大学出版社。
徐　杰、李英哲　1993　焦点和两个非线形语法范畴："否定""疑问"，《中国语文》第 2 期。
徐烈炯　2005　焦点的语音表现，《焦点结构和意义的研究》，徐烈炯、潘海华主编，北京：外语教学与研究出版社。
张伯江、方　梅　1996　《汉语功能语法研究》，南昌：江西教育出版社。
周　韧　2011　《现代汉语韵律与语法的互动关系研究》，北京：商务印书馆。

Bybee, J. 2006. From usage to grammar: The mind's response to repetition. *Language*, 82(4), 711-733.

Chomsky, N., & Halle, M. 1968. *Sound Pattern of English*. New York: Harper & Row.

Cinque, G. 1993. A null theory of phrase and compound stress. *Linguistic Inquiry*, 24(2), 239-297.

Comrie, B. 1989. *Language Universals and Linguistic Typology*. Chicago: University of Chicago Press.

Croft, W. 2003. *Typology and Universals* (2nd ed.). Cambridge: Cambridge University Press.

Croft, W., & Cruse, D. A. 2004. *Cognitive Linguistics*. Cambridge: Cambridge University Press.

Dixon, R. M. W. 1994. *Ergativity*. Cambridge: Cambridge University Press.

Du Bois, J. 1987. The discourse basis of ergativity. *Language*, 63(4), 805-855.

Evans, V., & Green, M. 2006. *Cognitive Linguistics: An Introduction*. Edinburgh: Edinburgh University Press.

Givón, T. 1979. *On Understanding Grammar*. New York: Academic Press.

Greenberg, J. H. 1963. Some universals of grammar with particular reference to the order of meaningful elements. In J. H. Greenberg (Ed.), *Universals of Language*. Cambridge: M. I. T. Press.

Holme, R. 2009. *Cognitive Grammar and Language Teaching*. Basingstoke: Palgrave Macmillan.

Keenan, E. L., & Comrie, B. 1977. Noun phrase accessibility and universal grammar. *Linguistic Inquiry*, 8(1), 63-99.

Kim, A. H. -O. 1988. Preverbal focusing and type XXIII languages. In M. Hammond, E. Moravacsik, & J. Wirth. (Eds.), *Studies in Syntactic Typology*. Amsterdam: John Benjamins Publishing Company.

Krupa, V. 1982. Syntactic typology and linearization. *Language*, 58(3), 639-645.

Lakoff, G. 1987. *Women, Fire, and Dangerous Things: What Categories Reveal about the Mind*. Chicago: The University of Chicago Press.

Lakoff, G., & Johnson, M. 1980. *Metaphors We Live By*. Chicago: University of Chicago Press.

Lambrecht, K. 1994. *Information Structure and Sentence Form*. Cambridge: Cambridge University Press.

Taylor, J. R. 2002. *Cognitive Grammar*. New York: Oxford University Press.

Thompson, S. A. 1988. A discourse approach to the cross-linguistic category 'adjective'. In J. Hawkins (Eds.), *Explaining Language Universals*. Oxford: Basil Blackwell.

Thompson, S. A. 1998. A discourse explanation for the cross-linguistic differences in the grammar of incorporation and negation. In A. Siewierska, & J. J. Song (Eds.), *Case, Typology and Grammar*. Amsterdam: John Benjamins Publishing Company.

Ungerer, F., & Schmid, H. J. 1996. *An Introduction to Cognitive Linguistics*. Boston: Addison Wesley Longman.

Zubizarreta, M. L., & Vergnard, J. -R. 2000. Phrasal stress and syntax. In M. V. Oostendorp, & E. Anagonostopoulou (Eds.), *Progress in Grammar*. http: // www. roquade. nl/meertens/progress-ingrammar/index. html.

（原载 *International Journal of Chinese Linguistics*，2014 年第 1 期）

重温几个黎氏语法学术语

黎锦熙先生是创建现代汉语语法学体系的第一人，他在系列著作《新著国语文法》(1924/2001)、《比较文法》(1933)、《汉语语法教材》(1959，与刘世儒先生合著)中所用的语法学术语，曾在学术界和教育界产生过广泛影响。不过，其中有一些术语，随着其他汉语语法学体系包括教学语法体系中相关术语的通行而逐渐淡出汉语语法学界，一度几乎成为历史名词。但是，在时隔数十年之后，随着语法理论和汉语语法研究的深化，这些曾经淡出的黎氏语法学术语却又出现重归语法论著、再焕学术光辉的迹象，其学术价值值得重新估量。笔者所编著的《语法调查研究手册》就采用了一些一度沉寂的黎氏术语。而一些曾经取代这些黎氏术语的后起术语，则在学术发展中显露出某些不足，尤其是在跨语言比较和构建普遍性语法理论时显得捉襟见肘(刘丹青2007)。学术的历史，呈现出有趣的轮回，值得深思。

我们曾在《新著国语文法》(以下简称为"《新著》")出版60周年之际撰文(张拱贵等1984)，论述黎锦熙先生的这部开创性著作在汉语语法学史上的重要地位。20多年过去了，汉语语法研究在黎先生离世后依然快速发展，而黎先生语法学说的理论价值则在此过程中不隐反显，本文就想通过讨论黎氏语法学术语的学术价值来说明这一点。

术语的合理与否，不单单是一个名称问题，更是实质性的概念化问题。关键在于，该术语所提炼概括的现象，是不是一个具有科学性和内部一致性因而值得整合提取的概念，是不是一个有助于发现和提炼科学规则的概念。就是在这个意义上，我们重温几个隐而复现的黎氏语法学术语，探求这份学术遗产的内在学术价值和理论意义，体会黎先生在众人逐渐抛却这些术语时仍坚守这些术语的用意。

本文重点重温的黎氏术语有：补足语、(实体词的)位、代名词、指示形容词等。

一、补足语

黎氏的"补足语"来自英文传统语法，原文应为 complement。在传统语法中，补足语主要指由特定动词类别所带出的一些非宾语性的成分，尤其是表语性成分。《新著》将补足语分为三大类：同动词（即系词）所带的补足语、表示变化的内动词（变了、成了、现出）所带的补足语、外动词所带的宾语后的补足语。前两类都有表语性，最后一类相当于某些兼语句式中的后一谓语（工人请我<u>报告</u> / 我爱他们<u>诚实</u> / 工人推举张同志<u>做代表</u>）或作用相同但不带动词的名词（他们叫我<u>老哥</u>）。正如吕叔湘先生所说，补足语不同于后来所说的"补语"。可是两者使用同样的英文翻译——complement，这是造成很多术语理解障碍的要害。

"补语"是一个内部缺乏统一语法属性、与状语等无法区分的混杂概念（刘丹青 2005），在语法规则的描写中无法进行统一的概括，更是很难与其他语言和普通语言学沟通。与其他后起的语法体系以"补语"为六大成分之一不同，黎先生体系本身没有"补语"的概念。在《新著》中完全未见此语，后来则是将其作为后加的副词附加语（简称"副附"）在其他语法体系中的用语（黎钟熙、刘世儒 1959：310），即看作状语的一种，不是一种与状语有别的句法成分。这种"轻视"补语的态度，与吕叔湘先生对"补语"的态度颇为相近。吕先生早期也不用"补语"一词，后来在《现代汉语八百词》等著作中虽然启用此词，但"补语"的使用范围极其有限，仅指动词后某些带"得"的情状成分。至于结果补语和趋向补语，吕先生在《汉语语法分析问题》中明确认为动趋式、动结式"实质上是一种复合动词，只能作为一个造句单位，构成句子成分，不该分成两个成分"。到了晚年，吕先生在他的《现代汉语语法（提纲）》中（生前未正式发表，收入《吕叔湘全集》(2002)）更是完全抛弃"补语"的国内通行含义，重新将"补语"用于类似补足语的含义，这实际上已经回归补足语的时代。

在补语被确认为六大成分之一的大势中，黎、吕两位学者始终未"重用"通行的补语概念，而钟情"补足语"或等同于补足语的"补语"，大概都是看到了"补语"概念的弊端和补足语概念的必要。

"补足语"在当代语言学兴起后重新成为常用语法术语，其所指虽然与英语传统语法和黎氏所指有所参差，但其共同点都是指动词特定小类所要求的以名词性成分为原型的句法成分，与内地通行的补语含义无关。当代语言学尤其是形式语法所指的补足语，是动词、介词等所支配的论元性成分，主要指的是直接宾语或间接宾语，包括宾语从句。例如 give him a book 中的 a book 和 him 都是 give 的补足语，on the table 中 the table 是 on 的补足语。当代句法学有个常用概念 complementizer，直译是"补足语化标记"，实际指的就是用来引出宾语从句的关系代词一类成分，其作用就是让一个小句能充当宾语等论元成分，即补足语化，所以可以简译为"标句词"。在生成语法中，就指小句做动词、介词所支配的宾语类论元；在类型学描写中，则泛指小句做动词的主语、宾语等各种论元成分。如（Shopen 2007b：52）：

(1) *That Eliot entered the room* annoyed Floyd.

(2) Zeke remembered *that Nell left*.

斜体部分就是补足语化（即充当主宾语）的小句，这两个小句分别是句子谓语动词的补足语，而 that 就是使之能充当主宾语的语法标记，即标句词。

标句词这个概念在生成语法中经过理论再发展，成为高于 VP（动词短语）和 IP（屈折短语）的 CP（标句词短语 complementizer phrase）的核心。即使是一个母句，也被假设有一个形式为零的标明句子功能的标句词，使得 CP 成为句子最高层结构的代称。而一般的名词性宾语，因为无须标记，所以不需要 complementizer，这使得这个词只用于标注小句做宾语，所以有标句词的译法。

换言之，complement 在当代语言中主要指宾语，同样译为 complement 的"补语"则主要指动词后的一切非宾语，就排斥宾语。两种含义完全对立。

有些译者、作者没有刻意去分辨上述含义的根本对立，在翻译外文语言学文献或借用现代语言学观念时，就照着字面将 complement 译为"补语"，complementization 称为"补语化"（例如黄成龙（2006：209），指的就是小句做宾语），标句词 complementizer 译为"补语化标记"，让国内只熟悉六大成分的读者很容易误解为与通行的补语有关。可谓差以毫厘、失之千里。其根本原因是汉语学界将一个缺乏严格定义的"补语"概念用 complement 来翻译。

此外，在当代语言学中，形容词、名词如果具有所支配的成分（要求其同现的成分），也都叫补足语，例如"I am fond of classic music"（我喜爱古典音乐）中的 of classic music 就是形容词 fond 的补足语（classic music 则是 of 的补足语）。"It is not the case that he likes this"（并不是他喜欢这个）中 that 从句就是名词 case 的补足语。汉语"我们去杭州旅游的计划"中的"我们去杭州旅游"是"计划"的补足语从句，区别于关系从句，同样，"主队必胜的信念"中"主队必胜"是"信念"的补足语从句。换言之，补足语是主语、宾语等的上位词，是特定动词（或形容词、名词）小类所要求的结构完形成分。黎氏语法术语所说的补足语，是传统语法所说的补足语，在当代语言学中，虽然不是其最原型的补足语——宾语，但大多仍属于某种补足语，例如系词的补足语。它们与当代其他补足语的共同点在于都是由特定动词小类所支配的成分。吕叔湘晚年在《现代汉语语法（提纲）》中所说的"补语"，则更接近当代语言学补足语的概念。而国内通行的汉语语法所说的"补语"，则大部分不属于当代语言学所说的补足语，而属于状语性的修饰成分（只是后置于谓语核心）或次级谓语的成分（参看金立鑫 2009）。

下面来看一些当代中文语言学文献所用的"补足语"的用例：

石定栩（2002：184）：上面说的是核心词如何向补足语分配格，

适用于动词宾语、形容词宾语以及介词宾语取得格的情况。该书术语索引列明"补足语"对应 complement。这里所说的"补足语",就指动词、形容词、介词所带的宾语。而形容词所带"宾语"实际大多仍要通过介词实现,如上举 fond 之例。

沈阳等(2001:411)说:某一论元必须指派至某一结构位置,如(7)所示,处所论元在动词的限定语位,而客事论元在动词的补足语位。这里的例(7)句是"屋里跑进来一只狗",占据"补足语位"的"客事论元"就是指句中的存现宾语"一条狗"。

沈阳等(2001:406)以例(41a)"我们叫他老汪"为例说:"他"和"老汪"并不是两个论元,而是指同一个被称为"老汪"的人,所以动词"叫"只是一个单宾动词,"他"为宾语名词组,"老汪"是谓语动词"叫"的补足语,与"叫"共同构成复合谓语(complex predicate)。

此处将"补足语"与宾语对立,否认补足语的论元性,与沈阳等(2001:411)将论元与补足语联系起来的用法并不一致。这与该书由几位作者合著有关,不同作者所用术语并未完全统一。但是,此处"补足语"的用法,恰好与黎氏术语"补足语"的含义更加一致,而与国内通行的"补语"概念无关,也没有其他通行术语可以表达。

以上这些"补足语"如果直接由英文 complement 翻译过来,有时就被译为"补语",从而导致国内读者的误解。

由此可见,当代语言学在进行语法分析时,时常需要用到补足语的概念,虽然其含义在宽严程度上仍有些参差,但核心意义都是指动词等特定词语类别所支配或要求同现的成分,以名词性成分为典型(及物动词宾语后的补足语则为谓语性的),其他成分如小句等充当补足语则需要标句词等标记的帮助。黎氏术语中的补足语与当代语言学的补足语,虽然所指也有点参差,但具有同样的渊源,体现了这个术语的理论生命力。而通行汉语语法术语系统取消了补足语的概念,就无法表达上述论著所需要阐述的现象和规则。同样译为 complement 的"补语"一词对此并无用处。这大概也是吕先生晚年要将"补语"一词重新用于"补足语"含义的原因。

二、实体词的"位"

　　黎氏语法体系继承发展《马氏文通》"次"的概念，为实体词（名词性词类）设立了七个位：主位、呼位、宾位、副位、补位、领位、同位。表面上看，"位"由西方语言的"格"的概念类比而来，因而被指为在无格的语言中没有必要，是多余的概念。评论者多认为汉语由词类成分直接充当句法成分，在词类概念和句法成分概念之间不需要插入"位"这一类中介概念。如邵敬敏（1990：89）在评述《新著》的七位说时认为：

　　　　其实，不论是"格"还是"位""次"，对缺乏形态变化的汉语来说，显然是不很必要的。

陈昌来（2002：72）在评论《新著》时也说：

　　　　"位"重在说明实体词在用法上的多样性或变化，是为了分析句子设立的一套辅助术语，其实多与句子成分重复，汉语的名代词无格的变化，同一个词处于不同位置并无形式上的标志，因而设立"位"的概念并无多大必要。

　　实际上，除了《马氏文通》的"次/词"二元系统（主次、宾次、正次、偏次和起词、止词、转词、语词）和黎先生的"位/语"二元系统（主位、宾位等和主语、宾语等），早期其他学者的语法体系也在句法中设立二元或三元系统，如吕叔湘先生的《中国文法要略》中的"词/语"二元系统（起词、止词、补词等和主语、宾语、加语、端语等），王力先生借鉴"三品说"的"语/位/品"的三元系统（主位、目的位、关系位；主语、谓语等；首品、次品、末品）。这些多元系统难道都只是简单模仿形态的格而没有用处吗？黎先生并非不知道汉语没有形态上的"格"，但他直到后期仍坚持设立名词七位，是因为看到了用这个词类和句法成分之间的中介概念有益于说明很多语法规则。

值得注意的是，当代语法学各家理论，都在词类和句法成分之间设立一个中介层次，称为论元、配价、格等，不仅形态语言需要，非形态型语言同样需要。这是因为，作为句子核心的动词，常根据小类的属性而有相当稳定的同现关系模式，如论元结构等。单及物结构、双及物结构、作格动词（非宾格动词）结构、宾格动词（非作格动词）结构，等等，都是这种模式的具体表现形式，而同一模式的表层句法实现却有多种可能，须在更大的层面上选择。例如，"洗"这样一个单及物结构，可以形成动宾句（他洗了衣服）、"把"字处置句（他把衣服洗了）、受事话题句（衣服他洗了）、被动句（衣服被他洗了）、宾语省略句（衣服呢？——他洗了）等多种形式，在种种关系中，"洗"和"衣服"的语义关系并未改变。有些语法规则，有些词语的句法功能，只要求在论元结构这一类中间层次上叙述，不需要一一具体化为更细分的句法实现层次，这时，中介层次的概念就很重要。例如，指出"洗"这样一个动词要带受事论元/宾位，比指出它要带宾语更加准确，因为受事论元/宾位可以实现为宾语，也可以实现为宾语以外的成分，反而是说它要求有一个词充当宾语并不准确，因为该受事成分并不一定充当宾语。用黎氏术语来说，该动词需要由一个名词性成分"在宾位"。在黎氏语法体系中，"在宾位"的典型表现是做宾语，但不是只能做宾语，也可能转做其他句法成分，黎先生称为"变式的宾位"。在以七位为纲的《比较文法》中，第三章"宾位"的第三节就是"变式的宾位"，里面总结了"宾在动前""宾在句首""反宾为主"三种情况，这里的"宾"，指的都是宾位，而不是宾语。看黎先生的论述：

（一）宾在动前　宾位倒置在外动词前者，其法又有三：（甲）特介提宾；（乙）特介间宾；（三）径置动前。

（甲）特介提宾——用特别介词提宾位与外动词前者（引按：指"把"字处置句等）……

这里黎先生明确说倒置、提前的是"宾位"，而不是宾语。"宾位"在此的用处是很明显的。假如说"把"等介词提的是宾语，则介词的性质与宾语的性质是矛盾的，带了介词就是状语性成分而不再是宾语性成分。提的是宾位，就没有这个矛盾，宾位置于介词支配下，句法上就可以是状语了。在以"位"为纲的《比较语法》一书中，对各个位的说明，基本上都是讲变式的位远远多于讲常式的位，因为常式虽然是更常规的现象，但它能够用简单的话语说明，不像变式需要很多具体规则来控制。变式的大量存在，正说明位和句法位置的关系不是简单对应的，更不是重复的。后来的一些语法学体系，取消了位的层次，直接由词类通到句法成分，并且纯粹根据语序定成分，取消了提宾之类的说法，看起来固然是简洁了，但却在系统上割裂了一般动宾句和处置式、受事话题句等的内在联系，难以区分有内在联系的不同句子和没有内在联系的不同句子。所以，引进当代语言学后，重新设立了论元结构/配价之类层次，实际上就是在一定意义上回归到"位"这种中介层次。我们曾经在分析双及物结构的时候指出，双及物结构是某些动词所要求的一种论元结构，而双宾语结构是一种句法结构，双及物结构可以实现为双宾语结构，也可以实现为其他句法结构（刘丹青 2001）。实际上，也可以用"位"的观念来阐述，某些动词是双宾位动词，他们可以实现为双宾语结构，如"送他一本书"，但也可以实现为只有一个宾语的其他句法结构，如"送一本书给他"。

"位"的理论一方面便于揭示同在一位的成分做不同句法成分的情况，并有"常"和"变"之别；另一方面，也能揭示同一个句法成分容纳不同位成分的情况，也有常和变的区别。例如，宾语是一种句法位置，其典型的情况是容纳宾位名词。但是，在有些情况下宾语位置上出现的不是宾位功能的成分，而是其他成分，例如"副位"。《新著》97页在举到"在、往、到、上、下、出、入、进、过、回、离"等动词（后来学界称为"趋向动词"）时，指出"这种内动词，叫做关系内动词，常带副词性的宾语，即副位"。

也就是说，这些动词所带的成分，句法上是宾语，而位次上是"副位"，区别于作为宾语典型的宾位宾语。如果取消"位"的层次，我们就只能简单地将这些动词所带的成分称为宾语，无法揭示宾语和宾语之间的重要差别。例如，如该书 98 页注 3 所示，这类动词可以用在另一个动词之后起"介出副位"的"应看作'介词'"的作用，如"送进一个光明、空阔、透气的地方""投入别一个世界了"，"副位"一说，实际上提醒人们注意宾语和副位宾语的区别。后者不表示真正的受事，却表示空间趋向范畴，其动词有类似介词的作用。而其他的普通宾位并没有这样的语义和句法属性。

由此可见，黎氏术语中的"位"，像当代语言学中的"论元"（argument）、"加接语"（adjunct）等概念一样，其实质就是词类和句法层次之间的中介层次，其必要性在黎氏语法学著作和当代语法学理论中都得到了很好的展示，绝不是无事生非造出的多余概念。虽然"位"作为术语不一定要在当代复生，但是它实际上已在"论元""配价"这类新概念中获得了重生。

三、代名词、指示形容词等

代名词，是 pronoun 的准确翻译，它有稳定的含义，就是能代替名词的词，典型的代名词就是人称代词，如"你、我、他、她、你们、他们"等。而后来通行的"代词"，却包括了各种具有替代作用的词，其词性分别可归入名词、形容词、副词等，代词不再有真正的词性含义，它是这些词共同的语用功能而非句法功能的汇合，其立类的依据，不像其他词类那样是根据句法功能，而是根据语用功能，这就使它在句法分析中的作用不可避免地受限。

在国际语法学文献中，pronoun 至今不能泛指非名词性的替代性词语，需要泛指不同词性的替代形式时，有些当代语言学文献会用 pro-form（意为"替代形式"）来表示，如 Shopen（2007a：§2.1）就用 Pronouns and other pro-forms（代名词和其他代词形式）作为节名。而国内在翻译 pronoun 时往往就用"代词"，其实并不准确，应当用"代名词"，因为适合 pronoun 的规则未必适合非名词性的代词。例如说英语的主语可以由名词和 pronouns 担任，这个 pronouns 就不包括形容词性、副词性的代词 such、so、there 和疑问代词中的 how、where。在描写汉语时，有时也是"代名词"比"代词"更加准确，因为某些位置例如领属定语，就只允许名词性成分充当，则只有代名词才适合，其他词性的代词并不合适。再如，在"代名词可以加'的'做定语"这一条规则中，"代名词"也不能换用通常所用"代词"，因为指示词"这、那、这么、那么"和疑问代词"哪"等都不能加"的"。汉语可以说"我的书、他们的书"，但是不能说"这的书、那的书"等。"这样的书、那样的书"可以说，但是这不是领属结构，"的"与形容词后的"的"地位相当。

与此紧密相关的就是"指示形容词"。现在通行术语将指示词统归代词大类，这在普通话内部也只是勉强可行，实际上存在一定的问题。因为有些指示词相当于形容词或副词，如"这/那样""这/那么"，不是真正的 pronoun（代名词）。即使是相当于地点名词的指示词，其词类功能也不完全等同于普通的名词，它们比一般名词更容易做状语，如"我这儿忙着呢"。从跨方言跨语言视角看，将指示词统统称为指示代词会遇到更大的问题。在普通话和英语中，指示词恰好是具有名词性——能独立充当论元的词类，如"这是钢笔"、That is a book（那是一本书）、I like this（我喜欢这个）。而在吴语、粤语等很多南方方言中，相当于"这、那"的基本指示词是黏着成分，不具备名词性，只能作为定语去限定量词或名词，甚至只能限定量词而不能限定名词。试看下列苏州吴语和广州粤语的例子：

（3）a.〈苏州〉埃*（只）是酒杯，喂*（只）是茶杯。
　　　　'这只是酒杯，那只是茶杯。'
　　b.〈苏州〉埃*（只）杯子是酒杯，喂*（只）杯子是茶杯。
　　c.〈苏州〉我拿仔埃*（只），弗是喂*（只）。
（4）a.〈广州〉呢*（只）係酒杯，嗰*（只）係茶杯。
　　　　'这只是酒杯，那只是茶杯。'
　　b.〈广州〉呢*（只）杯係酒杯，嗰*（只）杯係茶杯。
　　c.〈广州〉我攞咗呢*（只），唔係嗰*（只）。

括号外打星号表示括号内的成分不能省略。以上例句显示，苏州话指示词"埃、喂"和广州话指示词"呢、嗰"无论是做主语、限定名词还是宾语，都离不开量词。指示词本身既没有单独做论元的功能，也没有单独限制名词的作用。其唯一的直接组合的句法功能就是限制量词，其他功能都是由指示词和量词的组合来发挥的。这样的指示词，根本只指不代，不能代替任何名词独立充当论元，不具有任何 pronoun 的功能，无论在语用上还是句法上都称不上代词。既然其唯一的功能就是做定语，称其为指示形容词很准确。而普通话中的"这、那"类指示词，因为可以做名词用，所以《新著》放在"指示代名词"里头。而只能做状语的指示词，则适合称为指示副词。黎氏术语中虽然没有"指示副词"一名，但实际上将它们划归为"表样式"的副词，如"如此、这么、这样、那么"等（第134页）。当然，从系统性上来说，还是归为"指示副词"为好，分别与"指示形容词"及"疑问副词"相配。

笼统的"指示代词"的说法，掩盖了指示词的词性多样性和基本功能。所以在 Comrie & Smith（1977）的语法调查问卷中，仍然使用了"指示'形容词'"这样的术语（§1.2.5.2.5，见刘丹青 2008：120），Shopen（2007b：162）则认为传统的指示形容词现在可以称为指示修饰词（demonstrative modifier）。总之，对于有指示（尤其是直指）功能的词，可以用"指示词"（demonstratives）来概括，其中的基本指示词可以根据是否能代替名词单做论元、是否能限定名词这两方面而细分为几类：

1. 指示代名词（demonstrative pronouns）：只能单独充当论元，不能限定名词。例如 Awa Pit 语（分布于厄瓜多尔和哥伦比亚边境地区）就有不能限定名词的独立指示词 ana（这）、suna（那）（Shopen 2007b：162）。

2. 指示形容词（demonstrative adjective 或 demonstrative modifier），只能限定名词，不能单独充当论元，如 Awa Pit 语中的 an（这）、sun（那），苏州吴语、广州粤语的上引指示词。

3. 指示代名词兼指示形容词（简称指示词），如普通话的"这、那"和英语的 this、that。假如有其他功能的指示词，则还有指示时地代词、指示副词等。

对于疑问代词，黎氏语法学也是按此方法分类的，有：

  疑问代名词："谁""什么"等

  疑问形容词："什么""何"等

  疑问副词："几时""多早晚""多久""多"等

这与指示词的内部分类是一致的。国际当代语言学也不用笼统的 interrogative pronoun（疑问代名词）来概括这一类疑问词，而借用英语此类词的开头字母 wh（who、what、where、which、when）称为 wh-words，就是为了避免词性不同的疑问代词使用单一词性的术语。当然，假如我们用"代词"来代表广义的 pro-form，则"疑问代词"仍可以保留并作为一个统称，但在叙述具体的语法规则时，还是不妨使用疑问代名词、疑问形容词、疑问副词这样的黎氏术语，以使规则的表述更加精确。

四、小结及余论

黎氏语法体系中的一些术语在经历了多年沉寂之后居然在语法研究快速发展的今天重显学术价值和魅力。我们的思考先要从这些术语的沉寂开始。

学界对黎氏语法的批评集中在其语法体系对英语语法的模仿，而作为对这种模仿的反动，就是努力探索汉语自身的特点。正是在这种探索中，人们更倾向选择或创造汉语自身的一些术语，同时抛弃一些从英语等国外语法理论中借鉴过来的术语。富有汉语特色含义的补语、代词，以及处置式、连动式、兼语式、主谓谓语句，等等，还有把"系词+表语"结构分析成动宾结构之类，都是这类有汉语特色的术语和概念系统。与此同时，黎氏术语中借鉴西方而造的一些术语受到了冷落。

这一阶段的探索和新概念的创造，大大推进了汉语语法的研究，尤其使汉语语法事实和特点的挖掘获得了长足的进展，也正好符合结构主义阶段对语种个性的强调。但是，这一阶段的汉语研究也有其局限：基本局限在汉语内部,很少有汉语与其他语言的深入比较,甚至缺少古今汉语和汉语方言之间的比较,更缺少与国际理论新进展的沟通,尤其对大规模跨语言比较的语言共性和类型研究了解不多。

而黎氏语法体系的形成发展,远不只是一种模仿,而是始终伴随着一种很强的语言对比意识,这与跨语言比较和语言共性的探求是更加吻合的思路。如黎先生的实体词七位说,正是在《比较文法》这一古今中外对比语言学力作中得到了更系统深入的阐发,也正是在这种比较中,黎氏语法术语的价值得到了更好的展示。设想假如不用七位说,而采用句法成分的单元说,《比较文法》很难取得对比研究的如此广度和深度。黎氏术语在其中的作用是不容忽视的,而黎锦熙、刘世儒合著的《汉语语法教材》继承了这种古今中外对比的眼光。虽然面对批评,黎先生适度调整了自己的体系,在新版《新著国语文法》的自我批注中也坦率批评了早期版本某些模仿英语之处,但是对于本文所分析的这些黎氏语法术语,黎先生在后期著作中仍然坚守不弃,体现了一种学术的自信。历史也证明了这种自信背后的学术力量。

那些为汉语专造的术语,有的已被证明体现了汉语某些重要的类型特征,非常必要,如"连动式、兼语式"等(参看高增霞2006),有的可以引导我们对其做进一步的分析解构;有可能需要给出更合理的科学定位,如"主谓谓语句"等;而另外有一些术语,则逐渐显示出难以与其他语言沟通比较、甚至无法与古汉语和汉语方言事实沟通比较的局限(参看刘丹青2005:39—47;2007)。某些术语对汉语的适应,有时也只是适应了特定历史时期对汉语的认识水平。随着汉语研究走向深入、走向理论、走向国际,它们的不适应性也逐渐表现出来。在这个时候,重温黎氏术语的学术价值及其深层原因,继承发扬黎锦熙先生语法学说的科学精神,是非常有意义的。

参考文献

陈昌来　2002　《二十世纪的汉语语法学》,太原:书海出版社。
高增霞　2006　《现代汉语连动式的语法化视角》,北京:中国档案出版社。
黄成龙　2006　《蒲溪羌语研究》,北京:民族出版社。

金立鑫　2009　解决汉语补语问题的一个可行性方案，《中国语文》第5期。
黎锦熙　1924/2001　《新著国语文法》，北京：商务印书馆。
黎锦熙　1933　《比较文法》，上海：中华书局。
黎锦熙、刘世儒　1959　《汉语语法教材》（第2编），北京：商务印书馆。
刘丹青　2001　汉语给予类双及物结构的类型学研究，《中国语文》第5期。
刘丹青　2005　从所谓"补语"谈古代汉语语法学体系的参照系，《汉语史学报》第5期。
刘丹青　2007　语法学术语的象似性及其利弊，《燕赵学术》2007春之卷（创刊号）。
刘丹青　2008　《语法调查研究手册》，上海：上海教育出版社。
吕叔湘　2002　《吕叔湘全集》（第13卷），沈阳：辽宁教育出版社。
邵敬敏　1990　《汉语语法学史稿》，上海：上海教育出版社。
沈　阳、何元建、顾　阳　2001　《生成语法理论与汉语语法研究》，哈尔滨：黑龙江教育出版社。
石定栩　2002　《乔姆斯基的形式句法》，北京：北京语言文化大学出版社。
张拱贵、刘宁生、刘丹青　1984　《新著国语文法》对汉语语法学理论的贡献，《北京师范大学学报》第6期。
Shopen, T. 2007a. *Language Typology and Syntactic Description: Clause Structure* (Vol. 1) (2nd Ed.). New York: Cambridge University Press.
Shopen, T. 2007b. *Language Typology and Syntactic Description: Complex Constructions* (Vol. 2) (2nd Ed.). New York: Cambridge University Press.

（原载《北京师范大学学报》（社会科学版），2010年第5期）

The Interaction among Factors on Language and the Interaction among Approaches on Linguistics: Review of *Interaction and Variation in the Chinese VO Construction* by Her One-Sun

Interaction and Variation in the Chinese VO Construction (Taipei: Crane 1997) written by Dr. Her One-Soon is not simply a book engaged in discussions of the Chinese VO construction, but also an attempt to develop a new paradigm for syntactic research. As we know, scientific research always takes place under one or another paradigm. Besides following a dominant paradigm or creating a new one, one may also adopt a paradigm from some other fields, or combine more than one paradigm into a new one. Her's book provides us with a good example in both the adoption and the combination of linguistic paradigms.

Directly inspired by previous works done by linguists like Hsin-I Hsieh, the author of this book advocates an approach he calls interactionalism, the main ideas of which originate in the influential Lexical Diffusion Theory (LDT) developed in William S-Y Wang and his co-operators' work. It is true that Wang's theory deals basically with diachronic linguistic change, in particular, phonological change. However, the significance of LDT should not be limited to that domain because LDT does direct our attention to some essential nature of human language. Like rules for sound change, many powerful rules can be drawn for syntactic phenomena in synchronic state of any single language. Nevertheless, like competing factors affecting the process and results of sound change as LDT illustrates, similar and even more complicated competing factors play a crucial part in synchronic syntax. They shadow the regularity of syntax, causing much syntactic variation and making syntactic rules not as neat, as ideal as a formal theory would like to see. That is the reality of every human language. In addition, it might be impossible to claim a pure synchronic state for syntax in any language because no language will take breath in its perpetual diachronic variations including syntactic change. There are not only synchronic syntactic rules which are the result of previous or newly finished change, but also syntactic phenomena which are on the half way of historical shift despite the neglect of these facts in some approaches of linguistics. Thus LDT might in a rather direct manner throw light on any account of synchronic syntactic phenomena. For these reasons, Her's attempt to systematically introduce ideas of LDT into syntactic research should be highly appreciated.

Of course, to adapt LDT for the purpose of developing a new syntactic paradigm is something more than merely introducing LDT. In his book, Her outlines and exemplifies several related pairs of competing factors in syntax by drawing upon recent decades' achievements in functional/ cognitive grammar, e. g. adequacy for iconicity vs. linguistic economy, the principle of refinement vs. that of analogy, and so forth. On the other hand, competition is only one of the possible relationships among interacting factors. His overall scheme for interaction in syntax, a revised version of Hsie's original one, is composed in a rather systematic fashion. There are two basic types of interaction: complementation (effective in different domains) and competition (effective in the same domain). Complementation is in turn divided into two opposite situations: feeding and counter-feeding (adopting Kiparsky's terms originally for phonology). Under competition, we can see two states: conflict (bleeding) and conspiracy (counter-bleeding).

That is what he does involving the adoption of a paradigm. The other respect of his efforts involves the combination of more than one paradigm.

While the author employs the term 'interaction' only in a sense of *language*, i. e. various factors interact with each other in shaping a particular set of syntactic rules, we can, interestingly enough, apply this term also in a sense of *linguistics* to describe another characteristic of his book. I mean the author is actually building a paradigm where formalism and functionalism can interact with each other. Standing with Newmayer and some others, Her believes that a full picture of human language can be obtained only by the combination of formal and functional studies in language. While formalism is good at revealing the 'organs' (in Newmayer's metaphor) of language, functionalism is helpful in explaining the functions of various 'organs'. Therefore, in Her's book, formalism and functionalism appear not to be in a competing relation, as opposed to people's stereotype, but rather in a complementary one, or, to be more accurate, in a feeding relation. I would also like to put their relationships in another way. While formalism reflects human being's untiring pursue for finer scientific methods, especially for formalised representation of observations, functionalism keeps reminding people of the complicated reality of human language. We should never give up our efforts to follow fine scientific methods as closely as possible, meanwhile, we should face and deal with the remarkable complexities of language. Therefore I share the confidence with Her that the combination or co-operation of formalism and functionalism will be a good way to achieve a more complete, comprehensive and realistic picture of language, and will have a prosperous future. In fact, Her's efforts in a formal account of the construction in question are at least not less than those in functional explanation, though the formal framework he takes is a somewhat moderate one, i. e. LFG (Lexical Functional Grammar), instated of the more radical mainstream, i. e. Generative Grammar. More importantly, I should say, his job is not only interesting, but encouraging as well.

Now let's take a closer look at how Her carries out his interactionism in dealing with the Chinese VO construction and how successfully he combines formalism and functionalism.

In the book, he discusses various problems regarding the VO construction in Chinese. We find two considerations dominating his concerns. The first one, which is actually a long-lasting controversial issue in Chinese linguistics, is how to define a word in Chinese, in particular a VO-compound verb, as differing from a VO phrase. This issue is related in turn to a more general question, i. e. where to lay the boundary between lexicon and syntax. Much of Chap. III, addressing VO sequences in general, and Chap. VII, dealing with VO idioms specially, is devoted to this issue. The second one, basically discussed in Chap. IV to VI, involves the argument structure and subcategorization of various verbs, ranging from semi-transitive verbs, to ditransitive verbs and the V-R(esultative) construction.

Let's start with the first respect. As early as in Chap. II, focusing on a general framework for grammatical interaction, the author takes a formal hypothesis, i. e. the Lexical Integrity Hypothesis, as part of his theoretic basis. The hypothesis is explicitly stated by C-T J. Huang as 'no phrase-level rule may affect a proper subpart of a word'. In Chap. III, based on this, he suggests a more confined lexicon of VO compounds, only those which cannot be affected by any syntactic rules being listed as compounds, such as intransitive *shiwang* 'be disappointed', transitive *chuban* 'publish (books)' and semi-transitive *nashou* 'be good at'. On the other hand, he lets more semantically specified VO sequences belong to (idiom) phrases instead of words, because they are fully accessible to syntactic rules, such as *kai wanxiao* 'to joke' (lit. 'open joke'), and *shengqi* 'angry' (lit. generate air). In his account, the quantity of items of dual status, i. e. both as words and phrases has been decreased. In addition, he leaves these items dually listed only in the lexicon. Once an item of this type occurs in a certain syntactic position, it will be specified either as a word or a phrase, but not both. For example, *danxin* 'worry (about)' (lit. 'carry heart'), as a word, only occurs as a transitive verb as in *danxin ni* 'worry about you'. In this usage, its verb root, *dan* 'carry', is inaccessible to any syntactic rules like aspect-suffixing. As a phrase, with *xin* 'heart' as its object, *dan xin* can no longer take another object and both *dan* and *xin* are accessible to syntactic rules like aspect-suffixing or modification. Elements of dual status, which complicate the syntax, are certainly unwelcome to any syntactic theory. Her's formalist-style account of them successfully lessens the amount of them in syntax without the cost of complicating other parts of grammar. On the other hand, the existence of those elements is a normal reality of human language. The author does not try to neglect these facts, but rather, provides us with a reasonable explanation by adopting LDT. He thinks of lexicalization, a force to integrate phrases into lexicon, and ionization, a syntactic force to make words accessible to syntactic rules, as two competing factors. Since either force plays part in a manner of lexical diffusion, i. e. word by word, similar to sound change, the syntactic variation among VO sequences can be viewed as a natural result of interaction between both factors. He also succeeds in applying this approach to a more detailed discussion of Chinese VO idioms in Chap. VII, where he convincingly argues that, due to the competitive interaction between lexicon and syntax, idioms may develop in two opposite potential directions, either relaxing their semantic and syntactic constraints in use and becoming freer in syntax, or being completely restrained and ultimately lexicalized into fixed idioms. Both directions can be exemplified by English and Chinese idioms.

Now comes the second respect of his concerns, namely argument structure.

So-called semi-transitive verbs like *nashou* 'be good at' (lit. hold hand) discussed in Chapter IV is another challenging issue for Chinese linguistics. Semi-transitives are not transitive, but a subject alone fails to comprise a complete argument structure for this kind of verb. Instead, a topic should be added to make the sentence well-formed, e. g. *shuxue* in *Shuxue ta hen nashou* 'He is good at math' (lit. 'Math he be good'). I agree with Her that topics in Chinese can be a grammatical function (not just a pragmatic constituent), and for some verbs like *nashou* the topic should be represented in the argument structure, or in Her's LFG term, f-structure, though his formulation of topic for semi-transitive verbs (an object position with the feature '+frame' in f-structure and a realization of them as topics in c-structure) and his criticism of other LFG models (e. g. to treat them as subcategorized topics) remain problematic. Her's approach in this aspect seems to strengthen a trend in recent years' Chinese linguistics, no matter their theoretical backgrounds, i. e. to treat topics as a syntactic function and to let them occupy a syntactic position (c.f., Gasde & Paul 1996 for a formal account, and Xu & Liu 1998 for a typological view with a formal formulation). What interests me more is his LFG-style interactionist explanation of semi-transitive verbs, an attractive combination of formalism and functionalism. According to him, to integrate an object into a VO compound is a 'reanalysis' (in its functional and diachronic sense rather than its generative sense), where there are two competing factors at work. The original VO structure causes a c-structure constraint (CSC), which prevents these compounds from taking any other objects, while the transitive force causes an f-structure requirement (FSR) to take a patient-like argument. He also proposes a tetrachoric to show the consequences of the competition between both forces. The effect of sole CSC yields intransitive VO compounds like *shiwang* 'be disappointed', and that of sole FCR yields transitive VO compounds like *fuze* 'be responsible for'. Most importantly, the effect of CSC plus FSR, i. e. a literal interaction, yields interesting semi-transitive verbs like the above mentioned *nashou*. Finally, there are no cases where neither rule operates, i. e. f-structure has no patient-like argument but c-structure contains an overt object. In addition, the author observes that there are sociolinguistic and phycholinguistic factors which cause diversity among native speakers in judging transitivity for VO compounds. In so doing, he actually brings the interactionalism into a broader perspective.

Her spends the longest chapter, i. e. Chap. V, in dealing with dative alternatives (similar to English *John gave her a flower* vs. *John gave a flower to her*) and V-*gei* (give) compounds. An impressive observation he makes here is that there are two kinds of '$V+NP_{theme}+gei+NP_{goal}$' constructions in Mandarin, provided *gei* can serves as either a verb or a preposition. In cases where V is not subcategorized for a goal argument, e. g., *Lisi mai hua* (*gei ta*), lit. 'Lisi buy flower (give/to her)', '*gei*+ NP_{goal}' remains a VP, the second part of a serial verb construction, whereas in cases where V is subcategorized for a goal, e. g. *Lisi song hua* [*] (*gei ta*), lit. 'Lisi send/give flower give/to her', '*gei*+ NP_{goal}' functions as a PP, bringing in the goal for the verb. As for his LFG solution to dative shift, especially its mapping theory, I can see at least one advantage there, compared with other mentioned models. In his mapping device, the Chinese construction similar to English *John gave flowers to her* only undergoes universal mapping processes while the so-called double object construction must undergo a language-specific 'morpholexical operation', in addition to universal mapping processes. Thus, the latter is made a more marked construction. This treatment, besides its language internal power, properly accounts for a typological fact, i. e. while the construction with a dative PP is widely distributed, the double object construction can be attested only in a much limited number of languages and its use is more constrained within a language. It is also interesting that his proposal has in fact introduced markedness, one of the core notions in typology and functionalism, into a formal account. In addition, in this chapter, Her also proposes some more general revisions on current LFG mapping theory, again, in the light of markedness. The originally rigid subject requirement is changed by him into a more suitable one for languages like Chinese while its formal strength is maintained. In following chapters, he also attempts to develop his LFG formulation on V-R (esultative) construction and VO idioms in Chinese which I will not discuss in detail.

The main concern of Chap. VI is how to make a formal analysis of the puzzling ambiguity in sentences like *Zhangsan zhui lei le Lisi*, lit. 'Zhangsan chase be-tired Asp Lisi', which allows the first three of the following readings but rules out the last one: 1. Zhangsan chased Lisi and made Lisi tired; 2. Zhangsan chased Lisi and was tired; 3. Lisi chased Zhangsan and was tired; 4. Lisi chased Zhangsan and made Zhangsan tired. Unsatisfied with Y. Li's generative account of this, Her proposes his own LFG account and claims its several advantages over Li's. I won't give a comparative valuation of the two accounts here. Instead, I will just briefly mention a couple of interesting points in Her's treatment and interactionist explanation. His analysis entails unequal status for the three possible readings, which in turn well accounts for their different distributions. In reading 1, *Zhangsan* is **ag** (agent) in f-structure while *Lisi* is a combination of **pt** (patient) and **th** (theme). Mapping **ag** to the subject and the combination of **pt** and **th** to the object is perfectly in line with the mapping principle. By contrast, in reading 2, *Zhangsan* is a combination of **ag** and **th**. While mapping **ag** to the subject follows the principle, mapping **th** there is out of the principle. Similarly, in reading 3, *Lisi* is a combination of **ag** and **th**. While mapping **th** to the object is desired, it is not true for mapping **ag** there. In either reading 2 or reading 3, something is not perfect in terms of the mapping principle, unlike perfect reading 1. Then, we see that, of the three readings, only reading 1 has a wide syntactic distribution. In *ba*-clauses, where the original object precedes the verb with the help of *ba*, only readings 1 and 2 are allowed while reading 3 is ruled out. In *bei*-passive, neither reading 2 nor reading 3 exists. The sentence is thus no longer ambiguous. As for reading 4, it maps a combination of **pt** and **th** to the subject and maps **ag** to the object, a total violation of the mapping theory. That is why it is ungrammatical. Apparently, besides its formal strength, there is a kind of markedness theory playing a role in his account. The above syntactic assignment is well explained by him in the light of interactionalism. There can be two kinds of relationships between two roles within a composite role: conspiracy and conflict (recall his overall scheme introduced previously). When a composite role consists of **pt** and **th**, as in reading 1, they are in conspiracy. It causes the unmarked reading. If a composite role consists of **ag** and **th**, as in readings 2 and 3, there is conflict in it. Any position fitting in one role will be unfitting in the other. Hence the marked, less widely distributed readings. Furthermore, for Her, the three readings themselves are in competition. The diversity of their salience is attributed by him to the degree of iconicity. He claims that readings 1 to 3 comprise a decreasing order of iconicity. From his claim, one may see a picture of multiple correlation among various aspects concerning grammar, i. e., the better a construction observes the mapping principle, the more widely it can be distributed syntactically, the more salient the corresponding interpretation will be, the more iconic its syntactic rule is. How generally the correlation applies in human languages is a field deserving intensive study in various languages.

When appreciating his encouraging work in developing a promising paradigm for syntax, I would also like to discuss a few remaining problems in the book.

While convinced with his classification of VO construction into compounds, phrases and dual-status ones, I have not been completely satisfied. In his explanation, one question remains to be answered, i. e., given ionization is a syntactic force, and the interaction between lexicon and syntax is universal, why we have a considerable number of ionized verbal elements including some non-VO verbs like *xiaobian* 'pee' (lit. 'small convenience') in Mandarin Chinese, whereas this kind of ionization can rarely be attested in other languages like English or even in other varieties of Chinese like old Chinese? Her agrees with C-R Huang in regarding the force of lexicalization as more powerful than the force of ionization because the latter is believed to increase the complexity of syntax or the depth of embedding. Then what exactly has motivated ionization in Mandarin? Perhaps some language-specific background and more interacting factors should be taken into account to explain the phenomenon. At least one important 'participant', involved in the interaction is missed in Her's book, that is the interface between phonology and morphosyntax on the VO construction, an obviously supportive fact for Her's intended paradigm. Some morphological or syntactic processes in Mandarin prefer, or exclusively apply to, monosyllabic verbs (c.f., Liu 1993, 1996). The preference for monosyllabic verbs, together with other possible factors, should have played some part in the ionization of verbs. The preference in turn might have some further underlying reasons about which we have so far remained unclear. To tackle ionizaiton, as well as many other syntactic problems in Chinese, consideration of phonological factors, especially prosodic factors, seems to be not only helpful, but also necessary.

Another pity arises from V-R construction. After a detailed and in-depth discussion of the above classification of VO sequences, i. e. as compounds, phrases, or both, strictly in the line of the Lexical Integrity Hypothesis (LIH), no single word has been said about the status of V-R sequences like the author's example *zhui lei* lit. 'chase be-tired', though it is equally controversial among Chinese linguists whether they are compounds or phrases. As a result, the book fails to show how LIH applies to this construction though there is a whole chapter focusing on this construction.

The author's account concerning topics does not sound perfect to me. According to his LFG account, for verbs like *nashou* 'be good at', an 'objective' role with the feature 'frame' exists in f-structure and will be automatically mapped to the topic position in c-structure. Since all the topics in examples throughout the book are sentence initial, it seems the author, like many others working on Chinese (e. g., the famous paper Li & Thompson 1976), supposes that topics can occur only sentence-initially. Consequently, his approach, while going well with sentences like *Shuxue ta nahsou* lit. 'math he be-good', has to be in trouble with equally good sentences like *Ta shuxue nashou* lit. 'he math be-good', because *shuxue* 'math' here is mapped to a position which is not a topic in his framework. Something like subtopics must be posited as a syntactic position for Chinese to cope with this kind of facts, as well as many other phenomena in Chinese (for detailed discussion, see Xu & Liu 1998).

Developing the new paradigm of Interactionism for syntactic study and linking together formal and functional approaches are of great significance not only for Chinese linguistics but also for linguistics in general. In the present-day linguistics, formalism and functionalism are largely separate. On the other hand, we do find some important attempts and achievements in approaches similar to what Her advocates. For instance, in his Functional Grammar, Dik (1980, 1997) offers much formalist-style representation of his function-based generalisations and discusses how competing principles interact in producing final results. Another example is Hawkins' (1983, 1994) study of word order universals, where X'-Theory, a generative hypothesis, is adopted by him to contribute to his performance/processing-based explanation, a functional account, for word order universals. Her's work strongly convinces me that Interactionalism, though originating basically in LDT, a diachronic phonology, is really a promising approach in Chinese syntactic study, and that a kind of combination of formalism and functionalism for Chinese syntax seems to be no longer merely a dream, but a practical success. Chinese grammar is known for its simplistic morphology, flexible syntax, sophisticated prosodic requirements and strong semantic/pragmatic impact on syntactic arrangements. It leaves us many issues which need Interactionalist studies like what Her One-Sun has done with VO construction. Even within the VO construction, there are many problems awaiting such research, e. g., ditransitive expressions with meanings other than prototypical "giving/getting".

Furthermore, application of Interactionalism in the study of Chinese syntax can be expected to make important contributions to syntactic theory and methodology in general, just as LDT has done in historical linguistics. For these reasons, we really hope to see more such research in the future.

References

Dik, S. C. 1980. *Studies in Functional Grammar*. London: Academic Press.
Dik, S. C. 1997. *The Theory of Functional Grammar*. Ed. By K. Hengeveld. Berlin: Mouton de Gruyter.
Gasde, H-D., & Paul, W. 1996. Functional categories, topic prominence, and complex sentences in Mandarin Chinese. *Linguistics* 34, 263-294.
Hawkings, J. A. 1983. *Word Order Universals*. New York: Academic Press.
Hawkings, J. A. 1994. *A Performance Theory of Order and Constituency*. Cambridge: Cambridge University Press.
Li, C., & Thompson, S. 1976. Subject and topic: A new typology. In C. Li (Ed.), *Subject and Topic*. New York: Academic Press.
Liu, D. Q. 1993. *Hanyu xingtai de jielü zhiyue* (Prosodic constraints on Chinese morphology). *Journal of Nanjing Normal University*, 1, 91-96.
Liu, D. Q. 1996. *Cilei he cichang de xiangguanxing* (The relevance of word classes to the length of words). *Journal of Nanjing Normal University*, 2, 112-119.
Xu, L. J., & Liu, D. Q. 1998. *Huanti de Jiegou yu Gongneng* (*The Structure and Function of Topics*). Shanghai: Shanghai Education Press.

(原载 *Journal of Chinese Linguistics*, 2000 年第 1 期)